学术故宫

琴音墨语：万依文存

万依 著

故宫出版社

順勢風雷瑞雨
多蓬茸大地湧
新波瓊樓玉宇
如林海創業繁
星若漢河米國

万依

萬依

万　依

1925年生于河北固安，祖籍山东聊城。

曾肄业于京华美术学院音乐系、西画系。1949年毕业于华北文法学院中文系。

1978年调到故宫博物院，主要从事明清宫廷史、清代宫廷音乐的研究。曾任故宫博物院研究室负责人兼宫廷史组组长、图书馆副馆长、网页编辑指导委员会委员、高级职称评委会委员，中国史学会清代宫史研究会副会长，中国紫禁城学会第一届副会长，北京满学会副会长等。中国书法家协会会员、中国音乐史学会会员。享受国务院颁发的政府特殊津贴。合著出版《清代宫廷史》《清代宫廷音乐》《清代宫廷生活》等多部著作，发表有关明清宫廷史、音乐史、书法研究等学术论文数十篇。

目 录

文 史 类

音 乐 类

书 法 类

文史类

午门和五凤楼小识

紫禁城正门——午门，其名称由来已久。

1364 年，明太祖朱元璋尚未统一全国自称吴王时，就在南京建了新的宫殿，命名宫城南门为午门。后来，朱元璋建立起明王朝，做了皇帝，又改建大内。据《明典汇》记载，到洪武十年，“改作大内宫殿成。阙门曰午门，翼以两观，中三门，东西为左右掖门”。这与现在的紫禁城的午门是一样的，名称也一直未改。不过从这里可以看出，洪武年间改建后的午门和原来的午门不一样，但原来的午门什么样子没有记载。若从文字中推想，“翼以两观，中三门，东西为左右掖门”可能是后来增建的。另从《春明梦余录》的记载中还可以看得更清楚些：“金陵宫殿，作于吴元年……至洪武十年改作大内，午门添两观，中三门，东西为左右掖门……”可见翼以两观，就是在中门的两旁添建两观的意思。

那么两观又指什么呢？《三辅黄图》说：“周置两观，以表宫门，登之可以远观，故谓之观。”《春秋·定公二年》也记有“夏五月，壬辰，雉门及两观灾”。杜预注释说：“雉门者，公宫之南门，两观，阙也。”又《古今注》解释：“阙，观也。古每门树两观于其前，所以标表宫门也，其上可居，登之则可远观，故谓之观。”从这些资料中可以了解到，现在午门凹形高台两端伸出去的部分，就是古代所说的两观。最初还可能起瞭望、守卫的作用，到后来已经完全是显示皇帝威严的宫廷建筑了。

午门城楼在明代也称为五凤楼。《春明梦余录》上说：“午门即俗所谓五凤楼也。”其实，这种俗称的来源，比午门早得多。据《三辅黄图》载，汉武帝太初元年（公元前 104 年）曾“跨城池作飞阁，通建章宫，构辇道以上下。宫之正门曰阊阖，高二十五丈，亦曰璧门。左，凤阙（原注：阙上有金凤，高丈余……）高二十五丈”。古以凤为四灵之一，汉宣帝神爵四年（公元前 58 年）有凤凰集于上林，以为祥瑞，就建了凤凰殿，并在第二年把年号改为五凤。这可能是五凤楼最初形成的因素，还没有用五凤楼命名于某一建筑物。后来，《明一统志·庐州》记载：“五凤楼在府城上，唐天祐中，张崇筑城创楼，凤集其上，因以纪瑞。”五代时，梁太祖曾在洛阳重修五凤楼、朝元殿。这时已有命名为五凤楼的建筑物和城楼。至于成为宫城门楼的名称，则见于《宋史》的记载：在西京洛阳有“宫城周回九里三百步。城南三门，中曰五凤楼”。并注：“因隋唐旧名。”可见明清也把午门称为五凤楼，当是从隋唐或宋代流传下来的。

出自《故宫博物院院刊》1979 年第 4 期

《康熙南巡图》中的卤簿

“卤簿”是什么？汉朝蔡文姬的父亲蔡邕曾有说明：皇帝出宫巡视，随行的车驾，叫作卤簿。唐朝的一位进士封演更进一步解释说：随着天子出巡的甲盾，先后都有次序，要记录在簿册上，所以叫卤簿。卤，古义是盾，卤簿就是帝王的仪仗队。王公大臣也按等级各有自己的卤簿。

卤簿一词最初虽见于汉代，但是天子有仪仗队的事，早在《周礼》上就有记载了，以后累代相沿，每有增补。到唐宋时期最为繁盛，宋神宗时，皇帝的大驾卤簿，用人多至二万二千二百多名。

清朝的卤簿，承袭明制，虽有所削减，但康熙时也约用三千多人。清朝前期，卤簿制度有所变动，至乾隆初年才规定下来。据光绪年间编纂的《大清会典》规定，皇帝的仪仗称卤簿，皇后、皇太后的称仪驾，皇贵妃、贵妃的称仪仗，妃、嫔的称采仗。皇帝卤簿有四种，一是大驾卤簿，规格最高，其次有法驾卤簿、銮驾卤簿和骑驾卤簿，用处各不相同。

《康熙南巡图》中画的卤簿，是当时的大驾卤簿，其设置虽与后来的定制有所不同，但大体规模已经具备。大驾卤簿中，一部分是路两旁陈列的，一部分是随皇帝行走的。整套卤簿从永定门到南苑的大红门，可谓浩浩荡荡。图中所画的方向是：上西、下东、左南、右北。从大红门开始向北看，路两旁陈列的:第一组是伞，包括黄、红、白、青、黑、紫颜色的绣有龙纹、花卉纹的方伞、圆伞，共二十对。第二组是扇，包括红色、黄色，单龙、双龙，方形、圆形扇，共二十对。第三组是旛、幢、麾、氅、节等，共二十三对。第四组是各种旗、纛共一百零九面，每旗各有名目。第五组是金钺、星、卧瓜、立瓜、吾杖各三对，御杖四对。第六组是乐队，包括鼓四十八面，杖鼓四面，板四串，龙头笛十二支，金四面，画角二十四支，金钲四面，小铜号八支，大铜号八支。另有红灯三对穿插于卤簿当中，引仗三对，两对在队列北端的四面旗帜两旁，一对在伞与旛之间。桥北陈列有大辂一乘、玉辂一乘、大马辇一乘、小马辇一乘。到乾隆八年，为了符合古制，把大辂改名为金辂，大马辇改名为象辂，小马辇改名为革辂，香步辇改名为木辂，玉辂仍其原名，是为五辂。辂旁的两只象是驾辇象，再北是五只驮宝瓶象，四只导象（也叫开路象）。象旁的人是驯象所的校尉。

随皇帝行走的部分，包括方天戟二对，豹尾枪二十杆，弓箭二十副，大刀二十把，这些是由骑马的亲军来执擎和佩带的。在他们后面的人拿的是金香炉、金香盒、金唾壶、金盆、金瓶、金交椅、金杌等物。后面是仗马二十匹，再后，在曲柄黄华盖下面马上的是康熙皇帝。在他前面的是前导侍卫，后面是豹尾班等侍卫和黄龙大纛。再后是扈从南巡的亲王、宗室、觉罗、内大臣、侍卫和中央各部、院、府、寺及军队的官员。不扈从的官员要穿朝服跪送。沿途百里以内的地方官员要率本地乡绅、士民及驻军于十里之外跪迎、跪送。

卤簿中诸多的器物是几千年流传增补而来的，其最初可能有标识或护卫等实际作用，到后期，除侍卫外，其他都是显示皇帝淫威的装饰品。至于每一件器物在卤簿中的含义，那就更不是片纸只字所能道破的了。

出自《紫禁城》1980 年第 4 期

明代宫女

明代，几乎每代皇帝都选进一批至数批宫女。嘉靖年间，选进的宫女尤多。

关于明代宫女，清帝玄烨曾在康熙四十八年十一月十二日对大学士们讲过这样一段话："明季事迹，卿等所知往往皆纸上陈言。万历以后所用内监，曾有在御前服役者，故朕知之独详。"又说："明季宫女至九千人，内监至十万人，饭食不能遍及，日有饿死者。今则宫中不过四五百人而已。"

康熙帝这席话，主要是宣扬他自己生活简朴，而关于明末宫女、内监人数未免有些夸张。目前故宫博物院节假日参观人数，一天曾达八万人，由于是流动性的，每小时在院内人数不过一两万，但已是摩肩擦背、接踵而前了。现在开放面积固非全部，而当时宫女太监能到之处，恐怕范围更小，这么多的宫女、太监，再加上女官、女史、女秀才、宫媪、净军等共十多万人，怎么能同时在宫内生活和活动呢？但明朝宫女、太监多，则是可能的。

明朝与清朝有关宫女的制度不同。清朝规定，宫女每年选进一批，服役到二十五岁出宫。这样有进有出，可以保持一定数量，不致积累太多。明朝则无此制度，明洪武二十二年曾规定："六尚局官，服劳既多，或五载、六载，归其父母，从宜婚嫁。年高者许归，愿留者听。"永乐初年亦曾"诏求民间妇女充内宫。其妇人年至五十愿还乡里，女子给事十年愿还家适人者，从之"。这似乎都是指的女官，而不是指宫女，明朝放出宫女，只是偶尔进行。如天顺八年，成化皇帝即位，李贤曾上言："天时未和，由阴气太盛，自宣德至天顺间，选取宫人太多，浣衣局没官妇女，愁怨尤甚。宜皆放还。"于是皇帝才放还了没官妇女和宫女。自宣德元年至天顺八年已历时三十八年，不过放了这一次。宣德年间进宫的宫女即使是十岁左右，这时也将近五十岁了。

此外，在嘉靖四年五月还放过一次宫女。到嘉靖八年，宫女又多了起来。这年二月，御史穆桐等因出现灾异陈述八事，其中一事即"清宫禁"，他认为："后宫女谒太多，阴气闭郁，亦足以致灾异。宜如贞观故事，大出宫女。"这次是在出现了灾异的特殊情况下，言官才提出放宫女的意见。但这次嘉靖皇帝并没有采纳，他借口“事关君德”而“留中自裁”，实际是无限期地搁置了这件事。其真正原因，恐怕是：前朝老年宫女都放了，嘉靖帝自己新选来的还年幼，他不愿松手。到他四十岁后，就又多次借口大选宫女了。

据《明实录》载，嘉靖二十六年二月，嘉靖帝谕内阁：“朕宫中应役数少，虽有宫女近千，中宫妃御所用不足，又多老疾，将来二子四女之国出府，王用三十余，公主二十余，此祖制也，不预教数年，何以取用。卿等会案计闻。”于是礼部尚书费案随即从畿内选女子年十一以上、十四以下者三百人。相继又于嘉靖三十一年十二月选民间女子三百人，嘉靖三十四年九月选民间女子十岁以下者一百六十人，同年十一月选湖广、承天府民间女子二十余人，嘉靖四十三年正月选进宫女三百人，共一千零八十余人，连同原有即达二千人左右，人数也算可观了。

宫女们一经选入宫，便失去自由，大都是衣食菲薄，住所简陋，终身苦役，不能与父母相见。繁重的劳动，森严的礼节，不时地凌辱，其苦无穷无尽。即使患了病，也得不到医治。因明朝规定：“宫嫔以下有疾，医者不得入，以证取药。”宫嫔尚且如此，宫女更不待言。据《明宫史》载：在金鳌玉蛛桥西、棂星门迤北羊房夹道（今名养蜂夹道），有内安药堂，“有掌司总其事者二三十人。凡宫人病老或有罪，先发此处，待年久方再发外之浣衣局也”。也就是说那时宫人得了病，或是年老了，要和有罪的人一样，发到这里，靠自己的生命力延续时日，或者等死。宫女们的境遇之惨，就连皇帝本身也不得不承认：“宫人皆良家子，幽闭深宫，诚有可悯。”即便少数人偶被皇帝看中，地位略有改变，生得子女者尚能晋封，否则也只能幽闭深宫，了此一生。

明末陈悰的《天启宫词》云：

六宫深锁万娇娆，
多半韶华怨里消。
灯影狮龙娱永夜，
君王何暇伴纤腰。

唐代伟大诗人白居易《宫词》亦云：

泪尽罗巾梦不成，
夜深前殿按歌声。
红颜未老恩先断，
斜倚熏笼坐到明。

这些诗在一定程度上描绘了不得宠幸的妃嫔们的悲惨生活。只有个别的人，长期受宠，得以左右皇帝者，才能作威作福。明代成化皇帝朱见深的由宫女晋升为贵妃的万氏，就是一个例子。万氏是山东省诸城县人，四岁时选入宫，充当孙太后（朱见深的祖母）的宫女。她长大以后，侍奉当时还是太子的朱见深。朱见深十八岁即位时，万氏已经三十五岁。由于她长得丰满艳丽，为人机警，因而一直受到朱见深的宠爱。朱见深的皇后吴氏，曾抓住万氏早与朱见深有越礼的行为，打棍子处罚过她。万氏竟能在皇帝面前说坏话，把吴氏废掉，另立王氏为后。成化二年，万氏因生了儿子，被封为贵妃。她这孩子未成活，以后也未再生，但她仍然受到朱见深的宠爱。她为了使自己不失宠和不失掉当太后的机会，发现哪个妃嫔怀孕，就令人以治病为名，使其堕胎，“饮药伤堕者无数”。最后还是因“挞一宫婢，怒极，气咽痰臃不复苏”。她已经完全变成了一个后宫的封建统治者。

幽闭深宫的宫女也有不堪忍受起而反抗的。据史书记载，嘉靖皇帝对宫女最为苛刻，若有微过，辄加笞楚，因此殒命者多至二百余人，以致发生嘉靖二十一年十月十几名宫女勒杀嘉靖帝的大案，即“壬寅宫变”。不是饱受压迫，濒于绝境，她们是不会这样拼死动手的。终因误拴死结，没把嘉靖帝勒死，十几名宫女全部被凌迟处死。由于宫女地位的低下，文献上从不记载她们的名字。唯独此案有一个被杀宫女的详细名单，根据《明实录》记载，她们是：杨金英、蓟川药、杨玉香、邢翠莲、姚淑翠、杨翠英、关梅秀、刘妙莲、陈菊花、王秀兰、张金莲、徐秋花、邓金香、张春景、黄玉莲。

嘉靖皇帝晚年迷信道教，求长生不老，用道士、方术之言，“取童女初行月事炼之如辰砂以进”，名曰红铅。嘉靖帝晚年大量选十岁上下的女子入宫，即与炼红铅有关，以致从嘉靖二十九年到四十五年嘉靖帝死去，几乎每年都有一个、两个或三个宫女死亡，十七年间共死亡三十一人，名之曰未封妃嫔，待死后才给一个封号。嘉靖帝死后，未予封号的尚不知其数。

更有甚者，即在明初洪武（建文不知所终）、永乐、洪熙、宣德等帝死后，均有活人殉葬。《明史》记载：“初，太祖崩，宫人多从死者。建文、永乐时相继优恤。若张凤、李衡、赵福、张璧、汪宾诸家，皆自锦衣卫所试百户、散骑带刀舍人进千百户，带俸世袭，人谓之‘太祖朝天女户’。历成祖、仁、宣二宗亦皆用殉。”“宫人”一般指宫女、宫媪等。这里讲的从死的“宫人”当指妃嫔，但也不排除有宫女殉葬，死后加封的情况。

帝王在生前，即不惜千百万劳动人民的血汗修地下宫殿，死后，又不惜以大量金银珠宝陪葬，以至人殉。即使一个普通的人，按当时的习惯，死后也要睡几块棺材板，独宫女、内监等实行火葬。《明宫史》载：“净乐堂在西直门关外，亦有内官数人经管。凡宫女、内官无亲属者，死后于此焚化。”并记“堂有东西二塔，塔下有眢井（即枯井），皆盛贮骨灰之所”。这就是宫女一生的最后结果了。

出自《紫禁城》1981 年第 6 期

龙井贡茶

龙井茶是我国十六大名茶之一，名闻世界。龙井茶中的狮峰龙井，更属佳品。据龙井茶产地、杭州西湖之西的龙井村人说，村西稍南耸入云端的山峰峰顶，就是最好的龙井茶狮峰龙井产地。最初只有十八棵茶树，每年都是在谷雨以前采摘，适时季节，不过一个月左右，然后用手工精心炒制。泡上一杯，茶水淡雅澄绿，其味醇厚清香，入口生津。

据村民介绍：此地产茶，已有一千四百余年的历史，原来叫云林茶。清朝乾隆皇帝南巡时来过三次，曾在山半腰的龙井寺中品过茗，还带回一包茶叶放在龙袍里。回到宫中，仍觉遗香馥郁。从此这云林茶就改称龙井茶，以后每年都要向皇家进贡。

龙井寺，传说宋朝名僧辩才曾建亭于此，有井泉清冽，向著盛名。此泉旧名龙泓，即今之龙井。此寺现尚存。寺舍依山而筑，高下相间，曲折有致，又有新篁滴翠，古木参天，宛如一座深山隐士的园林别墅。巉岩之间尚有雕云白石围槽，内潴一潭碧水。古人云：必以其山之泉瀹其峰之茶，方能清馥隽永。惜未能亲口尝试。

关于乾隆皇帝在龙井寺品茗的传闻，从文献资料看，乾隆二十七年（1762 年）乾隆皇帝第三次南巡时，确实到过龙井，并写有《初游龙井志怀三十韵》，诗中有“南山有龙井，向闻曾未睹”之句。可见，在他初来此地以前，已经有了龙井的名称。另在同年，乾隆皇帝再游龙井时写有《坐龙井上烹茶偶成》，诗中提到“龙井新茶龙井泉，一家风味称烹煎”，亦可证“龙井茶”的名称早已存在了。但龙井茶之称到底何时出现的呢？查了查书，得知唐、宋茶著均无龙井茶之名。明嘉靖年间田艺蘅《煮泉小品》虽曰“今武林诸泉，惟龙泓山为最”，又云“龙泓今称龙井，因其深也”，但文中只提到龙井泉水，并无龙井茶之称。可以推想，龙井茶是因龙井泉水而得名。当是先有龙泓、龙井，后有龙井茶的称谓。到明朝万历年间，有些著作已经不乏对龙井茶的称赞了。例如，屠隆《茶笺》谓：“龙井不过十数亩，外此有茶似皆不及。”许次纾在《茶疏》中说：“若歙之松萝、吴之虎丘、钱塘之龙井，香气浓郁，并可雁行，与岕颉颃。”可见那时龙井茶之名已经确立了。

龙井茶是不是每年都由龙井村进贡呢？据记载，清宫用茶，雍正年间大量使用的是黄茶、散茶、六安茶。清宫筵宴等大量饮用的乳茶，是用黄茶、奶油、牛奶加盐熬制的。清宫每年约用黄茶一百二十多篓，每篓清秤一百斤（清制一斤相当于今公制 596.82 克）。黄茶例由浙江办引委员交进，但似乎不是龙井茶。《浙江通志》载绍兴府所产之日铸茶“叶质味重,用对乳茶最良,每年采办入京,岁销最盛”。《绍兴府志》也说日铸茶“芽纤白而长，其绝品长至二三寸，不过十数株，余虽不逮，亦非他产所可望”。又记卧龙茶则芽差短，色微紫黑，顾其品终在日铸下，“二者皆或充包贡”。上述两处谈到入贡的是日铸茶，未讲黄茶。只《杭州府志》转引《新城县志》云：“黄茶，茶之晚采者，所行绝远，沈阳、辽东等处岁必贸进。”另《诸暨县志》亦载：“黄茶，每年八月采焙，售于关东口外。”均未提进贡。而《大清会典事例》等官书只记浙江进宫廷用的黄茶，不记产自何府何州何县。据此推测，也可能是类似日铸茶一类的茶叶，统称黄茶，一并入贡的，但不包括龙井茶。

那么，龙井村民介绍的龙井茶入贡的事，是不是没有根据的传说呢？也不是。实际上清宫用茶，除乳茶以外，也用其他茶叶。但这些茶叶，不是由办引委员交进，而是由产茶地方的织造、将军、巡抚、总督等高级官员单独进贡的。以乾隆二十五年为例，档案记载，这年三月初八日杭州织造西宁第一批进龙井雨前茶四瓶，三月十五日、七月二十五日又两次共进龙井雨前茶二十四瓶。浙江巡抚庄有恭、漕运总督杨锡绂分别于四月二十六日、六月十八日进龙井茶、龙井雨前茶各一百瓶。此外，这年还有江苏巡抚陈弘谋进阳羡茶、碧螺春茶；湖广总督苏昌、湖南巡抚冯钤分别进安化茶；江西总督尹继善、安庆巡抚高晋、江宁织造托庸分别进银针茶、雀舌茶、珠兰茶、六安茶、松萝茶、梅片茶；江西巡抚阿思哈进安远九龙茶、赣邑储茶、宁都岕茶；浙闽总督庄有恭、福州将军社图肯、福建巡抚吴士功分别进岩顶花茶、工夫花茶、郑宅芽茶、小种花香茶、郑宅香片茶、莲心茶、乔松品制茶、天桂花香茶；贵州巡抚周人骥、云贵总督爱必达、云南巡抚刘藻分别进大普洱茶、中普洱茶、小普洱茶、女儿茶、普洱蕊茶、普洱茶膏、普洱芽茶、蕊珠茶；四川总督开泰进蒙顶仙茶、青城芽茶；陕西巡抚钟音进紫阳茶；广西巡抚鄂宝进刘仙茶等等，共三十多种。这么多的茶叶，皇帝未必全用。从档案记载上看，乾隆皇帝“留用”或“要去”的只有蒙顶仙、珠兰、松萝、莲心、花香、安化、普洱、龙井雨前、天桂花香等几种，这也可能是他比较爱喝的几种吧！另外还有几种是乾隆皇帝进给皇太后或赐给贵妃等人用的，主要是大普洱茶、女儿茶、普洱茶膏等。

各地进贡茶叶的做法一直保持到晚清。光绪三十一年，所进茶叶增至四十多种，龙井茶仍是首先贡进的一种，但乾隆时进贡的十来种茶叶已经没有了，另增加了十多个新品种。这些贡茶，档案上记载，很多被“老佛爷（慈禧太后）要去”或“留用”。其中桂花人参茶、珠兰茶、蒙茶、仙茶、观音茶、陪茶、砖茶、菱角湾茶、春茗茶、锅焙茶、龙里芽茶、余庆芽茶、贵定芽茶、龙泉芽茶和各种普洱茶等二十多种，“要去”最多。至于龙井茶的名称究竟是否于明末万历年间才出现呢？还有待于向精于茶史的学者请教。

出自《紫禁城》1982年第2期

品级山

品级是古代区别官员阶位等级的名称。清朝沿用古制，把官员的等级分成正一品、从一品，以下至正九品、从九品共十八个品级。如内阁大学士为正一品，协办大学士为从一品，各部院的尚书从一品，侍郎正二品，知府一般为从四品，知县一般为正七品，八、九品官在部为司务、笔帖式等，在县为县丞、主簿、巡检等。

品级山，是清廷在太和殿举行典礼时文武百官行礼时应站位置的标志。系用铜铸，高约三十厘米，内空，底面呈扁圆形，长径三十九厘米，短径约二十四厘米。举行典礼时，品级山摆在太和殿院内御路的两旁，东、西各二行，每行自正、从一品至正、从九品，各十八座，总共七十二座。清朝规定，每逢皇帝登极、皇帝大婚，每年的元旦、冬至、万寿（皇帝生日）节等日子都要在太和殿举行典礼。典礼中，王公、文武百官向皇帝行三拜九叩礼，规定其位置：王公在丹陛上（即太和殿前三层白石栏杆的月台上），以亲王为一班，郡王为一班，贝勒、贝子为一班，入八分公（公爵中待遇从优者）为一班。左翼在东，右翼在西，皆面向北站立。文武百官的拜位在丹墀内（即月台下面御路两旁），八旗官员：各按旗属分为东西两班，镶黄、正白、镶白、正蓝在东班；正黄、正红、镶红、镶蓝为西班，各以品级为序。部院官，也分东西两班。宗人府、内阁、吏部、户部、礼部、通政使司、翰林院、詹事府、太常寺、光禄寺、鸿胪寺、国子监、吏科、户科、礼科、钦天监、太医院在东班；兵部、刑部、工部、都察院、大理寺、銮仪卫、太仆寺、中书科、兵科、刑科、工科、顺天府、京县、五城兵马司、京五营在西班，也各以品级为序。外国贡使在西班之末。

行礼时，各以品级山为标志，东西横向排列，面向北，东西各十八排，每排排首有御史一名。另在殿内外还有其他部门之官员多人及中和韶乐乐队、丹陛大乐乐队等，在举行典礼时执行任务。

清朝的这些礼节多承袭明制。明朝百官拜位的标志是木制朝牌，上写品级，列在丹墀左右的木栅上。清朝铜制的品级山比明朝的木朝牌要坚固、美观得多。

出自《紫禁城》1982年第4期

德寿宫与青莲朵

乾隆皇帝弘历是一个乐于游历、崇尚风雅的人，巡幸所至，每多题咏，对名胜古迹，亦留意考察。乾隆十六年（1751 年），奉皇太后第一次南巡时，在杭州曾到吴山的宗阳宫游览，留下了一段韵事。

宗阳宫，在南宋时，原系秦太师的赐第。绍兴三十二年（1162 年）六月，高宗赵构倦勤，传位于孝宗赵眘，自己做太上皇，即命工于此第建筑宫殿居住，命名为“德寿宫”。据《武林旧事》载，“德寿宫，孝宗奉亲之所”，并云：“高宗雅爱湖山之胜，恐数跸烦民，乃于宫内凿大池引水，以象西湖冷泉，叠石为山，作飞来峰。”《梦粱录》谓：“其宫中有森然楼阁，扁曰‘聚远’。屏风大书苏东坡诗‘赖有高楼能聚远，一时收拾付闲人’之句。”苑中植有奇花异木，宫内的亭、堂、馆、榭，各赐以嘉名。太上皇与皇帝常在德寿宫筵宴饮酒，听乐观舞，赏花玩月，看杂技百戏，欣赏书画玩物等，并常命翰臣进词，至大醉方罢。《德寿宫起居注》载，乾道三年三月初十日，因连日天气甚好，皇帝遣阁长至德寿宫，恭邀太上皇于一、二日间幸聚景园看花，太上皇表示：“本宫后园亦有几株好花，不若来日请官家过来闲看。”次日，皇帝及皇后、皇太子即过德寿宫，并宣召知阁张抡、曾觌等人侍宴，同至后苑看花。后又登御舟，观百戏、杂艺。在舟中张抡进《柳梢青》词一首：

> 柳色初浓，余寒似水，纤雨如尘。一阵东风，縠纹微皱，碧沼鳞鳞。
> 仙娥花月精神，奏凤笼、鸾弦斗新。万岁声中，九霞杯内，长醉芳春。

接着曾觌又用原韵和词一首。然后赏牡丹，饮酒，命琼华、绿华二少女表演琴阮、下棋、写字、画竹、背诵古文，并听刘婉容进自制阮谱三十曲。是日，太上皇、皇帝、太子俱醉，酉时方散。

淳熙三年五月二十八日天申圣节，行过礼后，皇帝以下俱簪花侍宴，“宫嫔五十人，皆仙妆，奏清乐，进酒，并衙前呈新艺”。这天太上皇赐皇帝御书《急就章》《金刚经》。皇帝亦进御书真草《千字文》，并同皇太子共至蟠松树下看御书诗。

淳熙五年二月初一日，皇帝到德寿宫朝拜后，太上皇特地留皇帝在石桥亭子上看古梅，太上皇介绍说：“苔梅有二种：一种，宜兴张公洞者，苔藓甚厚，花极香；一种出越上，苔如绿丝，长尺余。今岁二种同时著花，不可不少留一观。”后动乐捧觞，君臣尽醉而罢。时南宋仅余半壁江山，皇家尚如此寻欢作乐，不知亡国之将至，后人每游此地，不禁喟然生叹！

德寿宫后因无人居住，逐渐荒废，至咸淳年间，一半已为民居，一半建为道宫，即宗阳宫。元、明间，又以余地割为官署、民居，至乾隆时已不及原规模十之二三，但某些遗迹尚存。明时又有人镌梅石碑，以传德寿宫旧迹。

弘历在德寿宫旧址中，见梅石碑一通，相传为明代名画家蓝瑛所绘，反映了南宋德寿宫两件遗物：一为前述之苔梅，一为山石，名芙蓉石。乾隆时，梅已不存，仅存此碑和山石。弘历见此二物，“抚摩良久”，不免发抒怀古之幽情，遂作《题德寿宫梅石碑》诗一首：

临安半壁苟支撑，遗迹披寻感慨生。
梅石尚能传德寿，苔华又见说蓝瑛。
一拳雨后犹余润，老干春来不再荣。
五国风沙埋二帝，议和嬉乐独何情！

浙江地方大吏，见弘历对芙蓉石如此留恋，于第二年即将此石运至京师。弘历半推半就，一方面说“悔囊时未颂却贡之旨”，另一方面又说：“念事已成，留置御园。”实乃称心如愿。遂命置于乾隆十六年新建成的圆明三园之一——长春园的蒨园内，并亲自命名为“青莲朵”。据《日下旧闻考》载，蒨园位于长春园正门迤西滨湖水石之间，门西向，园内有朗润斋、湛景楼、菱香沜、别有天、标胜亭、委宛藏、韵天琴、青莲朵等八景。“青莲朵”石即摆在蒨园门内。

乾隆三十年，第四次南巡时，弘历又发现上述的梅石碑“实系孙杕画梅，蓝瑛画石”，并见到碑已有漫漶，遂命人摹刻梅石碑一通，与杭州旧碑并立。乾隆三十二年又重摹刻一通，置于北京蒨园“青莲朵”石侧，立在蒨园门左的碑亭内。此事在乾隆三十二年御制《重摩梅石碑置青莲朵侧而系之诗》的序中记述得很清楚：“乙酉（乾隆三十年）冬曾摩德寿宫梅石碑，驿致杭州，以存旧迹。因思梅既久枯，石又北来，则新碑与旧碑不过留其名于依稀仿佛间耳。既又思梅之槁于南者，虽不可复生，而石之存于北者固在也。因命重摹一通，置之石侧。青莲朵者，盖壬申初到时所命名，亦并有诗纪事云。”壬申（乾隆十七年）诗其三，曰：“梅亡石在石谁怜，碑迹长从梅石传。石过江来碑独在，江梅春到总依然。”乾隆十八年御制《蒨园八景诗》中，亦有咏“青莲朵”的绝句。到乾隆四十九年，最后一次南巡时，弘历已七十四岁，对此事犹兴致盎然，又叠十七年旧韵赋七律一首：“昔日孙蓝合作碑，惜其漫漶笔摹之。虽然德寿寓兴偶，亦只云烟过眼为。梅自无心依石瘦，石如有意学梅姿。无心有意胥置却，七字正吟又此时。”

有关此事的遗迹，北京圆明三园，众所周知，已毁于英法侵略军的手下，蒨园旧址亦无法找寻。杭州德寿宫遗址，经笔者目睹，现已建为工厂，只有工厂的后院，建筑物的地下层，尚保存有堆山、石洞数十步，原来的梅石碑、乾隆时摹刻的梅石碑均未发现。只有从杭州运到北京被命名的“青莲朵”山石，至今还在北京中山公园西部小山的坡下昂首挺立，乾隆时题镌的“青莲朵”三字，依然清晰可见。

出自《紫禁城》1983 年第 2 期

明代的常朝御门

明清两朝，都有常朝和御门听政的制度。明朝的常朝和御门听政同时在奉天门（嘉靖时改为皇极门，清初改称太和门）举行，故称“常朝御门”。清朝的常朝和御门听政则不在同日举行。常朝在太和殿，御门听政在乾清门。

明常朝御门仪，据万历《明会典》载：凡早朝，先击鼓，文武百官分别在午门的左右掖门外排队等候，鸣钟后开门（钟鼓均在午门上），各以次进左右掖门，过金水桥，至皇极门丹墀东西相向站立。等皇帝来到，升宝座，鸣鞭，在鸿胪寺官赞唱下，百官入班，面北行一跪三叩头礼。朝拜后，再分班侍立。如有谢恩、见辞人员，鸿胪寺官宣念后，在午门外行礼。然后各衙门以次奏事。奏事完了，御史、序班纠仪（纠举失仪的人），最后鸣鞭，皇帝还宫，百官以次退出。

朝班的次序，有序牌作标志，牌上大字书品级，列于丹墀左右的木栅上。大体是文东武西，公、侯在班首，次驸马，次伯，再次是一品以下各级官员。官员如奏事，须从班末行至御前跪奏，不许从班内横穿，奏毕退回班内。嘉靖九年规定，常朝行礼毕，内阁官、锦衣卫官升至宝座之东西侍立，遇有钦差官等领敕，翰林院、詹事府等堂上官有一人轮流捧敕，立于内阁官之后，领敕毕，仍回本班。

明代规定朝仪甚严，朝班内如有言语喧哗、回顾耳语、咳嗽吐唾或退班时与御轿并行者，均属失仪，御史或序班要即时纠举，拿送御前请处。但四品以上翰林院学士及领敕官，不当面纠举。后来，锦衣卫的人也管纠仪。崇祯五年《题本档》中，记载有锦衣卫管卫事、左军都督府都督同知张元孙题本一件，内写“本月（二月）二十六日早，恭遇皇上御皇极门”。“臣看得，百官奏事之际……有东班一官，手捧题本一封，从科官旁趋上，旋复趋下。臣不知何官，随于散班后查询，始知为吏部考功司主事陈观阳……具有题本一封，递与本部堂官面呈，故趋上复下，事属失仪，例应查参”，因此奏了一本。

景泰初年，可能由于对也先战争形势的需要，还规定有午朝制度。御座设在左顺门

（今协和门），南向，文武执事奏事官，在左掖门内序立，按照衙门次序出班奏事。“如有机密重事”，可在一般奏事毕再到御前具奏。

常朝御门的活动，明初较勤，到嘉靖时，自二十一年“壬寅宫变”以后，皇帝一直未视朝。隆庆帝继位后，只逢三六九日视朝。此制度逐渐废弛。万历年间，由于久不临御，朝臣竟不明确班次，甚至发生上朝时因班次不明而争吵不休的现象。

正统十四年（1449 年），太和门前还发生过一起重大事件。据《明史》及《明史纪事本末》载：这年八月，由于北方也先部不断骚扰，大太监王振怂恿好大喜功而不懂军事的皇帝朱祁镇亲征，结果失败，皇帝被俘，太后便命朱祁镇之弟郕王监国。

郕王临午门前视事，大臣们纷纷弹劾王振，认为皇帝被俘，是王振的罪过，“请灭其族，以安人心”。郕王没有主意，离座进了午门，内使将要关门，群臣也一拥而入。郕王遂命马顺去籍没王振家族。众人说：马顺是王振党羽，不能让他去！马顺这时又从旁叱百官退去。给事中王竑愤然揪住马顺的头说：马顺一直帮助王振作恶，今天还不知畏惧！于是大臣们一齐殴打马顺，拳击脚踏，顿时死去。他们又要出王振党的毛、王二人，也被当场殴毙。朝班大乱。郕王几次要起身还宫，兵部侍郎于谦见此情势挺身而出，拉住郕王的衣袖说：殿下不要动，王振是罪首，不籍没他不能平众愤，群臣也是为了社稷，不会有别的问题。郕王降旨说：“马顺罪应死，勿论。”事态才稳定下来，群臣“拜谢而出”。事后，吏部尚书王直握住于谦的手说：今天的事多亏有你！不然有一百个王直，也没有办法！此后，郕王即在奉天门偏左边受朝办事。不久，郕王被拥立为皇帝，于谦升为兵部尚书。十月，他胜利地指挥了历史上有名的北京保卫战。

出自《紫禁城》1983 年第 2 期

和孝公主的妆奁

《清朝野史大观》所载的清宫遗闻，多系辛亥革命以后的传闻，不写出处，令人难以置信。但有些条目，抄自清人笔记，也不无可信之处。如《和孝公主》一条，即抄自《啸亭杂录》，其前半段仅与原文有十几个字修辞上的差异。《啸亭杂录》系礼亲王昭梿所著，内容大体准确，尤其是有关皇家的故事，更不会虚构。在《清朝野史大观・和孝公主》中说"和孝公主，惇妃所生，为高宗最幼女，上甚钟爱"，并说"少尝男装，随上较猎，射鹿，上大喜，赏赐优渥。下嫁于和相子丰绅殷德"，这些均与历史相符。

《皇室四谱》载：和孝公主，惇妃所生。惇妃汪氏为都统四格之女。档案记载，惇妃，乾隆十一年三月初六日生，乾隆二十八年十月被选入宫，十八日新封为永常在，时年十八岁，而乾隆皇帝已五十三岁。不过，惇妃还不是最后入选的女子，最后选进宫的有金常在和循嫔两人，这年弘历已六十六岁。

永常在于乾隆三十三年进为永贵人，三十六年十一月十日封为惇嫔，三十九年十一月进为惇妃，次年正月初三日生下弘历最小的女儿——十公主。十公主满一周岁的时候，即乾隆四十一年正月初三日晬盘日，赏给她汉玉撇口钟、汉玉娃娃戏狮、青玉匙、红白玛瑙仙鹤、油珀圆盒、玉扇器等很多玩器。

乾隆四十三年，惇妃因殴毙使女，曾受到降级为嫔的处分，但不久又复妃号，可能与宠爱十公主有一定关系。十公主年方六岁，弘历即将她指配给当时权势最大、最为富有的御前大臣、军机大臣、大学士和珅十岁的儿子丰绅殷德为妻，也说明弘历对十公主的关照。

当十公主长到十三岁时，被破格地封为固伦和孝公主。按常规，妃嫔所生皇女，只能封为和硕公主，皇后所生皇女才能被封为固伦公主。又据档案载，因十公主自这年三月二十六日起留头发，准备下嫁，于三月二十日赏她一批珠宝绸缎，到二十六日又赏给十公主金镶松石如意一柄，伽南香念珠一盘，汉玉扇器四件，并赏给丰绅殷德金镶松石如意一柄。

乾隆五十四年，十公主十五岁，决定在这年十一月二十七日下嫁。按规定，自然要赏赐一笔妆奁，档案详细地记载了这次宫中赏赐各种物件的清单，约可分七类：

（一）头饰

红宝石朝帽顶一个，嵌二等东珠十颗。

金凤五只，嵌五等东珠二十五颗、内无光七颗，碎小正珠一百二十颗、内乌拉正珠二颗，共重十六两五钱。

金翟鸟一只，嵌碟子一块、碎小正珠十九颗，随金镶青金桃花垂挂一件，嵌色暗惊璺小正珠八颗、穿色暗惊璺小正珠一百八十八颗、珊瑚坠角三个，连翟鸟共重五两三钱。

帽前金佛一尊，嵌二等东珠二颗。

帽后金花二枝，嵌五等东珠二颗。

金厢珊瑚头箍一围，嵌二等东珠七颗，重四两七钱。

金厢青金方胜垂挂一件，嵌色暗惊璺小正珠二十四颗、穿碎小正珠二百四十九颗、珊瑚坠角三个，重四两五钱五分。

金嵌珊瑚项圈一围，嵌二等东珠五颗、五等东珠二颗，重五两四钱。

鹅黄辫二条，松石背云二个，珊瑚坠角四个，加间三等正珠四颗、四等正珠四颗。

双正珠坠一副，计大正珠六颗、二等正珠六颗，加间碎小正珠六颗，金钩重一两七钱五分。

金手镯四对，重三十五两。

金荷莲螃蟹簪一对，嵌无光东珠六颗、小正珠二颗、湖珠二十颗、米珠四颗、红宝石九块、蓝宝石二块、碟子一块，重二两一钱。

金莲花盆景簪一对，嵌暴皮三等正珠一颗、湖珠一颗、无光东珠六颗、红宝石十二块，碟子一块，无挺，重一两五钱。

金檀灵祝寿簪一对，嵌无光东珠二颗、碎小正珠二颗、米珠十颗、碟子二块、红宝石四块、蓝宝石二块、碧牙玭二块，重二两。

以上是一批首饰，从这些详细记载中可想象到在合卺宴上公主头上珠光闪烁的情景。

（二）朝珠

清代皇家有一种象征着高级权贵的特殊装饰品——朝珠。这种朝珠可用各种宝石珠玉缀成，十分华贵，只有皇室主要成员和高级官员能够佩戴，低级官员是没有资格戴的。

和孝公主的妆奁中也有各式各样的朝珠，包括：

碎小正珠小朝珠一盘，计珠一百零八颗，珊瑚佛头塔、记念，银镶珠背云，嵌小正珠一颗、米珠四颗，小正珠大坠角，碎小正珠小坠角，加间米珠四颗，金圈八个，连绦结共重一两八钱五分。

以下每盘朝珠都有这样详细的记载，为了节省篇幅，下面不得不略去详细说明，只抄一个品名。

又碎小正珠小朝珠一盘（其细部与上一件不同）、珊瑚朝珠一盘，又珊瑚朝珠一盘、青金石朝珠一盘、催生石朝珠一盘、松石朝珠一盘，又松石朝珠一盘、蜜蜡朝珠一盘，又蜜蜡朝珠一盘。

（三）皮衣

绛色缎貂皮袍、青缎貂皮褂、青缎灰鼠皮褂各两件，青缎天马皮袍、绛色缎灰鼠皮袍、绛色缎羊皮袍、绛色绸羊皮袍、绛色缎上衣羊皮下接银鼠皮袍、石青缎貂皮褂、石青缎绣八团金龙貂膁皮褂、石青缎绣八团白狐膁皮褂、石青缎缀四团夔龙银鼠皮褂各一件。

（四）衣料

各种绸、缎、纱、绫共九百四十四，细目从略。

（五）各种用具

金镶玉草箸二双，商银痰盆二件（以下每件重量从略），银粉妆盒一对，银执壶一对，银茶壶一对，银盆二件，银壶一把，银盒二件，银盒一对，商银小碟一对，镀金盒一对，银杯盘十份，银壶四把，银匙四把，玉杯八件。

（六）梳妆用品

象牙木梳十匣，黄杨木梳二十匣，篦子十二匣，大抿二十匣，剔刷一匣，刷牙刮舌十二匣。

（七）陈设品

摆紫檀格子（即多宝格）用：青汉玉笔筒、青玉杠头筒、青玉执壶、汉玉仙山、汉玉鹅各一件。

摆紫漆案用：汉玉璧磬、汉玉半璧各一件。

摆紫漆琴桌用：汉玉磬、汉玉璧、青玉瓶各一件。

摆黑漆笔砚桌用：汉玉笔架、汉玉璧、汉玉水盛各一件。

紫檀画玻璃五屏峰（风）简妆二座（每座随玻璃镜一面）。红雕漆长方屉匣十对，雕紫檀长方匣六对，红填漆菊花式捧盒二对。

同一天，还赏给额附丰绅殷德朝珠二盘，红宝石朝帽顶一个，帽前金佛一尊，帽后金花一枝，镀金嵌碧牙玹四块瓦一副，银镀金嵌温都鲁四块瓦一副，象牙牙签筒一件，虬角牙签筒一件，集锦荷包二匣，小刀二把。各种皮袍、皮褂十二件。另赏头等女子四名、二等女子四名、三等女子四名，每名女子各赏有皮、棉、夹衣，丝缎衣料，银项圈，铜耳坠。并赏给户口男人十一人，女人十一人，户口管领夫妇二人，也各赏有衣服。

此外，还赏给公主、额附做衣服、被褥、帐幔等物用的绸、缎、纱等八百五十九匹，以及黄猩猩毡二丈一尺，红猩猩毡一丈八尺七寸，绣缎领、袖十副，绣纱领、袖三副，绒线四十四匣，三等金线七百三十四子。

这些陪送物已是洋洋大观了，但还不是全部。另外，也许是出于对十公主的特殊宠爱，又加赏了一批妆奁。这批加赏的妆奁有：紫檀玉如意一盒（九柄），红填漆菊花式捧盒八对，黄彩漆八方捧盒七对，雕漆填金捧盒二对，填漆透风八方捧盒八对，彩漆皮圆盒五十件，银珐琅里镶嵌玳瑁面盆七件，广珐琅面盆四件，铜镜四面，玛瑙把镜四件，珐琅把镜四件，紫檀支镜十件，翠顶花钿边三十份，翠凤二十匣，翠花六十匣，小抿二十匣，篦子八匣，刷牙刮舌八匣，剔篦二十匣，剔刷十九匣，旧锦缎绸里夹被三件，大红缎绣花卉高桌围四个，缂丝扇套片十片，缂丝香袋片十四片，绣香袋片五十六片，绣缎镜套料三十六片，小荷包料八十八对，缂丝镜套料二片，西洋线络单一块，绣纱帐子一件，绣纱幔子二件。

这份档案所记的只是从宫中赏出的首饰衣物，作为和孝公主的妆奁，仍然不是全部，因为还有通过礼部等处备办的礼物，尚不包括在内。

十公主下嫁后六日，即十二月初三日，公主和她的丈夫丰绅殷德进宫行回门礼，这时又赏赐给她们一批厚礼，在此就不再赘述了。总之，从十公主下嫁所赏赐给她的妆奁中，可以看出乾隆皇帝对自己六十五岁时新得的小公主是比较钟爱的，足资证明《清朝野史大观》所抄的《啸亭杂录》上的这一条材料并非杜撰。

出自《紫禁城》1983 年第 5 期

清朝午门的守卫

午门，是明清宫城的正门，其守卫是非常森严的。清廷在入关前即规定，由八旗中的上三旗（镶黄、正黄、正白）的护军参领、护军校、护军负责守卫禁门。入关后顺治初年，仍命上三旗守卫紫禁宫阙，并规定午门左右门有护军参领一人，司阅门籍护军二人，护军校、护军三十人，午门内蹬道栅栏处有护军校、护军十人，共同负责轮班守卫。这一规定，一直延续下来。到雍正元年决定，圣驾巡幸要加强门卫，午门及东华门、西华门、神武门各增设护军统领一人。统领比参领高一级，也是一个旗的护军中最高的军官。乾隆二十三年又决定紫禁城四门每门增设章京二人，专司看守。

守卫禁门的武器配备，顺治年间规定：紫禁城四门护军校、护军直宿之处，有弓、箭、撒袋、长枪等。并规定：弓，每日令弓匠张弛；箭，每十日令箭匠端杆、磨镞，并要磨枪，年终一律见新。护军每人备有甲、盔、撒袋、腰刀各一份，箭七十支；每二人合用长枪一杆。守卫人员的装束是：护军参领用獭尾盔顶，垂黑缨，护军校、护军均用铁盔顶，垂红缨。康熙初年曾规定护军校着白缎绣花衣，护军着蓝布绣花衣。至道光二十二年，护军中配备了鸟枪。咸丰三年，将午门、神武门、东华门、西华门外原有前锋营该班兵丁中所设鸟枪二十杆，改为每门护军营设枪兵十名，鸟枪十杆。这可能是将前锋营武力集中用于他处，守卫禁门的任务专由护军营承担了。这时，护军营中鸟枪的配备大量增加，每旗约九百杆，这可能与太平天国军迫近京师有关。

午门及紫禁城其他门的护军官兵，日间轮班守卫，夜间须巡更传筹。与午门连在一起的巡更传筹路线是：自阙左门发筹，西行经午门，出阙右门，再经西华门、神武门、东华门，回至阙左门，中间要经过很多栅栏和二十二个汛（即哨卡）。

出入午门，是有等级规定的。午门的中门等级最高，是皇帝出入的门，皇后只在成婚日入宫时经过一次。再是殿试时中了状元、榜眼、探花的三个人，出宫时能走一次。一般人是不许走的。平时，文武官员走东偏门，宗室王公走西偏门。东西两拐角处的左、右掖门，平时不开，只有在大朝的日子，文东武西，分别由掖门出入。殿试时贡士们按会试考中的名次，单数走左掖门，双数走右掖门。其余如内大臣、侍卫、内务府官、各执事人、内监、厨役、工匠、服役人等，分别于东华门、西华门或神武门出入。王公大小官员出入要报名，工匠服役人等要佩带腰牌。每门设有护军二人各执红仗，坐于门口，王公大臣经过时也不起立，如有不报名擅自出入的，可用红仗笞打。

清初还规定，入午门时，王公可随护卫六人，世子、郡王可随五人，贝勒随四人，贝子随三人，公随二人，民公、侯、伯、都统、尚书、子、护军统领、副都统、侍郎许随一人，其余官员不许随从。亲王乘轿、马者至午门下；郡王至午门前两配楼角下；贝勒以下，在阙左门、阙右门外下马碑处下。此规定以后虽稍有更改，但大致不变。

到晚清时，对宫内下层人员出入控制得更为严密。同治十三年，曾命总管内务府大臣将腰牌发给所有各处当差人役，出入须佩带，并造具花名、年貌清册，发给禁城四门，以凭核对。各部院衙门也要一体造具年貌腰牌，散给吏役人等佩带。各旗营所属官员进门时，也要在该门投递职名，差毕出门时，再行撤去。到光绪初年又重申，各处苏拉（杂役）、厨役等人出入也是要造具籍贯、年貌、姓名细册，添给腰牌，“以杜借带腰牌、冒充等弊”。清初腰牌上只有火印，这时要书写姓名、年貌、籍贯等，手续严多了。即使如此，仍难免有“借带腰牌、冒充”的事件发生。为此，光绪八年（1882 年），慈禧太后亲自下了一道懿旨：“禁城重地，理宜严肃，官兵直班稽查，本有成法可循，乃日久废弛，甚至宵小潜踪，叠次偷窃，尚复成何事体，亟应认真整顿……前锋、护军各营值班弁兵，必须年力精壮、技艺娴熟，方资得力。著该统领详加查察，汰弱留强（其实早在雍正三年时就有年逾六十五岁的护军校和年逾六十岁的护军了），严禁包揽替班等弊。……倘再稽察不严，致有匪徒混迹及盗窃案件，即将该管大臣等暨所属官兵，分别严惩。”懿旨虽很严厉，但却暴露了护军的腐败。到后来，谕旨再严，守卫再多，也挡不住辛亥革命的洪流了。

出自《紫禁城》1983 年第 1 期

养心殿附属建筑的使用

养心殿前殿、后殿的使用和陈设，不仅清朝官方资料中有明确记载，而且故宫博物院还根据这些记载，从清宫遗留文物中找出原物，恢复了清代各个时期具有代表性的陈设状况。如乾隆时期的三希堂、光绪时期慈禧太后垂帘听政处等等，使观者一目了然。但在这个主殿周围，还有许多附属建筑，它们的使用情况，就很少见有记载了。而一般人的心理往往是越没有记载的地方，越想知其所以，哪怕是推测也好。对此，在没有发现更多确切资料的情况下，也只有暂做一些稍有根据的推测。

养心门外，有几排屋脊不及宫墙、进深不足四米的矮小连房，其用途是不见史册的。现从其规格上看，绝非帝后妃嫔所用，也不会是王公大臣以及御前侍卫等人所用，因为他们在附近都有较高些的正式值房。但养心殿日间皇帝在此召对臣工、批阅章奏，晚间，帝后妃嫔等人分别在此共同生活，是使用率最高的地方，为皇帝生活服务的太监们则不能距离太远。他们的值房设在养心门内当然不便，只有设在养心门外最为合适。因此，可推想此处当是为养心殿服务的太监们的值房。当然等待引见或召见的官员们在此暂候也未为不可。《翁文恭公日记》中曾说：光绪十三年，“斋宫动工，移（光绪帝）书房于养心殿东暖阁。余等直庐移于养心门西头东向二间，略如船式，盖总管屋也”。这里说的养心门西头，自然是养心门外西头，因门内西头是西配殿，它与东配殿一样，一直是佛堂，既不是“船式”，也不能做值庐，只有养心门外小西房才狭窄得像小船。养心门外是东西狭长的小院，东头是遵义门，东向；北面正中是养心门，南向，此院的小群房自然是西房为上，作总管屋，其他屋则是太监的值房，这样推测，大概不会距事实太远。

大家最有兴趣的，还是想知道养心殿后殿东西耳房和东西围房的用途。东耳房现在有匾，名“体顺堂”，西耳房为“燕禧堂”。体顺堂，《翁文恭公日记》中载：“殿之西曰体顺堂，皇后所居也。”这里殿之西的“西”字是误记，因为钤有“慈禧皇太后御笔之宝”的“体顺堂”匾，现仍挂在东耳房。东西耳房清初一直没有命名，据记载，乾隆、嘉庆、道光时均为皇后所居，至咸丰年间始命名为“绥履殿”，西耳房名“平安室”。体顺堂和燕禧堂是光绪初年的命名。

按史载，明朝皇后住在中宫，即坤宁宫，妃嫔住东西六宫。清代将坤宁宫中部和西部改为祭神的场所，只东部为仪式上的洞房，皇后平时则另有宫居住。如咸丰皇后住钟粹宫，同治皇后住储秀宫，光绪皇后又住钟粹宫等。既然如此，为什么养心殿又有皇后住所呢？估计是皇帝需要皇后侍寝时的临时住处。西面燕禧堂则是其他妃嫔的临时住房。

清代侍寝制度，从不见记载。《周礼》郑注中曾谈到过："凡群妃御见之法，月与后妃其象也。卑者宜先，尊者宜后。女御八十一人当九夕，世妇二十七人当三夕，九嫔九人当一夕，三夫人当一夕，后当一夕，亦十五日而遍云。"这是后汉郑玄参照《礼记》中"古者天子后立六宫。三夫人，九嫔，二十七世妇，八十一御妻"的记载，对后、夫人、嫔、世妇、御妻依次进御的解释，实际未必曾按此施行。因为天子妃嫔众多，皆任意而为之，岂能拘于此礼？此问题古人亦有相似看法，如宋陈君举在解释《周礼》时曾说："妇人女子，常与至尊幽居九重，人弗得见，骄蹇自恣，无所不至（这只是个别女子）。故使之分职六宫，附属于冢宰。"但他最后又说："后世一女专恣，而公卿附，离之不暇，尚何冢宰之能率。"可见自古以来，率皆如此。

至于《清代秘记》所谈"敬事房太监之职务"是"专司皇帝交媾之事者也"。并云有驮妃太监等等，实不堪引用。此种说法，只不过是故弄玄虚，以污人耳目，是对历史事实不负责任的、没有根据的传说。妄谈者不知，清宫对太监管束綦严，在宫中走路，遇到宫女还需站在一旁低头避让，岂能允许他们接触妃身？荒谬！荒谬！近来竟有以此说的一部分摄入历史影片者，观者或信以为真，殊为遗憾！

归于养心殿后殿的东西围房的使用，更不甚明了。仅在嘉庆御制诗注中曾记为"围房直舍"。但这是谁的值舍呢？

从嘉庆年间"养心殿东西耳房围房陈设"档案中看，当时东围房北头南一间：床上设楠木小桌一张，上设成窑青花白地玉壶春一件，冬青釉绳耳三足炉一件，汉玉蓍草瓶一件；地上设楠木抽屉桌一张。

中间北次间：桌上设楠木炕桌一张；地上设花梨木桌一张，上设：双耳乳足铜炉一件，紫檀木匙箸瓶盒一份。

中间南次间设黑漆琴桌一张。

中间南梢间床上洋漆笔砚桌一张，上设：木笔筒一件（漆座内插笔三枝），水晶扁花插一件，玛瑙海螺一件，汉玉腰圆扁花插一件，宣窑青花白地吉利瓶一件，松花石砚一方，青玉圆水盛一件，水晶砚山一件，玛瑙灵芝陈设一件，紫檀木嵌白玉镇纸一件（以上陈设自嘉庆七年至十二年有很大变动）。西围房的陈设也相似。

这些陈设虽赶不上东耳房皇后屋陈设的一半，但也可以认为，在这座皇帝同后妃们共同生活的养心殿后院里，不会是太监的值舍，也不会是宫女或宫媪（清宫称"妈妈里"）

的值舍，因为太监、宫女们的值舍，是不会有这些珍贵的骨董玩器陈设的。因此，这里只能是妃嫔、贵人、常在、答应等人侍寝前的值舍。特别是同治年间西围房曾挂有“祥衍宜男”“定生贵子”等匾额，也可以说明是妃嫔们侍寝前的值房，当然在某一时期也可能令某个妃嫔长住一段时间。

至于侍寝或侍寝制度的细节，我认为不宜做烦琐的考证，因为它与历史的研究无关紧要。

出自《紫禁城》1983年第6期

乾隆时期的园囿

园囿，是清代官书中的名称，古代只称囿或苑，为历代帝王的生活设施。商代甲骨文中有“”，即囿字。《周礼·地官》载有“囿人，中士四人，下士八人，府二人，胥八人，徒八十人”，可知当时王宫已有专门管理囿的机构。秦汉以后，皇家的囿中逐渐盖有较多的建筑物，并养百兽，植果木，名为苑。如《三辅黄图》载：“汉上林苑即秦之旧苑也。”“上林苑方三百里，苑中养百兽，天子秋冬射猎取之。帝初修上林苑，群臣远方各献名果异卉三千余种植其中”，并有离宫七十所，皆容千乘万骑。可见规模已相当宏大了。后来由于人工造景的成分日益增加，遂形成一项独立的园林艺术。沿及清代，不仅继承了传统的造园艺术，而且在长期的经营中，还形成了某些独特的风格，使封建帝王园囿出现了最后一个兴旺时期。

一　清代造园概况

清廷入关以前，统治集团的主要精力用于战争，对于园囿的建造，尚无暇顾及。入关以后，顺治朝十八年中，虽曾拟建避暑宫殿，但未实行，只对明代的南苑等地进行了一些修整。到康熙皇帝亲政以后，随着政局的逐渐稳定，便开始利用明代旧苑进行营建。康熙二十一年，先建南苑行宫，后又建香山行宫及畅春园。康熙四十二年始建避暑山庄，四十八年建赐胤禛的圆明园。雍正年间主要扩建了圆明园，其他无大兴建。到乾隆年间，由于社会经济进一步发展，国库已较为充裕，弘历对园林的需求也越来越大，不但大力重修、扩建原有的园囿，而且筑造了新园，使有清一代的园囿大为发展起来。

乾隆三年开始，建造南苑更衣殿。五年新建紫禁城西路建福宫花园，并在胤禛扩建后的圆明园中又增建了很多风景点，从雍正时的二十八景增至四十景。还重修了北海白塔前的庙宇，改名为永安寺，增建了团城承光殿前石亭，置元代青玉瓮于其中。

乾隆十年至二十年间是清宫修建园囿的高潮时期。这期间，曾就西郊香山寺故址修葺扩建，赐名静宜园，建香山碧云寺。北海北岸增建阐福寺，白塔山西麓建阅古楼，嵌安《三希堂法帖》刻石四百九十五块，同时增建了阅古楼附近的八角石柱亭、亩鉴室、水精域等景点。在景山顶上增建了五亭，重修西直门外乐善园，新建高梁桥附近的倚虹堂行宫、南苑的德寿寺。弘历为庆贺其母六十寿辰，还新建了圆明园附园之一的长春园，并于紫禁城内改建咸安宫为寿安宫，重修慈宁宫及慈宁花园；疏浚昆明湖，导引玉泉水，于瓮山之阳建延寿寺，瓮山命名为万寿山，在山上及周围建造了很多风景点，赐名为清漪园，又重修了静明园。这时，规模巨大的“三山五园”（即万寿山、玉泉山、香山、圆明园包括长春园以及畅春园、清漪园、静明园、静宜园），一个山光塔影、松风鹤唳、泉水潺湲、地跨数十里的皇家大风景区已经连成一片。

乾隆二十年以后，园囿的兴建还在继续进行，如西苑南海的南岸建宝月楼，中海重建紫光阁。为太后七十寿辰重修西郊的万寿寺，寺外还别具一格地建苏州街，又建香山宝相寺，浚圆明园前湖。为庆祝太后八十寿辰，添建了北海北岸的万佛楼。乾隆三十五年，弘历六十寿辰时，圆明园的另一附园绮春园也已建成。到乾隆四十年前后，又新建了为乾隆年届六十传位后休养居住的宁寿宫和宁寿宫花园，此为紫禁城内最后建起的一座花园。此后仍有局部工程，但大规模建造园林的局面已不复出现了。

据《清会典事例》《清通志》《日下旧闻考》等书所载，乾隆年间园囿的数量是相当可观的。在西郊泉水丰富的地带，主要有圆明园及附园长春园、绮春园，畅春园，西花园，圣化寺，泉宗庙，清漪园，静明园，静宜园，乐善园，钓鱼台等。南郊有南苑，蓟县有静寄山庄，承德有避暑山庄，皇城内有西苑（包括南海、中海、北海），景山。紫禁城内有御花园、慈宁花园、建福宫花园、宁寿宫花园（即乾隆花园）等共二十余处。江南及各地行宫内大都有园林设施，尚不包括在内。这些园囿单个的面积和规模，似比文献所载汉之上林、隋之西苑有所不及，但其造园艺术是相当精湛的，就现存遗迹看来，其规模之大、工程之巨，又远非江浙诸名园可比拟。

二　形式多样　不拘一格

清代宫廷园囿，数量既大，形式亦多种多样，约略分之，有如下几种类型：

（一）小型庭园布置。如紫禁城内建福宫花园、宁寿宫花园均属此类。特别是宁寿宫花园，是在南北长一百六十多米、东西不足四十米的狭长地段上修建的，其地位相当于宁寿宫皇极殿、养性殿、乐善堂等中路宫殿的西花园。园内没有水面，主要靠玲珑奇巧的堆山、千姿百态的花木和造型新奇多变的建筑物来取胜。造景时虽吸收了江南私家园林的优点，但仍有庄重肃穆的宫廷气氛。其余几个宫廷花园也具有同样特点。

（二）利用自然山水增筑宫室、寺庙、景观而成的园囿。园中主体为自然景物，有较大面积的山峦湖面，点缀以楼台、殿阁、桥梁，很像画中的宫苑图。如静宜园、静明园、静寄山庄、避暑山庄均属这一类，其中承德避暑山庄当数首位。它占地面积约八千四百多亩，水面七百余亩，是一个有山、有林、有泉、有湖、有宫殿、有风景建筑的离宫园囿。据《热河志》载，山庄于康熙四十二年始建，康熙四十八年称“热河行宫”，康熙五十年命名为“避暑山庄”，并对园中三十六个风景点赐予“澄波叠翠”“梨花伴月”等四个字的题名，每景给以绘图题诗。乾隆时期又多次动工修葺、增建，乾隆十六年太后六十寿辰前增建了松鹤斋、永佑寺和德汇门内的东宫，并翻盖了正宫。乾隆十九年，弘历觉得康熙三十六景之外，“佳景尚多”，又增加了“沧浪屿”“涌翠岩”等以三字为题额的风景点，连同部分康熙时用三个字题名的风景点一起，合为乾隆“三十六景”。到乾隆二十五六年前，即弘历五十岁、太后七十岁寿辰前，又增建了文津阁、烟雨楼、绿云楼、敞晴斋、秀起堂、静含太古山房等风景点。在康熙五十二年至乾隆四十五年间，为了笼络蒙古各部，先后在山庄的东面及北面建了普乐寺、安远庙、溥仁寺、溥善寺、普宁寺、须弥福寿之庙、普陀宗乘之庙、殊像寺等寺院，后称“外八庙”。使山庄成为塞外独具山水佳秀的皇家园林。

另如静寄山庄也是一处以自然景色为主的离宫园囿。是园位于北京至东陵的中途盘山，乾隆九年建成。据文献载，当时山中多松柏，泉水旺盛，风景秀丽而壮阔。山庄内除有宫殿外，还有四面芙蓉、农乐轩、贞观遗迹、层岩飞翠、沧浪亭、千尺雪等二十余景。山庄外则有万松寺、少林寺、关帝庙、水月庵等十五处寺庙，最高峰为挂月峰。这里是京东的主要名胜，每年弘历谒东陵几乎都要在此少驻，有时则专程前往。

（三）平地造园。这种类型的园囿，多是利用旧园或寺庙扩建，或新拓佳地建成的。即在平地上凿池引水，挖土堆山，莳花移木，筑以大量的亭榭楼阁或成组的建筑，成为风景层叠、富于诗情画意的园林。如圆明三园、畅春园、乐善园、泉宗庙等皆是。泉宗庙虽是庙名，实际是一处以泉水为主景的园林。据《日下旧闻考》载，泉宗庙在西郊万泉庄，乾隆三十一年建，庙内有淙泉二十八处，弘历均赐以嘉名，并刻石以志之。其二十八泉名为：滮泉、屑金泉、冰壶泉、锦澜泉、规泉、露华泉、鉴空泉、印月泉、藕泉、跃鱼泉、松风泉、晴碧泉、白榆泉、桃花泉、琴脉泉、杏泉、澹泉、浏泉、洗钵泉、浣花泉、漱石泉、乳花泉、漪竹泉、柳泉、枫泉、云津泉、月泉、贯珠泉。庙外还有三处，名大沙泉、小沙泉、沸泉。一座园里有这么多的泉水，其景色之美妙可想而知。此处因泉多而名万泉庄，为了祠泉神，弘历命建庙，名泉宗庙。庙内外，除有泉水，还有曙观楼、挹源书屋、观澜亭、扇淳室、向绿轩、主善堂、秀举楼、湛虚楼、枢光阁、依绿轩、辉渊榭、乐清馆、津逮亭、爱景庭、集远堂等风景点，可以推想，此园比人工造成的水法，要清幽自然得多了。

在这类园囿中，规模最大的当数圆明园及长春园、绮春园，亦称“圆明三园”。据乾隆中后叶编纂的《日下旧闻考》记载，当时圆明园、长春园（绮春园初建，未遑编入）中，有命名的景区、景点及建筑物，已达四百二十多处。其中属圆明园的，除十八座门和门前的各衙署值房四十二处以外，尚有风景及建筑物三百零三处。包括宫或殿十九处，楼二十九处，轩十七处，堂十六处，斋十四处，亭十四处，阁十二处，屋或书屋九处，室或书室七处，庙七处，馆五处，桥五处（未命名的桥还有很多），房四处，其余为庭、院、场、村、园、榭、坛、磴、池、沼、廊、舍、台、庐、舫、洲、岛、幢、径、居、镇、城等，各有一处、两处或三处。而数量最大的是不称为楼、堂、亭、轩等，只用二字、三字、四字、五字或七字的短语命名的风景点，如“湛绿”“芰荷香”“武陵春色”“静知春事佳”“池水共心月同明”等共一百一十处。这些题名，一部分是标榜皇帝圣明的政治口号和追求福禄寿喜的吉祥语言，大部分是描写良辰美景和表述风雅韵事的美丽词藻，另有一些则是江南名胜的原称。

对风景点或观景点题名，是中国园林的艺术手法，是构建园林的组成部分。因为这些题名能画龙点睛地指出风景的佳胜之处，能使景物进入诗画的意境，从而增加对风景的欣赏韵味和艺术感受的深度。在建筑物上或室内往往悬挂对联和诗句，更可使主题延展得愈加深奥。

从现存资料看，圆明园在乾隆时虽有四十景之称，而实际是园中有园，景中有景，千山竞秀，万木争生，佳景岂止四十！广阔的“圆明三园”称得起是园林艺术的宝库，其一山、一水、一屋、一石，无处不是造园大师们的精心之作。

三　南北融合　自成一体

从现有遗迹看来，江南园林多以玲珑精巧秀丽取胜，而北方园林则以雄健浑厚淳朴见长。清代园囿，特别像圆明园、避暑山庄等大型园囿中，有很多处是仿江南名园建造的，但又保持某些北方的风格，形成南北融合、自成一体的特色。其摹仿形式大约有三种情况：

（一）景点景名同时移入。如在“圆明三园”中，就有西湖十景：“苏堤春晓”“平湖秋月”“柳浪闻莺”“三潭印月”“雷峰夕照”“曲院风荷”“双峰插云”“南屏晚钟”“花港观鱼”“断桥残雪”，和苏州的“狮子林”，海宁的“安澜园”，绍兴的“兰亭”等。苏州的“狮子林”“笠云亭”“千尺雪”，嘉兴的“烟雨楼”，杭州的“一片云”等曾移入避暑山庄。在西苑、盘山亦各有“千尺雪”。

（二）移物。如乾隆十六年，弘历第一次南巡时，见到杭州宋高宗做太上皇时建造的德寿宫遗址中有一块梅石碑，上面刻有南宋时曾植于此宫的苔梅（一种根干部有苔丝的古梅）和一块山石的图画，当时梅花早已枯死，山石尚存，弘历对此石甚为喜爱，“抚摩良久”，地方大吏见此情景，于次年正月即将此山石运至北京。弘历一面表示“既悔曩时未颁却贡之旨”，一面又说“念事已成，留置御园”，遂置于长春园的蒨园门内，并赐此山石名为“青莲朵”。弘历曾多次题诗记述此事，抒发怀古幽情，并先后命人摹刻了两块梅石碑，分别置于杭州德寿宫遗址及长春园蒨园内。

（三）模仿后另命新名。如清漪园中的惠山园系仿无锡惠山的寄畅园建成。弘历第一次南巡时曾去此园，他认为“江南诸名墅，惟惠山秦园最古”。乃祖康熙南巡时赐题为“寄畅”。弘历“喜其幽致，携图以归，肖其意于万寿山之东麓，名曰惠山园”。

乾隆年间对模仿江南园林造园很下功夫。当然，这些仿造均不是刻意仿照，而是摹拟，或借题发挥，总在似与不似之间。一般说来，宫廷园林布局均比较严整，建筑物体量加大，用料较为讲究，建筑物造型仍具北方特色，较明显的差异是挑檐上翘弧度很小，明柱、门窗较粗壮，寓玲珑秀丽于雄伟敦厚之中。有一些建筑再饰以红墙彩瓦，这样南方的民间园林艺术就被赋予北方的宫廷色彩，形成南北融合的特有风格了。

把江南名胜移入御园，是清朝皇家特别是弘历南巡以后大为应用的做法。私家建园，在造景、题名方面，往往力求别致清新，最忌与别处雷同，不使落入俗套。而清宫建园对此颇不在意，甚至直接抄袭应用，且有“五福堂”“平安院”“多子亭”这样的俗名，其实这正说明封建皇帝的心理状态。因为在他看来，天下美好的景物，无不属于自己，当然可以任其摆布。一石一物，自可运至御园，若一景一园，则不能整个移动，只有当场绘图，回京仿建了。如圆明园中的安澜园、长春园及避暑山庄的狮子林都是这样建造的。弘历在《御制安澜园记》中曾说：“陈氏之园何以名御园？盖喜其结构致佳，图以归。园既成，爰数典而仍其名也。”另如乾隆二十二年，弘历第二次南巡时，曾携带元倪云林《狮子林图》游苏州狮子林，在园内展图对观，引起弘历的很大兴趣，曾有诗记此事。第三次、第四次南巡又来此园，亦有题诗。其中第三次南巡的题诗中认为此园“一树一峰入画意，几湾几曲远尘心。……松风阁听松风谡，绝胜满街丝管音”。第四次南巡游狮子林又作诗云：“每阅倪图辄悦目，重来图里更怡心。”他还亲自摹过倪云林的图卷，并把倪图编入《石渠宝笈》，列为上品，可见怜爱之殷。故在修建长春园时专建了“狮子林”一景，并曰：“此间邱壑皆肖其景为之。”所以“因教规写阊城（苏州）趣，为便寻常御苑临”的诗句，再清楚不过地说明弘历数次南巡，不仅要览尽江南胜景，而且要将江南甲天下之景移到自己身旁，以供随时临御玩赏。同样出于这种意愿，于乾隆四十三年又在避暑山庄修建了文园狮子林。这个景区的虹桥、云林石室、蹬道、占峰亭、纳景堂、清闷阁、藤架、清淑斋、小香幢、延景楼、探真书屋、画舫、横碧轩、水门等景名，又完全与长春园狮子林的景名相同。可见其造园之精心。

四　变神话为现实景物

皇家对赏心悦目事物之贪婪，不仅仅是将天下名胜集中于身边，甚至将古人幻想中的“仙境”，也要在御园中出现。名园中大都有此类题名，最明显的是圆明园福海当中由三个小岛连接起来的一个景区名“蓬岛瑶台”和福海北岸的“方壶胜境”。蓬岛，当指蓬莱山，《汉书》载：“使人入海求蓬莱、方丈、瀛洲，此三神山者，其传在渤海中。”瑶台，指以似玉之石装饰的高台，亦神仙所居之处。圆明园的蓬岛瑶台原名“蓬莱洲”，后改今名。弘历在《蓬岛瑶台诗》序中说：“福海中作大小三岛，仿李思训画意，为仙山楼阁之状，岧岧亭亭，望之若金堂五所、玉楼十二也。”这是他造园思想的重要说明。

方壶，亦古传说中的仙山。《列子·汤问》:“渤海之东，不知几亿万里，有大壑焉……其中有五山焉：一曰岱舆，二曰员峤，三曰方壶，四曰瀛洲，五曰蓬莱。”与《汉书》说相似。有云方壶即方丈山，亦为上述三神山之一，当然是佳胜之境。弘历在《御制方壶胜境诗》序里说：“海上三神山，舟到风辄引去，徒妄语耳。要知金银为宫阙，亦何异人寰？即境即仙，自在我室，何事远求？此方壶所为寓名也。”这再清楚不过地说明弘历集天下美景于御园的真正动机了。

五　园囿中增设政治活动场地

清宫园囿除用于游乐休憩以外，多兼有其他用途，特别是圆明园和避暑山庄，康熙、乾隆两朝作为政治活动场地更为明显，其他大型园囿，如西苑、静宜园等处亦均有勤政殿。

（一）圆明园政治机构设施

圆明园，雍正、乾隆两朝皇帝经常在此居住，为了日常办事的方便，将朝廷各政治机构均分设于此。园内的“正衙”是正大光明殿，殿在圆明园正门——出入贤良门内。其用途相似于紫禁城的太和殿或乾清宫，皇帝园居时，有些典礼性活动都在这里举行，东配殿为洞明堂，每年冬至前，皇帝对判死刑的重犯，在此处进行最后审定勾决，相当于宫内的懋勤殿。正大光明殿东为勤政殿，是批阅章奏、召对臣工的地方。

出入贤良门前，左右有朝房，并有军机处、缮书房、茶膳房、清茶房。再前为大宫门，大宫门前，左右亦有朝房。朝房之后，东为宗人府、内阁、吏部、礼部、兵部、都察院、理藩院、翰林院、詹事府、国子监、銮仪卫、东四旗各衙门直房以及银库、南书房、档案房。西为户部、刑部、工部、钦天监、内务府、光禄寺、通政司、大理寺、鸿胪寺、太常寺、太仆寺、御书处、上驷院、武备院、西四旗各衙门直房和造办处、药房等。可以看出朝廷及宫廷各个衙门在这里都设有临时机构，皇帝园居期间，其主要官员亦经常在此办事。避暑山庄的情况，也和圆明园相类似。

（二）乾隆年间对圆明园的使用

弘历在宫中居住的时间，一般是每年的冬季，春夏秋三季的大部分时间住圆明园、避暑山庄等御园中。住圆明园时，每逢祭祀、典礼等活动回宫暂住，事毕仍回圆明园。此外大部分时间是巡游、狩猎、行路，则住于沿途或各地的行宫或行幄。

据对乾隆十五年、十六年、十七年的统计，包括十六年的闰五月在内，共一千零九十二天，其中在圆明园住了三百八十六天，在静宜园住了二十三天（多次），在避暑山庄住了三十三天，此三处共住四百四十一天，占总天数的百分之四十点三八强；在木兰行围三十四天住帐房或行宫，另在南巡、西巡、幸嵩山、谒陵、赴避暑山庄及木兰来往途中亦住行宫、旱大营或水大营等共二百七十六天，此两项共三百一十天，占百分之二十八点三八强；在宫中居住了三百四十一天，占百分之三十一点二强。就弘历六十多年的皇帝生活来说，上述比例可能在路途中的比例稍大一些，因为乾隆十五年、十六年曾三次出游，但十五年又少了一次木兰行围，十六年虽去了木兰，时间较短，综合起来也相差不多。

弘历对圆明园使用的具体情况，可从乾隆十七年反映出来。因为上年南巡北狩方归，太后六十寿辰已过，需做适当休息，所以是年未做长途远游，可以反映正常居住情况。乾隆十七年正月，在宫内举行了庆贺、祭祀、赐筵等活动以后，于十一日弘历即奉皇太后至圆明园，至二十六日太后一直住在长春仙馆。长春仙馆在园内正殿的西面，是圆明园四十景之一，原为弘历即位前住过的地方，重修后，改为遇佳辰令节太后寝膳之所。正月十三日，弘历在山高水长楼前的帐房内赐准噶尔官员图卜济尔哈朗等宴。山高水长亦四十景之一，在园内西南部，此处中心建筑为山高水长楼，西向，楼后是山冈，楼前为平地数顷，上元节夕在此赐外藩宴，放烟火，平时是侍卫等人较射之所。据《啸亭杂录》载，乾隆初年定制，每年上元节前后五日，在山高水长楼观烟火。皇帝及宗室、外藩王公、一品武大臣、南书房官员、上书房师傅、军机大臣以及外国使臣按次序坐于楼门外，进茶后，演各种杂技及各族音乐。到放瓶花时，“火树崩湃，插入云霄，洵异观也”。膳房大臣进果盒后，乐部演舞灯伎，“鱼龙曼衍，炫曜耳目”。最后放烟火，“火绳纷绕，砉如飞电，俄闻万爆齐作，轰雷震天，逾刻乃已”。到结束时，已是皓月东升了。

据《清实录》载，这年正月二十八日太后离开圆明园到畅春园居住。畅春园约于康熙三十年前后在明朝戚畹武清侯李伟别墅的基础上改建而成，原为康熙帝“宁神怡性之所”，乾隆时为太后平时园居的处所。弘历园居时，每隔数日即到畅春园的寿萱春永问太后安，有时即在畅春园西面的西花园处理政事。

正月二十九日，弘历到畅春园问太后安后，因要祭祀社稷和举行经筵回到宫中，斋戒三日后祭社稷、举行经筵，事毕，于二月初九日举行了一次御门听政，在宫中度过二月初十日的乌拉纳喇氏皇后千秋节，于二月十二日到畅春园问太后安后回到圆明园。二月二十一日弘历到畅春园问太后安后，启銮谒东陵。在谒陵的归途中，自二月二十六日至三月初二日曾驻跸盘山行宫（即静寄山庄）六日。三月初五日始回圆明园。

此后自三月初五日起至七月十九日启銮去避暑山庄前的一百三十一天中，去静宜园两次六天，回宫六次二十二天。回宫六次中有三次是因为举行耕耤、常雩、祭地坛，有两次是为了在太和殿举行常朝，最后一次是七月初十日专程到雍和宫行礼，然后到东直门外静安庄孝贤皇后梓宫前奠酒。由于七月十八日是弘历即位前与孝贤皇后富察氏成婚的日子，所以富察氏死后，每年的忌辰或七月上旬，均至静安庄奠酒。这次奠酒后还宫，第二日即返圆明园。其余一百零三天均住于圆明园。

自七月十九日至九月二十一日的六十二天，是到避暑山庄避暑和到木兰秋狝的时间。自圆明园至避暑山庄行程六天，住山庄二十一天后，向北行路四天至木兰围场，八月二十日至九月九日在木兰行围，至九月十三日回山庄，休息四天后，再用六天时间，于九月二十二日返回圆明园。

自九月二十二日至十一月七日，是园居和宫居交叉的时间，这四十六天中，还宫四次计二十天，去东陵一次十一天，去静宜园一天，住圆明园十四天。还宫是为了祭享太庙、懋勤殿秋谳、殿试武举及移孝贤皇后梓宫入地宫等。

从十一月初八日奉太后还宫，直到第二年正月中旬未再幸园。

乾隆十七年内，有六个月是小建（即每月只二十九天），共三百五十四天，在圆明园、避暑山庄、静宜园居住一百七十五天，近百分之五十。行路、行围时住行宫或帐房六十一天，占百分之十七强。在宫内居住一百一十八天，恰好是三分之一。以后除占用时间较多的几次南巡、东巡以外，其园居情况大体相仿。不过到乾隆三十七年以后，去避暑山庄和木兰的时间均从七月提前至五月，这样就减少了住圆明园的时间，而加长了住避暑山庄的时间，直到弘历死前的一年。

（三）乾隆年间对避暑山庄的使用

清帝住避暑山庄的时间虽少于圆明园，但有些重大活动则是在避暑山庄举行的。康熙年间，玄烨曾利用避暑山庄进行了许多有利于巩固边疆的活动。到乾隆年间，弘历继承祖法，仍执行“中外一体”结好蒙古王公贵族的政策。乾隆十九年五月，弘历于避暑山庄澹泊敬诚殿召见了归附清王朝的杜尔伯特台吉等人。并封策凌为亲王、策凌乌巴什为郡王、策凌孟克为贝勒（史称“三策凌”），以下小首领亦各封以官职，并连续几天在万树园等处赐宴、赐观火戏。这些活动在西北各民族上层中引起很大震动，先后又有很多首领前来依附清政府。这样避暑山庄就成了宴赉、召见各民族首领并给他们封爵封官的重要场所。继“三策凌”来归之后的十多年内，先后在此诏封、宴赉的各民族首领有准噶尔绰罗斯台吉噶尔藏多尔济、辉特台吉巴雅尔、和硕特台吉沙克多尔曼济、和硕特台吉塞布腾、都尔伯特台吉伯什阿噶什、乌巴什以及土尔扈特台吉渥巴锡等，还在山庄接见、宴赉、赏赐了哈萨克等民族首领的来使，以及控制着喀尔喀蒙古宗教的活佛第三世、第四世哲布尊丹巴。乾隆四十五年，又接见了前来庆祝弘历七十大寿的后藏大喇嘛第六世班禅额尔德尼。接见之前，不惜重金为班禅修建了仿西藏日喀则扎什伦布寺式样的须弥福寿之庙。此庙主殿的鱼鳞瓦、尖顶、垂脊上的飞龙，全是鎏金工艺，光彩夺目。弘历对六世班禅如此隆重的接待，使信仰佛教的蒙古王公台吉等人，“无不欢欣舞蹈”。这些活动无不有利于清朝的统治，使蒙古、西藏、新疆各民族更加团结和统一。

乾隆五十八年，弘历还把避暑山庄当作外交活动的场所，在万树园接见了英国政府派来的使节马嘎尔尼和副使斯当东。这个使团相当庞大，来华时乘设有炮位、带有武器的大军舰。随从人员中不仅有航海家、军人，而且有很多军事情报人员及测绘人员，他们从广州到天津，对我沿海城市及海防均做了刺探，很明显这个使团是带着炮舰的威胁前来进行政治军事窥测和商业谈判的。弘历在这次外交活动中，虽因囿于以“天朝物产丰盈”自居的思想，不会利用其有利因素为中国服务，但对其无理要求还是一一拒绝，进行了有理有力的斗争，使当时的英帝国不得不暂时有所收敛。此外，弘历还在山庄召见过其他国家的使臣。

弘历的寿辰是八月十三日，正是在山庄避暑的季节，因此除逢旬大庆进宫举行典礼外，平时有很多寿辰，包括七旬大寿，都是在避暑山庄度过的。其典礼活动与宫内大体相同。

六　因地制宜　多种用途

据《清会典事例》载：康熙、雍正、乾隆年间，在玉泉山、西苑南海的丰泽园、大光明殿、清漪园、圆明园、乐善园、长春园、圣化寺、畅春园、泉宗庙内外，凡宜于种植的水、旱田地，包括只有几亩大的地方均用来种水稻、莲藕、油菜、小麦、瓜果等，甚至紫禁城的护城河也要种植荷花。这些地方，大部分是觅庄头耕种，然后收实物地租或征租银，有些大的园囿则兼畜养牛、羊、马、鹿等，以备皇家取用或狩猎。甚至皇帝住的圆明园中也有许多稻田，如多稼轩、观稼轩、稻香亭、映水兰香、北远山村、多稼如云、澹泊宁静等处周围皆有大小不等的稻田或其他庄稼。弘历在《御制映水兰香诗》中说：“园居岂为事游观？早晚农功倚槛看。数顷黄云黍雨润，千畦绿水稻风寒……”此诗也还符合实际。因此于敏中等人曾将圆明园概括为皇帝“勤政敕几劭农观稼之所”。其实对园囿的使用还不止这些。

清宫园囿中多庙宇，这也是特色之一。当然有的园囿是因古寺旧址扩建，而大部分寺庙则是清代建园时新建的。园中或周围建庙，除前述一些政治目的外，恐还有其他因素。如皇家对神佛祖宗还有几分迷信，企望通过对神佛的敬仰而获得神佛的保佑，或降福于皇家，或化祸为福；另一方面恐也有其实用意义，即在园中设置一些寺庙，增添一点梵呗钟声，可以使园景更为幽静，使人在瞬间恍若脱离尘嚣，步入仙境。这就是弘历在《御制日天琳宇诗》中所说的：“天外标化城，不许红尘杂。云台宝网中，时有钟鱼答。”

清宫园囿中，尚有其他文化设施和娱乐场地。如圆明园、避暑山庄都有大藏书楼文源阁和文津阁，均是贮藏《四库全书》之所。其他宫殿、风景建筑中皆收藏或展挂有大量书法绘画等艺术品。由于仿江南名胜风气，在御园中也有很多丛帖刻石嵌于廊壁。如北海阅古楼的《三希堂法帖》《快雪堂法书》刻石，圆明园的《兰亭八柱帖》，长春园的《重刻淳化阁法帖》，清漪园的《墨妙轩法帖》刻石等，不一而足。

另在园囿中还多设有宫中演戏的舞台，如避暑山庄的清音阁、一片云，圆明园的同乐园，宁寿宫花园内倦勤斋室内的小戏台等，以供皇帝园居时随时观戏。园囿中也有体育活动的场所，如圆明园的福海中端午节时可以举行龙舟竞渡，西苑中海入冬时冰上可以做冰嬉，南苑可以狩猎、阅兵等，内容颇为丰富。

帝王的园囿，除供游乐外兼做他用的情况古已有之。《诗经》所载：“王在灵囿，麀鹿攸伏。麀鹿濯濯，白鸟翯翯。王在灵沼，于牣鱼跃。”说明周文王的园子里是养鱼、养鸟、养鹿的。战国时，“孟子见梁惠王，王立于沼上。顾鸿雁麋鹿，曰：‘贤者亦乐此乎’……”可见梁惠王的园囿里既养有鸟兽，又可在此召见当时的政治家。汉武帝所建的博望苑，是专为太子通宾客用的。以后历代皇帝在御苑中赐宴或个别召见臣工也是常有的事，但都没有像清代这样，有意识地在园囿中构建从事正式典礼活动的宫殿、日常办事的勤政殿以及全套中央机构大小衙门的直房。为巩固封建统治，利用园囿进行政治活动，这不能不说是清朝园囿的一大特点，也是中国园囿史上一个小小的发展。

出自《故宫博物院院刊》1984年第2期

朱皇帝落水

明朝末年的天启皇帝朱由校是光宗朱常洛的长子，光宗在位不到一年，就因为吃红丸丧了性命，十六岁的朱由校接着即皇帝位，是为熹宗。

朱由校在位期间，最宠信两个人。一个是他的乳母客氏，他登位后不久，就封客氏为奉圣夫人，给以特殊优待。按惯例，乳媪最优只能住在乾西二所（今故宫重华宫左近），独客氏赐住咸安宫（今故宫寿安宫，原为太后、太妃等居住），并允许客氏在宫内乘轿，连她的儿子侯国兴也被封了官职；另一个人是大太监魏忠贤。还在朱由校当皇太孙时，魏忠贤就在朱由校身边当差，凭借他惯于阿谀奉承的手段，得到朱由校的信任。

由于魏忠贤和客氏都深受朱由校的宠信，因而在朱由校即位后，两人合谋擅权乱政，很多正直的大臣、太监以至妃嫔，冤死于他们的手下，很多老百姓也受到他们的残害。这固然是他们本人阴险毒辣、胆大妄为，而与朱由校的昏庸也分不开。天启四年六月，左副都御使杨涟等人曾劾魏忠贤的罪，不但未被皇帝采纳，杨涟等人反遭逮捕，下镇抚司狱，并相继死于狱中。

朱由校自幼就追逐声色，好骑快马，看武戏。登极后，不理政事，却好使用斧锯凿削，常与亲近内臣朝夕营造房屋，造成后很高兴，高兴不久又毁掉，还常常脱掉外衣操作，得意时“善饮可忘，寒暑罔觉”。魏忠贤则常趁他盖房子的时候，进奏国事。朱由校一面忙着手下的活计，一面听太监奏事，奏事完了，就说：“尔们用心行去，我知道了。”魏忠贤等因此得以擅权。

朱由校还喜欢水戏，用大木桶、大铜缸之类盛水放高处，钻孔于下，通于另一桶底形成水喷，置核桃般大小的木球于喷水处，随水上下，盘旋宛转，以为戏笑。魏忠贤、客氏等也在一旁喝彩赞美。天启五年（1625 年）五月十八日，朱由校在安定门外祭方泽坛回来，随即到西苑（今北海、中南海）游乐。到申时（下午四点左右），张皇后已经回宫，皇帝还在桥北水深处（约在琼岛之西北）泛小舟荡漾。客氏和魏忠贤却坐在一条大船上，在水浅处饮酒作乐，抛下皇帝自己撑船，身旁只有两个十七八岁的小太监高永泰、刘思源帮助。正欢笑间，忽然风起舟覆，三人都堕入水中，船上金壶、酒具等也都沉没水底。两旁岸上的人顿时哗然失色，魏忠贤和客氏也手足无措，后来魏忠贤也只好跳入水中去救，但离得很远不济事。最先下水救了皇帝的是管事太监谈敬。两个小太监全都淹死。此事，明末常熟人陈倧曾作诗并略加渲染而述之。其诗曰："琉璃波面浴轻凫，艇子飞来若画图。认着君王亲荡桨，满堤红粉笑相呼。风掠轻舟雾不开，锦鳞吹裂彩帆摧。须臾一片欢声动，捧出真龙水面来。"

这样一件大事，按当时的情况，魏忠贤和客氏是要受惩处的，但这位天启皇帝却未置可否。此后，朱由校于同年九月还赐魏忠贤、客氏二寸见方金印，天启六年十月又给魏忠贤加爵为上公，给魏忠贤的从子魏良卿也加封至公爵，赐田千顷。朱由校甚至允许在北京和外地给魏忠贤建立生祠。如此胡闹，怎不危及国家、民族？后来朱由校死去，崇祯皇帝朱由检即位，才除掉客、魏，但已为时迟矣！

出自《故宫轶事》，上海文化出版社，1984 年

乾隆皇帝出生在哪里

辛亥革命以后的稗官野史中，记载了不少关于清宫的轶事趣闻。这些记载正如谢刚主先生说的："大都凭诸传闻，横加丑诋，或者是出于个人的爱憎，随意喜怒笑骂，不甚符合于当日的事实。""他们这种做法，因为正在排满的时候，提倡狭隘的民族气节，又因史料尚未大量发现，但凭个人信笔出之，这也难怪。"但是现在读这些著作的时候，就不能不加以鉴别。比如关于乾隆帝弘历的出生地点及其生母的民族，就有一段传闻，值得考虑。

20世纪40年代，《古今》杂志载《清乾隆帝的出生》一文中谈：一个叫鹤丈的人听热河行宫的宫监说："乾隆生母李佳氏，盖汉人也。凡清宫人之隶汉籍者，必加'佳'氏，其例甚多。胤禛（雍正帝）在潜邸时，从猎木兰，射得一鹿，即宰而饮其血（满俗颇喜饮鹿血，谓可滋补，奕詝（咸丰帝）晚年，于热河行宫蓄鹿尤多），鹿血奇热，功能壮阳，……适行宫有汉宫女李氏，奇丑，遂招而幸之，次日即返京，几忘此一段故事焉。去时为冬初，翌岁重来，则秋中也。腹中一块肉已将堕地矣。玄烨（康熙帝）偶见此女，颇为震怒，……乃指一马厩令入。此马厩盖草舍，倾斜不堪，而临御中国六十年、为上皇者又四年之十全功德大皇帝竟诞生于此焉。"

这段传说，乍看起来似乎可信，如说凡清宫人属于汉籍的，在姓下必加"佳"氏，确实如此，事例也不少，但仔细推敲，则漏洞可见。原文作者对此传说虽未全信，但论证不详，至今影响犹存，现再予澄清。

首先是弘历生母的民族问题，《清实录》《清史稿》均载：孝圣宪皇后，钮祜禄氏，原任四品典仪（王府中管理礼仪事务的官员）凌柱女，并非李佳氏。钮祜禄氏系何族？据《八旗满洲氏族通谱》载：钮祜禄，原系地名，后以地名为姓。钮祜禄氏，是一个很繁盛的大族，散居于我国东北的长白山、英额等很多地方，其中尤以居长白山的一支最为显赫，因为这一支里出了开国勋臣额亦都，其子遏必隆，太宗时亦有功，又是康熙帝的岳父、辅政大臣之一，遏必隆之孙讷亲也曾是乾隆朝的重臣。而乾隆帝的外曾祖父吴禄与遏必隆同是一个曾祖之后，均属地道的满族镶黄旗人，吴禄之子凌柱的女儿怎能是汉族李佳氏呢？

其次是弘历的出生地点，上项传说，似乎是木兰行宫的马厩内，又像是热河行宫的马厩内，传者不知木兰行宫与热河行宫是相距二三百里的两个地方。《清稗类钞》说是“狮子园为高宗降生之地”。狮子园在避暑山庄（即热河行宫）的西北，胤禛做皇子时，为随侍玄烨来避暑山庄，特建此园，上两说相近。此传说不是没有缘故的，因为在嘉庆帝新死后，宫廷曾发生一起文字事故。那是在嘉庆二十五年九月初七日，道光帝旻宁即位不久，他发现内阁起草的嘉庆帝遗诏中有“皇祖降生于避暑山庄”之语。他觉得有问题，于是亲自查阅了《清高宗实录》和《清高宗御制诗集》，两文献均载弘历生于雍和宫（即原来的雍王府）。随即命大学士曹振镛、协办大学士伯麟传旨：令起草遗诏的军机大臣托津等明白回奏。托津等奏称：曾恭查大行皇帝（指新死的嘉庆帝）御制诗注中记有高宗纯皇帝（弘历）“以辛卯岁诞生于山庄都福之庭”，另一处诗注亦相同，因而拟出。至于《实录》中如何记载，未曾恭阅。旻宁听了以后说：“朕敬绎皇考诗内语意，系泛言山庄为都福之庭，并无诞降山庄之句。当日拟注臣工误会诗意。兹据军机大臣等称，《实录》未经恭阅，尚属有辞，至皇祖《御制诗集》久经颁行天下，不得诿为未读，实属巧辩。”后决定给予军机大臣托津、戴均元降四级。卢荫溥、文孚降五级处分，均留任。并命速将已发之遗诏追回，修改后重新发出，宣示中外。

其实嘉庆八年武英殿修书处刊印的嘉庆《御制诗初集》有关诗注也与旻宁所说不同，而是“康熙辛卯肇建山庄，皇父以是年诞生”。另一处是“敬惟皇父以辛卯岁诞生，而山庄之建亦成于是岁”。这两处记载也有矛盾，前者说辛卯岁“肇建”山庄，后者说山庄“成于”是岁，其实辛卯年既非肇建，又非建成，而是建成“避暑山庄三十六景”。可见当时记事用语之不严谨。另据《清实录》载，嘉庆帝在世时曾亲自指出：军机大臣会同南书房翰林缮写御制诗三集时，他“几暇检阅，甫及四册，错误累累，有将宫殿字样讹写偏旁者，有将臣工名字书写颠倒者，已有二十余处之多”。可见嘉庆时词臣的文字水平已每况愈下。在嘉庆御制诗注中出现上述讹误并不是偶然的。认为弘历出生在行宫马厩或狮子园的说法，可能就是从这一事件上传出或推想的。但在乾隆《御制诗集》及诗注中，至少有八处均记载弘历出生于雍和宫，《清实录》中亦记为“康熙五十年辛卯八月十三日子时生上（弘历）于雍和宫邸”，在未发现更确凿的史料之前，只能认为这些记录较为确切。

此外，从生理角度看，计算预产期是从怀孕前最末一次月经的第一日算起，过二百八十三天前后，再减去自月经开始后十三至十五天才到排卵期，则为怀孕后二百六十九天前后。弘历生辰为康熙五十年八月十三日（农历），那么怀孕期应该是康熙四十九年十一月十一日前后。而是年康熙帝与皇子们在木兰行围的时间是：闰七月二十一日从避暑山庄出发，到八月二十四日返回避暑山庄期间。九月初三日又连同皇太后等从避暑山庄回銮，初十日回到宫中。距离十一月十一日尚有两个月的时间，而且这时冬至将过，正是数九隆冬季节，一般来说，皇帝居于宫内，王公宿于府中，胤禛不可能再去塞外，因此上述传说中的情况是不可能出现的。在行宫怀孕既不能成立，届时到塞外分娩也就更不可能了。用这种方法来证明弘历不可能出生在塞外，似乎很不协调，但这是一种科学的推算和判断，因为现代人的生理状况和二百多年前的生理状况，特别是在孕产期的时间上，大概不会有什么变化。

出自《燕都》1985 年第 2 期

"壬寅宫变"的地点、起因和事后

明嘉靖二十一年（1542 年）十月，宫廷内部曾发生杨金英等十几名宫女共同缢杀嘉靖皇帝朱厚熜几至于死的案件，即历史上有名的"壬寅宫变"。此案的发生过程，已为大家所熟知，下面仅就史料记载不甚清楚的几个问题做一些探讨，希图通过对事件本身较为具体的了解，来揭示宫廷内部等级之间的关系，及封建帝王的腐朽和残酷。

一 "壬寅宫变"的地点

"壬寅宫变"的本事，很多有关明代史籍或简或繁地均有记载，但其发生的具体地点则说法不一。各书记载，大体有两种记法：一如《明实录》《国榷》《宙载》《皇明大政记》《世庙识余录》《皇明后纪妃嫔传》等，只记其事，不记发生的具体地点；另如《万历野获编》《明史》《明典汇》《皇明肃皇外史》《嘉隆两朝见闻记》等书，则载朱厚熜是夜宿端妃宫，但端妃宫在何处亦未说明。现根据多方材料做一些分析。

（一）从各书记载上看，对"壬寅宫变"，多为从旁概述其事，不谈根据，独《宙载》记有原始资料，即司礼监审讯后的题本。再是《万历野获编》载有刑部决囚后复命的奏疏原文，两处所载内容大体一致，但《宙载》所记，可能更为可信。因为《万历野获编》的作者沈德符较《宙载》作者张合晚生约七十年，《万历野获编》所载嘉靖事迹当为转抄或传闻，而《宙载》的作者张合则是与朱厚熜同代之人，二人同生于正德二年（1507 年），张合到嘉靖元年十六岁，举乡试第一，嘉靖十一年登进士。据《永昌府志》载，张登进士后"授户部主事，历任湖广副使，以疾归"。而《宙载》的刊行者李根源在序中则云，张合登进士后任"刑部主事，历湖广副使"。万历年间许穀为《宙载》所作序言中则言张"历官三曹三潘"。三曹，当指三任京官或部官，可能户部主事、刑部主事都担任过。"壬寅宫变"案，虽非刑部审讯，但经司礼监审讯、奏报得旨后，凌迟、抄没、夷族等都是由刑部执行的。处理此案时张合已中进士十年，有可能是任刑部主事的时候，即使是任过或以后任刑部主事，均有可能通过同僚了解到此案及有关宫内的某些情况，或见到或抄录到有关的文书。因此，《宙载》是较为可信的。

从《宙载》的记述中看，司礼监张佐的题本内称："奉圣旨：这群逆婢并曹氏、王氏合谋弑朕于卧所。"按明朝皇帝居处习惯，朱厚熜所指的卧所，当指日常居住的乾清宫，而不是指某妃宫。因为《宙载》的另一条明确记载，皇帝的住所是乾清宫。文中说："暖阁在乾清宫后，凡九间。"这里所说乾清宫后是指乾清宫内的后部，而不是乾清宫外的后部，因乾清宫外的后部是交泰殿，并无暖阁。此段文中并记："今上（朱厚熜）励精，每日在暖阁，四鼓即起，令内臣整容，首谒庙，次谒宫，回进早膳，方视外朝，寻视内朝，则内臣尽来侍，上看官本，次看民本，官本自裁，民本看一二，余付司礼监及内阁标旨。既进午膳，又看三宫所进本与二十四监所奏本，圣裁毕，或看书，或闲坐，抵暮方随意作乐，至夜四鼓又复起矣。"此为"壬寅宫变"前，朱厚熜每日一般活动的概况，其卧所，明显在乾清宫之暖阁。

（二）从明朝宫廷典制上看，皇帝也应居乾清宫，皇后居坤宁宫。明代皇帝中，除因修缮乾清宫时皇帝暂居他宫以外，只正德皇帝居豹房，朱厚熜后来居西苑，一般都居乾清宫（包括西暖殿，即宏德殿）。因皇帝为保持其尊严，不能轻易离开。某妃当夕，亦到乾清宫进御，未见皇帝就某妃宫居住的记载。此常规，泰昌元年左光斗的奏疏中亦曾谈到，当时泰昌皇帝朱常洛服红丸后死去，侍奉朱常洛的李选侍尚住在乾清宫，小皇帝朱由校继位时，李选侍（朱由校的抚养者）要与小皇帝同住乾清宫，大臣们均反对，御史左光斗曾上言："内廷之有乾清宫，犹外廷之有皇极殿也。惟皇上御天居之，惟皇后配天得共居之，其余妃嫔，虽以次进御，遇有大故，即当移置别殿；非但避嫌，亦以别尊卑也。"（《明史纪事本末》）此虽系八十多年以后的事，但左光斗所持的理由绝非临时编造，而是引用明朝历代皇帝起居的惯例。

（三）"壬寅宫变"以后的记载，亦可作证。据《万历野获编》载，"壬寅宫变"时，"是夜上寝于端妃所"，但在讲述此案时又说："端妃曹氏时虽不与……"事情既发生在端妃所，而端妃又没有参与，端妃当时持何态度？此书并无记载，其他书亦无记载。只有的书记宿端妃宫，当时"妃寐"，但这是不可能的。因为杨金英等十几个人，有的掐朱厚熜咽喉，有的按四肢，有的勒绳套，如此大的举动，妃寐在旁岂能不醒？所以，各书均无端妃动作的记载，证明此案不是在端妃宫或端妃所，而是在乾清宫，端妃和宁嫔一样，均不在场。据《宙载》记"旧制，帝与后无通宵宿者"，每召幸后，"中人前后执火炬，拥后以回，云避寒气"。《宙载》记杨金英等动手时间为卯时，相当早六点前后，在冬至前二十多天，夜正长，天尚未亮，因此，很可能是端妃当夕后，已由乾清宫返回本宫，故事件发生时并不在场，各书亦无从记载。

在《万历野获编》中，《嘉靖始终不御正宫》条下记载："大内乾清宫，以正德九年遇灾，旋鸠工创建，役尚未竣，比肃皇以正德十六年四月，自郢中入奉大统，暂居于文华殿，亟促冬官昼夜缮治，至十月而落成，上始移跸，临御垂二十年……至壬寅宫婢之变，上因谓乾清非善地，凡先朝重宝法物，尽徙实其中，后宫妃嫔俱从行，乾清遂虚。”此处分明记载临御乾清宫垂二十年，并指出“乾清非善地”“乾清遂虚”，毫无指他处之意，与前述“寝于端妃所”自相矛盾，恐系引用前人资料时的疏忽。后一段的记载较为具体，而且朱厚熜因险些死在乾清宫，而指“乾清非善地”也是合乎情理的。

从上述情况看，“壬寅宫变”发生在乾清宫是十分可能的。

二 “壬寅宫变”的起因

关于“壬寅宫变”的起因，史书多无明确的记载，所见者有：

（一）《世庙识余录》认为：“内官监太监高忠，尝以事忤旨，系内狱，寻被释，无何，即有宫婢之变。上甚疑之。”之后，朱厚熜又发现高忠在一件奏疏中换写了一个字，令所司斩之。但过了数日，朱厚熜又怕落得“以片言罪人”的坏名声而未斩。此外再无其他资料。考虑只高忠一人的力量是很难发动这么多宫女为他牺牲的。而且捕讯杨金英等人的有很多人，为何杨金英等十几个人口供中竟没有一点透露？朱厚熜已经知道高忠忤旨、欺罔，几乎将高杀掉，如此案有丝毫涉及，朱厚熜也不会放过他的。此案中高忠安然无事，而且还参与了对案件的处理。可见以高忠之事为起因是不妥当的。

（二）《国榷》作者谈迁认为：“史谓诸婢为谋已久。嗟呼，深闺燕闲，不过昭阳日影之怨，遽危社稷，言之不胜心悸！”此论恐亦不妥。因为此案是宫女缢杀皇帝，不是妃嫔动手。宫女生活多很艰苦，不算深闺，也并不燕闲。“昭阳日影”是唐代王昌龄《长信秋词》中的提法，诗中说：“奉帚平明金殿开，且将团扇暂徘徊。玉颜不及寒鸦色，犹带昭阳日影来。”诗谓汉成帝妃班婕妤失宠后，恐被陷害，自请到长信宫侍奉太后。昭阳，汉宫名，受宠的赵昭仪在此宫居住，宫在东方。日影，比喻皇帝的宠爱。是发抒玉颜尚不如寒鸦的怨恨情绪。而在宫中受奴役的宫女们，是谈不上受宠不受宠的。因此她们和朱厚熜的矛盾不属于这类矛盾，所以，谈迁的说法，亦不能成立。

（三）是否宫廷内部权力之争？据资料分析，当时宫廷内部确有矛盾：如朱厚熜入继帝位，尚未进宫，即有以皇太子即位礼与嗣皇帝即位礼之争；朱厚熜之母蒋氏入宫，又有以王妃礼与母后礼之争；嘉靖三年又有大礼议之争等等。特别是大礼议之争非常激烈。一次，朱厚熜召见其支持者张璁说：“祸福与尔共之！如众汹汹何？”张璁对曰：“天子至尊，明如日，威如霆，畴敢抗者，需锦衣卫数力士足矣。”（《国榷》）朱厚熜很以为是，竟先后三四次拷讯、廷杖持不同意见之大臣数百人，有十七人当即死于杖下。后又逮正德皇帝母昭圣皇太后之弟下狱论死。甚至朱厚熜的生母章圣皇太后之死，也疑为昭圣皇太后毒死，矛盾相当尖锐。但上述矛盾主要为与正德朝大臣的矛盾，而且事过十七八年，早已平息。昭圣皇太后一直处于被动地位，在宫中形成不了一股势力，她没有第二个儿子，无条件与朱厚熜抗衡，而且“壬寅宫变”又发生在昭圣皇太后死后一年多，因此，说“壬寅宫变”是宫廷权力之争也没有根据。

（四）可能性较大的是下述情况：据《嘉隆两朝闻见记》载：“宫婢杨金英等怨上。”《宙载》所记杨金英等的口供中有：“王、曹侍长在东梢间，点灯时分与大家商说，‘咱们下了手罢，强如死在手里’。”（按：手字前可能脱一“他”字）王、曹侍长，当指宁嫔王氏、端妃曹氏，此二人虽不是宫女，但也感到将来有可能死在朱厚熜手里，因为她们知道朱厚熜十分暴虐，原来的陈皇后、张皇后都是因为一件小事，惊忧致死。《明史》载：“帝（朱厚熜）性严厉。一日与后同坐，张、方二妃进茗，帝循视其手。后恚，投杯起。帝大怒，后惊悸，堕娠崩，七年十月也。”“废后张氏，世宗第二后也……十三年正月废居别宫。十五年薨。”其原因，据《万历野获编》载：“说者谓建昌侯张延龄坐罪当死，昭圣太后乞哀于废后。后乘新正侍上宴，微及其事。上震怒，立褫冠服鞭挞之。”王、曹的地位比皇后低得多，若一旦因小事触怒朱厚熜，也难免于死，宫女自然更不在话下。还可能她们已有什么预感，最后才下此决心。《明实录》对此案记载十分疏略，而《朝鲜李朝实录》有关此案在中国的见闻则记载稍详。该书记来中国之千秋使书状中言：“臣等九月二十二日到北京，见东西角头，将宫女十六人挫尸枭首。问之，则宫婢杨金英等十六人共谋。二十一日夜，乘皇帝醉卧，以黄绒绳同力缢项，事甚危急。宫人张芙蓉觇知其谋，往告方皇后，皇后奔救，则气息垂绝，良久复苏。命召六部尚书定罪。”其下又记起因说：“盖以皇帝虽宠宫人，若有微过，少不容恕，辄加笞楚，因此殒命者，多至二百余人。蓄怨积苦，发此凶谋……”前段记载，与《明实录》《宙载》等书对照，除个别地方略有出入外，其主要情节大体相同。后段所记的起因，亦较为合情合理。朱厚熜一贯刚愎残暴，其虐待宫女、妃嫔致死的事，亦不无可能。由此可见“壬寅宫变”是嘉靖宫廷中封建专制压迫者与被压迫者矛盾的激化，这才是事情的真正起因。杨金英等人的反抗虽未成功，但对朱厚熜的打击，还是十分沉重的。

三 “壬寅宫变”事后

“壬寅宫变”以后，被吓破了胆的朱厚熜即移居西苑，不复还大内，这是朱厚熜一生中的一个大转折点，即完全沉溺于炼丹修道、祈祷长生、肆意享乐的腐朽生活中，大权旁落于严嵩等人之手。一次元旦，严嵩向朱厚熜请假，拟回家享受子孙罗膝、捧觞会宴之乐。朱厚熜说：“观卿所奏，似为劝我之意，父子至情，朕岂异于人，往岁宫变，赖上天恩赦。我已世外人矣！故别居西内，奉玄修，令其母子自为欢聚耳！”由此可见朱厚熜已消沉到置一般人情于不顾的程度，更无心过问国事。嘉靖二十九年八月，俺答大举入寇，已薄都城，群臣恳请御殿，候至申时，才勉强御奉天殿，结果只戒敕群臣一顿，一筹莫展，群臣大失所望。后来甚至想传位于其子，自己专事奉玄修道，以求长生。何谈社稷、人民？

明朝皇帝对释教、道教之信奉，虽有其传统，但从未达到朱厚熜如此迷信的程度。明初礼部设有僧录司、道录司，但有时对释道的发展还加以限制。如洪武二年，明太祖闻公侯中有好神仙者，曾发谕旨曰："神仙之术，以长生为说，又缪为不死之药以欺人，故前代帝王及大臣多好之，然卒无验，且有服药以丧其身者。盖由富贵之极，惟恐一旦身殁，不能久享其乐，是以一心好之。假使其术可以长生，何故四海之内，千百年间，曾无一人得其术而长住于世者？"并主张，一个人"有善足称名垂不朽，虽死犹生，何必枯坐服药，以求不死？况万万无此，当痛绝之"（《明典汇》）！洪武六年十二月朱元璋因看到"释老二教，近代崇尚太过，徒众日盛，安坐而食，蠹财耗民，莫甚于此"，于是下令："府、州、县止存大寺观一所，并其徒而处之。"（《明典汇》）并规定女子年龄在四十以上者，方准做尼姑，未及者不许。朱元璋是入过佛门的人，有时亦为僧、道迷惑，但由于多年生活实践，使他悟到，佛、道并未给他任何好处，只有通过斗争，打败元朝统治者和其他对手，才能取得皇位和无穷富贵。因此产生了某些符合实际的思想和经济观点。认识到僧、道"安坐而食"是"蠹财耗民"，必须控制。朱元璋这些思想，永乐皇帝朱棣尚能继承，也发过类似指示，而其他后代由于生长深宫，不知稼穑，就很少接受了。朱厚熜来自外藩，年少不谙事理，起初尚不热心于释、道，嘉靖二年受前朝太监崔文之引诱，才开始在宫中祈祷，并命十余名太监学习经教，以至在乾清宫等处均设坛斋醮。此时大臣以灾荒严重积极劝谏，尚能接受。至嘉靖五年江西道士邵元节进见以后，由于祈雪碰巧"应验"，遂大加封赏，就更加迷信了。嘉靖十年，邵为朱厚熜祈子，十五年皇子出生，亦被认为邵之法术有灵，竟加官至礼部尚书，给一品服俸，并命在江西为其修建仙源宫。后又有数事，包括"壬寅宫变"得不死，均被附会为奉玄之灵，因而越陷越深，不能自拔。邵元节死后，继之以陶仲文、段朝用等，被重用之道士、方士等接踵而至。晚年日益昏庸，甚至"分遣御史王大任、姜儆、奚凤等往天下访求仙术异人及符箓秘方诸书"（《明史纪事本末》）。"天下进秘方及灵芝、仙桃、白鹿、兔、雁等物者不可胜纪，上皆厚赉之。如鹿、兔生子，龟生卵，御幄得桃诸事，群臣皆表贺，亦不可胜纪。"（《明书》）

但在朱厚熜醉心于修道的同时，又大批选进宫女。自嘉靖二十六年至四十二年五次共选进八岁至十四岁幼女达一千零八十余人。何以一心修道，连皇子均不愿见面的朱厚熜又如此大选宫女？其真正原因史书多不记载，唯《万历野获编》中有所涉及，文曰："嘉靖间，诸佞幸进方最多，其秘者不可知，相传至今者，若邵、陶则用红铅，取童女初行月事炼之如辰砂以进"，"名曰长生，不过供秘戏耳"。《万历野获编补遗》中更进一步指出："嘉靖中叶，上饵丹药有验，至壬子（三十一年）冬，命京师内外选女八岁至十四岁者三百人入宫。乙卯（三十四年）九月，又选十岁以下者一百六十人。盖从陶仲文言，供炼药用也。其法名先天丹铅，云久进之可以长生。”（按：此两次选女子，均与《明实录》记载相符）另于《明史纪事本末》中所载太仆寺卿杨最奏疏内亦言及“黄白之术，金丹之药，皆足以伤元气，不可信也”。《明史》载御史杨爵的谏疏中也谈到朱厚熜曾用妖诞邪妄之术。《明史纪事本末》还载徽王朱载埨亦有“炼女葵（即月经）服之”之事。可见《万历野获编》所记，并非谎言。关于炼丹的事，同时代的医药学家李时珍曾作考察，并将看法写入其巨著《本草纲目》中。书中记述了这种“药物”后说：“今有方士邪术鼓弄愚人，……愚人信之吞咽秽滓，以为秘方，往往发出丹疹，殊可叹恶。”李时珍的说法，当有所指。

李时珍生于正德十三年（1518 年），卒于万历二十一年（1593 年），成年后尚经历嘉靖、隆庆、万历三朝，对朱厚熜的情况不会没有了解。其本人比较重视实践，反对邪术，其《本草纲目》是中国医药史上较有价值的著作。上述记载，不仅从侧面证明了当时邵元节、陶仲文等进邪术取宠于朱厚熜的真实性，提高了《万历野获编》记载的可信程度，而且有助于揭开嘉靖后期“未封妃”“未封宫嫔”“未封宫御”连续大量死亡之谜。

据《明实录》载，自嘉靖二十九年开始至四十五年朱厚熜死去，除嘉靖四十一年外，每年均有一至三名未封妃、未封宫嫔或未封宫御死亡，然后追封为某妃或某嫔，治丧如某例。有的还记载授已故某妃之父以官职及赏赐。《明实录》所载名单如下：

嘉靖二十九年三月丙辰，未封妃包氏薨，追封宜妃，丧葬如皇妃礼。

嘉靖二十九年五月乙丑，未封妃陈氏卒，追封静妃，丧葬如妃礼。

嘉靖三十年六月癸亥，未封妃何氏薨，诏追封为睦妃，赐祭葬如怀荣贤妃例，杀一等。

嘉靖三十一年六月丁丑，未封妃王氏薨，诏追封为恭僖丽妃，丧葬仪俱视怀荣贤妃例，仍以其父王项为锦衣卫指挥佥事。

嘉靖三十二年四月甲午，未封妃王氏薨，赐号曰庄，诏丧礼如睦妃例。

嘉靖三十二年七月庚申，未封妃褚氏薨，诏葬礼如睦妃例，赐号曰安。

嘉靖三十三年三月戊午，未封纪彭氏薨，追封安妃，丧葬如例。

嘉靖三十四年六月庚寅，未封妃高氏薨，赐号曰和，丧仪如睦妃何氏例。九月丁未授故和妃父高廷章为锦衣卫副千户，给房价银一千二百两。

嘉靖三十四年九月丁巳，未封妃耿氏薨，赐号曰平，丧仪如和妃例。十一月丁酉，授河间县民耿世杰为锦衣卫右所带俸副千户，给房价一千二百两。世杰平妃父也。

嘉靖三十四年闰十一月庚寅，未封妃吴氏薨，赐号定，丧仪如平妃耿氏例。

嘉靖三十五年二月甲寅，授定妃吴氏父登为锦衣卫副千户。

嘉靖三十五年正月甲戌，未封妃李氏薨，追封顺妃，治丧葬如例。

嘉靖三十五年二月己酉，未封宫嫔王氏卒，追封怀嫔，丧葬如妃礼。

嘉靖三十五年四月癸卯，未封嫔黄氏卒，赐封御嫔，丧葬如例。

嘉靖三十六年八月庚子，未封妃王氏薨，赐号曰怀，丧礼如顺妃李氏。

嘉靖三十六年十月己丑，未封妃马氏薨，诏封为常妃，丧仪如常嫔黄氏例。

嘉靖三十七年闰七月丁亥，未封妃张氏薨，治丧如例，赐谥曰安。

嘉靖三十八年十月己未，未封妃杨氏薨，赐号曰常嫔，祭葬如例。

嘉靖三十八年十一月丁丑，未封妃张氏薨，赐号常嫔，祭葬如例。

嘉靖三十九年五月己巳，未封妃于氏薨，赐号宜妃，治丧葬如例。

嘉靖四十年四月己亥，未封妃傅氏薨，赐号曰常嫔，治丧葬如例。

嘉靖四十二年八月丁未，未封宫御武氏卒，追封常嫔，丧礼如康嫔刘氏例。

嘉靖四十二年十月庚戌，未封宫御张氏卒，追封和妃，治丧如例。

嘉靖四十三年七月甲子，未封宫嫔田氏薨，赐号静嫔，丧葬如例。

嘉靖四十三年八月甲戌，未封妃高氏薨，赐号安妃，治丧如例。

嘉靖四十四年二月甲戌，未封宫御孟氏薨，追封安嫔，治丧葬如例。

嘉靖四十四年八月丙子，未封宫御宋氏薨，追封丽嫔，治丧如例。

嘉靖四十四年九月乙巳，未封宫御杜氏薨，追封庄妃，诏丧葬如例。

嘉靖四十五年六月戊辰，未封宫嫔任氏薨，赐号和嫔，治丧葬如例。

嘉靖四十五年六月壬午，未封妃王氏薨，赐号康妃，治丧如例。

嘉靖四十五年六月甲申，未封妃杨氏薨。上谕礼部曰：杨氏侍朕十余年如一日，昨火中随主，恩当加厚，其追封为崇妃，谥恭淑安僖，丧葬如皇贵妃阎氏例，减四分之一，仍命祔葬于贵妃茔次。上追悼不已，后赠其父朝宗为骠骑将军，锦衣卫指挥使，授兄廷美为锦衣卫指挥佥事。

嘉靖四十五年十一月乙亥，未封宫御王氏薨，赐号常嫔，丧葬如例。

在十七年的时间内，死亡“未封妃”“未封宫嫔”“未封宫御”达三十一人之多，在史籍中是极为少见的。三十一人中的崇妃杨氏，虽云“火中随主，恩当加厚”，也不一定是死于火灾，其他人的死因，均无记载。

关于“未封妃嫔”的说法，以前是没有的，只《万历野获编》中有所载，文中说：“世宗晚年西宫奉玄，掖庭体例与大内稍异，……间或非时御幸，不能尽行册拜，于是有未封妃嫔之呼。”又说：“然承恩夭没者，必加封内爵，以是外廷得闻，逮龙驭上宾，其现存未封者概不得知矣。”

从上述“承恩夭没者，必加封内爵”来看，《明实录》所记之未封妃嫔皆死后加封，当多属夭没者，其夭没的原因，若从未封妃嫔之死期看，虽无明显的规律，如死期之距离，近者十天、数日，远者一年、二年不等，按月、日或干支排列，亦漫无次序；而这三十多人死亡的时间又不集中又不距离过远，仍不能认为是正常死亡。因此不能不考虑这些人的死与炼药有关。在当时没有卫生知识的情况下，因取月经过多致病，导致这些宫御的陆续死亡，不是不可能的。

朱厚熜在西苑炼丹修道二十多年，自称是“世外之人”，实际是荒淫无度的。《明实录》载，嘉靖四十五年八月甲子（初六日）“册封宫御尚氏为寿妃”。此时距朱厚熜六十寿辰只有四天，故封为寿妃，或取其有助于长寿之意。但据《万历野获编》载，此寿妃，系朱厚熜诵经时被偶然看中者，当时年仅十三岁。实际此妃并未给朱厚熜增寿，而是在封此妃后四个多月朱厚熜就死去了。

从朱厚熜一生看，他在明朝各皇帝中是妃嫔最多的一个。仅据明朝编纂的《太常续考》和《宛署杂记》所载陵墓数计算即有六十三人。其中包括后四人，妃三十三人，嫔二十六人。有五十三人葬于金山，其余葬天寿山。这么多的陵墓，每年还要由大兴、宛平两县按时祀祭。每年有五祭有四祭，所用银两亦由两县百姓负担。由此可见，皇帝之攫取于人民，不仅在生前，而且继之于死后。正如黄宗羲所说：“为天下之大害者，君而已矣。”

出自《北京史苑》（第三辑），北京出版社，1985 年

清代宫俗与民俗

宫俗，是相对民俗而言，清代官私文献中均无此提法，实际上清宫有很多习俗，在研究宫廷史、古都史时不能不加以注意，不能不看到宫俗与宫廷所在地京城民俗的联系。而习俗又是一定阶级、一定民族、一定时代、一定地区意识形态的一部分，因此，在同一时代、同一地区又会存在阶级、民族间的差异。只有正确地了解这些习俗，才能从正反两方面吸取某些有益的因素，以利于社会主义精神文明的建设。

宫俗所包括的内容，目前还不好划定，因为一方面在民俗的研究中尚无定论；另一方面清宫把很多习俗定为礼制，界限不清，一时还不能形成准确的概念。现仅就部分宫俗做些探讨。

从清宫有关记载中看，宫廷与民间虽有九重之隔，但是宫中的习俗并不是孤立的，它不仅与古代习俗有传承关系，而且与北京民俗有千丝万缕的联系。

以新年为例，宫中列为“三大节”之一，民间亦作为一年中最隆重的节日。其所以如此，除除夕使人惜别、新年令人向往外，更重要的原因，还是与生产的节奏有关联。晋人曾云：“季冬之月，星回岁终，阴阳已交，劳农夫享腊，已送故焉。”数千年来，我国中原地区皆以农业生产为主，隆冬季节，广大农民收获之后，归粮于仓，下年的耕作又未开始，因此就有条件做适当休整。新年的活动特别在中上层农民中更加丰富。以农业生产做基础的封建宫廷，必然也要与民同俗，做出相应的反映。于新年之际，宫廷百般庆贺，以祈来岁之福。同时上行下效，宫廷的活动又必然会影响到民间，首先是京城中的百姓。

宫中年节的高潮在除夕、元旦两日，但自十二月初，迎新年的准备活动已经开始。如宫中每于十二月朔，内廷词臣即撰拟椒屏吉语题、岁轴吉语联开单呈览，钦定后，交内府绘士按题作画，然后题字，以便新年时张挂。除夕进岁轴，南宋宫廷即有，此俗与民间贴新年画的风俗是相通的。

十二月朔，皇帝开笔书“福”字，贴于宫殿及园囿各处，或赐王公大臣等。据记载，此习始于康熙帝，但不一定自腊朔始，至乾隆二年才确定于十二月初一日在紫禁城内漱芳斋开笔书福，以后岁以为常。皇帝书福之余，有时也写对联或“宜入新年”“一年康泰”等吉语春条，贴于内宫寝殿。此习俗，看来似清宫独有，而实际上民间写福字、写春联亦于腊月进行，唯非必自朔日始。新年贴春联为古俗，其前身为战国时的桃梗（桃木人）、晋之桃符（桃木板上书神荼、郁垒二神名或画此二神像），五代始在桃木板上书联语，后改为以纸书联语。清代亦沿此习，唯清宫春联用白绢书写裱于框架，此系满俗，与汉族用红纸不同。桃梗、桃符皆用以辟邪驱鬼，改为联语以后，多为吉语，以求祥瑞。

桃梗、桃符亦为门神之滥觞。汉《风俗通义》载：上古之时，有神荼、郁垒兄弟二人，曾在度朔山桃树下，以苇索缚恶鬼喂猛虎，于是县官亦以桃人、苇索及画虎陈于门，冀以驱鬼。后演变为绘神荼、郁垒之图像为门神。后又传说，一日唐太宗生病，闻门外有鬼魅呼号，秦叔宝与尉迟敬德戎装立门外，夜果无事，乃令画此二人像挂于宫门，后亦成为辟邪的门神。清宫沿此俗，新年时各宫殿均挂门神，皆绢质，并裱于框架，用沥粉贴金或用泥金描画，亦有以高丽纸作画。所画神像明时已经增多，清宫所存者多为将军（秦叔宝、尉迟敬德），另有福神、仙子、娃娃等。民间亦不出此范围。只是宫中制作坚固，画工讲究。十二月下旬张挂，来年二月初三日撤下贮存。与民间的门神只用木板水印贴于门板，任凭风吹雨淋，不至新年不更新的情况大不相同。

腊八日，清宫廷派王或大臣到雍和宫监视煮粥供佛。宫内则皇帝御中正殿佛堂前临时搭设的黄毡圆帐房（名小金殿），由御前大臣侍奉，众喇嘛在帐外念经，有时请达赖喇嘛和蒙古活佛章嘉呼图克图为皇帝拂拭衣冠，以示祓除不祥。佛教传说腊八日是释迦牟尼成道日，教徒皆以米及果物煮粥供佛，后演变为民俗。北宋时汴京诸大寺作浴佛会，送七宝五味粥与门徒，谓之“腊八粥”，民间亦以果子杂料煮粥食之。到清代的北京，民间亦盛此俗。上等腊八粥，用黄米、白米、江米、小米、菱角米、栗子、红豇豆、去皮枣泥等合水煮粥，并用染红的桃仁、杏仁、瓜子、花生、榛穰、松子及红糖、白糖、葡萄做点缀。当日亲友间还互相馈赠，实际是相互品尝。

十二月十七日（后改为十九日）始，宫中可放爆竹，打破平时的寂静。且自十二月二十四日起，皇帝在宫中行动，每过一门必放爆竹一声，当然只有皇帝才能如此放法，民间是没有的。放爆竹之俗，魏晋以前即有，但与清代不同，按《神异经》所记，爆竹的起源为西方山中有人身长尺余，一足，不畏人。犯之，则令人寒热，名曰“山臊”。当地人以竹放火中，竹爆作响，山臊则惊惧。关于山臊的传说，固属荒诞，但燃竹声响作为爆竹的起源，则有可能。后约至宋代才演变为纸炮，仍称爆竹或炮仗，至今尚盛行，然已成为庆祝活动中增加热烈气氛之用。

每年十二月中下旬，清宫中要择吉祭宝（即印玺），加以洗拭后即行封宝，暂时不再使用，意味着宫廷放假，至来年正月再择吉行开宝礼。此事要颁示天下，各级衙门均照例封印，官员皆欢聚畅饮，以酬一岁之劳。由于封印，带来社会问题：一些“市井无赖”，

“攫货于京都市肆之间，毫无顾忌”。当时人已视为“恶俗”。

十二月二十三日是民间祭灶的日子，清宫亦有此俗，并规定每年坤宁宫祭灶，要设供案，安神牌、备香烛等。供品共三十二种，并须由南苑猎取黄羊一只，由奉天（今沈阳）内务府进贡麦芽糖作为供品。届时皇帝、皇后先后到坤宁宫佛前、神前、灶前拈香行礼，颇为重视。祭灶这天晚上，亲王、郡王、贝勒等大员在内廷有值宿任务的，都给假回家祭灶，以级别较低的散秩大臣代替。灶神之说，先秦已有。汉武帝初年，大臣以祀灶可以化丹砂为黄金，以黄金为器皿可益寿，益寿可见蓬莱仙者进言，皇帝才开始亲自祀灶。清帝或取此意，亦亲祀之。北京民间祀灶，盖沿元代王恽之说，谓岁终二十四日诸神上天，家人如设供祭灶，灶君上天后，可为隐恶扬善。明代亦于二十四日祭灶，并以糖饼、黍糕、枣、栗等供灶神，以草料供灶神之马。祭时并有祷词：“好多说，不好少说。”至清代不知为何北京均改为二十三日，南方仍为二十四日。北京民间和宫中都用麦芽糖祭灶。由于宫中用奉天的贡糖祭灶，故北京一直称麦芽糖为关东糖。嘉庆帝曾有祀灶诗说明宫俗与民俗的联系：“嘉平小除夜（民间亦谓腊月二十三日为过小年），媚灶用黄羊。典纪千门遍，礼传五祀（汉五祀为：门、户、井、灶、中，清同）详。飶芳袅鼎篆，精洁列盘糖。”用黄羊祭灶，传说始自汉宣帝时，清宫沿用，民间难以做到。

除夕和元旦，是年节的高潮。宫中习俗很烦琐，帝、后等要分别到宫内外各处拈香礼佛，设供祭祖，祈求神灵保佑。这些习俗，一直保持到清末。据档案记载光绪三十三年（1907 年）十二月是小建，二十九日为除夕。这天，从十一月十六日暂从瀛台回养心殿居住的光绪帝，凌晨四时即到宫内十多处佛堂拈香，早六时至保和殿筵宴，宴毕，至乐寿堂给慈禧太后请安，随从办事、召见、侍膳、看戏。然后，光绪帝、太后分别到各宫给道光、咸丰、同治帝后像或神牌拈香行礼。中午光绪帝及宫眷们分别向慈禧太后行辞岁礼，皇后及宫眷们到养心殿给光绪帝行辞岁礼，宫眷们再到钟粹宫给皇后行辞岁礼。下午光绪帝、皇后及宫眷们再到阅是楼侍奉慈禧太后进晚膳、看戏，戏毕跪送。

元旦，凌晨二时，光绪帝在爆竹声中到养心殿各处拈香，至东暖阁明窗行开笔仪式，即先向“金瓯永固”杯中注屠苏酒，亲手点燃蜡烛，将“万年青”笔打开，在吉祥炉上熏一下，然后濡染朱墨，写吉语数字，再用墨笔写吉语数字，以祈一岁之福；并浏览一遍新历书，以寓授时省岁之意。

早六时，到奉先殿、堂子（在紫禁城外，皇城的东南角）行礼后，回乾清宫进奶茶，在西侧弘德殿内进吉祥饽饽（饺子），其中一个饽饽馅内包有小银锞，放在表面，若一下箸即得之，则认为吉利。然后到坤宁宫拈香行礼，并在此接受皇后及瑾妃请安、道新喜、递如意。光绪帝、皇后及宫眷等再分别至乐寿堂给慈禧太后请安、道新喜。

八时半，光绪帝率王公大臣在皇极殿给慈禧太后行礼，皇后率宫眷、福晋、命妇等给慈禧太后行礼。光绪帝、皇后等再分别递“万年吉祥如意”，瑾妃以下宫眷再给皇后行礼、递如意。

九时半，光绪帝到太和殿接受文武百官行庆贺礼，未举行筵宴。然后回乾清宫受内朝礼。午初，光绪帝至大高殿及景山内寿皇殿拈香行礼，午正，乾清宫举行宗亲宴。宴毕，光绪帝及皇后、宫眷等仍至阅是楼侍奉慈禧太后看戏，戏毕跪送。

以上是清宫除夕、元旦活动极其简略的介绍，从中可以看出宫内礼俗之繁缛，此即宫俗的特色，民间不能效仿。但也有一些做法，如除夕辞岁、元旦吃饺子、道新喜、拜年等，宫廷与民间仍有相通之处。

作为新年的延长，正月十五日的上元节也包括在内。正月十五日及前后两天，宫内及北京市肆，均悬灯相庆，故亦称灯节。此习汉代即有，以后历代沿袭。清沿明旧，在宫中不仅张挂各式华贵的宫灯，而且已有冰灯的制作。乾隆帝御制《冰灯联句》诗序中谓："片片鲛冰，吐清辉而交璧月；行行龙烛，腾宝焰而灿珠杓。"其景颇为可观。

上元节亦称元宵节。由于是夕有吃浮圆子的习俗，后竟将浮圆子称为"元宵"。此夕不但民间家家吃元宵，宫中这几天晚膳中亦各有元宵一品。在圆明园被英法侵略者焚毁以前，多于园中山高水长处大放烟火，以使新年活动在高潮中结束。

年节仅仅是宫俗中极小的一部分，从这一小部分中可以看出，宫俗与民俗虽有很多联系，但由于宫中政治、经济条件的无比优越，使人民生活的习俗变得烦琐、华贵和典制化，从而显现出风俗上的阶级差别。而最大的差别是有些习俗的含义不同，宫廷所追求的吉祥如意与农民所向往的吉祥如意，由于阶级利益的冲突，实质上是矛盾的。这是宫俗和民俗的根本区别。但也应该承认宫俗与民俗确有时代和地区的联系性，宫俗是民俗在宫中的特殊体现，反过来宫俗又对民俗在一定范围内有某些影响。

其次，也可以看出，清宫习俗很多与中原古俗有关，具有明显的传承性。满洲贵族在入关前，风俗是简单的，入关以后，多年来与汉族共同生活在历史悠久、文化发达的中原封建社会中，不能不潜移默化地受到汉文化、风俗的影响，实现着各民族文化的相互融合，这对中华各民族的团结、国家的巩固是有益的。

再次，还可看到，随着整个社会经济文化的发展，习俗也在不断变革。从奴隶社会到封建社会末期，随着人们对自然了解的深化，习俗中的迷信色彩、原始宗教色彩都在不断消失。如门神、爆竹、桃符（春联）最初都是以避邪、驱鬼为目的而出现的，到后来逐渐演化为庆贺性、祈求吉祥性而被延续下来。

最后，从清宫看，祈求吉祥如意、富贵平安、多福多寿的习俗，日益浓重。从年节点缀到衣物纹饰，以至陈列物品，竟不顾实用价值、艺术价值，而在纹饰和造型方面刻意追求吉语谐音。如宫中常见的，一只象驮着花瓶，瓶内插着古兵器戟的模型，戟上挂着磬形玉片，磬下又垂着双鱼玉什件，以象征"太平有象""吉庆有余"，实属不伦不类。这在一定程度上反映出最高统治者有一定的迷信色彩的心理状态。特别是晚清慈禧太后统治时期，世界已大步跨入产业革命后的时代，中国已处在帝国主义侵略包围之中，作为主宰全国的君主，其生活兴趣仍沉溺于庸俗无聊的吉语之中，正说明清王朝的没落、腐朽和昏庸。

当然在习俗中也有生命力强的，如腊八粥、元宵、端午粽子、中秋月饼等，它们在客观上有一定的可取性，故至今不衰。如腊八、元宵节时北京都处在寒冷季节，在这时吃一些含糖量高的热粥、元宵是很可口的。同样，端午季节，北京一带少雨燥热，吃一些带有竹叶或苇叶清香的凉甜食品也使人适意。如果是相反，将热粥和凉粽子颠倒一下季节，即不会被大众所取。这些具有实际生活意义的习俗保存下来，是可以使今日的生活更加丰富的。

出自《故宫博物院院刊》1985年第2期

乾隆时期宫中政治经济措置

宫中，现在通称宫廷。清官方文献中，“宫廷”指相对外朝而言的内廷，为皇帝、后妃等办事及起居之所。现在所称宫廷，则兼有政治机构的含义，它与“朝廷”一词相近而不同，似是朝廷的核心。

在皇帝专政的封建时代，宫廷的作用是明显的，特别是政治方面，它以最高统治机关的地位，左右着天下局势，而宫廷其他方面的活动，又潜在地产生着难以估量的影响，“吴王好剑客，百姓多疮瘢”的说法，可以充分反映宫廷对社会的作用。宫廷在封建社会中，虽有其相对独立性，但它又不是孤立的，而是与社会有着千丝万缕的联系，因此，对宫廷内部做某些剖析，对了解封建社会或许不无裨益。

乾隆宫廷，在历史上占了很长一段时间，从雍正十三年九月（1735 年 10 月）至乾隆帝弘历做了太上皇以后的嘉庆四年正月（1799 年 2 月）亲政六十三年多，时间之长是前所未有的。其所以能延续如此之久，主要当然是由于弘历的寿命长，但在六十多年里宫廷之所以能一直保持稳定，除其父打下的基础外，弘历在宫中所采取的措施也有一定作用。

一

自社会划分为阶级，到阶级消灭以前，统治阶级总是把掌握和巩固政权当作最重要的事情。弘历并不例外，他比以往的帝王甚至做得更加巧妙。这是因为弘历自幼龄即受传统教育，熟读经史，十二岁时被其祖康熙帝玄烨看中，养育宫中，受到优越待遇，即位前即封为宝亲王，之后又参与机务，二十五岁即位时，已是一位有丰富统治知识的成年皇帝。为了加强自己的统治，弘历还采取了一些重要的措施。

第一，弘历鉴于其父为平息兄弟之间夺位斗争，对政敌采取了过分严酷的处置，以致存在着不利于睦族的因素，而且事过多年，被处治的人有的已经死去，此际正是缓和矛盾、安抚遗属、稳定局面的大好时机。因此在即位后一个多月，即暗示诸王满汉文武大臣说："阿其那（玄烨之第八子允禩，雍正四年被雍正帝胤禛圈禁、削爵、除籍、改名）、赛思黑（玄烨之第九子允禟，与允禩同年被削爵、除籍、改名、圈禁，后此不久二人即死去）孽由自作，万无可矜，而其子若孙实圣祖仁皇帝之支派也，若俱屏除宗牒之外，则将来子孙与庶民无异。"并且为其父开脱说："当时办理此事，乃诸王大臣再三固请，实非皇考本意。"其应如何办理，命诸王满汉大臣等，各抒已见。接着于二日后，即"命宗室、觉罗因罪革退者，子孙分赐红带、紫带，附载玉牒"。十月十二日即释放了圈禁的宗室。并宣布："朕惟治天下之道在亲亲"，"凡我宗室皆太祖、太宗之子孙，理宜亲睦"。继之于乾隆二年还释放了雍正时圈禁的玄烨第十子允䄉、第十四子允禵（此二人及前述允禩、允禟皆因支持已废太子允礽被圈禁）。并封此二人为辅国公，后允禵还进封了贝勒及郡王。另于雍正五年，胤禛曾以行事不谨之罪圈禁了弘历之兄弘时，不久即死亡，这次亦命将弘时收入谱牒之内。只允禩、允禟二人，至乾隆四十三年才恢复原名，收入玉牒。同时给顺治初年死后被除封的摄政王多尔衮昭雪，为豫亲王多铎、礼亲王代善等多人恢复了原来的封号或解决其子孙承袭、入玉牒等政治待遇问题。这些安抚工作，无疑对加强宗室内部的亲睦、防止发生动荡是有益的。

第二，是重新处理曾静、张熙案件。曾静，湖南永兴人，应试不第，后闭门著书授徒，因读清初思想家吕留良遗著反清诗稿，受其影响，便命弟子张熙投书川陕总督岳钟琪，劝其同谋起义，事未成被捕，并株连多人。吕留良及其弟子严鸿逵，因事前已死，被掘墓戮尸。吕留良子毅中、弟子沈在宽及族人皆斩决，其孙辈发往宁古塔给披甲人为奴，刊刻及收藏吕氏书籍的多人亦被杀戮。独将曾静、张熙二人释放，并利用此二人为胤禛宣传，将曾、张二人的口供及胤禛谕旨编印成书曰《大义觉迷录》，发至各府，以消除对胤禛的各种攻击。胤禛这一措施，朝臣颇为不满。弘历为争取朝臣的拥戴，"泄臣民之公愤"，于雍正十三年十月命湖广督抚将曾静、张熙锁拿，十二月即将此二人杀掉。此事本来是与弘历自己宣布的以"父母之心为心"相矛盾的，但他却做出一种巧妙的解释，认为其父胤禛之所以对吕留良等明正典刑，是因为吕谤议及其父之父玄烨；不杀曾、张是因为他们只涉及胤禛本身。弘历亦遵照皇考之法，因涉及皇考，明正曾、张典刑。这一措施对稳定统治集团内部的情绪也是有利的。

第三，对宗室中有可能形成对皇权威胁的动向保持高度警惕，并及时处置。乾隆三年，弘历发现庄亲王允禄和理密亲王之子弘晳等人往来密切，次年十月宗人府即议奏允禄与弘晳、弘昇、弘昌、弘晈等七人结党营私，往来诡秘，并拟将允禄、弘晳、弘昇革去王爵，永远监禁，其余四人也各革去封爵。弘历未从所拟，而分别给以从宽对待。他认为庄亲王允禄是"一庸碌之辈，若谓其胸有他念，此时尚可料其必无"，所以，只革去其双俸及理藩院尚书的兼职，保留亲王之称并仍管内务府事。弘昇系“无藉生事之徒”，雍正年间曾获罪，圈禁后赦宥，乾隆时复起用为都统，因其不知感恩，反怙恶不悛，命永远监禁。弘昌系怡亲王允祥之子，秉性愚蠢（其父曾奏请圈禁在家，其父死后，胤禛命释放，乾隆初加贝勒）并“不守本分”，“罪情甚属可恶”，亦革去贝勒。弘普亦革去贝子。弘晈为允祥第四子，弘历认为他依附庄亲王是图饮食宴乐，着从宽仍留王号，永远住俸。

唯对弘皙，弘历认为，皇祖时父子获罪，将伊圈禁在家，雍正时又封亲王，但“于朕前毫无敬谨之意，惟以谄媚庄亲王为事”，而且特别尖锐地指出，弘皙“自以为旧日东宫之嫡子，居心甚不可问”。弘历还亲自举出一条罪状：“即如本年遇朕诞辰，伊欲进献，何所不可，乃制鹅黄肩舆一乘以进，朕若不受，伊将留以自用矣。”这条罪状显然是不能成立的。但弘皙仍被革去王爵，“准其在郑家庄居住，不许出城”。此事行将了结时，宗人府在审讯中，又发现弘皙曾在安泰“祖师降灵”时问过“皇上寿算如何”“将来我还升腾否”等问题。宗人府认为是大逆不道，应革宗室，绞立决。这下弘历更抓住把柄大做文章，认为弘皙“所询问妖人之语俱非臣下所宜出诸口”，“拟以大逆重典以彰国法，洵属允当”，但又念其系圣祖之孙，若革宗室，置重典，“于心实有不忍”。最后命“拿交内务府总管，在景山东果园永远监禁”。从此事可看出，弘历真正要打击的正是以旧东宫嫡子自居的弘皙，借此他既消除了可能构成敌对势力的隐患，又震慑了宗室王公贵族。弘历进行政治斗争的手腕并不亚于其父。

第四，着意于宫中典章制度的建制。按照传统观念，宫中典章制度完备与否，是这个国家治乱兴衰的一项标志。清入关后，经过顺、康、雍三朝的经营，宫中已有很多规定或则例，自顺治十年对内院所发谕旨及顺治十二年仿照明太祖于洪武十七年铸铁牌置宫中，申明“内臣不得干预朝政。犯者斩”的做法，并立铁牌于十三衙门，不许中官干政窃权。可见已是初具章法。到乾隆初年有关宫中典制的谕旨和事例已在起着则例的作用，只是未编成系统的条文。遂于乾隆七年十月，弘历命敬事房把当时实行的内廷典礼事例条录呈进，编为《宫中现行则例》。十一月又命大学士鄂尔泰、张廷玉、徐本率南书房翰林等编纂《宫史》，经两次重修，于乾隆三十四年最后完成。这两部书实际上反映了乾隆年间完备和建立的宫中典制。两书编辑体例虽不尽相同，但内容却大部分一致。不过《宫史》比《宫中现行则例》内容丰富，主要增加了《宫殿》《书籍》两门，有关礼仪的规定也较多而详细。《宫史》并不是讲宫廷发展的历史，而是典章制度和有关设置的记录。修《宫中现行则例》，是为了使宫中各项活动有所遵循，以巩固宫中的秩序；修《宫史》的目的也是“立纲陈纪，垂之典则”，以便“子孙世世遵守”，以维护其统治地位。

从两书内容来看，在宫中主要起以下几方面的作用：

（一）规定了宫眷的等级、待遇。皇室成员虽均属最高统治阶级，但其内部仍是等级分明。这种等级差别，明及以前的宫中有大体区分，无明细之规定。乾隆宫中，除至尊的皇帝以外，体现在各方面的差别均有详细规定，非有特旨，不可逾越。如对宫眷则规定：尊圣祖母为太皇太后，圣母为皇太后。后妃等为八级，其职责是皇后主内治；皇贵妃一位、贵妃二位、妃四位、嫔六位佐内治；贵人、常在、答应无定额，勤修内职。这些人从典礼、朝拜、赏赐到每日膳食、生活用品的供应，以至怀孕生孩子的待遇，无不划分着等级。在宫中，一切权力仍掌握在皇帝手中，其余的人，包括皇太后，虽然位极尊崇，握有金印或玉印，但不见规定行使什么权力。在立后封妃等行文中往往写有“仰承皇太后懿旨”等类字样，实际是一纸空文。记载中对后妃的废黜、处分等，有的写禀明皇太后，有的也是皇帝直接决定，可见也不是规定的权力。至于掌握政权的太后，当然就另当别论了。《宫中现行则例》规定皇后主内治，但所治之内容亦未见规定，至于妃嫔的佐内治，亦未知佐治何事。

（二）规范了宫中各项礼仪。礼，古意指伦理、法则，后逐渐演变兼指各种仪式，而且以是否“礼明乐备”为治乱的标志。弘历为了显示自己的才能，刻意追求“礼明乐备”，曾花了很大功夫，健全宫中典制，从朝廷大典到冠服、仪卫，以至筵宴、乐制等等，无不加意建树，使宫中各项典礼等活动均井井有条，这些典章制度的完备，对增强皇帝的威严、整肃宫廷的秩序起到很大作用。

（三）规定了后宫各项生活管理制度。如每年年前的安设天灯、万寿灯，张挂门神、对联，掸尘，冬季各处铜缸加盖、设套、熏火化冰，三月淘沟、鱼池换水等等，虽是生活琐事，但需进工匠人等，涉及禁卫问题，作为制度规定下来，成为例行公事，亦便于保证宫中的安全及生活上的需要。

（四）对太监规定了严格的纪律及管理制度。此项内容在《宫中现行则例》及《宫史》中均占有很大比重。清朝鉴于明朝太监揽权擅政，以致贻误国家，因此顺、康、雍各朝无不对太监严加限制。弘历即位几天即严谕内监等“国家政事，勿许妄行传说，外言亦勿得传入内廷”，“犯者正法”！在《宫中现行则例》及《宫史》中，卷首均为历朝训谕，《宫史》中载有一百四十多条，其中百分之六十都是针对太监发出的，包括太监的守则，对太监的控制、管束、警告、处分以及治罪等。清统治者虽给太监官员以四品的高位，但对太监的看法仍一直视为奴隶。如玄烨曾言及“太监最为下贱，虫蚁一般之人”。弘历见有的太监遇阿哥未跪见请安，即予斥责：“太监等乃乡野愚民，至微极贱！”并引谚语说：“‘一岁主，百岁奴’，上下之分秩然，岂得以阿哥年尚冲幼，遂尔追忽耶？”并指出“内宫之宫眷，虽答应之微，尔总管不可不跪拜也。阿哥之家眷，虽官女子之微，尔总管不可不跪拜也”。这些说法，充分表达了弘历对太监的根本态度。另在使用太监上一直是宁选“言语迟钝”的人，也不用“便捷伶俐、言语不谨”的人。即使是给阿哥使唤的太监，也要“挑蠢笨老实者”，可见清廷对太监防范之严密。

对太监的管理、治罪更为严厉，如《宫中现行则例》中规定：“凡无故持刃入殿或假装疯病或酒醉肆闹者绞监候”。上列“无故持刃入殿”或有行凶嫌疑，而“假装疯病”“酒醉肆闹”，在宫中虽应禁止，但《大清律例》中无此规定，即使可列入刑律中之“不应为”律，其情节重者亦不过“杖八十”，轻者只“笞四十”，此处定为死罪显然是畸重的。于此可见宫中并不按《大清律例》治罪，而且一般也不由刑部审讯，而是由内务府慎刑司处理。

对太监的处分规定中，还有：“凡太监、女子，在宫内用金刃自伤者斩立决；欲行自缢自尽经人救活者绞监候。”而未能救活者，则“将尸抛弃荒野”，“其亲属发往伊犁给兵丁为奴”等条。太监、宫女在宫中服役，毅然走自尽的道路，说明他们已经痛苦到走投无路的地步，而统治者不但不问原由，经救活者还要处绞刑，已死者不能再加刑，则抛尸于荒野，加害其家属，可谓残酷至极。至于因小过给以重惩的规定和事实，更不可胜数。这无疑是一个带有奴隶制性质的封建宫廷法规。

乾隆宫中典章制度的完备是空前的，它对防止太监干政、加强宫廷治理起到相当大的作用。但是这种严苛的法规也不是万无一失的。每年仍有不少太监逃亡，以致到嘉庆年间酿成宫中太监与起义农民联合并突入宫禁的严重事件。

第五，重视对皇子的教育。弘历鉴于其父辈夺储斗争的激烈，和其祖的教育管束不严有关，遂继续其父的做法，对皇子严加教管。弘历的教子方针是“所重在乎习国书、学骑射”，读书应“讲求大义，期有裨于立身行己”，反对“寻章摘句”“唱酬题赠”等“书愚陋习”。乾隆三十一年五月，弘历见十五阿哥（即后来嘉庆帝颙琰）所执扇头有题画诗句，落款为“兄镜泉”三字，系十一阿哥（即后来的成亲王永瑆）所书，第二天即在乾清宫召见大学士、军机大臣等宣布：这种做法是受师傅们书生习气的影响，以别号为美称，鄙俗可憎。假使不知省改，相习成风，“其流弊必至令羽林侍卫等官，咸以脱剑学书为风雅”，将关系到国运人心，不可不知儆惕。他认为：“人情好逸恶劳，往往趋于所便，若不深自提策，必自习为文弱而不能振作，久之将祖宗成宪，亦罔识遵循，其患且无所底止，岂可不豫防其渐耶！”他这一段议论，确实有些道理。

后在乾隆三十五年五月，弘历发现八阿哥以己事从圆明园入城，既未奏知弘历，又不关白师傅，弘历认为殊属非礼。他在为此事发的谕旨中说，阿哥等在书房读书，所以检束身心，自当出入有常，跬步必谨，且皇子外出，例派散秩大臣、侍卫等护行，不仅是礼制的需要，而且为使皇子“不得行止任情”，亦防“外间愚妄之徒，得以藉端诡遇，驯至结纳依附诸弊”。此事发生后，对八阿哥及师傅、谙达等均分别示儆。并将此九百多字的长谕录出，贴于尚书房，“使皇子等朝夕观省”。

弘历对皇子如此严格，其目的是“即在书房，原非专事儒生占毕，惟当循循规矩，使心志不至外驰”。他这样做的结果，确实没有出现皇子之间争权夺势的局面。但从他的教子方针上却收效甚微，在成人的十个皇子中，除二十六岁即死去的第五子永琪，“少习骑射，娴国语”，受到钟爱以外，其余九人，在这方面均不见长。而且他们多是文人，有诗文集传世。如皇五子永琪亦工书法；六子永瑢善绘画，兼通天算；十一子永瑆竟成为清代名书法家，并有《诒晋斋帖》及诗集等传世。这是与弘历的善诗文、喜书画的影响分不开的。另外如十七子永璘，少时即不甚读书，好游嬉，喜音乐，并常微服出游，间为狭巷之乐，亦不善国语、骑射。从这一点来看，弘历的教子措施又是失败的。

第六，审慎地建储。建储问题，起初弘历可能考虑得较为简单。乾隆元年七月，即缄皇后所生第二子、七岁的永琏之名于乾清宫“正大光明”匾后，秘立为皇太子。不料乾隆三年永琏死去，这就打乱了弘历的如意算盘。之后又曾拟秘立皇后所生之皇七子永琮，但永琮于乾隆十二年又殇，年仅两岁。继之于乾隆十五年二十三岁的皇长子永璜病死;乾隆三十一年弘历一度钟爱的二十六岁的皇五子永琪亦病死。立嫡、立长（永璜、永琪死时年龄都是长者）的愿望均未能实现。直到乾隆三十八年，才从当时在世又未出继的五名皇子中选定一名秘定储位。这次选定后仍不放心，在当年冬至祭天时，还“默祷上帝：如其人贤，能承国家洪业，则祈祐以有成；若其不贤，亦愿潜夺其算（寿数），勿使他日贻误，予亦得以另择元良”。这次建储，不仅人名是秘密的，而且行动也是秘密的，只有军机大臣知道。其所以如此保密，可能与立储的永琏和准备立储的永琮等夭折有关。一直到乾隆四十三年十月金从善被杀以后，才不得不通谕中外。

乾隆四十三年九月，弘历从沈阳谒祖陵回銮经过锦县时，当地生员金从善出于愚忠，于御道旁进递呈词，以建储、立后、纳谏、施德四事上言，词中言及乾隆十五年册立的皇后乌拉纳喇氏，乾隆三十年南巡时被中途遣还，次年亡故后，仅以皇贵妃例安葬之事，请弘历下“罪己诏”，并请另立皇后。弘历是一个自恃贤明、厌恶进谏的人，见此呈词大为愠怒，便立即下严旨，将金斩决。金从善虽被杀戮，但他所提的问题，特别是立储问题，弘历不能不受震动，感到立储后“不露端倪”，“天下臣民无由共闻，未尝无窃议朕为恋宝位不肯立储”。此时弘历已六十八岁，建储问题不能再密而不宣，于是在金从善被杀后十二天，即宣布了一道二千一百多字的谕旨。在此谕旨中，他首先历数先秦至明以至其祖父立嫡、立长及公开建储之失，赞扬其父秘密建储之善，又申明自己秘密建储的经过，他说“朕在位而前星四殒，复成何事体，故不得不慎也。然此等大事，朕未尝不计及也”。此时才述说了乾隆三十八年密立皇太子之事。又解释建储之事所以未曾公布，不是“贪恋宝位”，并评论唐宣宗闻立太子恐自己为闲人、宋仁宗因定储位郁郁不乐、宋英宗因立太子泫然涕下等事均属非是，“安肯踵其庸陋乎”。他认为上述数君之所以恋恋不舍，是因为他们只知席丰履厚，以为君为乐，而不知庶司百职之事躬亲总揽之难的缘故。他说，历史上也有未及耄期，而遽行内禅的皇帝，如宋高宗、宋孝宗，那是因为值多事之秋，图一己之乐，“又是朕所深薄耳”。

最后，他说他这些话本想归政时再宣布，但“因昨有‘逆犯’金从善，逞其悖逆邪说”，恐天下臣民对立储一事，“未必不耿耿潜蓄于心”，所以才提前宣谕，使中外知之。此后，为申述公开建储之不可行，还写有数篇论述文章，并专门采辑了自周至明关于公开建储的祸害共二十八事，编纂成书，名为《古今储贰金鉴》，刊印颁行。

经过弘历这样慎重地处理储位问题，虽不甚顺利，但究竟没有出现玄烨公开立太子所引起的恶果。且经过传位、训政，弘历将皇位泰然地转移过去，这在他看来是圆满之举。但就历史发展的角度来看，他所选的颙琰是一个过于保守的继承人，由于颙琰十分迷信和泥守其父安排的已达到顶峰的封建秩序，以致他在位的二十五年中，除惩处和珅一事外，几乎无大作为。而此时阶级矛盾已日益激烈，以至农民起义军突入宫禁，乾隆时期宫廷的盛况也就难以继续保持了。

二

在经济方面，乾隆时期由于中原地区无大规模战争，生产得到恢复和发展，出现了封建社会末期的经济繁荣，处在这一时期的宫廷也显现出相应的繁荣景象。

顺治年间，由于政局未定、战火频仍，再加圈地等政策上的问题，使生产受到很大破坏。康熙年间，平定三藩以后，生产日渐恢复，到乾隆三十六年库存实在银已从康熙六年的二百四十八万八千四百余两增至七千八百九十四万余两。户部银库如此充盈，宫廷的经济自然也随之宽裕。乾隆三十三年因云南军需曾拨广储司银一百五十万两，三十四年又拨广储司一百万两。四十六年为直隶城工拨广储司银四十万两，次年为河南省添筑新堤、开挖引河又曾拨部库及内库银七百万两（《熙朝纪政》）。弘历曾如此说过："即以内帑而论，忆乾隆初年，内务府大臣尚有奏拨部库银两备用之事，今则裁减浮费、厘剔积弊，不特无须奏拨，且每岁将内务库银令拨归户部者动以百万计。"足见宫中经济之宽裕富足。

乾隆宫中经济之充足，其来源素无全面而明确的记载，但从零散记载可知，其来财之路甚多，而且采取一些敛财措施，较明显的几项有：

（一）加重对皇庄的榨取。皇庄又称官庄，主要分布在畿辅、盛京、口外等地，是宫廷经济的来源之一。皇庄大体可分为两类：一是纳银庄，即由佃户耕种，庄头收货币地租交内务府。据《清会典事例》载："顺治初年，近京百姓带地来投，愿充纳银庄头者，各按其地亩设庄，为纳银庄头。后有愿领入官地亩设庄纳银者，亦为纳银庄头。带地来充者，为投充人。单身投充，愿领地纳银者，每人给一绳地（四十二亩为一绳），为绳地人。纳蜜、纳苇、纳棉、纳靛者为蜜户、苇户、棉靛户。"所谓带地来投，实际上是清初施行野蛮的圈地政策时，迫使一些地主或二地主、农民等不得不来"投充"的。皇庄的数字，据乾隆《清会典》载：顺治初年所立之庄为一百三十二所。另有不立庄的户二百八十五户，蜜户三十八户，苇户七户，绳地人二十九户。共有土地五千七百四十八顷三十亩，赋银每年三万八千九百二十两，刍草十二万一千七百零九束，蜜户每六亩征蜜五斤，苇户每亩征银一分至八分，内征芦苇六千二百五十斤。

另一种皇庄是粮庄，也称大粮庄。《清文献通考》载，“康熙二十四年设立粮庄”，实际在入关前已有很多粮庄，入关后，随着大量圈地之后又设立很多粮庄。不过“原圈地亩自二三十顷至四五十顷不等”，到康熙二十四年才统一规定每庄给地亩十八顷，每园给壮丁十名，后增为十五名。到乾隆中叶，盛京庄有八十四所，山海关外庄二百一十一，喜峰口古北口外庄一百三十八，归化城庄十三，捕牲乌拉庄五，助马口外弥陀山庄十五，畿辅庄三百二十二，半分庄（每庄给地九顷者）七十一，豆粮庄六，稻田庄三。此外还有果园、瓜园、菜园、蜜户、苇户、棉靛户等，各给田六十五垧（共三百九十亩）、场园二垧、牛四头，以及水井、房屋等，另给耕地供园头养家。各庄田地共一百三十二万七千二百八十亩，赋粮九万三千四百四十石，菽二千二百二十五石，刍草八万一千九百四十束，各有奇。这些赋粮，有的交实物，后一般均折银交纳。《清文献通考》据内务府会计司所记，乾隆三十二年总计庄头六百零八名，应交本年粮石等项折价银四万四千九百零八两有奇，各圈（粮庄因圈地建立，故有时亦称圈）草六十一万八千一百四十五束。另外还有杂征，即盛京及关外庄每庄每年征鹅一只，关外庄另纳茜草、线麻、蒌蒿、黄花、薤等。畿辅一二等庄纳猪三只，三四等庄纳猪二只，并纳麻、麦、稻、秫之秸秆，以及红花、蓼子、菜子、瓢、帚、飘翎之类，内廷祭神、祭祖等所用的黍、稷、稻、粱等亦由畿辅庄供应（乾隆《清会典》）。

这种粮庄，最初多由壮丁耕种，庄头征粮或征其他实物。庄头有的是来自东北的旧庄头，有的是从殷实壮丁中挑选出来的，身份仍是奴仆。壮丁是农奴，最初多为战俘或战争中抢掠来的百姓，也有是“罪犯”或抄没入官或抵项而来的奴仆，壮丁还可以买卖。康熙四十七年，刑部曾判定将一批“叛犯”拨给功臣为奴，先交户部，户部又交内务府，内务府未拨给功臣，而“随将此等叛犯拨给各庄园充当壮丁”（《总管内务府现行则例》）。雍正五年四月，内务府会计司曾将八旗交送抵项人口“转交崇文门监督作价鬻卖”（《总管内务府现行则例》）。由于这些庄园都带有农奴制性质，壮丁在深重的剥削和压迫下劳动，生产水平很低，庄园头不仅不能如数上缴钱粮，甚至出现有的“庄园头子孙滋生日繁，旧有壮丁尚不能养赡”的局面。对这种情况，清廷的措施就是惩罚。乾隆九年曾降旨：“欠粮六七分之庄头，止枷一月、鞭四十殊属过轻，改为枷四十日、鞭六十。”其拖欠十分者则枷三月，鞭一百。惩罚虽如此严厉，仍有很多庄园不能按数交纳。乾隆四十四年曾发生这样一件事：助马口外有因拖欠钱粮被革退的庄头等四名、家属一百四十余口，交与新换的庄头充当壮丁。新庄头仍无力养赡，只好“照例恳请发出为民”。弘历并未因此事受到任何启示，反而认为：“此等庄头，既因拖欠钱粮革退，本系获罪之人，转因接办之庄头，以人多不能养赡，请将伊等之兄弟子孙放出为民，令其自谋生计”会引起“故意拖欠钱粮”。“而其子孙转得为民，仍可倚以自赡，日后并可考试，幸登仕籍”，这是不允许的。因此他决定，“嗣后凡获罪革退之庄头，其家属有呈请为民者，除疏远族户，准仍照旧例办理外，其本身及子孙，俱应发往打牲乌拉充当苦差，以示惩儆”。由此可见，弘历根本不知如何解放生产力，只知坚持农奴主的立场，用枷号和鞭笞来维持落后的生产关系，这终究是无补于事的。

乾隆年间，在这方面也采取了某些新的措施，如在乾隆十三年和乾隆二十五年曾将通州等州县从前庄头退出的官圈地亩及余绝地亩中的应留地、零星地及水冲河占不能征租地以外的可征租编圈地亩二十三万六千八百二十九亩，编设了整分庄头地五十圈，重新安放庄头。从而将荒废的土地投入生产，这是一项有益的措施。但在编庄的同时，却将征租银普遍提高了两倍左右。这种加重盘剥的措施，并不会对宫廷经济有多少效益。一方面抗租事件不断发生，另一方面庄头“动辄借口瘠瘀，纷纷呈请”另换好地。最后有些皇庄土地不得不改为民田，交地方政府招民租种，结果很多在皇庄是“瘠瘀”之田，而一经民人耕种，便成沃壤。弘历也看出：“使其地果不可耕治，何以交官（地方官）后，一招民种，复为沃壤？若在庄头则渐成荒废，在小民则驯致膏腴？”但他只认为“其勤惰可概见”，而没有看到问题的实质，即“勤惰”的真正原因，没有看到农奴与佃农在生产积极性上的差异。因此，皇庄的生产也就每况愈下。

皇庄，在宫中虽是很受重视的经济来源，但其收入的比重却是微乎其微的。

（二）责贡于民。进贡，自古以来即是属下对君主的义务之一。至乾隆时期，其臣子虽谀以“宫庭服御”“未尝责贡民间”，“较唐制不过十存一二”，而实际上清代接纳贡品较唐代有过之而无不及。唐代，天下九府、二百七十八郡虽各有贡物，但除一二郡数量较多，如博陵郡（今河北省定州市）岁贡各种绫一千五百七十五匹外，一般均在绢二十匹或银二十两左右，有的只贡几种中草药；少的如北平郡（今河北省卢龙县一带）岁贡只蔓荆子四斤（《清文献通考》）。乾隆时期的岁贡，据《清文献通考》所载，虽物品不同不可相比，但其种类数量亦可见其大概。现举盛京及浙江、广东二省情况以见一斑，兹列表，见表 1。

另外西北各部落及西藏、新疆各部还贡羊、乳酒、马、骆驼、藏香、氆氇、哈达、藏佛、经卷、珊瑚、琥珀、数珠、红花、藏杏、藏枣、葡萄、玉石、黄金、毛毯、水獭皮等数十种，珍奇异货，无所不有。所谓“未尝责贡民间”，只是掩人耳目而已。

见于官书的岁贡，只是纳贡的一部分，从档案及其他资料中还可以看到一些特殊的进贡，其数量往往超过岁贡。如茶叶一项，《清文献通考》中只记载浙江一省岁贡黄茶、芽茶两种，而档案却记载着各产茶省份每年均进各种茶叶。以乾隆二十五年为例，首先进贡的杭州织造西宁，于三月初八日即进龙井雨前茶四瓶；又于三月十五日进龙井雨前茶十二瓶。此后十多个产茶省份的督抚、将军均进贡本地所产名茶共三十多种，每种各数瓶、数十瓶至一百余瓶不等。宫中饮用不完即用于赏赐。

表 1

进贡单位	贡　品	数　量
盛　京	东珠	1408 颗
	貂皮	一、二等 1500 张，三等无数
	人参	19000 两（据《会典事例》补）
浙江省	上用黄茶	28 篓（每篓百斤）
	内用黄茶	92 篓
	芽茶	2000 斤
	黄蜡	3000 斤
	黄熟铜	1065 斤
	桐油	8332 斤
	白绵	200 斤
	白丝	8500 斤
	纱缎绸绫	随时酌办岁无定额
	枷木	1400 根
	桐皮槁	200 根
	黄花竹	随时酌办
广东省	降香	900 斤
	紫榆木	14 段 2800 斤
	花梨木	2100 斤
	高锡	35664 斤
	靛花	2300 斤
	白蜡	12600 斤
	广胶	1000 斤
	臓黄	25 斤
	沉速香	300 斤
	点锡	211713 斤

弘历多次出巡也是大量接受贡品的时机，但官书中亦很少记载，只在档案中还残存有南巡时的贡单。如乾隆二十二年弘历第二次南巡时，曾被弘历称为“江南老名士”的

沈德潜（此时已八十五岁，以礼部尚书衔在籍食俸）在接驾时，一人即贡献了书画七件，包括董其昌行书二册、文徵明山水一卷、唐寅山水一卷、王鉴山水一轴、恽寿平花卉一轴、王翚山水一轴。贡单中还有大同知府范瑶进有御笔墨刻扇一百柄，原山东巡抚喀尔吉善、浙江巡抚杨廷璋两人进书籍、书画卷册四十三件。原兵部侍郎彭启丰进玉器、画轴、画卷十三件，原副都御史雷鋐等人进书籍、画轴、画卷九件。贡单中还有署名“奴才瑞保”和“瑞保女人”的两份进单。瑞保所进为新雨前茶、鲜毛笋、糟火腿、糟鸭、糟油等，瑞保女人所进为各种衣料一百件、绸绫等料九十匹，以及翠花、花线、手巾、包头、梳篦、桂花头油、画扇、宫扇、宫脂、宫粉、小香袋等。弘历为了表示素性不贪，对大臣等所贡书籍、画卷等或有不收（实际上选精品收纳），而瑞保夫妇所进食物、衣料等项却全部“留内”了。

每次南巡，除由国库、藩库、两淮运库内大量拨用银两供沿途应用外，尚有盐商、富户等个人捐款。此项捐款向无完整记载，见于官方文献的，如乾隆二十六年十一月，为次年第三次南巡做准备，两淮商人一次即捐款一百万两（《南巡盛典》）。另据《履园丛话》载，乾隆第一次南巡中，江南总督黄廷桂曾科派地方绅富承办接驾费用，苏州绅士均“唯诺不办”，在籍翰林蒋楫等三十余人相约捐助，仅蒋楫一人即捐出白银三十余万两，以供南巡之用。

乾隆时期，由于弘历及其母均长寿，这又是增加宫廷财富的大好时机。每逢这两人寿辰，特别是逢旬大庆，王公大臣官员等均竞相进献，天下奇珍异宝，大量汇于宫廷。乾隆九年编纂内府所藏书画著录——《石渠宝笈》时，在《序》和《跋》中也不得不承认，“内府所储历代书画积至万有余件”，“臣工先后经进书画暨传入御府者”亦复不少。到乾隆晚年修续编时，弘历亦承认“每遇慈宫大庆、朝廷盛典，臣工所献古今书画之类及几暇涉笔者又不知其凡几”。在为宫中收藏之青铜器编写著录的书跋中也谈到，“叠遇慈庆、圣寿及举行盛礼，臣下之藉将芹曝者，或荷鉴百之一二”。可见许多珍宝系群臣祝寿时所献。乾隆四十五年，弘历七旬寿辰，虽于去年八月已降旨说，本想庚子七旬诞辰，次年即太后九旬万寿，连岁大庆，中外胪欢，不料太后先死，未遂初愿，所以无心称庆，故决定照平时诞辰一样，在避暑山庄行礼，严禁举国大庆。但王公大臣等贡献寿礼之事并未停止。据内务府奏稿载，当时内外王公满汉文武大臣官员等仅为祝寿贡献金佛一项，前后即铸造无量寿佛和贤劫千佛“二万零六百九十九尊”，共用工料银三十三万一千一百八十四两。至于其他以金、玉、宝石、象牙等珍贵质料精心制作的各种工艺品，更是不可胜数。弘历八旬万寿时，仅自西华门至圆明园沿街点景一项，即需经费一百一十四万四千二百九十余两。其中，自西华门至西直门一段由两淮、长芦、浙江商众承办；自西直门至圆明园一段所用经费则从王公大臣、八旗、各部院等官员的俸廉内扣交或直接交纳（《养吉斋丛录》）。这是一种变相的征敛。

（三）银两生息及其他。宫廷为了收罗财富，除上述项目外，几乎各种形式的封建剥削手段都使用上了。如开当铺、出租房屋、放高利贷等无所不有。宫廷为减少内库负担，内务府等单位开设有很多当铺，以便滋生银两，作为有关方面的开支（后公主下嫁外藩在京居住者也给当铺一座）。这些当铺分别属内务府或其他机构或某些人，其中有的是由当铺直接滋生银两，有的是将银两贷给当铺，按期生息。据记载，乾隆三十年时銮仪卫有恩丰当，众太监有恩吉当，乾清门侍卫有恩露当，内务府司员有丰和当、万成当等。所生息银皆归各单位支用。

为了管理官房，自康熙六十年起内务府即设立官房租库，并铸给图记，属营造司管理。乾隆三十六年还派有内务府大臣一人专管。乾隆三十年在正阳门外西河沿等处曾盖住房、铺面房一千二百五十二间，均由官房租库收管。有的由地方政府如大兴县收租再汇交内务府。乾隆三十四年时，国子监东西共有官房五百零九间，每月租银住房五分、铺面房一钱。除去修缮费用，这方面的收入是不多的。

内库资财的主要来源是收缴各税关的赢余银。据乾隆《会典》载，乾隆十八年全国设榷关四十处，年正项关税收入为四百三十二万四千多两，而赢余银数量及去向均不记载，只在档案中有零星痕迹。如乾隆元年，右副都御史杨永斌的题本中曾谈到，早在雍正初年，淮安、天津、凤阳、北新、南新、临清、荆关、江海、浙海等九关，除应解正项钱粮外，“所得赢余银二十二万余两，与税课按季附解，交送内库”。以后，浒墅、扬州、龙江、芜湖、湖口、赣关、太平桥、粤海、闽海等九关所得赢余银两，亦“务须举出实数奏闻，解交内库”。至乾隆元年仍沿此旧，正项解部、赢余解内库，或“解赴户部转解内库”。每年所得赢余银数量，各关不同，据已知乾隆元年太平桥、芜湖、扬州、胜家坝、天津等五关和乾隆十八年扬州、太平、九江三关的数字，赢余银最高的占正项的百分之二百零五点三，最少者占百分之三十九点五。相差幅度较大。到嘉庆年间，《会典》所载各税关除正税有定额，赢余银亦有定额，全国各关总合赢余银是正税的一点六八倍多，参照此比数推算，乾隆十八年赢余银为七百二十七万多两。大约每年有七百万两的赢余银交内务府广储司银库（即内库），或许相差不远。这是一笔不小的收入。

内库不仅收缴各税关的赢余银，而且征收各盐政的赢余银。乾隆初年，仅从两淮盐政和长芦盐政两处即收缴赢余盐课十五万两，其余七处盐政亦收入不少。后来，可能因内库充盈，有较多闲款，遂由直接收缴赢余盐课改为放高利贷，命两淮和长芦盐政，每年应交盐课赢余银两不解内库，而采取以一分五厘息率贷给盐商，每年所得息银归入本银再生息。这样利滚利、利加利，至五年结算时，从原来收入七十五万两，即可增至一百零五万两有奇。后来可能感到如此做法过于苛刻，乃改为留银六十万两永作本银，按一分起息，每年解内务府。清廷不仅贷给两淮盐政生息，而且贷给盐商。乾隆三十六年十二月，弘历曾亲命“赏借江广达三十万两”，亦以一分起息。这一改变有利于增加银两流通，给盐商以更多发展的余地，其结果是给皇家和盐商带来更多的盈利。

据记载，由于宫廷的影响，其余与宫廷有关的机构如步军统领衙门、健锐营、奉宸苑、火器营、宗人府等均从内务府拨款借给两淮盐政生息，以备各衙门取用。乾隆三十年十二月，竟由各当铺取出本银十四万五千五百四十余两先交内库，然后由内库借银十五万两交长芦盐政借给盐商，按一分起息，每年所得利息交内库，由内库再分给各处应用。从当铺转移至盐商生息，可能因当铺盈利较少，周转亦迟，故有此做法。采取这一措施，客观上有利于盐业的发展，比把银两锁在库中单纯消费，对宫廷、对社会都是有益的。

三

乾隆宫廷的政治、经济措置，就维护宫廷的利益来说是得力的，首先是有助于皇位稳固。弘历即位的前前后后，就总的形势来说，比其父即位时条件优越，在皇子内没有出现反对势力，再加即位后的几项措施，特别是安抚那些在前朝严酷政策下受过迫害的宗室及其家属，是深得人心的。对大臣中的一些不平案件，予以重新处理，也取得了上层的支持。这是弘历在总结其父祖的统治经验的基础上得出的“治贵得中”的政策思想的运用。其实历代皇帝都很熟悉“宽猛相济”“执两用中”的原则，但在具体运用上则不尽相同。弘历之所以运用稍当，是因为他能注意了解一些下情，能通达事理。如在乾隆元年，弘历即指出：“治道贵乎得中，矫枉不可过正”，并能以巧妙的方法去处理问题。他曾指出：“圣祖仁皇帝之时，久道化成，与民休息，而臣下奉行不善，多有宽纵之弊；世宗宪皇帝整顿积习，仁育而兼义正，臣下奉行不善，又多严刻之弊。”这里弘历为维护其父祖的威信，都将责任推之于“臣下奉行不善”，当然不符合实际。例如，圈禁允禩、允禟等均是胤禛亲自定夺，并无奉行者之责。但有些事奉行者也不是全无责任。如弘历举出的，“人臣事君，一存揣摩迎合之见，便是私心，而事之失中者，不可胜数矣！”他还引出其父当政时的教训说：“昔我皇考临御之初，见人心玩愒，诸事废弛，官吏不知公事，宵小不知畏法，势不得不加意整顿，以除积弊。乃诸臣误以圣心在于严厉，诸凡奉行不善，以致政令繁苛，每事刻核，大为阎闾之扰累。”至于他自己，即位以来，“深知从前奉行之不善，留心经理，不过欲减去繁苛，与民休息，而诸臣又误以为朕意在宽，遂相率而趋于纵弛”。这就更进一步证明了掌握适中政策的重要。作为一个年轻皇帝，能了解一些下情，掌握适度的政策，而且注意到执行中的问题，是具有一定统治水平的。因此就可在一定程度上避免政策上的畸宽畸严，对保持政治局面的稳定、维护长治久安起着决定性作用。不过这是弘历开始当政时的情况，有一些积弊和问题还是即位以前观察到的，待即位以后，地位发生变化，情况即逐渐有所改变。如乾隆六年，御史胡定曾参奏办理军机大臣崇文门监督海望，在“崇文门征税，有挂锤、顶秤诸名，百斤作百四五十斤，税额虽未增，实加数倍。杂物自各门入，恣意需索，更数倍于税额”等问题。弘历对此不加查核，竟主观臆断地说：“海望系皇考及朕简用之大臣，岂不知国体而但言利者？比其管理崇文门税务，不过尽收尽解，尽行报官，不似先前之入私橐，因而见其独多耳。朕即另派大臣管理，想亦如其数也。若如御史胡定所奏，苛索种种，朕可以信其必无，何为加此过甚之词耶！崇文门税务，不必另议。”（《粤海关志》）对海望问题的如此处理，何其专断无理。尤其到晚年，由于“承平日久”，弘历自以为是超越历代帝王之君主，以致更加刚愎自用，一意孤行。如对和珅已经重用到无以复加的程度，致使其专擅朝政，贪赃枉法。乾隆五十一年六月，御史曹锡宝曾参奏和珅的家人刘全服用奢侈，器具完美，恐有借端撞索等情事。弘历明知曹锡宝“欲劾和珅而不敢明言，故以家人为由”，但对此并不究办，反而命令详询曹锡宝，“如果和珅有营私舞弊迹，不妨据实指出，朕必质问明确，将和珅治罪”。和珅得知此事后，迅速暗命刘全毁屋藏衣，结果查无实据。王大臣等为迎合和珅及弘历之意，反指责曹锡宝“以无根之言，冀博建白之名”，最后给以“革职留任”的处分。和珅不仅安然无事，且至闰七月反从协办大学士升为文华殿大学士，仍兼吏部、户部事。是非颠倒至如此地步，自然会有损于宫廷，出现腐败的政治局面，助长阿谀奉承、趋炎附势等恶劣的风气。

建储的选择，从“守成”的要求，似乎是成功的，但从对历史负有责任的君主来看却是一种失败。因为颙琰没有能力审时度势，顺应历史发展的规律去解决各种矛盾，不能对社会做何贡献，宫廷亦随之江河日下。

宫廷的经济措施，对增加宫廷收益虽有一定作用，但基本上还是原地踏步，因为生产方式还是旧的。当时宫中虽有庞大的手工工场，即造办处（乾隆二十三年时共有四十四作，食钱粮匠役近六百名），集中了全国的几十种手工业的能工巧匠以及一些外国工匠，但它是为宫廷生活服务的特殊生产机构，虽然由于宫廷日益提高的需求，工作条件亦很优越，促使匠役们的技艺有很大发展，以至影响到社会，但究竟是一种局部的进展，没有形成新的生产关系。乾隆时期过后，由于宫廷政治经济情况不佳，部分名匠亦先后死亡，那些技艺超群的工艺品，直到清亡再也没有重新出现。因此，宫廷的经济措置没有给社会提供多少新的成果，对宫廷的作用也是有限的。这种情况与弘历一贯的经济政策思想是密切相关的。他和以往比较保守的皇帝一样，对于经济的认识，只在一个狭小的圈子里盘桓，比如重农抑商、防涝筑堤、遇旱求雨、遭灾蠲免、食用节俭等，而对世界上出现的产业革命则一无所知。所以乾隆时期宫廷出现的繁荣是暂时的，实际社会上潜伏着深刻的阶级矛盾，使宫廷也不能不陷入不可克服的危机。

出自《故宫博物院院刊》1985 年第 3 期

乾隆皇帝的一首诗

乾隆皇帝弘历，是一位封建文化修养较高的君主，他不但从小就学习汉文典籍，对四书五经了如指掌，而且能诗能文能书能画，尤其是诗的数量惊人，共存四万多首（包括他人代笔），仅稍次于《全唐诗》的数字。其中乾隆五十九年作的一首《戏语》很值得琢磨，并且可以断定为亲自所作。这是一首前有序、后有识语的七绝。其正文为：

见半还当不见半，半听亦可半不听。
此虽俗语合至理，执两用中法舜经。

此诗在平仄上很不讲究，并且都是拗句，自然是一首古体诗，诗的用词及意境也谈不上什么美，但饶有趣味。

第一，他道出了自己身体上的秘密，这是任何官方文献、私人笔记、文书档案中，均不见记载的，而从弘历的诗序里暴露出来了。诗序说："左耳重听者四十年，左目欠明者亦二十年。"这是从许多水平很高的弘历画像上所看不出来的，弘历四十岁左耳就有些聋了，六十四岁左眼也看不清了，这种病态，他的近臣和御医即使有所了解，但谁也不敢轻传轻记。弘历后来已是个独耳独眼的皇帝，这确实是一个秘密。

第二，诗中把自己五官上的病态和俗语联系起来了。他在诗序中说，这种左耳重听、左目欠明的病态"合今之俗人所云者"。所谓合于俗语，可能指平常说的"睁一眼闭一眼"，即"见半还当不见半"；再指"装聋作哑"，即"半听亦可半不听"。古语亦有"不瞽不聋，不能成功"的说法。

第三，此诗还有特殊的含义，即他把前两句当成合乎俗语的"至理"，成为他的政策、思想了。"执两用中法舜经"，出自《中庸》："执其两端，用其中于民。其斯以为舜乎。"两端，指过与不及，或宽与猛。弘历即位不久即宣布："治天下之道，贵得其中，故宽则纠之以猛，猛则济之以宽。"这是他的一贯主张，即执两用中。

第四，诗后识语中进一步指出：“明目达聪固宜，然错用之，不几以苛为察、以刻为明乎？”这正是他用“执两用中”的观点推论出的：如果事事过于敏感，形成苛刻，也是错误的。

弘历的这首从病态联系俗语，又联系到执两用中的政策、思想的《戏语》诗，从道理上很难说他不对，因为坚持正确的政策，总比过宽过猛或忽宽忽猛好，但实际做得如何就是另外一回事了。这首《戏语》诗作于乾隆五十九年，正是权相和珅官运亨通的时候，这当然是弘历的赏识和赐予。数年来，正是弘历对和珅采取了半见不见、对坚持正义的半听半不听的态度，致使和珅的擅权舞弊、结党营私、蠹国肥己达到无以复加的程度。且举一例：早在乾隆五十一年，御史曹锡宝曾参奏和珅的家人刘全服用奢侈，弘历知道要涉及和珅，又加有人已通知刘全销赃灭迹，弘历派人查看一番，以“风闻无据”了事，反而把御史曹锡宝革职留任。对和珅则照常升赏，并把自己最心爱的小女儿和孝公主下嫁给和珅之子丰绅殷德。和珅更加有恃无恐，祸国殃民。弘历如此对和珅半见不见，对曹锡宝等人半闻不闻，恐怕就不是什么“至理”“舜经”，而是地地道道的姑息养奸了。

出自《燕都》1986年第6期

关于慈禧太后的称号

在晚清官书中，时常见到“慈禧端佑康颐昭豫庄诚寿恭钦献崇熙皇太后”的称号，这是慈禧太后生前所得的徽号和尊号。她死后又有谥号。清宫沿用中原历代宫廷的旧制，亦有上尊号、徽号、谥号的规定。清宫为太后上徽号有隆重的仪式。一般为先期敕所司备仪物，制册、宝，遣官祇告天地及太庙后殿、奉先殿、社稷。前一日，先进奏书，皇帝亲到中和殿阅视陈放在那里的上徽号的奏书。阅后，大学士奉奏书至太后宫，皇帝亲献奏书于太后前，宣读官跪读奏书毕，在丹陛大乐声中，皇帝行三跪九拜礼。正式上徽号之日，皇帝先到太和殿阅视陈放在那里的册、宝，然后由文武二品以上官员陪同至太后宫，皇帝亲自献册、宝于太后前，皇帝及群臣仍在乐声中行三跪九拜礼，礼成退出。皇后再率妃嫔、公主、福晋、命妇等至太后宫行庆贺礼。次日皇帝御太和殿，群臣上表文行礼，再颁诏布告天下。

慈禧太后获得尊号的时间是咸丰十一年（1861 年）七月（当时二十七岁），皇帝奕讠宁死亡，其子载淳继位时，与皇后同时被尊为皇太后。实行垂帘听政后，于同治元年（1862 年）上徽号曰“慈禧”。此后，于同治十一年（1872 年）十月，因载淳大婚，加上徽号“端佑”二字。次年二月，因载淳亲政又加上“康颐”二字。同治十三年（1874 年）十一月十五日同治帝云“朕于本月遇有天花之喜”，仰蒙两太后“调护朕躬，无微不至，并荷慈怀，曲体俯允，将内外各衙门章奏，代为披览裁定，朕心实深欣感”，因此决定给两宫皇太后各加上徽号两字。但过了二十天载淳死去，此事未进行。到光绪二年（1876 年）七月，以新君即位，两太后继续垂帘听政，连同前次给两太后各上徽号四字，慈禧之四字为“昭豫庄诚”。光绪十五年（1889 年）二月，因光绪帝载湉大婚及归政，加上“寿恭”二字。三月，因载湉亲政，又加上“钦献”二字。光绪二十年（1894 年）八月，因慈禧将届六旬寿辰，又加上“崇熙”二字。光绪三十四年（1908 年）十月载湉病死，溥仪继位，慈禧太后被尊为太皇太后，旋即死亡。于光绪三十四年十月二十六日上尊谥，决定原徽号之十六字不动，按例，前加“孝钦”，后加“配天兴圣显皇后”为谥号。其全称为："孝钦慈禧端佑康颐昭豫庄诚寿恭钦献崇熙配天兴圣显皇后。”清朝各代皇后（太后谥号亦为皇后）的谥号全称大都为十九字。有的还少，如慈安太后只有十七字，独慈禧太后有二十五字。其生前权力大过清朝任何太后，死后的谥号之长亦独居首位。

出自《文献》1986 年第 2 期（总第 28 期）

皇家选女　百姓遭殃

明代中后期，几任皇帝大婚、选妃，给百姓带来巨大骚扰和沉重的负担，京畿之地还要负担苛繁的劳役，为宫廷和朝廷各衙门承办各种服务事项。如办理坛壝、宗庙、陵园、祠祭、耕耤、进春、太子出阁讲读、皇帝即位、上太后徽号、皇帝选婚及大婚、公主婚礼、选民间女子等有关事务，并提供各种祭品、用品。凡此种种，无不出自百姓身上，致使“京民劳疲极矣”。尤其是皇帝大婚和宫中选女更给人民增加深重的负担。

嘉靖皇帝朱厚熜，于正德十六年四月奉诏从旁系入承大统，当年十二月，慈寿皇太后即下懿旨，一直忙到第二年（嘉靖元年）八月，不惜牵动两京（南京、北京）、二府、一州、三省的官民之家，从万千名女子中简选贤淑，以备大婚，其费时之久，规模之大，花资之巨，令人咂舌。除要支付修建宫殿的费用外，在婚前，要为纳采问名、纳吉纳征告期及发册奉迎时均置办大批礼物。按《明会典》载，仅纳吉纳征告期的礼物，其主要项目就有：各种金银珠宝等高级饰物四十件副，黄金八百两，花银二千六百两，宝钞二千锭，珍珠二十八两，各种高级丝织品七百六十锭，衣被七十六件，朱红漆戗金箱三十对，宫人衣帽九十六件，马十二匹。

这只是一份礼物，还不是大婚费用的全部。嘉靖大婚费用，未见具体记载，但《明史・韩文传》载有正德皇帝大婚花费的数额，即可见一斑。正德元年七月，原定“取太仓银四十万两”作为大婚之用。在韩文和赵佑连疏奏请之下，才减至三十万两。而在嘉靖时，这位好讲排场的朱厚熜，所用经费不会少于此数。《明史・食货志》载：嘉靖年间，“天下财赋，岁入太仓库者二百万两有奇”。而他结婚一项即开销三十万两之巨，占到全国全年总收入的百分之十五！

再以万历六年，皇帝大婚为例。《宛署杂记》上说：大婚前，各地先将所选女子送至京师诸王馆，再由太监冯保奉敕至诸王馆选婚，均由大、宛两县“带领女子，稳婆候选”。稳婆，即民间收生婆中籍名在官者。其任务有三：“如选女，则用以辨别妍媸可否；如选奶口，则用等第乳汁厚薄，隐疾有无；如内庭有喜，则先期预集老于事者直宿，日夕候之，事定乃罢。”此处当然是指选淑女所用之稳婆。然而淑女之妍媸，人人可以识别，何以尚用稳婆？估计专为仔细检验淑女身体之用。因为明朝规定，凡入选之淑女，除开选姓名、出生年月日时，嫡庶、长次由父母及邻居结状外，还需上报淑女之相貌、眉目、耳鼻、齿牙、发鬓、身体等情况，所以需要稳婆。这次选女自万历五年正月开始，至七月方从各省送入诸王馆的女子中选出七名淑女，均由其父母跟随，母同住诸王馆，父及从人住会同南馆。据《明宫史》载:“凡诸王馆选中淑女，候钦差某封某位娘娘亲到元晖殿（在东华门内文华殿之东北，西向）；选不中者送出。凡选中者，或后、或妃、或王妃皆先居于此，以便次第奏举行吉礼也。”此处所记适用于妃、嫔等，若皇后、王妃，按婚礼，皇后应在其府第等候皇帝派正副使发册奉迎，王妃应在妃家等候王来亲迎。可能是选定后，先至宫中元辉殿居住，学习礼仪宫规等，至大婚期再回皇后府等候或王妃家等候举行仪式。

被选定之皇后，进宫乘凤轿，由十六名女轿夫抬轿，分两班共三十二名。其余，宫内夫人、女官、执事用大轿十二乘，新选之宫女用小轿一百二十乘，每轿各用女轿夫八名，共一千七百余名，每天伺候。选婚时，诸王馆北，还要搭席棚十间，供女轿夫栖避风雨。另有打扫夫二百名。选送之淑女、淑女父母之饭食，也有定制。上等饭食，每份白米六升、白面五斤、猪肉三斤、牛肉四斤、活鹅一只、活鸭二只，及苹果、李子、核桃、小枣、细茶、小菜、调和、金酒、黍柴、木炭、煤、红烛各若干。次等饭食少减。仅上述用的轿子、轿帏、轿夫衣饰、席棚、纸张、各种餐具及家具租赁费、损坏丢失折价赔偿费、膳食费，共用银一万四千六百五十多两，而铺宫用的金宝、珠玉、香料等等还不在此列。

皇帝选民间女子，不仅仅是大婚一次，特别是在位时间长的皇帝，要选多次。

嘉靖皇帝朱厚熜之选淑女，见于《明实录》《国榷》《明典汇》《大政记》等书记载者，除去重复记载，并有数字可统计的，大婚一次之外，还有三批，二百三十六人。这是经复选入宫的数字，若按嘉靖十年的一次初选为一千二百五十八人，复选后得四十八人的比例推算，初选的数字当在六千以上，实际受到骚扰，初选未中的人家，尚不知大多少倍。嘉靖二十一年“壬寅宫变”以后，未再大批简选淑女，但又下令选十一岁以上、十五岁以下，有时是十岁以下的宫女，有数字记载的共五批，一千零八十余人。其中至少有两批是在“畿内”和“京城内外”选进的。

万历皇帝朱翊钧亦效法其祖父，除前述大婚时广选淑女外，也封了九嫔。

“于京城内外出榜晓谕，尔等堂上官督领该司官，会同巡城御史，博访民间女子年十四岁以上、十六岁以下，容仪端淑、礼教素闲及父母身家无过者，慎加选择，陆续送诸王馆。”可是册封九嫔后还不到一年，朱翊钧又一次命礼部选民间女子年十一岁以上、十五岁以下者三百人，进宫预教（《明实录》）。这次可能是选宫女，但也可充当妃嫔。天启皇帝朱由校也照此办理，先在全国选送五千，然后慎选淑女五十。据《宛署杂记》云：“每选之日，两县先期于诸王馆中编席棚数座，饰以彩，集女轿夫千余，即以其日内所选女，从东安门以进。”从这些记载不难看出，不论选妃还是选供各宫役使的宫女，百姓所承担的事务及经费是何等的沉重。

至于广选女子给人民带来的痛苦，更是不堪言状。十岁左右的女子一旦被选入宫中，除个别受到宠幸外，绝大部分则沦为奴隶，甚至惨遭折磨致死，死后亦无葬身之地。因为明朝规定：宫女除皇帝召幸过并赐予名号者外，死后一律抬至阜成门外静乐堂，由土工焚尸葬于塔井中。因此，皇家选女，对百姓来说，是一场灾难。《明书》记载，选宫女之事，“民不愿者多，龀髫即婚娶”。有的宦官甚至以选女为名，实行敲诈勒索，人民更不堪其苦。隆庆二年正月，江南讹传要各省选宫女子，一时民间淑女、孀妇竟求婚配，而当地有司明知而不制止，更使省城内外，人心惶惶。

出自《南京史志》1986 年第 5 期（总第 18 期）

朱元璋的几首诗

朱元璋，是历史上有名的创业皇帝。在人们的印象中，他主要是一位封建政治家和军事指挥家，实际上他对文墨也不是一无所知。在他的《御制诗文集》中，收有古诗、五言律诗、五言排律、七言律诗、五言绝句、七言绝句等一百余首。

皇帝的诗，由于作者身份、思想、感情的特殊，又加难免有御用文人为之润色，以至代笔，或言不由衷，故多不为世人所重。实际上皇帝的诗，有的并不属于上述范围，也不是全无可读之处，有的还可以补史料的不足。现举数首，以供参看。

咏雪竹（五绝）

雪压竹枝低，虽低不着泥。
明朝红日出，依旧与云齐。

寥寥二十字，写出了英雄的气质与风格。在征途中，无论怎样善战多谋，也不会一帆风顺，一时遇到困难或挫折，便不得不暂时低一下头，但是这种低头不是丧气，不是倒在泥里，而是沉思、检讨，等待或创造有利时机以求再战，还会继续昂起头来，阔步前进。这是朱元璋在千百次与对手拼搏中总结出来的一条走向胜利的规律。

早行（七律）

忙着征衣快着鞭，转头月挂柳梢边。
两三点露不为雨，七八个星尚在天。
茅店鸡鸣人过语，竹篱犬吠客惊眠。
等闲拥出扶桑日，社稷山河在眼前。

此诗平仄虽不甚工，但对五更前行军的情景，却表述得淋漓尽致，读之如临其境。

最后“社稷山河在眼前”一句，虽略失于俗，但充满了将成大业的气魄。

不惹庵示僧（七绝）

杀尽江南百万兵，腰间宝剑血犹腥。
山僧不识英雄汉，只凭哓哓问姓名。

不惹庵及僧名待考。此诗比较真切地反映出，经一场鏖战取得胜利后，在庵中小憩时的自豪心情。时间可能在至正二十三年八月，鄱阳湖大战之后。因陈友谅原据江南各州，曾以六十万大军围攻洪都，后朱元璋亲自率兵营救，转战于鄱阳湖上，最后陈友谅中流矢死，全军覆没，因有“杀尽江南百万兵”之句。

征陈至潇湘（七绝）

马渡沙头苜蓿香，片云片雨过潇湘。
东风吹醒英雄梦，不是咸阳是洛阳。

此题“征陈”，当指至正二十三年或以前征陈友谅。然何时经过潇湘，史无记载。最后一句则是指洪武元年四月攻下洛阳之时。故此诗当是攻下洛阳后，又追忆到征陈的情景。朱元璋每以汉高祖为法，攻下洛阳虽比不上汉高祖取得秦都咸阳，但已是一次不小的胜利。此时朱元璋在汴梁，有此作是可能的。

钟山（五古二首，录一首）

游山智盘旋，俯谷仰奇巅。
松声细入耳，云生水石边。
敲竹猿长啸，临崖视鹿眠。
白鹤来天翅，玄裳羽翼鲜。
采芝携桂子，任意恣翩跹。
野人溪外语，黄莺啭更便。
山静鸟归疾，林深紫暮烟。
樵还渔罢钓，畅饮乐吾年。

咏京师（七律）

臣民推戴号神京，叹息驱驰行伍行。
转战群雄机尚记，帅征英俊量方平。
如今已足勋功赏，向后无知孰永名。

暇日试将铜镜照，乌髭堪比玉垂缨。

其诗集中，以京师之钟山为题者尚有多首，皆称帝以后赏心悦目之作，可见其以小贫僧出身，经艰苦创业，登上皇帝大位之得意者心情。

明初文臣宋濂，在为朱元璋文集写的后序里说：“仰瞻挥洒之际，思若渊泉，顷刻之间，烟云盈纸，有长江大河一泻万里之势。”刘基也说朱元璋“作为文章，举笔立就”。其中未免有溢美之词，但读朱元璋之诗，通俗易懂，不事雕琢，正是表现有“举笔立就”的特色。

后人为前人的诗作注，从来是蹩脚的事，因难免有穿凿附会之误，但不注又觉得不尽其意。姑妄注之，以求教于方家。

出自《南京史志》1987 年第 2 期（总第 21 期）

清末摄政王的纸上集权

光绪三十四年十月二十日（1908 年 11 月 13 日），被幽禁了十年之久的皇帝载湉弥留之际，自己也濒于死亡的慈禧太后决定了宫廷大事："醇亲王载沣著授为摄政王。""醇亲王载沣之子贴黄（即溥仪）著在宫内教养，并在上书房读书。"次日载湉死后，在遗诏中又郑重宣布，奉慈禧皇太后懿旨："以摄政王载沣之子贴黄（即溥仪）入承大统为嗣皇帝。"（《光绪朝东华录》）又次日，慈禧太后相继死亡。

十一月初九日，三岁的溥仪在啼哭中即位后，宫中除照例办理两宫丧事，尊封皇太后及前代妃嫔以外，一件重要的大事，就是制定摄政监国的礼节。名义是礼节，实际是确定载沣的政治地位。关于此事，在溥仪即位的前一日，就有大学堂监督刘廷琛拟了《摄政王监国礼制》四条呈览，由于皇帝死后未满十五天，照例不应奏事，刘受到申饬，但仍令将所进条文交内阁与各部院议奏。之后，又有御史蔡金台奏《摄政纲要》四条，给事中忠廉等奏《摄政王礼节》三条，御史赵炳奏"军机署名"问题。这几个奏案并无实质性矛盾，并可互为补充。后于十一月二十日内阁及各部院衙门，共同议奏了《摄政王礼节总目》十六条，呈览后，发出上谕："会议监国摄政王礼节一折，尚属周妥，业由监国摄政王呈请皇太后御览，应照所议办理，著各衙门一体遵行。"（《宣统政纪》）

《摄政王礼节总目》十六条的内容，按其性质可归纳为如下四方面：

1. 属于礼节性的规定共八条。如第一条告庙，即摄政王在两宫几筵前领受监国摄政王册、宝后，到太庙行告祭礼。这与皇帝即位前的告庙是有相似意义的。第二条称号规定，"监国摄政王在皇太后前称臣，行臣礼"，"监国摄政王称皇上曰皇帝"。对众自称"本摄政王"，对近支尊属及诸王公称其爵，对五品以上官及翰林院编修、修撰称官职，对六品以下官则称其姓名。贝勒以下文武臣均称载沣为摄政王，自称其爵。第四条、第十一条规定摄政王须代皇帝举行祀典，并代临议院、资政院。第七条是朝会班次。第八条朝见时的坐位，定养心殿正殿设御座，摄政王座在东侧，王公百官请安谢恩时向御座（空座）行礼。摄政王召见时，入东暖阁启对。召对时，摄政王命坐，则坐于矮杌凳，否则侍立启对。此条还规定，除近支王公及亲属外，其余王公百官非由监国摄政王传谕进见者均不得私谒府第。这是杜绝“走后门”的办法，但近支王公亲属则不在此例。第九、十两条是关于公文钤章署名及文牍款式的规定。

2. 关于摄政王个人待遇的规定共三条。确定舆服、护卫、从官均比照顺治年间摄政王多尔衮的体制。个人用费每年拨银十五万两。另拟于中海西岸集灵囿处建摄政府，但没有实现，他一直住在什刹海北岸的醇王府。宫内休息之所，在东华门内三所。

3. 属于摄政王权利的规定是第二、第五、第十二条。这三条字数不多，但分量很重。如“诏旨军国政事及黜陟赏罚，悉由监国摄政王裁定”，“凡重大事件，有必须请皇太后懿旨者，由监国摄政王面请施行，他人不得擅请擅传”。这一条不但规定了载沣的最高集权，而且限制了皇太后的权力。第五条中规定，皇上有统率全国海、陆军之权。当然三岁的溥仪无法行使，所以又规定“凡宪法纲要内所定皇上大权，关系军事者即属之于摄政王。其京外旗、绿各营，海、陆各军，应归摄政王节制调遣”。这里说的“宪法纲要”，即指光绪三十四年所定的“宪法大纲”。此大纲中规定：“统率陆、海军及编定军制之权，君上调遣军队，制定常备兵额，得以全权执行。凡一切军事，皆非议院所得干预。”按此原则，一切军权当然完全操在摄政王手中。关于外交权规定是“凡与各国订约、遣使，均由监国摄政王主持”。

4. 礼节中还规定摄政王的两条“义务”。一是皇帝的学业、师傅的勤惰，均由摄政王考察照料；一是俟皇帝年长学成，到举行大婚典礼时，由皇上亲裁大政。那时摄政王的权力自移交给皇帝。

此文件最后一段说：“以上各条，如有增减修改之处，均由监国摄政王裁度酌改施行，他人不得擅违擅改。”这虽然是十六条以外的补充语，但其作用是很大的，实际给载沣以无限权力。

从这十六条的内容看，摄政王的地位，除在某些纯礼节性的地方稍逊于皇帝以外，在实权方面与皇帝是无异的。然而这些规定都是宫廷内部及有关官员们主观想象的。除纯礼节的部分，在宫廷内部可以实现以外，其余很多都是纸上谈兵。比如军队方面，他不但不能统率调遣节制，绝大部分反而倒向地方独立或资产阶级革命方面。宫廷根本没有认识到清室已处于革命力量、改良派以及觊觎皇权的势力包围之中，王公百官又多是为保自己的财帛利禄而敷衍苟安，因此，摄政王的集权还没有来得及实行，就和奄奄一息的清王朝同归于尽了。

出自《紫禁城》1987 年第 6 期

乾隆皇帝曾微服出行吗

在一部流传很广的历史小说中，讲到清乾隆皇帝南巡时，曾有这样一段故事：“单说两宫自济宁启行，一路上看山玩水。乾隆帝命先幸江宁（今南京），……是日两宫登陆，驻跸江宁。”这里说的是哪一次南巡呢？小说中未交代清楚。但后文中谈到皇后与乾隆帝斗口，气愤不过，竟把万缕青丝一齐剪下。关于皇后在南巡中剪发之事，历史有记载，是发生在乾隆三十年乾隆帝第四次南巡途中，为继后乌拉纳喇氏的一段旧事。据清宫档案记载，这次南巡是旧历二月二十日从扬州渡江，先到金山寺行宫，然后由水路经无锡、苏州，到达杭州。闰二月十九日由杭州回銮，再过苏州，于三月六日才到江宁。不是由山东济宁启行，先幸江宁。小说与历史大相背离，而且与小说作者后面引用的一道乾隆帝谕旨中所说的“比至杭州，则（皇后）举动尤乖正理（指皇后自行剪发）”这一说法相矛盾，因为谕旨中也说明这次南巡是先到杭州，在杭州皇后自行剪发。

到了江宁后，小说中谈：“隔了一宵，和珅借观风问俗的名目，导皇上微行（即皇帝掩蔽自己的身份化装出行）。乾隆帝早已会意，不带随员，只命和珅扈从前往，行到秦淮河岸边，早泊有绝大画舫一艘，和珅引乾隆帝登舟，舟中都是花枝招展的美人儿，一拥上前，磕头请安。乾隆帝与和珅，虽不道出真相，假名假姓地说了一番。那班美人儿，统是有名的妓女，……到了次日，尚恋恋不舍，仍在舟中饮酒言欢。”这段文字，形象地勾画出乾隆帝微服出行的故事。

当然，在文学作品中，出现一些虚构是正常的，不足为怪。但是在这部小说的序言中，作者曾声明“自天命纪元起，至宣统退位止，凡二百九十七年间之事实，择其关系最大者，编为通俗演义”，“几经搜讨，几经考证，巨政固核实，琐录亦必求真”。以至被电影、电视、戏剧作者所采用，这就更容易使读者、观者信以为真。其实历史并非如此。

有关这一段“琐录”，据我“搜讨”，乾隆帝自乾隆十六年至乾隆四十九年曾六巡江浙，这是历史事实。在南巡中于行宫内看戏，或地方上以戏剧、音乐等在街道两旁迎驾，也是有的。而乾隆皇帝如上述微服出行之举，是不可能的。

首先史料无征。据清官方修纂的、史料价值很高的《清实录》及清宫遗留的原始档案记载，如前所述，三月初六日由苏州至江宁，隔一夜，即三月初七日，原拟到灵谷寺进早膳，因下雨改在江宁府行宫进早膳。后到明太祖陵奠酒，并临视江宁织造机房，又回江宁行宫进晚膳。三月初八日早膳后，举行阅兵，再回江宁行宫进晚膳。三月初九日在报恩寺进早膳。三月初十日在报恩寺进早膳后，前往江宁以东四十多里的栖霞寺行宫，次日到金山寺行宫，然后渡江回銮。记载中丝毫看不出有微行的痕迹。

再是从情理上推测，亦不可能。从《国朝宫史》所载乾隆谕旨中，可以看出他和他的父祖们，均以"勤政亲贤，乾纲独揽"为法度，他们对朝中政务，事无巨细，一律亲自处理，又都有较高的统治才能，并非昏庸之辈，他们深知皇帝身价之高贵，为了维护自己的统治地位，很注意保持皇帝的威严，不可能抛弃九五之尊，去与身份极其低贱的妓女私相接触。

再从生活细节上看，南巡中，皇帝不论是驻跸在行宫、舟中或是旱地大营，其戒备之森严，均如在皇宫禁苑。据《大清会典图》载，皇帝巡幸驻跸的大营都是帐房，其外围：东南、西南、东北、西北四角均设瞭望营，东西侧设卡伦（即哨卡），中心设黄布幔城。城为长方形，纵二十丈六尺（每丈合今 320 厘米），横十七丈四尺。城中支白毡制成的圆幄，高二丈，直径三丈四尺，上为隆起的圆盖。御幄正中是御座，为处理政务的前殿。座后有白毡搭成的通道，直通帐殿，此殿为长方形，三间，相当于寝宫。御幄前方有两个圆幄，御幄后为大圆幄，东设佛堂，其余为尚乘轿、御药房、鸟枪处及执事太监等用的帐房。御幄左右为茶膳房、储藏库等。幔城门南向，幔城外前方为侍卫值房，四角及后方为太监、首领太监坐更帐房，城东亦为茶膳房、尚乘轿及四执库（专门管皇帝冠、袍、带、履的部门），西部为阿哥所，亦有黄布幔城相围。

黄布幔城外为圆形内网城，有东、西、南三门。内网城内有侍卫帐房四处，南门内东西翼为王公大臣值班帐，内网城外侧皆宿卫帐房。内网城外又设网城一道为外网城。外网城有四门，南门内东为护军统领、西为军机章京帐房，东门内为军机处、领侍卫内大臣帐房，西门内为散秩大臣帐房，南门外安设备用黄车、小太监青车，西门外为阿哥青车、警跸帐。外网城周围亦设有宿卫帐房。再外一圈是警跸帐，是各衙门官兵翊卫之所。大营是如此，行宫的警卫大体如此，旅途防卫也十分森严。

这般层层翊卫，出入御幄要经过多少关卡！当然这些关卡不是卡皇帝的，但是皇帝的出入遮不过他们的眼睛。在微行前，难道只是和珅一个人为乾隆帝化装？微行时难道只和珅一个人扈从？众多的太监、侍卫、值班的王公大臣都在一旁睡大觉？

最可笑的是故事中的和珅，他原是一个贫寒的生员，乾隆三十四年才承袭三等轻车都尉，授三等侍卫，乾隆四十一年升至军机大臣兼内务府大臣，才有机会接近皇帝，乾隆五十一年方授职位显赫的文华殿大学士。乾隆帝四次南巡在乾隆三十年，那时一个无爵无职的普通生员，怎么能扈从南巡给乾隆帝导演这场微服出行的闹剧呢？

从上述情况看，这部历史小说叙述的乾隆帝微服出行的事，当属无稽之谈，并没有经过“搜讨”和“考证”。

出自《燕都》1987 年第 5 期

漫谈一种特殊的礼俗
——代哭

记得半个世纪以前，我在距京一百里的家乡时，一般人家死了人，都要简单办办丧事，亲友邻居要去吊丧。当时我虽然只有十岁出头，但常被父亲派作代表去吊丧。长大以后，我觉得这是陋习，不过是装样子给人看，也就不以为然了。

到了大学，读了《仪礼》《礼记》等书才了解到，哭竟是如此古老而流传有序礼俗。它所记的礼俗，难免有编纂者的设想成分，但可以肯定，有一部分礼俗，在春秋战国时期已经流行了，汉儒在辑书、作注时，也不会凭空编造。两书中，不仅记载着人死后，亲属要哭，而且在一定时候哭还要成踊，即捶胸顿足地哭，并且哭法还有“等级”，国君死了怎样哭；大夫死了怎样哭；士人死了怎样哭；连哭者的位置、姿势、面向何方，都有规定，甚至还可以由他人代哭。如《礼记·丧大祭》载：“君丧，……乃官代哭（并须悬漏壶，计时间，以便各官轮流代哭，因在未殡即未入殓前要求哭声不绝，所以命官轮流代哭）。大夫，官代哭，不悬壶；士，代哭不以官。”可见君、大夫、士死后，由于要求连续哭的时间长，一个人坚持不下来，只好由他人代哭了。

这种代哭的礼俗，从春秋战国一直延续到清代宫廷。不过到清代不再是代哭，而是一种“助哭”，所谓“一人出于哀切，众人出于扬声”。清代皇帝死了，就有太监助哭之例。甚至皇帝到亲王、大臣家吊丧，也有太监助哭（均见《听雨丛谈》）。在清官方文献如《大清会典》中，未见有“助哭”的记载，只称“举哀”，但在实际确有太监助哭的事情。

前几年，我在收集清代宫廷音乐资料时，曾翻阅了很多清升平署的档案。这些档案本来是记录宫廷中关于音乐演奏和排戏、演戏的资料，但在咸丰十一年（1861 年）七月有如下一条记载：“十七日寅时，大爷（指载淳，或称大阿哥）封为皇太子。万岁爷升遐，敬事房传：摘缨子。”这是咸丰帝死亡的记录。接着又记：“奴才安福谨奏。为奏闻事，几筵前当差，三班轮流，每日首领一名，太监十名，奴才带领首领、太监八十五名，每日分三班，至几筵前举哀。”由此可见，皇帝死亡，立即禁止奏乐、演戏，升平署这些太监便无事可做了，恰好承担起这项举哀的任务，他们大都有演戏的素质，完成助哭任务，当然是很便当的。

另在同治十三年（1874 年）十二月，同治皇帝死时，升平署档案中也记载一条：“十二月二十八日传旨：佛爷（指慈禧太后，因慈安太后档案中另称‘东老佛爷’）旨意，以后举哀之人，班次要齐集，举哀声音要合韵，不准懈怠！”同治帝载淳是十二月初五死去的，升平署的太监照例要到几筵前去举哀。到二十八日，已经哭了二十多天，虽然是每日分三班轮流去哭，也难免疲惫、懈怠，所以才发出这样一道懿旨。有趣的是慈禧太后要求“举哀声音要合韵”，这是各文献中所没有的，这种要求，只有有演唱修养的人才能做到。数千年来多少大学问家为《仪礼》《礼记》作注，对礼的解释也有发展，但都没有想到哭要“合韵”，这也算是慈禧太后的一项创造了。

从此事中可见，出于对死者怀念而产生的哭泣，一旦被儒家定为礼制，距离真实的感情就愈来愈远了，因此这种做给人看的陋俗也就会逐渐被人抛弃，至于那些代哭、助哭、哭还要合韵的说法就不再是哭，也不是礼，而是人们的笑料了。

出自《燕都》1987 年第 6 期

供宫廷及税官染指的“崇文门”

崇文门，系北京内城九门之一，为明永乐十七年营建北京宫殿过程中，将元代旧城南城墙南移时所建，原沿用元代旧名曰文明门，正统初年更名崇文门。在崇文门外路东、崇外上三条至四条之间，曾有一座不被后人注意的收税衙门。此衙门虽小，但其历史却很长，大约在永乐二十一年，整顿商税定额之前，这里就设有收税机关了。当时京城九门都有收税关卡，后并派有部员或内官监收。在崇文门地区所设的是户部贵州清吏司所带管的一个收税机构，叫宣课分司，简称“崇文门”，崇文门宣课分司设有大使，从九品，每年所收的税款全部交内府天财库。

在明代，崇文门收税数量不大。据《续通考》载，弘治年间，京城九门岁入钞六十六万余贯，钱二百八十八万余文，当时兑换率是每钞一贯折银三厘，钱七文折银一分，前两项共折合银六千零九十余两。到正德年间，增至一万五千九百二十余两，为弘治时数倍。至嘉靖、万历年间，朝廷感到增税太多，一度减至弘治时的数额，天启、崇祯年间又大幅度增加，但都没有崇文门宣课司的单独收税数字。税收额的增加，可能有两种因素：一是商品性生产的发展，致使贸易兴隆，税收增加；一是税率的上调以及横征暴敛。从记载看，明末收税额的增加，主要是后一因素。《续通考》载，弘治十二年吏部尚书倪岳的奏疏中曾说：原来收受商税，都由各府通判管理，行之百年，虽不能无弊，然课钞未见其亏，客商船只亦未见其留难。但近年来，改委派部员出理课钞，“往往以增课为能事，以严刻为风烈，筹算至骨，不遗锱铢，常法之外，又行巧立名色，肆意诛求”，以致“商客哭号”“卖船弃业”。御史陈瑶也曾进言：“崇文门监税官以掊克（用苛税搜刮民财）为能，非国体。”其实，在万历三十年时，九门征税就很苛刻，“举子皆不免，甚至击杀觐吏”。据《春明梦余录》载：天启年间各收税关口普遍增税。崇文门原额银六万八千九百二十九两，天启五年则增至八万八千九百二十九两。天启六年以助工税差的名义，正额每两加羡余银一钱，大工告竣后改为增五分，崇祯二年又增至十分之一，三年又增十分之二，九年又增，十三年再增关税二十万两。十六年，尚书倪元璐曾奏报，他观察到崇文门收税事中，有商人汤茂等诉主事朱从义苛刻情弊，倪曾讯问书吏及铺商十余人，他们都说，在崇文门“每失报一纱一裙，通罚全单，而又倍之至于数百者”。交税时，往往数十名商人联合开列报税单，有的一个单子上开有两三千件货物，如发现一件货物失报，即重罚全单上数千件货物的税金，一人之错就连及数十家无罪之人。倪元璐最后总结说：“奸贪如此，百姓安得不穷，天下安得不乱！”他的见解颇有道理。由之可见，明末税收增加，并非由于生产发展，而是出于官方的苛索。明王朝的覆亡，原因当然是多方面的，但经济的崩溃，贪官的横征暴敛，是重要原因之一。

到了清代，崇文门仍沿袭明代旧制，只是刚入关时，为笼络民心，豁免了明末各项税课的亏欠，又免各直省关津抽税一年，尽革明末加增的税额银两等。但自顺治元年正月初一日起，又照明代税额起征，并又陆续规定了各地税额。又改明代的九门征税为在崇文门统一征税，另在卢沟桥、东坝、板桥、海淀等处设口巡查，后亦收税。另按八旗在京城驻防区域划分为左翼（东半城）、右翼（西半城），专征牲畜及房地产税，并于各门巡查。如此，则明代征税中种种弊病也随之因循延伸。顺治六年，发现各关差收税有例外多征现象，故下严令：“如有徇情权贵，放免船只，乃于商船增收；或希充私橐，例外多征，以病商民者，一经查出，定行重处。”上方禁令虽严，下面照常不法。各省税关，若派一官差，即自行增加随员，每官一出动，必买马数十匹，“招募书吏数十人，未出都门，先行纳贿”，“沿途骚扰，鞭打驿官，奴使村民，包揽经纪，任意需索，量船盘货，假公行私，商贾恐惧不前，百物腾贵”（《清通考》）。当时，为杜绝贪污，规定各税关官员征税缺额者处分，超额者由部议叙，加级记功。时至康熙初年，发现这一规定不但不能杜绝贪污，反而造成贪污者更加多征多贪，以图加级记功，如此则弊端更大，遂决定撤销此例，命各税关刊刻关税条例，竖立木牌，公布于商民。崇文门亦如此办理。还决定有的税关派户部司员，有的交地方官兼理。崇文门一度交顺天府的治中兼理。这样做之后，仍不能达到目的，到康熙七年又定崇文门、左右翼改为选差，由各部满汉官担任。

溢额记功例撤销以后，可能出现税收下降的情况，故于康熙十四年，又恢复了缺额处分、溢额记功的规定，不过比以前规定得具体了。但各官为了追求加级记功，又出现了重累商民现象，甚至有人“将商人亲填部册改换涂饰”，以“充肥私橐”，故又令停止溢额记功之例。

乾隆年间，为了加强对崇文门的管理，在崇文门特设正副监督各一人，由各部侍郎、尚书、内务府大臣以至大学士中选人兼任，另由内务府大臣选派贤能可信的司官一员协助工作，遇有监督出差等情况，即令该司官照料稽查。直至清末大体如此。

从清朝官方文献记载看，崇文门和其他税关一样，各种流弊始终存在。这是因为，派到崇文门去的人，大都是皇帝的亲信，特别是此处税收的多少，直接关系着皇家和亲信大臣的利益，所以是不会真正完全按规定办事的。上方既不明不白的，下级亦可浑水摸鱼，所以尽管上谕中三令五申，实际上无济于事。如嘉庆五年上谕中曾指出："现在卢沟桥、彰仪门经管税局人役，竟有讹索过往行人银钱等事，业经分别惩治。辇毂之下，尚敢如此，其余各省关税，种种情弊，不问可知。"并命"如再有讹索饭钱、扰累商旅等事，不独将所派之巡役家人等从重治罪，并将各关监督一体严办示惩，不稍宽贷"（《户部则例》）。道光年间上谕中又指出，"崇文门税局，于寻常行李往来，不论有无货物，每衣箱一只，勒索银二两、四两至八两之多；或偶然携带常用物件，不知应税科则，一经查出，辄以二十倍议罚；即有照例开报纳税者，又以输课无多，仍百计刁难，否则押赴官店守候，不准放行"。于是责成巡城御史，随时稽查，如有滥行需索、扰及行旅情事，即行参奏，"务期革除积弊，以惩关蠹"。这说明，到道光年间，崇文门苛索的弊病不仅没有减轻，而且变本加厉，成了"积弊"。实际上直到同治年间，崇文门肆意征敛之事仍然不断发生。据候补内阁学士钟佩贤奏，"近年以来，每于税课之外需索银两。近日会试士子进京，亦有勒索银十余两及四五两不等，并各城门官役先索多金，方许送务等情"。针对钟佩贤所奏，上谕中虽严厉告诫："朝廷培养士子，体恤惟恐不周，该官役竟敢违例婪索，尤属可恶！"并令该监督等申明定例，"凡遇送务车辆，只有行李，并无货物者，立予查验放行。如有留难勒措情弊，即著查明惩办"。但终究未能制止，以至于同治九年又申明："如有需索情弊，准该士子赴该管衙门呈诉，将该吏役等从重惩办。如该管官有意袒护，并著该督抚一并查参。"赴京参加会试的士子皆系举人，已准许穿青绸蓝缘有披领的公服，戴镂花银座上衔金雀顶的冠，系相当于文官八品的朝带，也就是说，已有一定的社会地位。税关官吏对他们尚且如此，对一般百姓的勒索刁难也就可想而知了。

关于崇文门征税，从文献中还可了解一些具体情况。据《户部则例》载：崇文门征税大的项目有衣物、食物、用物、杂贩、牲畜等五项，每项下又有若干类。如衣物项下有皮衣、布帛衣、毡绒衣、包头犸猇、领袖补子、云肩、带、护膝膝裤、袜、袜面袜头、靴鞋十一类。食物项下有米面、芝麻、酒、茶、烟、荤味、蔬菜、作料、果品、糖蜜十类。用物项下有缎锦、绸、绫、罗、纱绢、氆氇、绒褐、布、丝絮线绒、皮张、毡毯、布帛毡皮绒翠通草杂饰用物、竹木器、零星竹木器、铜器、锡器、铁器、磁器、土磁器、黑土磁货、各色磁器、描金漆器、珐琅器、石器烧料器、毛羽皮骨器、玉器、银母器、诸色香器、松香货、藤棕草器、妆饰用物三十二类。杂贩项下有药材、颜料、香料、杂料、纸札、纸杂货、竹木料、铜锡铁铅杂货、各色细石料、杂色珍玩、烧料杂货、骨角皮革毛羽杂货、竹木棕藤草实杂货十三类。牲畜项下有奶牛、使牛、猪、羊、马、骡、驴、驼等。上述除牲畜以外共六十六类，每类下又列商品若干种及每种商品的税额。品种最多的如纸札类下就列有青红纸、金笺、玉尺八、榜纸、呈文纸、京文纸、南丰小篓纸、印书纸、毛头纸、川连纸等共七十八种。自乾隆至同治一百三十年左右，应征商品除少数有变动外，绝大部分是相同的。每种商品的征税额也基本未变。由此可见，外地来北京交易的商品中，手工业品虽占很大比重，但其发展是十分缓慢的。

则例中对每种货物各定有不同的税额，其税率各不相同。由于不了解当时各种货物的价格，故很难了解各种货物的税率。则例中有记载的是：自乾隆始，左右翼从牲畜、房地产买方征收的税额是买价银一两，征银三分，税率为百分之三。另据乾隆元年九卿议定的几种物品价格（与市价可能有出入）与乾隆年间规定的税则对照为：绉绸每丈价银七钱九分，税银每匹四分八厘，一般每匹以四丈计，每丈税银为一分二厘，税率为百分之一点五强。三梭布每丈价银二钱五厘，税银六厘，税率为百分之二点九二七强。棉线每斤价银二钱一分，税银一厘八毫，税率为百分之零点八五七。朱砂每斤价银一两五钱，税银一分六厘，税率为百分之一点零六六。芸香每斤价银四钱九分九厘，税银六毫，税率为百分之零点一二。狐皮每张价银一两七钱，税银三分，税率为百分之一点七六四七。锡器（粗）每斤价银一钱四分五厘，税银三厘，税率为百分之二点零六九。只有买卖人口规定不收税。不知是为了鼓励买卖人口，还是出于对卖者的怜悯。

崇文门每年征税的数量，明代即有定额，崇祯年间为九万七千八百余两。清初大体沿袭明制。至乾隆年间规定，崇文门每年收正税九万四千四百八十三两，加铜斤水脚银七千六百九十二两有奇，共十万零二千一百七十五两有奇，遇闰加成。后直至光绪二十五年重修《清会典》时，此项正税定额一直未动。但由于北京商业的发展和苛索日甚，除正项收入外，每年都有不少额外赢余银的收入，数量多少不定。据乾隆宫中档案记载，自乾隆九年至二十年和二十三、二十五两年，这十四个年份中，最高为乾隆二十年，十万零八千七百四十两，最低为十五年，四万零六百九十五两，平均每年七万一千五百三十一两有奇。十四个年头所收赢余银总数为一百万零一千四百三十九两。税银的去向，正项一般交户部，其赢余银每年请旨处理。据档案载，赢余银大部分也是交户部，十四年共交七十七万四千二百余两，占总数的百分之七十七点三一；赏给崇文门监督等人共十三万三千三百余两，占总数百分之十三点三一。有三年共交内廷五万两，占总数将近百分之五；另有四年交给“沧州”，共四万三千八百余两，占总数百分之四点三八。按一般情况赢余银应交内库，但档案记载大部分交到户部。也可能交给户部只是暂存，因为内府随时可向户部提取。乾隆时所以做这样安排，可能与当时内库充盈有关。

崇文门赢余银的数量，开始无定额，后时有时无，直至光绪二十五年重修《清会典》时，才有定额载入会典，即崇文门除正项外，每年尚需交赢余银二十一万二千七百八十九两有奇，为正额的两倍多。

崇文门，除收税以外，还担负着一些特殊任务。如代宫廷变卖人口和财物等。清代旧例，王公大臣等获有重罪，往往要抄家、籍没财产，其中也包括家奴等人口，一律归于内府。如果内府认为有些人丁可以出售，即交崇文门变卖。乾隆时的人价为：“凡年在十岁以上至六十岁者，每口作价银一十两；六十一岁以上，作价银五两；九岁以下幼丁，每一岁作银一两；未周岁者，免其作价。”据《清会典事例》载，雍正五年曾奏准：“八旗交送抵帑及籍没人口，交崇文门作价鬻卖，银交广储司库。”内务府广储司所存之次等貂皮、人参等，有时由粤海关变卖，有时亦交崇文门变卖。另据《竹叶亭杂记》载，旧库内堆积的明代陈物，亦由崇文门变价出卖。并载，每岁新春在圆明园设置买卖街时，崇文门还负责筹办。在买卖街上，“凡古玩、估衣以及茶馆饭肆，一切动用诸物悉备，外间所有者无不有之，虽至携小筐卖瓜子者亦备焉。开店者俱以内监为之。其古玩等器，由崇文门监督先期于外城各肆中采择交入，言明价值，具于册，卖去者给值，存者归物”。

从以上情况看，崇文门，名义上虽和其他税关一样列于户部，实际上是直接由宫廷控制的机构。特别是清代，崇文门收税是宫廷生财门路，收税官也是皇帝优惠某些亲信大臣的名副其实的肥缺。税关的胥吏、官员等借故勒索所得姑且不论，仅每年皇帝的赏赐就不在少数。以大学士、乾隆孝贤皇后之弟傅恒为例，见于档案记载的，仅自乾隆十年至二十六年间，从崇文门赢余税收银中就赏赐了十三次，共计十万零一千两。另从山海关赢余税收中还赏赐了数次，计银五万零七百五十两，按档案明确记载的十五个年头计算，共赏银十五万一千七百五十两，平均每年一万零一百一十六两多。最高的两年，每年一万八千两，相当于大学士正一品年俸银的一百倍。

此外尚有每年赏宫内各处太监的银两及升平署人员的一部分经费等，均由崇文门领取。

宫廷从崇文门收取数十万两白银，这就整个宫廷经济来说，比重并不大，但实际情况并非如此。各种商品的税率虽均有明文规定，但各项额外苛索、各种罚款则无规定，税关人员可以任意巧立名目，“指无为有”“指少为多”“额外横征”“蒙蔽不报”，甚至采取“纳银数多、给票数少”以及偷换涂饰部册等卑鄙手段勒索贪污大量钱财。由于宫廷及官吏的染指，纳税额加大，商人势必把这些负担转嫁给生产者和消费者，其结果必然严重束缚本来就很微弱的商品生产的发展。这不能不说是中国封建经济长期停滞、落后的因素之一。

出自《故宫博物院院刊》1987 年第 2 期

清宫百戏

“百戏”一词，约初见于《后汉书·孝安帝纪》。东汉延平元年（106年）八月，因小皇帝刘隆早殇，奉太后命，由长安侯刘祜承统大业，即位后四个多月，刘祜的生父清河王刘庆薨，因此决定“罢鱼龙曼延百戏”。鱼龙曼延百戏是什么？据《汉官典职》解释，是“舍利之兽，从西方来，戏于庭，入前殿，激水化成比目鱼，嗽水作雾，化成黄龙，长八丈，出水遨戏于庭，炫耀日光”。看来很像现在的杂技、魔术。后汉张衡在他的《西京赋》中所描述的“扛鼎”、“寻橦”（顶竿）、“燕濯”、“胸突铦锋”、“跳丸剑”、“走索”、“曼衍（延）”、“吞刀”、“吐火”等等，亦指这种百戏，其内容十分丰富。故《文献通考》把汉代的这些杂技节目总起来说：“如是杂变，总名百戏。”后汉的李尤在《平乐观赋》中也有类似的记述，可见汉代的百戏是非常兴旺的。实际上，这种杂技百戏，早在先秦或更早的时候就已经存在了，在《列子》《国语》中均有记载。汉以后，迭代不衰，有些项目一直流传到现在。当然百戏的内容是不断变化的，名称也时有所更替。如百戏，到元代称为“把戏”，明宫由钟鼓司掌管的杂剧、傀儡戏等，也称为“要把戏”。清宫则由内务府掌仪司掌管，叫“玩艺（儿）”，也称“杂要”。

清宫关于玩艺儿的演出，档案中多见于同治、光绪两朝，这可能与两太后，特别是西太后的兴趣有关。人所共知，西太后是一位“戏迷”，每逢朔望、节日都要听戏，遇寿辰前后往往要唱十几天戏，常从早唱到晚，并常亲自给升平署的唱戏人、管理人立规矩、下命令。如同治十三年的档案载：“十月二十一日许老爷传旨：二十日（这已是西太后寿辰后第十日）《平安如意》团场，上场人露白腿、蓝腿，下场解带、摘线发，懈怠。以后有差都得剃头上角，不准胖胖猪是（似）的！不论什么角都（要）穿彩裤，不准穿尖靴，穿彩鞋。钩（勾）脸不要粗拉拉。”本月二十八日又传旨：“内学首领白兴泰、边得奎，宁寿宫伺候切末（布景、道具）戏。不准首领往前台喧嚷，后台（也）不准喧嚷，不准多言抢话。首领站台不准斜倚歪靠。”等等。西太后对唱戏人及首领等虽然管得很严，但实际上有些人总不能合乎要求，直到光绪二十八年档案中还记载有如下的内容：“八月初六日崔玉贵（二总管）传旨：‘上场人等，以后上角不准大岔当（裆）站住（着），（要站成）小八字。如若不遵者，拉下台就打！’”

从档案记载看，慈禧不仅爱听戏，而且爱看百戏。百戏，档案上文字记载均是“玩艺”，演出时则称“过当”。有时也把演百戏的人称为“当儿”。如同治六年正月十六日曾传旨：“十八日办事后，漱芳斋（由）掌仪司伺候玩艺，着升平署总管首领带领当儿。”这里带领的“当儿”即指全体杂技演员。另对每一个节目称为一当儿。如某日“漱芳斋掌仪司伺候玩艺十二当”。又如，同治六年三月十六日传旨：“二十一日，漱芳斋掌仪司伺候玩艺，随什不闲一当儿。”“二十二日着掌仪司跳狮子一当儿。”一当儿均指一个节目。

光绪年间，宫廷要求伺候玩艺是频繁的。每年四五月演出较多，另在皇帝和慈禧生日（六月和十月）或其他节日也有演出，而且节目不断变换花样，显然加入了曲艺的节目。光绪九年八月十三日的一次演出有二十四项，包括：

八仙庆寿　四海升平　幼童舞棍　平地筋斗　大鼓书词
白猿献寿　宝塔碗　艺人穿梭　艺人盘杠　狮子技艺
琴腔曲调　衣锦荣归　戏耍球棒　水献凉亭　桌上筋斗
阖国清泰　谤阎醒梦　艺人播米　平安吉庆　九星献福
开山过会　圣手遮拦　层层见喜　庆安澜

光绪十年五月初六日，在漱芳斋的一次演出中，又增加了一些新名目，如：

天官献瑞　福如东海　艺人舞棍　艺人高脚　双学艺人
太平花鼓　渔樵歌唱　空杯取酒　坐献清泉　五狮同堂
金山寺

这些节目的内容，有的已很难了解，但有的节目现在还能看到。若与汉代的百戏比较，就有很大变化了。

至于清宫各种杂技的规模，据光绪十一年五月初五日在漱芳斋演出后的赏单记载，各项节目与演出的人数如下：

开山过会 8 名　太平舞棍 44 名　渔樵歌唱 30 名
平地筋斗 12 名　太平花鼓 40 名　童子献茶 6 名
太平歌词 35 名　艺人高脚 34 名　幼童舞棍 38 名
艺人盘杠 27 名　大鼓书词 5 名　桌上筋斗 8 名

巧变金钱 6 名　　艺人演棍 40 名　　击壤高歌 30 名
双锁山 8 名　　九狮同堂 34 名

以上共计四百零五名，规模是不小的。

之后，随着清宫廷的没落，服务于宫廷的杂技队伍，已逐渐衰败，杂技、曲艺演出的繁盛中心也由宫内转向民间。不过，清帝逊位后，由于有优待清室条例的维持，在故宫内还有过演出，但是和在宫内唱戏一样，都是从民间临时请进的。在故宫内最后演出的两场玩艺，是在末代皇帝溥仪被迫出宫的前一年，即 1923 年的八月光绪帝的瑾妃生日及九月溥仪的皇后婉容的生日。特别是最后一场，档案记载尤详，不但记了节目的名称、演员姓名，而且记了每个节目演出所用的时间。

节目名称	演　员	演出所用时间
大上寿		
十里亭	赵奎顺、立安、明光、永立	30 分
双簧	徐狗子、常福保	10 分
三弦拉戏	邵得保、毛远楼	15 分
打灶	徐狗子	15 分
文武戏法	卢文泰、刘德顺	20 分
戏迷游街	华子元	15 分
相子上寿	王凤岐	10 分
逛西顶	徐狗子	15 分
对口相声	焦得海、王得禄	40 分
幻术	韩秉谦	70 分
巧耍雨伞	广润臣	15 分
汾河湾射雁	徐狗子、常福保	25 分
拉骆驼	徐狗子	15 分
还乡	徐狗子、葛恒全	10 分
烟酒谤劝	王得保、葛恒全	10 分
小孩语	常福保、葛恒全	10 分
瞎子逛灯	徐狗子、常福保	25 分
戏法	卢文泰、刘得顺	10 分
赴善会	永顺、连山、景志	30 分
三弦拉戏	邵得禄、毛远楼	10 分
对口相声	焦得海、王得禄	30 分
五音大鼓	葛恒全	20 分
五子登科	徐狗子	15 分
幻术	韩秉谦	85 分

这场演出，虽节目种类繁多，但实际只有二十人，共演了九个多小时，所演的节目应是当时民间演的节目，宫廷的气氛几乎没有了。比起光绪年间四百多人的节目，其规模也不可同日语了。不过这倒是一个省钱的办法，因为这年八月瑾妃生日时，曾传一次外班进内唱戏，当时进内演戏的梅兰芳、杨小楼每人各给三百元，余叔岩二百元，尚小云、小翠花、贯大元等各一百六十元，马连良等各一百二十元，王瑶卿、姜妙香等各一百元，其他有数十元至二十元不等，共花银元五千五百多元。而这场杂耍曲艺，技艺最精的赵秉谦、赵魁顺各五十元，徐狗子二十元，其余只数元，总共只花了五百多元。究竟优待清室条例的钱是有限的，不能再使他们为所欲为了。第二年清皇室就顺从地离开了紫禁城，连民间的玩艺儿也看不成了。

出自《燕都》1988 年第 5 期

龙的古老信息

多少年来，我一直和龙相处。白天我工作的地方，简直是龙的世界。这里，皇帝曾居住过的建筑物上，使用过的精致的家具什物上，珍贵的陈设品上，以及帝后们穿戴过的冠服上，无不充满了龙的形象。俗话说，北京卢沟桥的石狮子数不清，现在数清了，共四百八十五个。但北京故宫的龙是很难数清的。晚上回到家中，仍然是与龙相伴。我家的书里、图片里以及文具品上竟然也有不少龙的纹饰，一时也很难数清呢！

然而，这些龙的纹饰，只不过是人们意念中的形象，真的龙到底有没有？如有，到底是什么模样？又是怎样和皇帝结上了不解之缘？这些都是难题，所以我觉得对龙的身世，我们了解得很少，很少。因为自古以来就众说纷纭，莫衷一是。

关于龙之为何物，通常多根据东汉许慎《说文解字》的说法，即龙为“鳞虫之长，能幽能明，能细能巨，能短能长，春分而登天，秋分而潜渊”。其实这并不是许慎所创，他大概是根据西汉刘向《说苑·辨物论》大意写入《说文解字》的。再上溯，甲骨文、金文中已有龙字，先秦古籍中也有记载。现举几条，姑妄读之。

在广泛反映周代社会生活的《诗经》中，虽没有直接谈到龙，但曾有龙旗、龙盾的记载，这显然是指旗上、盾上饰龙纹。《尚书》中也没有直接谈龙，但有人的名字叫龙，这都可以说明龙的概念在当时是存在的。记述孔子言论的《论语》中，牛、羊、马、犬、虎、豹、鸡、鱼、狐、貉都谈到了，而没有谈龙。《孟子》中在谈大禹治水时才言及“驱蛇龙而放之菹”，菹是水草多的沼泽地，这似乎可以说明龙是水中生物或水陆两栖生物了。《韩子》中则说：夫龙之为虫，也柔，可狎而骑也，然喉下有逆鳞径尺，婴（触）之则杀人。这似乎是有一个实体的龙，但也只是一种说法。只有在秦汉时伪托为《管子》的书中所记的与许慎的说法相似：“龙生于水，被五色而游故神，欲小，则化如蚕蠋，大则藏于天下，欲上则凌于云气，欲下则入于深泉，变化无日，上下无时。”这同样是不可捉摸的想象罢了。

爱读历史的人，总喜欢看史家的著述。《左传》中，在鲁昭公二十九年有很长的一段记载：这年七月，龙出现在绛地的郊野。魏献子问蔡墨说：我听说，虫类，龙最聪明，人不能活捉它，可信吗？蔡墨回答说：实际上不是龙聪明，而是人不聪明。古时候，人能畜养龙，所以有豢龙氏、御龙氏。魏献子说：这两家，我也听说过，但不知底细，究竟说的是什么呢？蔡墨说：过去飂国的国君叔安的后裔叫董父，他很喜欢龙，能了解龙的嗜好，根据龙的喜好来喂养它，很多龙都到这里来受他喂养，后来就叫他养龙来伺候帝舜。帝舜就赐他姓董，赐他的家族为豢龙氏，封地在鬷川。鬷夷氏即其后代。可见帝舜时有养龙的。到了夏代，孔甲能顺从帝廑，廑赐给他四条龙，黄河的龙和汉水的龙各两条，并各有雌雄。后来孔甲继廑为帝，但不能饲养这几条龙，又没有找到豢龙氏的后人，只找到曾向豢龙氏学过养龙的帝尧的后代刘累来为孔甲养龙。孔甲嘉奖他，就赐刘累家为御龙氏。后来一条雌龙死了，刘累偷偷地做成肉酱给孔甲吃，孔甲可能觉得好吃，又命刘累给他做来吃。刘累害怕不能再找到死龙，于是迁到鲁县去了……这一段记载虽然是在讲述尧舜时代的旧事，但从其中可以看出，当时传说中确认有养龙的事，并能将死龙做成肉酱吃，可见当事人不认为那是什么“天龙”“神龙”。据此分析，这种龙恐是一种类似鱼类的可食生物。《左传》中，在讲述了上一段故事之后，还引用了《周易》中“潜龙勿用”“见龙在田”“飞龙在天”“亢龙有悔”“群龙无首”“龙战于野”等关于龙的记载，证明上古确曾有龙，并说：“若不朝夕相见，谁能物之（说的和真事一样）？”有的学者将上述《周易》中记载的“龙”解释为星名，是进行星占用的。这是另一种见解。但春秋时左丘明则理解为生物龙，我想还是几千年前人的解释更准确些。

《左传》这段记载虽较详细，但仍是记的传说。另在此书鲁昭公十九年中，则记有当时发生的事：这年，也就是郑定公七年（公元前523年），“郑大水，龙斗于时门之外洧渊，国人请为禜（音迎，除灾之祭祀）焉”。子产（郑国宰相）弗许，曰：“我斗，龙不我觌也，龙斗，我独何觌焉。禳之，则彼其室也。吾无求于龙，龙亦无求于我。乃止也。”这是说人与龙是不相干的。

从历史家的记载看，在春秋战国时期，龙并没有被神化，从吃龙肉到认为人与龙互不相干，都反映出人们认为龙只不过是一种水族生物，或者是指几种相类似的体型很大的水族生物，看不出当时有以龙为图腾的痕迹，更看不出是天子的象征，只是由于当时人们对自然界还不了解，见到这种比较大的特殊动物，难免产生某些疑虑和猜测。郑国的宰相子产显然不认为那是神龙，认为人和龙两不相求。

汉以后，关于龙的传说及记载日益繁杂，然可信的程度愈来愈低，甚至将龙与皇帝联系起来，这可能与司马迁在《史记》中的一段记载有关：“高祖（刘邦），沛丰邑中阳里人，姓刘氏，字季。父曰太公，母曰刘媪。其先，刘媪尝息大泽之陂，梦与神遇。是时雷电晦冥，太公往视，则见蛟龙于其上，已而有身，遂产高祖。”这当然是记的传说。也可能刘媪在水边休息时，忽遇大雷雨，疑曲折的闪电之光为龙，恰巧在此前后怀了孕。后来刘邦做了皇帝，便附会为以此有孕，因而认为刘邦是龙的儿子。皇帝为“真龙天子”之说，或许来源于此。之后，龙的传说千奇百怪，甚至连龙的形体也变化莫测了。到了明代，文人谢肇淛的笔记中竟载“龙有九似”的说法，即：“角似鹿，头似驼，眼似兔，项似蛇，腹似蜃，鳞似鱼，爪似鹰，掌似虎，耳似牛。”明清时代宫中各种装饰性的龙纹与这种说法仍非常相近。但龙到底是一种什么生物呢？很显然，这些龙纹与商周时代器物上的龙纹已有很多不同了。上古的龙纹可能更接近当时被人们称为龙的生物，这种龙，说不定就是后来的鳄鱼一类。《说文解字》中无“鳄”字，只有“蝷”字，同鳄、鱷（鳄的异体字），其形状“似蜥易，长一丈，水潜，吞人即浮”，这或许是湾鳄。曾任自然博物馆馆长的黎先耀先生在《鳄渡随想》一文中曾谈到，珍稀动物扬子鳄俗称猪婆龙，居然有人捕杀后剁碎喂鸡，不知其理应受保护的道理。这与古人把死龙做成肉酱吃是相似的。古代，也可能在龙卷风中鳄被卷上天空，又降于地上或水中，于是当作神奇的龙而被流传下来。有没有可能，龙与鳄实际上是一个东西呢？有人曾说龙是由蛇变化来的，这当然也是一种可能性，我看未必如此。因为有史以来，龙、蛇一直是并行的，况且甲骨文中的“龙”与“蛇”两个字一直分得很清楚，可见是两个东西。

对龙作如是观，是否动摇了“龙的传人”或者“龙是中华民族的象征”的说法呢？不会的。因为把龙当作中华民族的象征，是有所本的。《史记》曾载，齐人公孙卿对汉武帝说过：“黄帝采首山铜，铸鼎于荆山下。鼎既成，有龙垂胡须（髯）下迎黄帝。黄帝上骑，群臣后宫从上者七十余人，龙乃上去。余小臣不得上，乃悉持龙须，龙须拔，堕，堕黄帝之弓。百姓仰望黄帝既上天，乃抱其弓与胡须号，故后世因名其处曰鼎湖，其弓曰乌号。”公孙卿这段话不可信，但作为传说，被正式记载下来。大家公认中华儿女都是黄帝的子孙，这是史实。将中华民族作为龙的传人可能和这个古老传说有关，因为这个传说确实把黄帝和龙紧紧联系在一起了。

以上所云，只不过是信息，是否可靠，当在两可。

出自《紫禁城》1988 年第 3 期

宫廷史研究初探

一

宫廷史，旧称宫史。早在明朝末年，吕毖就从刘若愚的《酌中志》中选编了一部《明宫史》，至清乾隆年间，皇帝命儒臣们修纂了《国朝宫史》，嘉庆年间又修了《国朝宫史续编》。但这三部宫史，都只是记录了宫殿规模、典章制度等，像是三部“宫廷志”。其中当然不少是宫廷史料，然而究竟不是记述宫廷的历史。后于1933年出版的金梁著《清宫史略》是清正续宫史的摘抄，连“志”也不够，至于研究，就更谈不上了。到20世纪二三十年代，老一辈历史学家孟森、陈垣、郑天挺先生等，已经对有关宫廷史的某些问题进行了深入的研究，且有诸多著述；故宫博物院在当时亦编辑出版有许多宫廷史资料的书籍，但都是作为明清史事和史料来研究编选的，并没有从明清史中分离出来，作为一个单独系统来研究。所以这方面的研究长时期来一直进展缓慢，直至近几年才逐渐活跃起来。

宫廷，亦称宫庭，在我国古文献中，较早见于《荀子》《史记》，原皆指宫殿所在地，后来也称宫内、宫禁、宫中、大内等，都是地域概念。至清代，又指与外朝相对的内廷或宫庭，仍是指皇帝、后妃起居的处所。之后，宫廷一词逐渐从地域概念演变为政治概念，是指封建统治阶级的核心，或者说是朝廷的核心，已与原意有所不同。就像“朝廷”一词，原来指皇帝和臣工们进行政务活动的地方，后演变为封建中央政权机关的代称，有时还用作皇帝的代称一样。宫廷一词，在清朝奏疏用语中实际已包含有现在所称宫廷的因素。如光绪十二年，慈禧命明年归政，醇亲王奕譞在疏中说：“乞体念时艰，俯允所请，俟及（载湉）二旬，亲理庶务，至列圣宫廷规制，远迈前代，将来大婚后，一切典礼，咸赖训教。”这里讲的“宫廷规制”，绝非指宫殿规制，而是指政治规制了。

整个封建社会是一个复杂的统一体，当代历史学家对其整个系统及它的子系统已经进行了很多深入的研究，如除通史外，还有封建社会的经济史、政治史、军事史、文化史、农民战争史、外交史、交通史、民族史、宗教史、学术思想史以及各朝的断代史等等，各有丰富的成果。唯独在封建社会占有很重要位置的宫廷，还没有更多人做系统的研究，这不能不说是一个缺陷。在学术讨论已经可以广泛展开的今天，开辟宫廷史这样一个新课题，应该是顺理成章的事了。

宫廷，在中国已经是存在了几千年的旧事物，为什么到现在又称为一个新课题呢？原因是多方面的：一是因为有很多历史学家可能没有注意到它的相对独立性、系统性和不同朝代的特殊性；再是自 20 世纪 40 年代以来，认为在中国封建社会里，只有农民起义、农民战争才是历史发展的真正动力的理论，被一些历史学家接受以后，大家的注意力在很大程度上被吸引到研究农民战争方面来，因此对地主阶级、帝王将相与宫廷自然也就不便深入研究了。

其实，封建社会和其他阶级社会一样，都是由矛盾着的两大基本阶级构成的。要认识封建社会，必须首先认识决定这个社会性质的农民阶级和地主阶级，认识它们既相互对抗又相互依存的关系，才能真正认识封建社会。在封建社会里，农民虽然是社会生产的实际承担者，但由于地主阶级控制着绝大部分土地，他们的总代表——宫廷控制着国家最高权力，农民始终摆脱不了受剥削受压迫的地位，所以在封建社会中地主阶级始终占主导地位。当然，宫廷的命运虽也受经济基础的制约，但在特定条件下，它的作用是难以估量的。春秋战国时代，周朝天子统一控制下的诸侯国联盟土崩瓦解，各诸侯国割据称雄，秦国宫廷凭借自己充足的经济实力及武力，竟能征服同时称雄的其他六国而统一天下。唐代初期，由于宫廷人员素质较高，所实行的政策能适应社会发展的潮流，人民群众的积极性得到发挥，出现了封建社会的兴旺时期。后来由于宫廷的腐败，致使社会危机四伏，又不得不走向灭亡。

清代曾以一个统一的多民族的独立的封建帝国的崛起显赫一时，但晚期竟沦落为一个受尽帝国主义欺凌的半封建半殖民地社会。这不能不说与清代宫廷日益走向腐朽无能、不识时务并做出种种错误决策有直接的关系。清代宫廷是距离现在最近的一个宫廷，文献资料、文物、建筑遗迹最为丰富，很多问题也比较容易理解，所以，首先弄清清代宫廷实际，对认识当时社会各方面情况及宫廷消失后仍沿续下来的半封建半殖民地社会情况，都是有利的。

我国现在尚处于社会主义初级阶段，它是从漫长封建社会和半封建半殖民地社会，经过无产阶级领导的新民主主义革命和社会主义革命发展过来的，在此基础上，要建设社会主义民主政治，还必须具备一系列经济、文化条件。如果条件还不充分，不仅资本主义腐朽思想和小生产习惯思想还会在社会上有广泛影响，甚至封建主义的残余思想也还会存在。这些都会成为当前社会主义现代化建设的阻力，不论是自觉的或是不自觉的。

有时这种不自觉的阻力危害更大，甚至长期不能解决。因此就更有必要加强对封建社会核心部分的研究批判，因为宫廷是封建思想的源头，封建宫廷可以凭着自己至高无上的特权，利用封建传统思想为本阶级、为自己谋取无穷的私利。

无产阶级是最先进、最尊重科学、最有远见的阶级，只有无产阶级才能清楚地认识社会发展的客观规律，即使取得政权以后，也能对各种有害的思想自觉地加以抵制。如果对封建残余思想没有充分认识，就会不自觉地从各方面阻碍着社会主义初级阶段基本路线的贯彻执行。如闭关锁国、盲目排外、崇洋媚外思想、家长制思想（指与社会主义民主相对立的思想）、世袭思想、单纯的重农抑商、“重义轻利”思想、特权思想、人治思想、官僚主义思想等等，在封建社会是合法的，普遍存在的，其影响是根深蒂固的。而在今天，如不加以清除，后果会十分严重。因此我们只有对滋生种种封建思想的渊薮——宫廷的历史进行深入的科学的研究、批判，才能对这些有害因素自觉地加以抵制。

研究封建社会，如果不深入地了解占统治地位的地主阶级，只研究农民阶级的革命斗争，势必不能全面地认识封建社会。马克思、恩格斯所创立的无产阶级革命理论，就是在研究无产阶级的同时，对资产阶级进行了深刻的剖析，从两大阶级的关系中揭示了无产阶级是资产阶级的掘墓人这一历史规律。若只是单纯研究无产阶级一方，而对资产阶级不做深入研究，是不会得出这一科学结论的。因此，我们在研究封建社会时，既研究被统治的农民阶级，又研究封建统治阶级的核心——宫廷，才能全面深入地认识封建社会，获得更多更有益的启示。

从历史中寻找有益的启示，应该包括两个方面，即在一定历史条件下的积极因素及失败的因素。研究历史，不仅要从过去的事件中寻找出成功的经验，经过科学的选择供我们效仿，同时也应找出已经被历史证明了的失败的教训，引为今日的借鉴。特别是对中国封建社会晚期的研究，后者比前者也更为重要，因为这一时期失败的教训是很多的。

在以经济建设为中心的时代，直接发挥作用的当然是经济理论、自然科学理论，但历史科学也不是可有可无的，因为正确地了解历史，掌握历史的发展规律，特别是我国历史发展的特殊规律，将更有利于正确地认识和掌握现在以及将来。因此，把宫廷史作为一个新的课题来研究，是有一定现实意义的。

此外，自辛亥革命以来，关于清宫历史的各种错误的传闻、小说、电影、戏剧、电视剧很多，也有必要通过对宫廷史的研究来正本清源，给大家以正确的历史知识。

二

任何研究课题，都要有特定的研究对象和范围。宫廷史，由于是一个新的课题，它不像一个大家熟悉的课题那样，内涵明确、轮廓清晰，还需要在探索中逐步明确。宫廷，作为现在习惯的含义，是一个政治概念，但同时也是一个历史范畴。它在无阶级的原始社会是不存在的，只有随着生产力的发展，社会有了较多的剩余产品，出现了阶级、国家、奴隶主、国君、天子，才产生了宫廷。社会划分为奴隶、奴隶主阶级以后的国君或天子，不再像原始社会的酋长，只是一个氏族的首领，而是要管很多氏族联合起来的很多部落。管的事越来越多，权力也越来越大，单靠国君或天子个人发号施令势必不能适应，因此他手下就需要有一定数量的人及武力帮他管理国事，以便保护既得利益和控制大多数人。因此不可避免地要形成一个统治核心，这个核心就是奴隶主阶级的宫廷。到封建社会，统治者与被统治者虽都有所改变，但作为统治阶级核心的宫廷，却依然保存下来，而且统治的权力以皇族世代相承的形式越来越集中，形成封建社会的宫廷。以后朝代虽有更替，而宫廷性质未变。到了资本主义社会，统治者虽仍是剥削阶级，但它同封建统治者已有很多不同，最高统治层已不再是皇帝的一家天下，而是由新兴资产阶级的代表人物组成的统治集团，典型意义的宫廷，已经不复存在。因此，宫廷史的研究对象应是一个历史过程，是奴隶社会和封建社会特有的一种社会现象。这些宫廷一个一个地先后排列着，有时又有横向排列，它们互相区别又互相联系，构成一个独立的又与社会不可分割的宫廷史系统。

要认识宫廷历史，就必须从认识一个一个的宫廷开始，对它们进行全面剖析。以封建宫廷为例，至少要进行以下几方面的研究：

由于宫廷是上层建筑，因此要研究的中心问题是宫廷的政治情况。宫廷是由人组成的。在封建社会，宫廷的成员是代表地主阶级利益的统治者，通常是以掌握实权的皇帝或皇后、太后、摄政者、辅政者为主体，括以参与最高决策的皇室、皇族、皇亲等人员及权臣、宦寺等。当然每一个宫廷成员的成分是不同的，一般都各有特色。研究宫廷就要探讨这些成员政治的昏明、政策的得失、素质的优劣以及他们内部的人际关系，包括相互间的联合、斗争及对整个时代的影响等等，以便做出较为恰当的评价。

宫廷的典章制度，也是政治的一部分。每一个宫廷，当其确立之初，都要不同程度地兴礼作乐，规定或修订一些典章制度，以为巩固自己的统治服务。这一部分是十分繁杂的，包括各种政典、祭典、庆典、婚丧大典等，往往都含有一定的政治意义，有的甚至还起到法律作用。很多先秦两汉的宫廷礼仪，直到清末还视为正统，沿袭不变。对这些都应当有一个较清楚的认识。

宫廷的经济状况也要做分析研究。当然宫廷的经济状况和国家的经济状况是分不开的，但也有一定的独立性。主要应理清宫廷敛财的渠道，以及在衣、食、住、行等生活方面的花费，以揭示在生产力很低的情况下，宫廷惊人的耗费，及其对国计民生的影响。

宫廷的文化艺术，内容是十分丰富的。如宫中如何教育皇帝的子孙，如何培养接班人，宫中有哪些文化、艺术、体育等活动，都应做一番了解。通过研究可以看到宫廷的文化艺术与民间的文化艺术是紧密相连的，所不同的是，除具有鲜明的政治色彩的纯属宫廷传统的那一部分以外，大都是集中了当时民间（包括不同民族）文化艺术的精华，而给以加工的。由于条件的优越，在艺术和技巧方面都达到了很高的程度。如音乐、舞蹈、戏剧、绘画、书法、编书、刻书、雕塑、建筑、造园以及各种工艺品的制造等，无不臻于一时的高峰。这些活动的目的，当然是满足宫廷的享乐或某种私愿，但在客观上，对各项文化艺术的发展直接或间接地起到了一定的推动作用，为民族文化艺术增添了光彩。如今出土或存世的甲骨、青铜器、石刻、壁画、宫殿建筑、书画、古籍以及各种工艺品，当然都是劳动人民智慧的结晶，但大多数都与宫廷有着直接关系，这是中国文化艺术史上不可磨灭的因素。

宗教和习俗，在宫廷中也占有一定位置，当然各个时代有所不同，但同样是中国传统文化的一部分，也是探索宫廷意识形态的一个窗口。

后宫中皇帝的从属人员也是宫廷的一部分。中国的国君、天子或皇帝，自上古至清末，一直是公开的多妻制，有的皇帝竟不知有多少妃嫔，构成一种不是家庭的家庭。数千年来，在后妃中也发生过无数大大小小的事件，致使后来不得不规定一套后妃制度，以稳定后宫秩序。后妃当中，绝大多数是无声无息、寂怨终生的，但也出现过几个“强人”，竟取得最高统治地位，写成妇女命运史中特殊的一页。

宫女、宫媪、乳母也是后宫人员，但她们的命运比妃嫔们更糟，因为她们处于奴婢地位，只有极少数幸运者能够出人头地。

在后宫服务的除一部分女官外，数量相当大的是颇具中国特色的从先秦到清末都有的太监队伍。他们当中，大多数当然是终身的苦役，但也有过一些飞黄腾达的人物，居然能在万人之上，一人之下。

这些从属人员，就绝大多数来说是后宫的下层，是宫廷的一个侧面，也是研究宫廷史时应该探讨的对象。

后宫从属人员之外，还有庞杂的为宫廷服务的机构和大批的官员、军队、农奴、匠役、艺人等。为宫廷服务的机构名目很多，大体可分为两类，一类是为宫廷政事服务的；一类是为皇帝后妃等生活服务的；还有的是兼有两方面职能或兼有为国家事务和为宫廷事务服务的（如礼部）。这些机构其名称和设置各代不同，其职能却大体相仿。这也是我们认识宫廷的重要方面。

以上提出的是研究宫廷的几个方面，是对宫廷的横向剖析。要研究宫廷史，还必须在横向剖析的基础上，把各个宫廷或一个宫廷的各阶段按时间排列起来，做纵向研究，找出它们的内部联系，揭示出宫廷产生、发展、衰亡的规律，这才是宫廷史研究的内容和目的。

宫廷史研究是否会与通史、断代史的研究相混同？不会。因为它和其他专史如政治史、经济史、农民战争史等一样，都可以自成系统。

三

人们对历史的记述和研究，是意识形态活动的一部分，因此具有鲜明的阶级性，常常是对同一历史事件，由于记述者立场的不同，竟能做出截然不同的描述。作为无产阶级的历史科学，则应消除任何偏见，尊重客观的历史事实，不能任意歪曲，不能“隐恶扬善”，不能为了某一时期的某种需要去做“影射史学”，或为了附会某种既定的教条而去“削足适履”，而是要实事求是地从历史事实中发现并阐明某些历史发展规律，以获取有益的启示。当然历史是不能重现的，真正弄清历史事实并不容易，做出完全符合客观情况的判断甚至是不可能的。但我们不能就此罢手，而是要尽力去探求历史事实的最近似值。为了达到这一目的，就必须运用科学的马克思主义基本原理，运用辩证唯物主义和历史唯物主义指导历史研究和宫廷史研究。

在具有普遍意义的马克思主义的指导下，重要的是把握中国历史和宫廷的特点。中国虽然也经过一般历史发展的几个阶段，但不容否认，又有自己的鲜明特点。比如自夏商周以来，我国有百分之九十八以上的年头是在宫廷的控制之下，宫廷常被奉若神明。一个宫廷覆灭了，又一个或几个宫廷成立起来。即便是受过多次农民起义的冲击或经过统治阶级内部的改良，但到民主革命以前，一直没有大步前进。英雄也好，人民群众也好，历代宫廷也好，农民战争也好，都没有从这个封建主义的圈子里冲出去。和其他国家相比，为什么原来都是封建君主国家，英国能冲出去？日本能冲出去？他们甚至现在还有国王、皇帝。而我们这个曾经居于世界前列的文明古国却落在后面？这就是应该注意的特点。社会生活是由社会所拥有的生产力决定的，但生产力的发展，人又是决定的因素，因为没有人的劳动和智慧，生产力是不会自己发展的。如果人的积极性得到发挥，生产力就会得到充分发展，反之，生产力的发展就会受到破坏或阻碍。而人的积极性的调动，又是多方面因素促成的，而且在不同的时间、空间，也就需要不同的条件。在君主集权的封建社会，人民的积极性得到发挥或受到束缚，宫廷的因素是不容忽视的。在研究中国宫廷史时，一定要把握住中国特有的历史传统和各个时代独有的特点。

研究宫廷史和研究其他门类的历史一样，必须首先考订史实，这是前提和基础。在一个被歪曲了的或者是完全模糊不清的史实的前提下去发议论，等于是哭之终日不知死者为谁，是可笑的。因此，不仅要广泛地收集史料，而且要在科学地鉴别和运用史料上下功夫。社会上有一种看法，认为对史料鉴别、考证是烦琐之举，学术价值不高，这是不客观的。因为对史料不加鉴别、考证，就无法进行历史研究。汉学家在训诂、考据、辨伪方面是有一定贡献的。当然我们也不能为考证而考证，或只停留在考证上面，而是要在考证史实的基础上找出事物之间的内部联系，揭示历史的发展规律。只有这样，对历史的研究才是科学的有意义的。在宫廷史研究中，所谓成功与失败，绝不能以宫廷的得失为标准，而在于宫廷作为当时的统治者，它为国家和民族提供了什么。必须以历史唯物主义的态度去历史地加以研究，因为只有这样，才能得出较为科学的结论。

关于研究史学的方法，目前正在活跃时期，总的来说是自然科学方法对传统史学方法的撞击。这里只谈一种提法，叫作对历史的微观研究和宏观研究，或者称微观史学和宏观史学。似乎是这两种方法、两个学派存在着矛盾，因而有的史学理论家就提出“中观史学的研究”。持中观史学论者认为：微观史学缺乏应有的高度，难解事件总体脉络，所谓见木不见林，已渐趋危机，呈日薄西山之势，而宏观史学又空泛、不切实际，命运未卜，这当然也可以说是一种危机，至少是潜伏着一种危机。因此就推论出一种“不宏不微”的“中观史学”。并指出其研究对象，一是把握事物的纵向发展规律和总体特征，一是把握事物横向的、比较的特征。纵向法是寻求大小适当、不大不小的课题，横向比较法是寻求大小相结合的课题。还指出“小题大做”就是微观与宏观的结合，也就是中观史学的主要使命。

中观史学的提法是有积极意义的，因为它为微观史学和宏观史学的危机拓出一条向前发展的道路。但有两点需要补充：

一是课题大小与纵向、横向研究的关系问题。课题大小是指研究的范围，纵向、横向是指研究的方法或程序，似是两回事，实际上大小课题是相对的，不论大小课题，都应做纵向、横向的研究。

二是微观、宏观研究的结合与“小题大做”的关系问题。“小题大做”是对一个课题的表述方法，微观、宏观是研究方法，似乎也不是一回事。事实上一篇好的“小题大做”，应先经过微观与宏观研究，才能表述得清楚而完整。其实微观与宏观，在研究的方法和程序上并不是矛盾的，也不是并列的，而是研究和认识一个事物的两个步骤。宏观寓于微观之中，微观是宏观的基础。对一个事物不做微观考察就不能做宏观概括。因此，对大大小小的历史课题，包括宫廷史这一课题，都必须进行纵向、横向、微观、宏观的研究，才会获得科学的结论。不过这种史学与其名为“中观史学”，倒不如叫“综观史学”更为贴切。

我所以提倡这种从微观到宏观的研究方法，是因为它对清代宫廷史的研究最为适合。清代不仅有丰富的图书资料，而且有大批的、可信程度极高的档案和实物，存世的宫殿建筑、陵墓、皇家园林和文物，都是微观研究宫廷史的珍贵资料，这就可以为宏观研究打下坚实的基础。

出自《故宫博物院院刊》1988 年第 3 期

清朝宫廷的最后时刻

宣统三年（1911 年）九月十一日（11 月 1 日），在全国反对帝制的革命浪潮冲击下，皇族内阁总理奕劻不得不宣布辞职，袁世凯出任内阁总理大臣。十月十六日（12 月 6 日）摄政王载沣亦辞职。此时清室虽名义上还有隆裕太后支应，但实权已经被袁世凯所掌握。此后，袁世凯便利用革命势力向清廷施加种种压力。以辞职、辞爵，索取皇族资财充军饷，发动中下级军官段祺瑞、曹锟等四十六人合词请清廷接受共和政体，胁迫清室退位。据载涛谈，大太监张兰德受袁世凯贿赂，替袁在隆裕太后面前做了很多威胁利诱的工作，促使隆裕太后接受共和政体（《载沣与袁世凯的矛盾》）。这使走投无路的隆裕太后，只有往袁世凯的圈套里跳，因为这样还能得到优待。据《清室禅政记》载，隆裕太后为此事曾召开了数次御前会议。

第一次御前会议是在十一月初。事前，袁世凯派出的所谓北方代表曾传达过南方民军代表伍廷芳的要求，即"人民志愿，以改建共和政体为目的"，否则罢议（《宣统政纪》）。唐绍仪亦屡次电奏：谈判艰难，并请速开国会。隆裕太后遂召集王公大臣开御前会议，她认为，此等大事应该由临时国会公决。即当面询问诸王大臣，均未提出异词。于是命内阁一方面迅速拟出选举法，限定日期召开国会；一方面电告唐绍仪转达伍廷芳，先行罢兵停战。袁世凯在这个会上则表示自己"奉职无状，罪应万死"。隆裕反而安慰他说："卿勿尔！国家大事既相付托，当勉为其难，即使挽回无术，吾决不咎卿也。将来皇帝成立，吾且以卿之忠荩，艰难困苦情形告之。"言罢与帝相抱而泣。诸王大臣亦涕不可抑。第一次御前会议就这样结束了。

第二次御前会议是在十一月底。国务大臣并未参加，会上贝子溥伦首先发言，他说："我族再主中夏，固已绝望，即国民会议果开，于我亦绝无利益。袁世凯虽力欲保存君主，而势孤党弱，譬之片石置急流，终必动摇，其何能济！目下和议虽未决裂，而南京已立政府，北伐之声日益加厉，民军四布，与待兵临城下，服从武力，何若自行逊让，爱蒂长留！况优待皇室，系民军商请，公论在人，似不中变。孙文虽暂为总统，岂能支此危局。

闻已约定，推袁世凯为总统，事若果成，岂但中国之幸，抑亦皇室之福。所虑者，袁世凯理学气太深，日来辞职之意，坚决非常，此则不可不虑。凡我宗支当说，其不可拘泥者也。”虽然他对袁世凯的判断有所失误，但是对皇室的前途的分析、维持皇族利益，是颇有见地的。之后奕劻很赞成他的发言。而恭亲王溥伟、贝子衔奉恩镇国公载泽却坚决反对，这次会议争论了好久，仍没有结果。

第三次御前会议是在十二月初一。这次宗室王公与国务大臣共同与会。以前已经表示过赞成共和的溥伦、奕劻，由于被坚持反对共和的军谘使、宗社党头目良弼和溥伟等人所恐吓，又改变立场，也反对共和。各大臣都默然相对。过了好长时间，民政大臣赵秉钧、外务大臣胡惟德、邮传大臣梁士贻等才先后发言："主持共和，本非初愿，但人心已去，恐君主难保耳！"实际这次会议又有退步。再加之袁世凯十一月二十八日途中遇炸弹未伤，宗社党又恫以危词，袁世凯自己也有些害怕，事情仍是僵局。而革命军方面却不能等待，故隆裕太后不得不再次召集御前会议。

十二月初四日，隆裕太后又召集亲贵开御前会议，是为第四次。奕劻托病未参加，载沣行至地安门时，听说奕劻未到，自己也返回本府。这次会上恭亲王溥伟是力谏太后："勿惑流言，勿堕奸计，止君主立宪尚可求生，若一旦逊位，则万事瓦解！臣等宁决死殉国，不服共和！"说话时声色俱厉。隆裕太后说："吾亦以逊位事大，尔等既不欲，吾敢擅专？"言毕大哭。这时各亲贵又参劾起奕劻来，说他历年误国，诸多罪责，直到这次主张共和，全是错误！最后载泽又奏劾袁世凯，说他："以军饷不足不能开战，后颁国内短期公债，勒捐亲贵大臣，合内帑黄金八万两，款近千万，仍不开战，是何居心？"这次会议又是无结果而散。

在宗社党头目良弼被革命党人彭家珍炸死以后，段祺瑞等清军将领四十六人又联名上书，请清室明降谕旨宣示中外，立共和政体，形势十分严重。这是一次从内部出现的示威，几乎是一次兵谏。十二月十一日，有各亲贵参加的第五次御前会议召开。会上，连反对共和最激烈的人也没有发言，大家面面相觑。只有人提出段祺瑞的电文可能是假的。其实这是一种自我欺骗。由于奕劻和载沣都没有到，隆裕太后只说了一句"明日与渠二人（指奕劻和载沣）决之"，大家即散去。

第二天，隆裕太后又召集了第六次王公们参加的御前会议。各位王爷们仍然是唯唯诺诺，没有一句肯定的话。最后隆裕太后说：你们反复推求，始终迁延不定，这样疑惑会越来越多，"将来必演出同室操戈、涂炭生灵之惨剧！此后兹事由我一人担承耳！"于是罢会，召袁内阁撰拟宣布共和诏旨。平素遇事无甚主见的隆裕太后，这时事情逼到这里，也只好破釜沉舟拍此一板了。当然，这不排除主张逊位的王公及被袁世凯收买的张兰德事先对她的影响。

会后，优待皇室条件议定，于宣统三年十二月二十五日（1912年2月12日），隆裕太后及溥仪发出了退位诏书。不过这是一份特殊的诏书，诏书前没有"奉天承运，皇帝诏曰”的程式，尾部却又增加了内阁诸大臣的签名。

在退位诏发下之前，隆裕太后率皇帝还召集近支王公大臣内阁总理大臣、国务大臣开了最后一次即第七次御前会议。会上隆裕太后哽咽流涕，各王公大臣亦皆哭失声。过了一段时间，太后向溥仪说：尔之所以得有今日者，皆袁大臣之力。即敕皇帝降御座致谢袁大臣。袁大臣惶恐顿首辞谢，伏地泣，不能仰视（《清室禅政记》）。

至此，自顺治元年（1644 年）至宣统三年（1911 年）统治中国二百六十八年的最后一代封建王朝覆亡。此后溥仪虽留住后宫十数年，但已经不是原来意义上的清宫了。

出自《紫禁城》1989 年第 5 期

乾隆帝选妃

乾隆三年（1738 年），在南方织造、盐政等官员中，有人传说内廷需用优童、秀女，并有勒取、强买之类的事情。此事传到乾隆帝弘历耳中后，于当年五月十二日向大学士鄂尔泰等人下了一道谕旨说：“朕自幼读书，深知清心寡欲之义。即位以来，三年以内，素服斋居（指守孝），此左右近侍及在廷诸臣所共知者。上年释服（守孝期满）以后，虽身居圆明园偶事游观以节劳勚，而兢兢业业总揽万几。朝乾夕惕，惟恐庶政之或旷，此心未曾一刻放逸。每见廷臣动色相儆。至不迩声色之戒，尤未尝一日去诸怀也。”这是他声明自己对声色的原则态度，即深知清心寡欲之义，没有一天不想着不近声色之戒。然而在下文中针对勒取优童、秀女的事件又解释说：“况内廷承值之人，尽足以供使令，且服满之后，诸处并未送一人，唯海保处曾送二女子，其一已经拨回。”另一人则未做说明，可以推定是留在内廷了。他又说：“曾进一班弋腔，因甚平常，拨出外者二十余名。”未拨出者多少人也没有交代，可见还是有留下的。他并说：“此人所共知者，何至广求于外，致滋物议？”见于《高宗纯皇帝圣训》的这些解释，恰恰证明了织造、盐政等官员中的传说是确有其事的，并非无中生有。从这道谕旨中也可看出，上句是“诸处并未送一人”，接着又说“唯海保处曾送二女子”“曾进一班弋腔”，何其自相矛盾！对此事他的结论是“有假托内廷之名，以惑众人之听闻者”。但对这样有损于皇帝威严的传闻，居然只命“尔等密传朕旨晓谕之，倘果有其事（指传闻），可速行悛改，如将来再有浮言，朕必究问其致此之由也”。弘历这样轻了此事，也正说明上述传闻不是“浮言”。相反，弘历所宣扬的自己“深知清心寡欲”“不近声色”倒是一番瞎话了。以弘历后妃的数量为例，据清东陵墓葬的实际情况统计，弘历一生计有皇后三人，即孝贤皇后、乌拉那拉氏皇后（有史书称废后，实际未明废，但死后按皇贵妃等级殡葬）、死后追封的嘉庆帝生母孝仪纯皇后。另有皇贵妃五人，贵妃五人，妃六人，嫔六人，贵人十二人，常在四人，共四十一人，仅次于康熙帝后妃五十五人之数。作为封建皇帝，当然要顾及有人接嗣皇位的问题，为了加大保险系数，多设几个能够生育的人尚在封建情理之中，但如果只是为了这一目的而设那么多的妃嫔、贵人、常在等，说不是为了享乐，那是令人难以相信的。

乾隆四十三年（1778 年）九月，弘历赴东北谒陵的归途上，锦县秀才金从善在御道旁进递呈词，谈及废黜乌拉那拉氏皇后之事，请弘历下罪己诏，并请再立皇后等事，触怒了弘历，立即被杀了头。在弘历向群臣公布此事时说：“孝贤皇后崩逝时，因那拉氏本系朕青宫时皇考所赐之侧室福晋，位次相当，遂奏闻圣母皇太后，册为皇贵妃，摄六宫事。又越三年，乃册立为后。其后自获过愆，朕仍优容如故，乃至自行剪发，则国俗所最忌者，而彼竟悍然不顾，然朕犹曲予包含，不行废斥。后因病薨逝，止令减其仪文，并未降明旨，削其位号。”(《清实录》) 弘历把这十多年的事重申一遍，一是因金从善谈及此事，另在朝中大臣们当时即有异议，认为不应该这样对待那拉氏皇后。

据《啸亭杂录》载：当时的刑部侍郎阿永阿、御史李玉明分别遣戍黑龙江和新疆，后均死于戍所，刑部尚书钱陈群命归家终养。但此事看来并未平息，因在前两年，即乾隆四十一年（1776 年）曾有家在山西的一个身家潦倒的小知识分子（或小吏）严譄投递过一个内容与金从善相似的奏折，也触怒弘历，将他逮捕后，经“连日拧耳、长跪、打板、拶指”等严刑审讯后，九卿拟凌迟，经弘历“从宽”，改为斩决。两年后又出现金从善的问题。因此弘历借此事表明：那拉皇后是“循序而进，并非以爱选色升”，后来是“自蹈非礼，更非因色衰爱弛”。而且以后也没有再继立皇后，所以他认为：“朕有何罪，而当下诏自责乎？”(《清实录》)

关于金从善请再立皇后之事，弘历说：“朕春秋六十有八，岂有复册中宫之理？况见在妃嫔中，既无克当斯位之人，若别为选立，则在朝满洲大臣及蒙古扎萨克诸王公皆朕儿孙辈行，其女更属卑幼，岂可与朕相匹而膺尊号乎？”这也是说给人听的。实际上皇帝选后妃是不计辈分的，清朝有几个皇帝同选一家的亲姑侄做后妃。至于年龄就更不顾及了。在弘历的四十多个妃嫔中有十二个都是在他五十岁以后选进的。这些新选进的妃嫔，除回族容妃（即俗传的香妃）入宫时是二十六岁的特例以外，其余都是十三四岁，最大的也不过十八九岁。以有年龄可查的惇妃为例，她入宫时十八岁，弘历已五十三岁。到乾隆六十五岁时，她已由永常在晋升为惇嫔（后为惇妃），还生下了弘历的最小的女儿十公主，后封为和孝公主，下嫁给和珅之子丰绅殷德。弘历对她十分钟爱，认为“其貌类己”，曾说“汝若为皇子，朕必立汝储也”。也许是因为她最小，生母又很年轻吧。

其实弘历最年轻的妃嫔还不是惇妃，而是金常在和循嫔，这两人是乾隆四十一年，也就是前述杀严譄的那一年（1776 年），弘历六十六岁时才选纳入宫的。据档案记载，“新封金常在”是在那年五月初八日，“新封循嫔”是在那年十一月十四日，均分别赏赐了大量的金银、珠宝、首饰和绸缎等衣物，然后进宫的。在有的文献上记载：“初赐号为贵人。”当是误记。因为档案上记载得很清楚，即于十一月十四日赏赐后，于十八日进宫。在“十一月十八日”后面还特别标明“系本日进宫，赏新封循嫔金桦皮二凤朝冠顶一座……”宫中档案对这些重要事件是不会记错的。事实上也没有先在宫外当贵人，然后进宫再封嫔的做法，此人之所以直接封嫔，可能与她父亲伊尔根觉罗氏总督桂林的身份有关。

乾隆四十一年新选进的金常在、循嫔年龄最大只不过是十八九岁的少女，对年已六十六岁的弘历来说，不正是“孙辈”吗？可见他杀金从善后所说的因年岁大不能再选儿孙辈人之女做后，是一种借口。皇帝意志可以决定一切，何况是属于他家庭的小事，其真正原因恐怕是不愿给已秘密建储的颙琰再立一个皇太后。至于他自称“不迩声色之戒”，就更不攻自破了。我写这段小文并无贬低乾隆皇帝的意思，因为作为封建政客的头目，或者说封建政治家，他的一切行为自然都是为有利于自己统治服务，“金口玉言”，有充分的随意性，即便是做了大坏事，还要“讲道德、说仁义”，如杀严譄和金从善，原拟凌迟处死，最后都是弘历施恩从宽处理，改为斩决。这生活上的事就更微不足道了。

出自《燕都》1989 年第 3 期

乾隆时期宫中文化措置

清乾隆时期，由于政局稳定，经济充裕，宫中的文化活动，也呈现出繁荣景象。但这种繁荣是定向的，它只围绕着一个中心，即为加强皇帝的统治服务。纯属皇帝皇室的文化娱乐活动，仅占一小部分，而且往往有一定的政治意义。宫中的文化活动，在客观上是古都北京文化的一部分，并在京都内产生一定影响。

宫中的文化活动，是和皇帝的好恶分不开的。乾隆皇帝弘历，是一位文化修养较高的皇帝，他从小就受到宫廷的精心培养，十三岁时，已能熟读经文。他的一位师傅顾成天，在为他即位前的诗文集——《乐善堂全集》作的序文中，介绍弘历说："窃见自《孝经》、'四子'、《易》《书》《诗》《春秋》《戴礼》，以及《左》《国》《史》《汉》、唐宋诸家之文，靡不淹贯；性天之微妙，纲目之是非，政要之从咈，名儒名臣之论理论事，达人骚人之言忧言乐，靡不列眉执掌，而究其精详。"序中所谈，未免有颂扬之嫌，但印证以集中所收诗文，顾之所言，也不能完全视之为子虚乌有。弘历当了皇帝以后，为了显示自己"鉴古精深，多文求旧"，对宫中的文化设施十分重视，凡古籍、书画、文玩的收集整理，诗文的写作，音乐、戏剧的倡导等等，无不注意发扬。

由于弘历接受了大量汉族传统文化，读了不少经史典籍，所以深知古书的可贵。他于乾隆九年（1744 年）下令从内府藏书中择出善本呈览，亲自审定，然后列架庋藏于乾清宫东侧的昭仁殿，并根据汉朝的天禄阁"藏秘书，处贤才"的含义，亲自题额为"天禄琳琅"。到乾隆四十年（1775 年），又命大学士于敏中、户部尚书王际华重加整理，剔除其中的赝刻，编成《天禄琳琅书目》，共十卷，详细记载各书的刊印年代、流传的经过等。其中最善本、弘历特别欣赏的是宋版《前汉书》《资治通鉴》《九家注杜诗》三种，还命绘弘历像于卷端，并录御题、御诗，钤有"稽古右文之玺""内府书画之宝""几暇怡情""得佳趣"等多种印玺。

嘉庆二年（1797 年）十月二十一日晚，因乾清宫太监不戒于火，致成火灾，延及昭仁殿等处。当时虽有太监等抢救出一些陈设宝物，而天禄琳琅的善本书已焚烧殆尽。于是即命尚书彭元瑞等仿前编之体例，重辑《天禄琳琅续编》。这次重辑，由于早有“广献书之令”，特别是经过编纂《四库全书》以后，集天下逸书于宫禁，足资充分选择。所以比前编的数量、质量均有过之无不及。前编四百二十二部，后编则达六百五十九部，共一万二千二百五十八册。前编除宋、元、明版外，仅金刻一种，后编则宋、辽、金、元、明五朝刻本无所不备。其中最善本，弘历仍予题字，并钤有“古稀天子之宝”“乾隆御览之宝”“古希天子”“犹日孜孜”等印。此系当时被定为善本的藏书。其非善本书籍，遍置于各个宫殿、园囿。至溥仪出宫时，宫内尚有各种古籍约五十万册。

乾隆时期，宫中不仅是藏书，而且用了很大力量进行了编书刻书工作，借以宣扬有利于清统治者的舆论、著述，同时消除于己不利的图书和影响。清廷编书刻书活动，自顺治年间即已开始，至康熙十九年（1680 年）则设专门机构——武英殿修书处。之后，有很大发展。至乾隆年间，宫廷编印的书籍愈来愈多。据《国朝宫史》载，当时已编成的书籍共分实录、圣训、御制、方略、典则、经学、史学、仪象、志乘、字学、类纂、总集、类书、校刊等十四类。就其编纂者来说，约可分为三种：一是御制类，如乾隆及以前各帝的御制诗文等；二是敕撰类，即皇帝命大臣等纂修的实录、圣训、典则等官方文献，书前多加御制序文，这类书有时也称“钦定”或“御定”；三是翻译类，均为将汉文书籍译成满文。

乾隆年间编纂的书籍，规模最大的是《四库全书》。是书的编纂自乾隆三十七年始，至乾隆四十七年大体完成。全书按唐集贤院分类法，分为经、史、子、集四部，庋藏于紫禁城内之文渊阁。据《清会典事例》载，此书经部共收书六百九十五种，史部五百六十四种，子部九百二十二种，集部一千三百三十种，总计三千五百一十一种、七万八千七百三十一卷（与《四库全书总目》所载数稍有出入）。从卷数上看，比明《永乐大典》所收之书多两倍多。确实是历史上一部最大的丛书。在修纂《四库全书》的同时，为便于寻检取携，弘历又命于敏中、王际华专门负责，拣选《四库全书》之精华，编为《四库全书荟要》，历时七年即完成，共收书四百六十四种。共缮两份，一贮御花园之摛藻堂，一贮长春园之味腴书室。

弘历动用如此巨大人力物力修《四库全书》，最初的目的，据《清宫史续编》载：“念当文治修明之会，而古今载籍，未能搜罗大备，其何以裨艺林而光策府？”即想在编纂图书方面“大备”，以便“裨艺林而光策府”，以达到前代宫廷所不能媲盛的程度。所以才“命四方大吏，加意采访”，务期名山秘笈，收罗无遗。再辑《永乐大典》中不经见于世之本，合之大内所储、朝绅所献，特诏词臣，详为勘核，从万余种书中，芟芜取腴，选出三千多种编成《四库全书》。

《四库全书》修成后，先是缮写四份，分贮北方四阁。后“因思江浙为人文渊薮，允宜广布流传，以光文治”（《清宫史续编》）。又命发内帑银两，雇觅书手，再缮全书三份，分贮江南三阁，附近文人士子均可抄阅。等于在江南设了三座规模不小的图书馆。这些书都是经过清廷严密审查的，无害于清廷，同时也能博得江南士子的称颂。这是修《四库全书》的又一目的。

但从整个修书过程来看，弘历修《四库全书》的目的绝不只是这些。最初征集逸书的谕旨下达后，各省均观望，不积极办理。弘历看出，这是各省大员怕因征到悖逆书受牵连，故消极从事。于是下严旨，不认真办者治罪，各省才逐渐行动起来。到乾隆三十九年八月，各省即进到各种书籍不下万余种。这时弘历又指出，上万种书中，何以未见奏报违碍之书？便在谕旨中指出："岂有裒集如许遗书，竟无一违碍之理？"并具体点出："明季末造，野史甚多。其间毁誉任意，传闻异辞，必有诋触本朝之语。正当及此一番查办，尽行销毁，杜遏邪言，以正人心而厚风俗，断不宜置之不办！"同时指出重点："此等笔墨妄议之事，大率江浙两省居多。其江西、闽、粤、湖广亦或不免，岂可不细加查核！"（《办理四库全书档案》）此谕一下，各省特别是重点省份及所属州县纷纷严密搜查。到乾隆四十三年，各省交到宫中拟销毁书籍骤增，以至"房屋已不能容，多系院内堆积"（乾隆四十三年七月初八日上谕）。仅江苏、福建、湖北、江西等省所报禁毁书即达四万八千八百八十余部，其中固然有些是重复的书，但为数还是相当惊人的。据《咫进斋丛书》中不完全记载，仅河南、浙江、四库馆所奏全毁、抽毁书目录已有二千六百一十二种。这虽不是全部，但已占《四库全书》所收书目种类数百分之七十四强，估计销毁数要超过收编之数。被销毁的书籍，很多是明末清初的重要史料，此外，据《办理四库全书档案》记载，还有应毁书版四万多片。应销毁之书由武英殿字炉焚毁，板片则交造办处琉璃厂当作硬木柴烧掉。

在编《四库全书》的过程中，绝不是只焚书数万种了事，而且还对这些"悖逆"书籍的作者、刻印者、收藏者以至读者加以迫害，形成数量惊人的文字狱。自下令修书起至乾隆四十二年的五年中，每年各有一二起；四十三年九起；四十四年十起；四十五年至四十八年，每年亦四至六起。其中有的作者早死，则开棺戮尸；有十人分别处以绞、斩、凌迟。徙流的则为数更多。因此也可以说，编纂《四库全书》的过程，也是一批文人流血丧生的过程。从大量案例中看，当时如有一人指出某书中的一句话、一个字有违碍、偏谬或狂悖，其他的人均不敢反驳，办案时也就要按此口径去指供、逼供、定罪呈奏，最后弘历再"加恩"，拟凌迟的改斩，拟斩立决的改暂监候秋后处决，也有拟斩、绞的改流放等，都算是从宽。因此经办人总是宁严勿宽，以免获包庇之罪。甚至办事从不以文字来往、不留底稿的大学士梁诗正，退休家居以后，弘历还派了梁原来的部下富勒浑暗中观察很长时间，因抓不到任何东西而了事。因此形成人人自危的政治局面。这不能不是清王朝停滞、因循、腐败的重要原因之一。因此，如果说弘历敕纂《四库全书》是保存中国文化，特别是辑录了后来被帝国主义侵略者焚毁的《永乐大典》中的很多遗书，使之得以保存，是一大功绩的话，那么，他在同时对大量珍贵古籍及大批文人的摧残，又不能不是一条不可饶恕的罪过。

清宫的刻书，顺治年间尚用明代的经厂，康熙年间成立了武英殿修书处后，曾刻制了一套铜活字排版印刷。到乾隆年间，因铜活字失散很多，便命熔化，改铸钱币。弘历后来深为懊悔。但此时木版印刷之书大为发展，其字形、刀法、款式、用纸、用墨、印刷、装帧，无不备臻精美，成为我国木版印刷史上有名的殿版。后来由于印书任务加大，工部侍郎金简又奏用木活字印书，弘历赐名为聚珍版，与殿版并行。但其质量则稍逊一筹。殿版所印之书，主要是适合清统治者需要的经、史等书和官方文献。这无疑是为宫廷的政治宣传和教育服务的。

乾隆时期，宫中很重视对书法、绘画、古物的收藏。这是与弘历的爱好紧密相连的。据其自述，他少年期间，就很爱涉猎书法、绘画，登基以后，亦积习未忘。乾隆初年，内府所藏历代书画已积至万有余种。他认为："签轴既繁，不无真赝。"（《秘殿珠林石渠宝笈·序》）遂命内直诸臣纪昀等详加辨别，遴其佳者，各依贮藏之所，按类排辑，并记录其笺素尺寸、款识印记、诸收藏家题跋及御题、收藏印等，编为《秘殿珠林石渠宝笈》（后又有续编、三编）。据冯华同志所编《秘殿珠林石渠宝笈索引》统计，共收录书画目录一万二千五百多件，为中国一部内容最丰富、材料较翔实的、有相当价值的书画著录书。另对宫内收藏的青铜器、古砚等，亦仿宋代欧阳修《集古录》的大意，编为《西清古鉴》《西清砚谱》等图录，以资考证。

由于弘历喜爱书法，所以乾隆时期也是宫中刻帖的兴旺时期。这时专为镌刻刷拓御笔及其他石刻的御书处已有一百多人，但仍不够用，还需外雇各种匠役多人。乾隆时期，宫中刻帖先后计有《敬胜斋法帖》《三希堂法帖》《墨妙轩法帖》《兰亭八柱帖》《重刻淳化阁法帖》，御制诗文及命大臣书写的联句诗帖等，达一百多种，并常以此赐王公大臣。由于宫廷刻帖的影响，一些仕宦之家私人刻帖亦风靡一时，这对促进书法艺术的发展起了一定的积极作用。

乾隆时期，为了适应宫中绘画的需要，也设有专门机构——如意馆。据《啸亭杂录》载，如意馆在启祥宫南，馆室数楹，凡绘工、雕琢玉器、裱褙帖轴之诸匠皆在焉。弘历还曾到馆中看绘士作画。有用笔草率者，辄手教之，时以为荣。如意馆绘士无官秩、无定额，康、雍、乾时最盛。见于《国朝院画录》记载的，顺治至嘉庆年间共八十余人。其中至少有三十五人是乾隆时期人。这些绘士，档案中称"画画人"。其中如郎世宁、艾启蒙等为欧洲人，在宫中服务多年，是很出色的画家。据一则档案记载，乾隆三十年正月赏各处人员早晚饭，启祥宫、如意馆、珐琅处三处画画人，一次即添加了二十九人，这可能还不是全部，其中包括丁观鹏、金廷标、张为邦等著名的宫廷画家。绘士中，在乾隆年间也有因画艺受到弘历赏识赐以官职的。如苏州画家张宗苍，弘历第一次南巡时，因献所画之册页被看中，即召入直，后授以工部主事，其弟子徐扬亦授以内阁中书。如意馆诸画家的作品，起初多粘于殿壁，谓之"贴落"。后选其画之入品者，重新装裱，编入《石渠宝笈》，加以收藏。很多还加以御题，于是宫廷画的地位逐渐提高。

弘历对书法、绘画的提倡，直接影响到宫廷的官员。在大学士、尚书、侍郎等大臣及皇子中，有不少是能书善画的艺术家。群臣也可以借此上邀宸宠，而弘历亦可以书画羁縻文人，特别是汉族文人，并可以显示自己是贤明多才的君主。

弘历的文化生活，作诗占很大比重。据《檐曝杂记》载，弘历每天早膳后，先阅部院及各督抚的奏折，然后以次召见大臣，引见官员。见毕，皆燕闲时矣。“或作书，或作画，而诗尤为常课，日必数首，皆用朱笔作草，令内监持出，付军机大臣之有文学者，用折纸楷书之，谓之诗片”，然后由内监将诗片抄入诗本，“每岁成一本，高（厚）寸许”。所以弘历的诗最多，一生中共存诗四万三千余首，仅次于《全唐诗》所收唐三百年间两千二百余人所作诗的总数——四万八千九百余首。就数量而言，确实超过历代帝王、历代诗人。尽管有很大部分不是出自弘历亲手，但也应该承认，他的亲作也不在少数。他的诗中除很大一部分是即景、咏物等描述其赏心乐事之外，其余大部分是记事、述理、感怀等带有浓厚政治色彩的诗篇，借以宣扬自己的洪恩大德、丰功伟绩、勤政爱民等等。他的诗，除缺乏诗味以外，还由于皇帝的思想感情特殊，不能唤起人们的共鸣，故诗虽很多，但极少有人传诵。

除弘历自己作诗以外，他还常常在宫中与群臣举行茶宴联句，或为庆贺某事联句。这些联句，虽然都是懋勤殿翰林所预制（见乾隆御制诗诗注），但也可以达到附庸风雅的目的，也是他联谊文人的又一方法。

乾隆时期，为了追求“礼明乐备”“歌舞升平”的美好局面，宫中的音乐、戏剧活动也出现高潮。弘历鉴于清宫音乐多沿袭明朝旧制，清初只改撰了乐章（歌词），未改乐谱，以至存在着歌词与乐谱不相协调的现象，乾隆初年便命庄亲王允禄、刑部侍郎张照等人整理、重新撰写歌词，使与乐曲相谐。有的则根据新撰歌词重新谱曲。对清宫使用的祭祀乐、朝会乐、宴飨乐、导迎乐、行幸乐的乐制、乐章（歌词）、乐器、乐仪以及乐队的编制、服饰等，无不做了明确的规定，使其臻于完备。特别是他命令将乐谱一并载入《律吕正义后编》，突破了过去官方音乐书籍中只讲制度、理论而不记乐谱的缺陷，保存了当时宫廷演奏的乐谱，这在音乐史上是一大贡献。同时他还成立了乐部，统一了对清宫音乐的管理。这一时期为清代宫廷音乐建树的高峰。

宫中演戏的机构南府，虽康熙朝或更早时即已存在，但最盛时期亦是乾隆朝。当时不仅有承应宴戏，还有内容丰富的节令承应戏。每月初一、十五日（或加前后一两日）均演戏。另每逢立春、上元、燕九、花朝、寒食、上巳、浴佛、端阳、赏荷、七夕、中元、中秋、重阳、颁朔、冬至、腊日、赏雪、祀灶、除夕等日，亦均有应节的戏目按时演出。在皇帝、太后寿辰及元旦等重大节日，还要演大戏。包括以祥征瑞应为主题的《法宫雅奏》，以群仙祝寿为内容的《九九大庆》，据目连僧救母故事编写的《劝善金科》，据《西游记》编写的《升平宝筏》，据《三国演义》编写的《鼎峙春秋》等，均为张照等人编写。这类戏不仅规模巨大，而且戏本很长，有的一本戏有二百多出，要连续演三十余日，真往古之大观。当时演剧人员的住所有两处，一为南花园，即南府，内有“内三学”，皆演戏的太监，亦称南府学生;有“外二学”，皆民籍梨园子弟。另有景山一处，据《宸垣识略》载:“景山内西北隅，有连房百余间，为苏州梨园供奉所居。”内有“三学”，皆民籍学生。南府及景山演戏人员的数字，未见记载，但从道光元年（1821年）档案的记载中，可以推知大概。该档案载:“南府、景山，外边学生虽有三百余名，较比嘉庆四年之数不及其半。”嘉庆四年为弘历死亡之年，在丧期，演戏人数不可能增加。此时人数，应即乾隆末年之数。据上述情况推算，乾隆末年至少有七八百人，再加内学之太监学生，总数将在千人以上。据目击弘历万寿圣节演戏情况的赵翼估计，当演大戏之时，在台上列坐者近千人，再加两厢楼上的演员、庭中跨驼舞马者，亦将超过千人，其规景可以想见。同时北京民间戏班也大为发展起来。

宫中这些文化措施，固然是奢侈的，有些是纯为皇帝后妃享乐的，内容也是宣传封建伦理道德和歌颂皇帝恩惠、粉饰太平、教化人民，为有利于封建统治服务的。但在客观上，对繁荣当时的文化艺术，特别是宫廷所在地北京的文化艺术，却直接或间接地起着一定作用，是研究古都北京和清代文化不可忽视的一面。

出自《中国古都研究》（第四辑），浙江人民出版社，1989年

道光帝的“崇节俭远声色”

清道光皇帝旻宁，在即位后一年多就发表了一篇御撰的《声色货利论》，文中首先引用了经书中有关屏除声色的论点，然后指出“声色之为害大矣”。“在常人犹不可不检束身心，屏除声色，为人君者尤当以礼自妨，毋为所惑”。因为“常人惑之，害及一身，人君惑之，害及天下”。并告诫他的子孙，“造次无忘不迩声色之谕”。

关于货利，旻宁首先引用孔子的名言：“百姓足，君孰与不足，百姓不足，君孰与足？”这句话，正确表达了君、民在货利方面的正常关系。并指出，“人君不可有私财，有私财必有私人，有私人则不为其所愚者鲜矣。是以货利之害尚小，而立身行政之害大矣”。同时他主张为人上者要“知稼穑之艰难，力崇节俭”，而且认为“节俭之风，岂空言所能感化也。务在身践力行，概从朴实，勿尚虚文”。

从旻宁的行动上看，他自己确实做了很多努力，企图“身践力行”。以崇节俭为例，即位不久就宣布裁各省贡献陈设玩器。道光元年四月经查造办处所贮之玉尚多，命暂停和阗、叶尔羌每年应进贡二千斤玉料的规定。九月下令对历来每年由福建采办的荔枝树、素心兰二项，因“措办匪易”，“又系无用之物”，永远不必呈进等等。

从旻宁的生活看，他也比较注意节俭。据《春冰室野乘》载，旻宁一日忽想吃“片儿汤”，令膳房进之。内务府奏请要添置御膳房一所，尚需设官管理，常年需银数千两，实际是经手人想借此肥私。旻宁说：“前门外某饭馆，制此最佳，一碗直四十文耳，可令内竖往购之。”过半日复奏：某饭馆已关闭多年矣。旻宁无可奈何，只叹息说：“朕终不能以口腹之故，妄费一钱！”遂取消此念。《春冰室野乘》成书于民国初年，所记之事，多非子虚乌有，但也难免有水分。而生于道光二十年、同治进士、曾官刑部员外郎的陈康祺所著《燕下乡胜录》可靠成分则较多。其中一段说：“宣宗中年，尤崇节俭，尝有御用黑狐端罩（一种皮毛向外的外衣），衬缎稍阔，令内侍将出四周添皮。内府呈册需银千两，乃谕勿添。明日，军机大臣入侍，谕及兹事。自是京官衣裘不出风者，十有余年。”端罩四周加宽点皮面就要花银千两，着实是惊人的价钱，因此决定不添，而且影响了臣下。

可见，旻宁从主观上是想节俭的，但实际上他并不了解宫廷的全部情况，也不了解工料行情。其实端罩周围加宽一条毛皮，即使是很珍贵的貂皮也用不了一百两，很明显是经办人想借此贪污。此事旻宁未办，其他不得不办的事将会很多，可以想象，会有大量银两从内库流入私人囊橐。而内库银两的来源，连旻宁都知道："府库之藏，来自何所耶？变其名色，分其出纳，又将谁欺乎？呜呼！仍是吾民脂膏也。"不过那些蠹虫，是不论民脂还是民膏的。

旻宁为了"身践力行""屏除声色"的主张，于道光元年正月即对在内廷承应演戏、奏乐的机构——南府和"景山"，进行了大量缩减。据档案记载，当时南府（在今南长街南口路西一带）、景山（即今景山内西北角，因很多外边唱戏人住此，故名）共有"外边学生"即民籍学生三百余名，不及嘉庆四年（也是乾隆帝去世之年）人数的一半。另有旗籍学生一百二十余人，太监（演戏、奏乐人）二百二十多人，总共不下六百五十余人。此数虽比乾隆末年减少很多，但由于其中有些是乾嘉时的老人，不能承应差务，确实是一个很大的包袱。因此在道光元年就下令裁掉一批。道光元年《恩赏日记档》载："正月十九日，奴才禄喜等谨奏：于正月十七日包衣昂邦（满语，即总管内务府大臣）英和著骁骑校汪文焕传旨与总管禄喜等，将南府、景山外边旗籍、民籍学生，有年老之人，并学艺不成，不能当差者，著革退。其民籍学生，著交苏州织造，便船带回。旗籍学生，著交本旗当差。钦此。"到本月二十八日即革退民籍学生十九名，由苏州织造船带回，每人赏银十两。旗籍学生也裁退十六名。并命再裁六十名，由内务府另安排差使。是年六月旻宁又下令："其景山大小班着归并在南府，永远不许提景山之名。"并命再大量革退。这次初拟革退八十五名，后从中查出有在乾、嘉时即当差并给过顶戴的十五人不革退，实际革退七十名。

在大量裁减后的九月初一日，禄喜等又奉旨："著将景山学生并总管、首领等，俱归入南府一体当差，将（原来的）大内学、小内学归为内学，外头学、外二学、外三学统归一学为外学。如南府房间不敷居住，再行添盖。"

不知什么原因，在大裁减这年，档案中记载了外学有六人病故，其中除两人有八品顶戴各赏银二十五两，搭织造船回南方以外，其余四人均赏十两搭船回南。其中有的人除本人尸体外，还有家属及灵柩。如食二两五钱粮的学生迎福于十一月初七日病故赏银十两回苏，并带家属五口：侄一，侄媳一，侄女二，孙一；带灵柩十三口：叔父一、兄一、嫂一、妻一、弟二、弟媳一、子二、子媳一、侄一、本人一。上述几人的死或许和裁减有关。因为从迎福尸体回南随带的家属及灵柩的数量来看，这位只挣二两五钱的学生的生计，将是十分艰难的，革退后连这一点生活来源也失掉了，而且由于年岁已大（已有孙辈），再谋生也相当困难了。

到道光七年二月，内务府大臣禧恩、穆彰阿根据旻宁的意图奏报说：南府向有民籍学生三百余名，自道光元年陆续裁令回籍一百数十名，"现有民籍总管、学生一百七十六名”，连同家属共男妇亲丁一千零十五名，分别居住在南府及圆明园外太平村。近日承应差事无多，终日赋闲，难免出外游荡，殊难稽查，“仰皇上崇俭黜华，不迩声色”，“奴才等遵旨酌将民籍学生全数驳出，令回原籍，以安生业”。其内学应如何措置、归并，再酌定章程奏明办理。此折进呈后，第二天就发出朱笔批示：“南府着改为升平署”，并规定升平署全由太监组成，包括总管、首领、副首领、演戏、奏乐、管理人员总共不超过五十九人。其中除钱粮处、档案房共九人以外，包括总管首领差不多都能演唱或演奏。确实是一个简约的班子。这一措施的制定不能不说是一项力行节俭的行动。因此旧时治清史者认为“宣宗恭俭之德，宽仁之量守成之令僻也”。然而皇帝究竟也是一个人，尽管他认为：“声色之为害大矣！”实际上他的声色兴趣也是很浓的，他的后妃、贵人等共二十个，仅次于康熙、乾隆二帝，这且不说，就以对戏剧音乐的爱好，也不亚于其父祖多少。

他的节俭和精减南府人员，在很大程度上是迫于经济的萧条和财政的拮据。从档案记载得知，他不仅喜欢看戏，而且还有一个特殊的爱好，即常常把升平署的演戏人，叫到他所居住的寝宫中或其他游憩处所去排戏。如圆明园的慎德堂后殿、涵月楼、半亩园，以至宫内的养心殿，都是旻宁经常看排戏的地方。有时则叫他们进行“帽儿排”，即不着戏装，只戴剧中人的帽子排戏，以便识别。旻宁对戏的演出要求也很严。道光二十年正月初一日，在乾清宫举行午宴，承应宴戏演《膺受多福》时，剧中人都福星话白未完，掌鼓板的韩得禄就起了板。旻宁竟批准总管禄喜的参奏，将韩得禄重责了三十板。

道光二十年、二十一年，正是鸦片战争激烈的两年，海疆事务十分纷繁，且在林则徐被革职后，连吃败仗，失地消息不断传来，其宫中演戏活动从未间断。如道光二十年六月二十六日得知定海失守后，于七月初一日照常在圆明园内同乐园大戏台唱戏，从上午八时五十四分，一直唱到下午二时二十九分。道光二十一年二月二十七日得奏，广东重要海口虎门失陷，抗英主将、水师提督关天培阵亡。在如此严重的时刻，于三月初一日仍在同乐园唱戏，也是从上午九时二十六分唱到下午二时二十八分。此后鸦片战争日趋恶化，但接着在闰三月起至年底，每天唱共有二百四十出的连台大戏《鼎峙春秋》（三国故事）。真不知是为了什么，或许想从中受某些指挥战斗的启发，然而这无济于事，甚至是有害的。

在世界资本主义正在加紧侵略和掠夺的19世纪，旻宁虽有“节俭”和不彻底的“不迩声色”的愿望，虽是好的愿望，也起了一些积极作用，但在国计民生中所占的比重就微乎其微了。

出自《燕都》1990年第2期

试论弘历的经济政策思想

一 乾隆时期的经济条件及弘历的基本经济政策思想

清代自入关后到灭亡，最为富足的时期，莫过于康熙、雍正、乾隆三朝，史称“康乾盛世”。实际上作为盛世，到乾隆朝才达到高峰。这一时期政治局面稳定，军事力量强大，文化发达，典章制度完备，而最为明显的还是经济的繁荣。这在拥有的土地、人口及朝廷经济力量方面反映得甚为显著。据《清实录》载，顺治八年共有田、地、山、荡二百九十万八千五百八十四顷六十一亩，畦地二万二千九百八十个，征银二千一百一十万一百四十二两有奇，征米、麦、豆五百七十三万九千四百二十四石四斗有奇，茶、盐征课银一百九十六万五千一百五十九两九钱有奇，人丁户口共一千零六十三万三千三百二十六。这里记载的是丁数。若以雍正十二年底之丁数与乾隆六年的人口数比，后者为前者的五点二四二五倍，其中包括雍正十三年及乾隆一至六年的增长数。若以五倍推算，顺治八年的人口数约为五千三百一十六万六千六百多人，到雍正十二年底，即弘历即位的前一年，田、地、山、荡、畦地共八百九十万一千三百八十七顷二十四亩有奇，征银二千九百九十万一千六百三十一两有奇，征米、豆、麦四百七十九万三千八百二十八石有奇，茶、盐征课银三百九十九万二千五百五十七两有奇，人丁户口为二千六百四十一万七千九百三十二，又永不加赋滋生人丁九十三万七千五百三十。可见雍正末年比顺治初年田、地等增加两倍，田地征银增加百分之四十一，茶、盐课银增加一倍多，人丁增加一点五倍，只是征收米、麦、豆等减少了百分之十六点四八。这可能与改征粮为征银有关。但这已足以说明，弘历即位前经济比前已有了很大发展。

到乾隆六年，《清高宗实录》记载形式有变化，改为只记天下民、谷数。即：各省通共大小男妇一亿四千三百四十一万一千五百五十九名口，各省通共存仓米、谷、麦三千一百七十二万一千九百零三石有奇。到乾隆五十九年民数达到大小男妇共三亿一千三百二十八万一千七百九十五名口，各省存仓米、谷四千五百万三千三百九十七石多（其中包括由于疆域扩大，流亡人口减少等因素所增加的人口）。比顺治八年推算的人口数约增四点八九倍。即使与乾隆六年比，人口也增加了一点一八倍多，仓存米、谷数增加了百分之四十四点二三。

另从库存实在银数字看，康熙初年只二百余万两，后屡有增加，乾隆六年为三千一百四十六万三千五百三十九两，到乾隆三十九年（此后未见记载）则增至七千三百九十万余两，是康熙六年的二十九点六九九倍（数字见《陶庐杂录》）。仓贮米、谷和户部库所存实在银的充实，确实表现着一个封建国家经济实力的强大，这是清入关后前三朝所不可比拟的。

处于封建社会晚期的乾隆时代，又出现经济发展的高潮，一个明显的原因是政治局面的稳定。中原社会的经济主体是农业，其生产周期较长，而且需适时播种、管理、收割，没有稳定的社会环境，是不能得到保障的。当然还需要适时的雨水和不发生其他自然灾害。此外，与君主所采取的政策，也有很大关系。

清朝入关后，弘历和他的父祖们相似，大体上把国内分作内地（直省）、盛京、边疆各民族居住区等几个方面分别管理，采取不尽相同的政策，经济政策方面也是如此。此外还有对外贸易方面的政策。限于篇幅，在此仅就弘历对内地范围的几项经济政策思想加以粗略的探讨，当然也不是全部。

从弘历所发大量谕旨中，可以大略看出，他在经济方面的主要政策思想仍是延续封建社会传统的"崇本抑末"思想，即重农抑商的思想。如乾隆七年四月在宣布直省各关口对所有经过米豆应输额税悉行宽免（六年后又恢复）的谕旨中说："……凡以崇本抑末，载诸会典，著为常经，由来已久。"（乾隆朝《东华录》卷五）事实正是如此，"崇本抑末"的提法，虽最初见于《三国志》，但由于这一思想是封建社会早期的产物，所以尽管提法稍异，实际上在战国时期就已出现了。如商鞅的"能事本禁末者富"，即崇本抑末思想。后来韩非的"农本工商末"，荀况的"工商众则国贫，……田野县鄙者财之本也"，都是崇本抑末的思想。但由于两千多年来朝代的变换，社会的进展，治国政策的不同，对崇本抑末思想的实行也有所不同。弘历正是这样既实行着崇本抑末的政策，又在某些方面，特别是"抑末"方面做了一些改变。

二　关于农业

在弘历即位的当月，他即向总理事务王大臣发出谕旨说："从来帝王抚育区夏，惟在教、养两端。……则夫教民之道，必先之以养民，惟期顺天因地，养欲给求，俾黎民饱食暖衣，太平有象，民气和乐，民心自顺，民生优裕，民质自驯，返朴还淳之俗可致，庠序孝弟之教可兴，礼义廉耻之行可敦也。”（《清高宗圣训》卷一五）这说明弘历对皇帝的职责和统治手段的认识。他和以往的皇帝一样，把百姓看成自己的子民，认为皇帝必须“抚育”百姓。“抚育”的方法，必须是先能养，即先使百姓“饱食暖衣”，才能教，才能达到统治的目的。这当然是从封建统治者的立场出发的。不过其主张先养然后才可以教，则是合乎客观事理的。既然把百姓的吃饭问题放在第一位，那么，重视农业生产就十分必要了。因此弘历的政策思想是：“朕欲驱天下之民，使皆尽力南亩。而其责则在督抚、牧令，必身先化导，毋使欲速以不达，毋繁扰而滋事，将使逐末者渐少。奢靡者知戒，蓄积者知劝。”并决定“督抚以此定牧令之短长，朕即以此课督抚之优劣”（《授时通考》卷四八）。并指出：“农为致治之本。……朕思为耒耜，教树艺，皆始于上古圣人，其播种之方，耕耨之节，与夫备旱、驱蝗之术，散见经籍，至详且备。后世农家者流，其说亦各有可取。”因此他命“荟萃成书，颁布中外。庶三农九谷各得其宜”。至乾隆六年书成，凡七十五卷，名曰《授时通考》。全书共分天时、土宜、谷种、功作、劝课、蓄聚、农余、蚕桑八门，大略皆抄录前人著述，尤以贾思勰之《齐民要术》、徐光启之《农政全书》为最多，几乎全部抄入，除诏令、章奏等外，很少乾隆时期的新内容。书之编成虽能显示重农之政策，然其指导实践之意义究竟有多少则很难估计。

弘历的重农措施，见于史籍的有关于农业的祈祷。每年除最为隆重的大祀圜丘以报答上天的赐予外，还有正月上辛的“为民祈谷”于祈年殿，夏至祭地坛，春秋祀社稷坛等，都含有祈求农业丰收的意义。此外还有专为农业祈雨的雩祭。此祭始见于春秋，在正常情况下包括旱时祈雨，雨久祈晴之意，但北方少雨，后多用于祈雨，于每年“龙见”之月，即四月，在圜丘举行，为常雩。弘历在位期间亲自举行常雩共三十次。若常雩以后，仍不降雨，再到圜丘举行大雩。另在久旱时，还到西苑的时应宫或西郊的黑龙潭等处步行祈雨。乾隆二十四年四月，因天时亢旱，弘历即由天坛斋宫步行至圜丘举行常雩礼。至五月未雨，又步祷于社稷坛，夏至亲至地坛祈雨，均未果。夏至过后不雨，晚禾亦不能收获，弘历甚感京畿之危急，复于六月十一日，再从斋宫步行至圜丘举行大雩礼，并亲撰祝文。这次祝文不同于一般程式，可资一阅：

臣（弘历对天的自称）奉命嗣服，今廿四年，无岁不忧旱，今岁甚焉！曩虽失麦，可望大田。兹尚未种，赤地千里。呜呼，其惠雨乎！

常雩步祷，未蒙灵祐。方社方泽，均漠弗佑。为期益迫，嗟万民谁救！敢辞再渎之罪，用举大雩，以申前奏。呜呼，其惠雨乎！

上天仁爱，生物为心。下民有罪，定宥林林。百辟卿士，供职惟钦。此罪不在官，不在民，实臣罪日深。然上天岂以臣一身之故，而令万民受灾害之侵。呜呼，其惠雨乎！

谨以臣躬代民请命，昭昭在上，言敢虚侫！计穷力竭，辞戆诚罄！油云沛雨，居歆赐应。呜呼，其惠雨乎！谨告。

果然在十二、十三两日，大雨沾足（《清通考》卷九六）。当然下雨和祈祷是丝毫无关的，但是这些行动和祝文，可以说明弘历望雨的迫切心情。即使再不降雨，他也已尽到了人君的“责任”，对京畿人民也好交代。

再一项表明弘历重视农业生产的措施，是他亲耕耤田和祭先农坛。当然这一活动并不是弘历的创始，而于先秦已有记载，历代帝王皆有举行。不过弘历较为认真，在位六十年中，有二十八个年头举行了亲耕和祭先农坛典礼。其中在乾隆三年至三十九年间举行了二十五次，此后可能由于年龄已超过六十五岁，故较少举行了。

各种有关农业的祭祀、祈祷活动，现在看来，虽然实际上并无补于农业生产，但在当时，从皇帝到农民的绝大多数，都有一定程度的迷信思想，对于天旱，即使文化修养较高的大臣和弘历也无能为力。在《授时通考》一书中虽有很多抗旱的方法，但未见提倡和实行，所以只有求上天和神灵帮助。同时也可以把祈雨等活动看成是一项政治措施，说明弘历为民请命于天已尽到最大努力，使百姓感到对大自然无可奈何，借以稳定民心，而避免君主落个不关心民疾的罪名。

亲耕活动也可以看成是一种政治措施，其实际作用是微乎其微的。因为广大农民迫于饥馑，迫于催租敛赋，即使皇帝不行几下亲耕，也会不违农时地勤于耕作。

另一项崇本措施是垦荒。早在顺治元年清政府就有鼓励垦荒的决定：“州、县、卫、所荒地，无主者分给流民及官兵屯种，有主者令原主开垦，无力者官给牛具、籽种。”并决定垦原荒之田“三年起科”“原熟而抛荒之田”“一年后供赋”。朝廷以劝垦之多寡评州县之优劣，以督催之勤惰评道府之殿最，年终载入考核成绩的档案，并有一定指标（《清会典事例》卷一六六）。

在乾隆时期，弘历虽然注意到了开垦的重要性，并继续着他父祖的政策，同时也看到“人民滋生繁衍，而地不加广”的危机，但对垦荒这一重要的缓解措施，并没有采取什么积极推进的政策，相反倒采取了一些客观上起遏制作用的措施。即位不久即指出以前开垦中的以少报多和捏报、重报的问题，使臣下不得不持谨慎的态度，与雍正时期鼓励开垦的态度显然不同。乾隆二年又规定“荒地开垦应先行呈报”。有的地广民稠的省份，为防止有人包占，还规定开垦额数，每一壮丁以五十亩为率，山冈沙石难收之地，每一壮丁定以百亩为率。浙江海滨新涨沙涂，除孤悬海外的照旧封禁外，连接大陆的沙涂，亦须先行勘文明确，详立册籍，定以百亩为一号，换次编号，以先呈报者为准，注明给照，编十号为甲，方能垦种。另对隐匿垦荒田地也管理甚严，凡少报一亩以上的官民均追究责任。这些措施也就自然会使官民的注意力集中在这些问题上，而不敢大力开垦了。

当然弘历也采取了一些有利于开垦的政策，如不准垦占江河滩地，以致水流不畅，致使上游出现水患；不许侵占牧区；根据开垦的不同地区和地质情况采取不同政策，如对山头地角不能成片的零星开荒地，规定了不同的免于升科的标准。外省镇将官员不得在任所置立产业或开荒地等，这些对垦荒和社会安定都起了一些积极作用。但这些多是关系朝廷利害的管理性补充措施，并不能鼓励人民进一步大力开垦荒地。当然经顺、康、雍及乾隆四朝的开垦，未垦荒田不断减少，但实际上可垦荒地仍然很多。如果把《清实录》所载顺、康、雍、乾四朝开垦情况做一比较，可以看出乾隆时期开垦事业的降落，其中虽含有“以少报多”或“以多报少”的少量水分，但两相抵消，也能反映出大概情况。见下表：

朝代	垦荒总数（顷）	在位年数	年平均数（顷）
顺治	131361.69	18	7297.87
康熙	82388.48	61	1350.63
雍正	35012.87	13	2693.3
乾隆	28485.53	60	474.76

从上表所列数字看，顺治年间由于战乱逃亡，荒地甚多，局面稳定后即重新开垦耕种，且自顺治六年即定有鼓励劝垦政策，故报垦者独多。康熙年间又以垦荒多者给以官阶的荣誉，起科年限放宽，垦荒成绩亦较显著，表上所列为康熙十二个年度的垦荒数字，实际恐多于表中所列数字。而乾隆年间所列为四十四个年度的数字，资料是较全的，但年平均数也只有四百七十四顷多，只有雍正年平均数的百分之十七点六三。这当然与熟荒地的逐渐减少有关，但也绝不是全国无荒可垦了，还是与弘历较严的管理政策有直接关系。

封建社会中，地主对农民的剥削是贪得无厌的，但若超过一定限度，一方面农民会采取不同形式的反抗，另一方面当剥削者感到已危及自己利益时，也要做适当的调整。农民阶级的直接剥削者主要通过实物地租或货币地租来进行剥削。宫廷作为地主阶级的总代表，它对农民的剥削则通过赋役来体现。宫廷为了维持对农民剥削关系的相对稳定，缓和时起时伏的阶级矛盾，对赋役政策也要根据不同情况不断进行调整。清初赋役多沿明旧，也有的是清代创立，分“赋则”“役法”，征收办法不一致，各地区也不尽相同。这使清廷不但不便于管理，且容易产生贪污、勒索等弊病。由于地、丁的分征对农民来说负担也很不公平，特别是到康熙晚年人口逐渐增多，“富豪之家，田连阡陌，不应差徭”，而同时“贫民无立锥，反多徭役”的矛盾甚为突出。所以在康熙五十一年玄烨提出“海宇承平日久，户口日增，地未加广，应以现在丁册定为常额，自后所生人丁，不征收钱粮”

的办法。经廷议：以康熙五十年人丁数为基础纳税，后增人丁不再增税，死亡者必须递补，谓之“盛世滋生人丁，永不加赋”。这一措施可以减轻地少人丁多的贫苦农民的负担，又可以鼓励劳动力的增长，是有利于农业生产发展的。但是由于赋额是按康熙五十年确定的，这样仍存在着原来地少丁多的户和地多丁少的户负担苦乐不均的现象。因此雍正初年又提出“令各省将丁口之赋，摊入地亩输纳征解”，即“摊丁入亩”的办法，这实际上是以地亩为基数的赋税法。在以农业生产为本的封建社会，以最基本的生产资料所有的多少来征税，就比以前人、地分征的政策较为合理，可以调动农民的积极性。但这一政策在雍正年间各省并未普遍实行。弘历登极后仍继续执行这一政策。乾隆五十六年山西省阳曲二十六州县中，曲沃、天镇两县丁银方随地亩摊征。可见乾隆晚年“摊丁入亩”的政策尚未完全实行，但已所余无几。

此外，弘历还很注意兴修水利。早在乾隆初年他即指出：“水利诚以国计民生所关也。果使水道疏通，脉络流注，陂泽非沮洳之薮，堤防有蓄泄之方，旱涝有备而田庐无虞，其有裨于闾阎，诚非浅鲜。”又说：“自古致治，以养民为本，而养民之道，必使兴利防患，水旱无虞，方能使盖藏充裕，缓急可资，是以川泽陂塘，沟渠堤岸，凡有关于农事，务筹画于平时，斯蓄泄得宜，潦则有疏导之方，旱则资灌溉之利，非诿之天时丰歉之适然，而以临时拯恤为可塞责也。”作为新上任的国君，能指出兴修水利的意义、目的和要求，并且能指出水利工程必须筹划在平时，已属有识。而且还指出督抚中能以“兴水利仓储为请”“有劝民凿井灌田之奏，尚能留心民食，知本计之所当先，其余能尽心于吏治官方，命盗钱粮诸事者尚不乏人”“地方守令，亦惟刑名钱谷，自顾考成，至以爱养百姓为心，留意于稼穑桑麻，如古循吏所为者，盖不可得”的不良倾向，更是抓住兴修水利的实质问题（《钦定大清会典事例》卷九二七）。对水利工程他主张“相土宜，顺水势，近不扰民，远可利人为主”，而且主张“豫为筹画”。他在南巡及巡幸他处时，常常注意河工、海塘等水利问题，并发出很多具体指示。如他发现直隶一带夏初少雨，曾以旱为虑，但连降雨数日，永定河即决口四十余处。他认为如果能事前疏通渠道以泄之，或为塘堰以潴之，就不致洪流漫行如此之甚，“皆是平日不能豫为筹画所致也”。同时他主张水利工程必须“详审熟筹，慎之于始”，防止“利在目前而伏害于后”。他对江南几处大水利工程都是如此对待的。弘历晚年在带有总结性的文章《南巡记》中说：“……南巡之事莫大于河工，而辛未（乾隆十六年）、丁丑（乾隆二十二年）两度，不过敕河臣慎守修防无多指示，亦所谓迟也。”后来定清口水志，改迁陶庄河流，改筑和接筑浙江石塘，高家堰之增卑易砖，徐州之接筑石堤等“无不筹度咨诹得宜而后行，是皆迟之又迟，不敢欲速之为”。这里弘历所谓的迟实际上也反映了他对治水无把握而采取的审慎态度。他自己认为此事也“幸以有成”，在当时可能起到了一定作用。但究竟有多大成效，他自己也承认“议河者亦如聚讼”。何况弘历并不是一个水利家，而是一个主要行使政治权利的皇帝，尽管他观察事理敏锐，能指出很多有关兴水利的问题，发出很多谕旨，拨出很多帑金，但水利工程浩大，不易立竿见影，并变化无常，所以很难断定有多大成就。

为了重农，弘历在位的六十年中，还曾对赋税钱粮多次进行蠲免。大部分是遇有吉庆大事进行的“恩蠲”或遇歉收之年实行的“灾蠲”，还有巡幸所经之地进行局部带有补偿性的蠲免。蠲免的形式多种多样，有的免征赋钱粮，有的免积欠，有的免漕粮，有的全免，有的免十分之几，有的分期轮免，各不相同。据《皇朝琐屑录》记载，乾隆年间“普免天下钱粮四次，共计二百兆有奇”。按清官方文献载，普免的这四次，一次是乾隆十一年因即位十周年普免直省应征钱粮共二千八百五十四万余两；第二次为乾隆三十五年弘历六十寿辰，蠲除直省额征正赋二千七百九十四万两（一说为二千八百万两有奇）；第三次为乾隆四十三年，本想于其母九旬寿辰之年蠲免，因其母已死，不能如愿，故宣布于次年普免天下（直省）钱粮二千七百五十九万两有奇；第四次是乾隆五十五年弘历八旬寿辰，将各直省应征钱粮通行蠲免，共二千七百七十余万两。总计一亿一千一百四十七万余两。若加上乾隆六十年宣布的普免嘉庆元年各直省地丁钱粮，将是第五次，亦二千七百多万两。再加其他数不胜数的各种蠲免，恐要超过“二百兆”。

为了减轻农民的负担，弘历还采取了一些措施，如减掉田赋以外的某些附加税，包括减掉四川的余平银；福建南平县的浮多丁银；南昌等七州县的浮粮银；江苏征收漕费原定收钱，因钱贵改为收银，待钱价平稳后再收钱；严格禁革山西省地方官浮收滥取耗外加耗之弊；不许甘肃地主夺佃；认真查处官员任意侵挪公款，等等。同时还有“平粜”政策，即于歉收之地粮价上涨时，开仓平价粜卖，以解民困，对灾区的赈济每年亦不在少数。

以上种种维护农民利益的政策，于农民或多或少地总会带来一些好处，有利于农业生产。但弘历虽有这样一个好的动机，而事实上未必能如愿。以蠲免为例，真正受到实惠的还是大土地所有者、地主和自耕农，而佃户是很难受益的，因他们照常要交租。如在偏僻山村的佃户不一定能知道蠲免的消息，再者官场越来越腐败，政令往往不能实行。弘历也知道在正常情况下钱粮拖欠很多，“其中必有官侵吏蚀，上下因循，希冀一遇南巡恩旨，或可概行豁免，则吏治民风，皆不可问矣”。甚至有人“窃稿簿纸印刷作串票，并竟描刻假印，诓骗收侵”。因而“旧欠甫清，而新欠旋积，所以钱粮无不欠之年，清查无底止之日”（《清高宗实录》卷五九一）。乾隆五十七年，直隶省甚至还积欠地粮一百余万两。经查“系不肖官吏影射带征名色，从中挪前移后，以完作欠，必非尽实欠在民……”，这是平时，若有蠲免、赈济等事，更是经手者发财的绝好机会。即使为接济灾荒施行的“平粜借谷”，也有书役“包买渔利，抑勒出入”。这些足可说明贫苦农民是很难得到好处的。所以弘历这些政策对调动直接劳动者的积极性是极其有限的。

三　关于手工业

乾隆时期，正是英国手工工场向机器生产发展的工业革命时期。当时，中国的生产技术并不亚于英国。1765 年（乾隆三十年）英国出现的手摇纺织机，同时可纺十六至十八支纱，而在乾隆年间成书的《上海县志》中已载有“一手三纱，以足运轮，人劳而工敏”的脚踏纺车了。而且足踏纺车比手摇的功率更大，稍一改进，就能超过手摇机械的效率。另外，以水力作为旋转动力的机械如水排（鼓风机）、水碓（舂米机）等，则汉魏期间已有之，只不过没有得到充分发展，甚至自生自灭。

在欧洲向资本主义迅速发展的乾隆时期，中国的政府、皇帝却一无所知，仍然陶醉于“天国”之中，悠然自得。由于弘历有“崇本抑末”的传统思想，所以对“工”这个末业，从来不加以提倡，因此其发展十分缓慢。以冶炼铜铁事业为例，在弘历的统治意识中，只看到其有利于官家铸币及军事应用的价值而没有看到它对社会财富生产的巨大意义。

由于官方铸造钱币的需要，所以在《清实录》中记载较多的是有关铜矿开采的问题。从这些记载可大略看出，弘历对开采铜矿比其父祖更为积极。如早在乾隆四年二月湖南巡抚张渠提出“楚省钱昂，办铜甚难”。前任巡抚赵宏恩准备要开的几处铜矿，经派员察勘，“俱已创试有效”，只是地面有桑植，运输不甚便利，须进一步筹画。弘历表示：“既然试验有效，当悉心详酌之。汝今赴苏（调职），将此事悉告之后任，令其极力料理，以期有资鼓铸也。”后任巡抚冯光裕随即招商人何兴旺等，情愿自备工本开矿，并提出湖南铜多铅也多，应先开铜矿后开铅矿的办法。弘历指示“所奏具悉，若能多得铜，实属美事，不可畏难而止”，充分表示了他对开矿的热心。乾隆三年即允许开采铜、铅各矿，只禁止开金银、黑铅矿。在乾隆四年竟允许开采广东省英德、阳春、归善、永安、曲江、大埔、博罗等县境内各山的铜矿，打破了雍正对广东开矿永行停止的禁令。这些矿虽然在乾隆七年都封闭了（可能是铜砂不旺），但可看出他曾允许广东广泛开矿的态度。接着在乾隆五年、九年、十年又开采了五处铜、锡矿。特别是乾隆命令伊犁将军将一些“为奴罪犯”择情罪较轻者令其挖铜铁，在厂逾五年为民，逾十二年无过即可回原籍，这也是较好的措施。乾隆在位六十年期间，据《清会典事例》所载，共开采铜、铅、铁矿一百三十三处，是康熙年间的七点三九倍。由于弘历的热心，国内一度出现采矿的高潮，但并非全然自觉。因为他在乾隆三十九年谈陕西开采铜矿时也有“矿徒群集，易聚难散”“山峒容易藏奸”等顾虑，只是他看到了鼓铸的需要，由此可以补充军饷，可以制造武器，但这要以不致发生变乱的条件为前提，而并无发展矿业的思想。所以尽管当时也开矿很多，但对发展矿业本身却并无多少作用。而且政府对各矿抽索过甚，劳动者仅能维持生命，矿主亦所获无多，有的甚至亏本。因有些矿是政府出资，由商人经管，矿主并非自由资本，而是皇家官办，所以其发展是受很大限制的。如广西布政使唐绥祖在向弘历的奏疏中称："粤西恭城县回头山铜矿，向例于二八抽课外，余铜官为收买，每百斤给价八两三钱。现在礶口日深，取砂工费已加数倍，商人以不敷工本，观望不前，砂课日绌。"（《清高宗实录》卷二〇六）疏中还说该省怀集县将军山、河池州响水厂两处，采矿比回头山稍易，但是所出之铜除照例百分之二十交给国家外，所余之铜官家全部收买，每百斤只给银六两八钱，"亦属不敷"。后不得不适当加价（百分之十至百分之二十二）。广东省番禺等三十州县，都有产矿山场，但巡抚策楞也"诚恐未开厂以前，先已挪动帑项；既开以后，所收不敷公用，而抽收太多，有亏商本"，"仍前随采随停，转致与民无济"，故未敢贸然开采。在这种情况下，官员商民是很难踊跃趋事或有大的发展的。以产铜最多规模最大的云南采办铜厂的情况来说，在乾隆中期，铜厂多时达四十余处，年产铜一千三百多万斤，可是到乾隆五十六年时，已经是亏欠累累无力偿还了。据云贵总督富纲在一则关于铜厂积欠实数酌筹捐补折中称："乾隆四十九年清查以后，截至五十四年年底止，办获铜七千余万斤（每年合产一千四百余万斤），共长支工本银五十二万七千七百余两，俱系实欠在民，并无官亏影射捏报等弊。"并称其中有著银，即属于在原领钱炉户名下的十二万九千三百余两，可以勒限追究。属于无着落的厂欠银三十九万八千四百余两，将无法补还，只好请于全省各衙门养廉银内分年摊捐弥补。从这一结果看，办铜多年、成绩显著，"采办当属妥速"的云南尚且如此，其他省份就可想而知了。这正是封建官办矿业的一般结果（《清高宗实录》卷一三七二）。

手工业在清前期封建经济中所占比例是较小的，而且工商业的发达与否在自然经济中亦不会构成多大威胁，在弘历的心目中只不过是农业的补充因素或为农业服务而已，因此在他头脑中并没有明确形成发展手工业的概念。

在封建社会中，纺织品是仅次于粮食的生活必需品，而且当时并没有把蚕桑纺织同农业分开，仍是农桑并提、"男耕女织"的自然经济。因此弘历对蚕桑的发展较为重视。早在乾隆二年五月他即向总理事务王大臣等宣布重视农桑生产的意义，他认为："一夫不耕或受之饥，一女不织或受之寒"，"今之督抚于地方命盗等案或官方吏治、兵制、夷情能尽其心者有之，其以身倡课百姓以农桑本务者谁耶？"用现在的语言来说，就是处理政治问题能尽心者是有的，而注意经济问题的却没有。他这种看法应该说是很有见地的。只注意政治而不注意人民的经济生活是封建皇帝的通病，弘历能看到这点已算是开明的君主了。然而他的目的并不是发展纺织业生产，而是仍在自然经济中兜圈子，以期达到"使逐末者渐少，奢靡者知戒，蓄积者知劝"，从而实现其"长治久安之道"。

在这一指导思想下弘历对纺织业的基础生产，即栽桑养蚕、种棉织布还是提倡的。如按照传统仿照皇帝祭先农坛例，规定皇后率众妃嫔每年三月要"亲飨先蚕"，"躬桑"，蚕成茧后，皇后要亲自将一部分茧献于皇帝、皇太后，并率妃嫔亲自行"缫丝礼"，皇后缫三盆，妃嫔从缫五盆，其礼仪均十分隆重。乾隆七年，为了便于后妃等亲莅，又因雍正年间设于北郊的先蚕坛不通水源，命将蚕坛改建在西苑东北隅。后妃们这些活动虽然都是象征性的，但也如耕耤礼一样，在民间也起到了某些倡导作用。

由于弘历的倡导农桑，乾隆六年三月，署贵州布政使陈德荣曾上报贵州饲蚕、栽树、开渠、垦田情形，弘历阅后表示："欣悦览之！至蚕桑树艺，尤为政之本，所当时时留心，而教民务本足用之道，均不外此也。"四月，陈德荣又奏引水垦田、栽桑育蚕的情况，弘历更进一步表示："此事论之似迂，行之甚难，而若果妥协办理，则实有益于农民也。勉为之！"他这两次所表示的态度，很明显都是表彰鼓励之意。同年十二月贵州总督兼管巡抚事的张广泗也奏报了推广耕织的情形。弘历同样表示，"劝课农桑，临民者第一要务，实力行之"。他的倡导，看来还是有些成效。甚至四川主管法律案件的按察使姜顺龙，居然在不种桑树的四川省，也想发展养蚕。他在奏疏中提到山东省曾有两种不吃桑叶的蚕，一种是吃椿树叶的椿蚕，一种是吃柞树叶的山蚕。而四川有一种青杠树，其叶类柞，似可喂养山蚕。并云大邑县知县王隽饲养两年，已有成效，请求推广，亦得到弘历的允准。乾隆九年二月，甘肃巡抚黄廷桂了解到当地不能种桑养蚕，又不能种棉纺织，所以布帛较贵，他便饬有司购棉子试种，并制造纺车，请女师教习妇女纺纱，请工匠教民织布，也受到弘历的肯定。乾隆十一年四月陕西巡抚陈宏谋也奏报陕省很多州府皆可养蚕，已令广植桑株，雇人养蚕，并于省城制机觅匠织缣。今年务蚕桑者更多，通省增种桑树已及数十万株。四川省提议的"山东收养山蚕之法"也已"令各属导民试养"，同样受到弘历的称赞（《清高宗圣训》卷二〇九）。

乾隆十八年四月，江苏巡抚奏称，据淮安府知府报，"淮民习于游惰，不知纺织为何事，因募织工，并备织具，设局教民学习"。淮关监督高恒听说后立即捐款，在板闸、清河各添一局，当地衿耆士庶亦皆受鼓舞，甚至"有自募纺人在家学习者"。再是淮安地方可种棉花，而百姓不知点种之法，该府即购买棉子，"募匠率山阳农民，分头试种"。该府并定有纺织规条，发给各府州照办。弘历阅后，未讲多少道理，而直截了当地表示"甚好"。在湖广还出现了官府借款帮助民间提高织染技术的事情。湖广总督于乾隆二十年曾奏："荆州素出绫绢丝布，其所需之丝皆取给本省，是楚中风土，非不宜蚕。只缘工匠习业平常，狃于其旧。若令江浙工匠教以染造，自可驯致改观，并可纺织绸纱。"因此他和巡抚、司、道等曾共同捐资，向江南雇募工匠指导荆州工匠设局试织。结果他们纺织的宫绸、府纱与江南的相似，"商店闻而购买"，颇有成效。后来连从来只耕不织的贵州省也都购种植棉，"教民纺织"了（《清高宗实录》卷四八九）。弘历说："蚕桑为小民生计攸关，与稼穑并重，地方大吏自当随时留心查察，设遇雨水过多，或应酌量祈祷，以期晴雨得宜，于蚕事不致损伤。"最后他决定，桑蚕之收成虽与粮价不同，不必每月奏报，而每年亦应"查明具奏一次"（《清高宗圣训》卷二一四）。这说明弘历到晚年还在关心蚕桑。

四 关于商业

弘历对内地范围的商业亦无系统的政策思想，但通过他对很多商业问题的处理态度，仍可看出一个大概。

内地范围的商业活动，货物品种虽然很多，但弘历所注意的主要是粮食的买卖。他对粮食交易的注重，并不是从商品流通的角度来考虑，其主要目的是关心民食。因为他的子民吃饭如出了问题，包括粮价的上涨，是有损于物富民丰的天国声誉的，而更为深刻的意义则是防止因饥饿而形成变乱。因此弘历除去及时掌握各地的雨量、旱情、水汛等有关农业生产的情况，注意灾区的赈济，采取蠲免赋税、平粜等措施以外，还注意通过商贩进行丰、欠区域之间粮食的调剂。乾隆八年因直隶的天津、河间等县夏季被旱，造成歉收，虽已经赈恤，但米价仍很昂贵。这时直隶总督高斌奏："闻奉天米谷丰收，请驰海禁，俾商民贩运，米谷流通，接济天津等处民食。"在这种情况下，弘历才决定"准其前往贩运"，但规定"自奉旨之日起，至次年秋收为止"。地方官仍发给商人印票，经奉天将军、府尹查验收买之后，给以回照，然后行文知会直隶总督，并令沿海官弁时加稽查。对粮食"私出外洋"仍然管理很严。以后在浙江东部地区与江南、福建二省相连地区之间，温州与黄岩、太平二县之间，江苏与山东之间，亦因有地方歉收，才准其"彼此流通"粮豆，并"免征米税"。

乾隆时虽准开海禁的地方逐渐增多，但仍有"恐因查禁粮食他往，以致阻隔商船"的现象。甚至"免征米税"以后，其商品流通和商人的获利仍很有限。

乾隆二十三年，户部右侍郎裘日修在一则折奏中说了如下一段事实："近年恩旨，凡贩运米豆至灾地者，免纳官税。原期商贩流通以裕民食，但立法稽查，始则本省给票，继则沿途验放。既售，又须缴票，吏胥需索，倍于纳税，又以票注贩往何地，中途遇善价，不得他售，商人为累，却顾不前，灾地米粮转乏。"在这种情况下，商人获利是相当困难的，更谈不到有多大发展。由于官方处处苛索成风，户部侍郎也无力解决，但商人"却顾不前""灾地米粮转乏"的局势又很严重，他只好请"照旧收税，俾商人无候验之繁，需索之费，一任择价前往，到处流通，价自平减"。后来经九卿议，也没有能力整饬这种官吏需索之歪风，只好同意裘日修的主张"应如所请"，而弘历也只有"从之"了（《清高宗实录》卷五六六）。

弘历一方面要使丰歉地区之间粮食流通，以供民食，另方面又要防粮食外流，所实行的这种严密控制下的开放海禁，无疑比不开海禁要好，但对粮商又是一种束缚，对发展商业、商品生产也很难说有多少积极作用。

粮食的流通维系着人民的生活，社会的安定，因此弘历一直继承父祖对粮商的政策。一是严禁粮食出口，一是严禁地主或商户囤粮及地方上“遏籴”。特别是在灾区、欠产地区管理更加严密。如乾隆八年四月弘历曾谕军机大臣等：“苏州地方有田之家，多贮米谷，待价昂贵，然后出粜，谓之‘栈囤’。又有嗜利之徒，贿嘱关胥，将内地之米出洋贩卖，以图重价。”他认为这两种行为“皆为地方之蠹”，并指出“朕前屡降谕旨，严加申禁，而督抚等奉行不力，闻此弊尚未能尽绝”。令传旨两江总督尹继善、江苏巡抚陈大受“密加查考，务使囤积偷漏之习悉改前辙，庶几米价可平，民食充裕”(《清高宗实录》卷一八九)。乾隆十二年陕西道监察御史汤聘曾了解到“民间有典铺收当米谷一事，囤积甚多。在典商不过从中射利，而奸商刁贩恃有典铺通融，无不乘贱收买，随收随典，辗转翻腾，约计一分本银，非买至四、五分银数之米谷不止。至米价昂贵时，陆续取赎出粜”。这里他没有说明昂贵多少倍，但他指出“小民一岁之收，始则贱价归商，终仍贵价归民”。他并顺便指出不仅是陕西有这种现象，“此弊江、浙尤甚。不独米谷，每年遇蚕丝告成及棉花成熟一如收当米谷之法。小民衣食之计，止以供奸商网利之图！”因此他请朝廷下令，“无论城乡典铺，如有囤积米谷等货，尚未粜卖者，谕令首出，照值官为收买，免其惩治。隐匿不报，一经发觉，即照违制律严行治罪”。弘历十分赞成汤聘的主张，“著各该督抚照所请实力行之”(《清高宗实录》卷二八六)。

“遏籴”，也是弘历所反对的，因为它同样限制了粮食的流通，影响人民生计。乾隆十三年五月，御史胡蛟龄曾奏“近因米价昂贵，产粮之区，不许商贩买运出境，非有无相通之理，请饬各省，除边门海口，原应巡查毋许透漏外，其内地务宜流通，不得禁示”。此奏经户部议后，认为“遏籴，久有例禁，诚恐法久渐弛，应再通行各省督抚，谆切晓谕。再奸商乘机买贮，私行囤积，于民生更有未便，应令一体查禁”。弘历同样批准了这一做法(《清高宗实录》卷三一四)。

在内地弘历除注意粮食的流通外，最关心的莫过于盐业。清朝沿袭明制，在长芦、两淮、浙江、福建、两广、山东、辽宁等海盐产区，河东、西北等处的池盐产区，四川、云南的井盐产区，无不课以盐税，并由皇家通过盐商垄断生产、收购、运输和销售。为了管理盐务，清沿袭了前明庞大的管理机构。各大盐场均设巡盐御史，后以督抚兼管，有的又改设专职盐政。据乾隆《清会典》载，全国各地因产盐数量不同，业务之繁简不同，设有不同级别的盐务衙门，而且体制多变，互不统一。

制盐本来是一项关系国计民生的生产事业，弘历之所以重视，是把它看成一条重要的征敛之路，并非关心盐业生产的发展。但弘历对盐商有特殊的关注，因宫廷内帑有很多是贷给盐商生息，盐商也可以借此发财致富。大的盐商可以从中得到很多利润，能成为除达官显贵、大地主以外最富有的阶层（但也有的因运营不善或天灾人祸而衰落破产）。而盐商也给宫廷以十分可观的报效。因此弘历除贷给他们大笔内帑作资本外，在政策上也给以他们很多优惠。仅长芦、两淮等处就有：

（一）盐引加斤，部分减半纳课。乾隆十三年弘历曾谕：近年淮商急公输课，颇为踊跃。著加恩于引额之外，每引增给十斤，俾商本不致亏折。乾隆十六年弘历南巡中又令“将两淮纲盐、食盐于定额外每引加赏十斤不在原定成本之内”。乾隆二十二年又因两淮岁额通完，于地方公事更乐输恐后，又令每引加赏十斤，不在原成本之内两年。乾隆十七年，长芦各盐商，以前因为积欠很多，经营困难，故“令其每引加盐五十斤，分派行销”。这当然加大了长芦盐的销售量，可以增加收入。这样旧欠可以还清，但同时又加大了课银，每年达八万九千余两，仍然会发生拮据。因此，“著将所加盐（即每引加五十斤的部分）减半纳课”，并且“永为定额”（《清会典事例》卷二二一）。

（二）取消牌盐。直隶省有些州县，原来有一些靠背负、肩挑的贫民小盐贩到处零售，名为牌盐。但时间一久，这部分人越来越多，难免有冒充蒙混之事。再加售价便宜，以致“官盐壅滞”，这当然影响了官盐商的利益。因此于乾隆十年就曾决定在滦州、迁安等处“停止老少牌盐，令商人捐钱，将额定负盐贫民，每名日给钱二十文，以资养赡”。到乾隆十七年在天津、静海、青、沧、盐山五州县也存在此问题，于是又批准在这些地方也“将现在牌盐尽行裁汰。其中老幼残疾贫民，查定额数，取具里邻甘结，每名给制钱二十四文”。其他省亦有类似情况。这无疑也是保护官盐商的一项措施（《清会典事例》卷二二一）。

（三）提高官盐零售价格。官盐零售一直有定价。特别是牌盐取消之后，为解决零售问题，只好多开官盐店，而官店售盐必须严格按官价出售，即按牌盐之价格每斤卖小制钱五文，这是在康熙二十七年（即六十五年前）的定价。后于雍正十年增加一文。乾隆十八年时因“成本不敷”，曾经奏准仅“将津邑所销余引，免其输科”，后因“近年物价增长，盐本加重，而盐价仍照原定数目，致形竭蹶”，所以又议准除天津已免输科部分以外，每斤均增制钱一文。但到乾隆三十五年时，因“近年钱贱银贵”，而商人用零售价所得的制钱兑换成白银去完课，又多亏成本，因此又议准“该处盐斤，照现在定价数目，每斤增制钱二文”（《清会典事例》卷二二一）。可谓关照备至。

（四）允许通融行销。原定长芦的盐引行销至直隶、河南两省，共一百八十四州县，每地数目多寡不等，大体以地方户口之繁简，分别定额行销。但年深日久，出现了地区之间滞销、畅销的不同，到乾隆三十六年形成四十六州县及两营都是滞销区，“年复一年，压本包课，积困日深”，因此又议准，将滞销区的盐引匀出一部分，在畅销的九十七州县内通融销卖。这当然是有利于盐商的措施。但也可以看出盐商不能自由销售的一个特点（《清会典事例》卷二二一）。

（五）减少盐商修河负担。由仪征长江口至扬州、江都一段三汊河河道为运盐必经之路，向例每三年大浚一次，疏浅一次，每次共需银一万六百两。以前都是盐商负担十分之三，民间负担十分之七，弘历认为这样会发生里甲中经手敛钱的人对百姓苛索滋扰。所以在乾隆元年就下令“嗣后著将商、民捐派之项，永行停止。所需工费，即于运库一半充公项下动支”。这项命令当然对民来说是减去七成负担，但对盐商来说也是有利的。

因为盐商比民人数少得多，所以每人负担也不在少数，这样改由运库公家出钱，盐商个人也就不必出资了（《清会典事例》卷二二三）。

（六）给盐商增加利息。商人运盐，都是按规定计息的，不得擅自增利加价。乾隆六年江苏巡抚徐士林奏“恤商正以惠民，恳加给淮商余息每引三钱”，已获批准。到乾隆七年九月两淮盐政准泰又奏：“场灶为行盐根本，连遭水潦，商运艰难，恳再加每引余利三钱。”但这次户部予以议驳，弘历看到此折后没有同意户部的意见。他认为：“江省被水，非寻常可比，著照依该盐政所奏，以次年四月为限，不得为例。”实际上也是一笔不小的加价（《清通考》卷二九）。

（七）减少对盐商的杂征。福建盐场所纳盐课，除应征课以外，当地官员常以杂费无出处为由，借机加派税款，并已习以为常。每百斤加增钱二十文至七八十文不等，名之曰长价；又各场肩鱼客贩买盐，请领道印结票执照，或每单征钱三文，或每石征钱三文，名之曰单钱。另外正额每盐百斤，收银一钱五分，而各场实收钱一百五十文，合银一钱六分六厘，每百斤收中银一分六厘，亦令入官，名之曰钱水。这些弘历均认为是“巧取陋规，不便于商民者”。因此他下令：“著该督抚一一确查，通行禁革。如有必不可少之杂费，即于项内存留若干，减去若干，不得仍前多索。”并令“永著为例，务期实力奉行，俾商民得以宽裕办课，且使肩挑背负之民均沾余利，以糊其口”（《清会典事例》卷二二六）。

（八）豁免盐课。盐商积欠税款，是经常有的事情。解决的办法一是分年带征，一是实在无力交纳即行豁免。据《清会典事例》载，乾隆十七年长芦盐商尚欠有乾隆二年至六年的加斤课银十四万余两，这次和“加盐减半纳课银”一起“著一并加恩豁免”。《清通考》载，在乾隆四十七年淮南盐商应缴提引余利银两，前经降旨，加恩将未完银展期递缓，分作二十一限缴完。该商人已完至第十三限，其余八限尚应交银三百八十六万六千余两。此提引余利欠交问题，系由前两淮盐政高恒而起。另据《清史列传》载，高恒因在盐政任时未报户部即令诸商每引输银三两，为公使钱，因以自私。成本每引贵价时才五两七钱八分，他令输银三两，这是一个不小的数字。后由江苏巡抚彰宝和后任盐政尤拔世查办，结果诸盐商具言：“频岁上贡及备南巡差，共用银四百六十七万余两。”这实际上反映了盐商积欠的原因，除高恒贪污外，还与弘历南巡有关。因为他每次南巡，两淮盐商迎跸，治扬州行宫等均所费不赀。后经询实将高恒论斩。此时弘历只好决定：“该商等按限完交，已经过半，朕思恤商即所以惠民，著加恩于未完银内，豁免二百万两（其余一百八十六万六千余两，仍著按原限完交），以示体恤。”乾隆四十九年弘历南巡时，两淮商众当然还是“踊跃抒忱”，自应特沛恩膏，又将所有该商等提引余利银一百六十三万二千七百七十四两零，“加恩全行豁免”。同时将两淮灶户于乾隆四十五、四十六年各场因灾积欠银七千九百余两也全行豁免。不过这比起对盐商的豁免数就微乎其微了（《清通考》卷二九）。

从上述不完全的情况看，弘历对盐商的态度可以说是关怀备至，客观上也起到某些扶植商业的作用，但这是不是他自觉制定的一套政策呢？不是。因为，其一，从文献所载各项决定看，大多是官员提出，经户部议拟初步意见，再经弘历批准的，很少有他主动发出的谕旨，且都是就事论事，并无宏观设想。其二，盐商与宫廷是一种特殊关系的结合，弘历对盐商的态度并不能代表他对整个商业的态度。弘历所以给盐商以种种优待，是因为盐商能给宫廷以种种丰厚的报效。据《清史稿·食货·盐法》载："或遇军需，各商报效之例，肇于雍正年，芦商捐银十万两。"乾隆中及嘉庆初，"淮、浙、芦、东各商所捐，自数十万、百万以至八百万，通计不下三千万"。另据薛宗正先生从《清盐法志》并参稽其他盐志所做的统计，自乾隆三年至六十年，仅两淮、两浙、山东、长芦、两广几处盐商就报效军需、救灾、河工、屯田、庆典等银两共二千七百六十九万八千余两。这当然是不完全的统计。乾隆三十二年两淮盐政普福奏："两淮各商等急公念切，呈请捐银一百万两，解交内务府以供赏赉。"弘历认为"情词恳切"，准其所请。不过这笔银两未交内务府,而是解送云南军需备用。这笔不少的捐输在《两淮盐法志》中并未录入，可见其他遗漏亦当不少。

宫廷与长芦、两淮两处盐商关系与其他地方显然不同，原因一方面是两淮、长芦盐商每年从盈余银中提十五万两交内务府备赏赉用；另一方面宫廷又从内库直接把银两贷给这两处盐商。据《两淮盐法志》载，乾隆十三年七月大学士张廷玉奏，前曾奉谕旨："每年将盈余闲款银两，令两淮盐政解银十万两，长芦盐政解银五万两交内务府，以备行幸赏赉之用。"后经王大臣等奏请：将两盐政解京之十万两暂不解京，而交与盐商以一分五厘的利率生息，每年利息银亦不交，再归入本银内生息，这样过五年后即可得本利银一百万两有余，然后从这一百万本利银中分出六十万两贷给两淮，四十万两贷给长芦，永留本银生息，每年宫廷可得十八万两利息，备赏赉用。此办法对两淮、长芦和宫廷都是有利的。另外还有很多中央机构也借银给盐商生息。仅在乾隆年间即载有宗人府四十四万两，按一分起息；健锐营五万两，按一分三厘起息；步军统领衙门一万两（后又增一万两）、奉宸苑二千两，按一分起息。每年各衙门所收牛羊群等息本银五万两再交盐商，按一分五厘起息；备雇用民车辆经费十万两，按一分起息；在江都、甘泉、仪征、吉安随引窝的田、房，估价三万七千七百五十余两，也"交商营运"，按一分起息，火器营十万两，按一分起息。另外《两淮盐法志》还记有"赏借"总商江广达帑银：计乾隆三十六年三十万两，按一分起息；乾隆五十年又赏借江广达二十五万两，江正大十五万两，均按一分起息，乾隆五十四年江广达死后，又赏借给其继子江振鸿五万两，亦按一分起息。

上述情况虽不是全部，但是可以说明宫廷和盐商的关系是非同一般的。他们互相利用，各得优惠，实际是从盐的直接生产者——灶丁（又称煎丁）和广大消费者身上榨取的。灶丁生活正像《清通考》按语中所说："场灶为盐法根本之地，灶丁为盐场作苦之民，故灶户之勤与农家等，盖灶丁终年盘鏾之间，蓄荡草，勤淋晒，谨火候，伏阴晴，薄寒盛暑，不得休息，展四体之力，仅足以给衣食。”就连弘历也不得不承认“两淮各场煎丁，本属穷民，每因不能接济，向各灶户重利借贷，以资食用，生理甚为拮据”。而宫廷和盐政、大盐商，则以其特殊阶级地位和特权，享受穷奢极欲的生活。皇帝和宫廷是全国最高阶层自不用说，盐商则仅次于宫廷及达官显宦一等，有些大员甚至远远赶不上盐商的奢侈。特别是两淮盐政所在地，也是盐商的聚集地扬州，由于盐商异常豪华地迎驾，使康熙、乾隆二帝十二次南巡多有停留。

五 结 语

上述情况仅是有关弘历经济政策思想的一部分，而且较为肤浅，有许多领域还没有涉及，但大略可以从中了解到，弘历对他所统治的国家并没有系统的经济政策思想，很多关于经济方面的谕旨，是臣工们提出了实际问题，他不得不就事论事地进行的回答。当然也有一些谕旨是因事发论，可以反映他对某些问题的态度。从这些谕旨中可以看出他在经济方面的基本思想仍然是传统的“崇本抑末”思想。但由于社会的发展，人民经济生活的改变，比如人口的大量增加，社会消费的不断增长，人均耕地相对减少，国家和宫廷的支出不断加大等等，使弘历不得不对原来的崇本抑末做某些改变，特别是抑末方面，必然要做较多的调整。人民少吃无穿，就要开垦荒地，推广种棉，教民织布；出现灾荒，就要开海禁，使粮食流通，以至免收捐税；宫廷为了获得更多的利息和提高享用水平，就要扩大三织造，发展有关工商业；而为了解决军需、军饷及商品交换之用，就要多铸币，多造武器，从而多开矿，以至大力扶植、优待盐商。甚至在一次“经筵御论”中承认“农耕于野，工商勤于市”都是有价值的。按照原来的看法这些都属于末业，这样就不是抑末而是扬末、助末了。但这些都是受现实生活的推动而被动做出的，就总体来说，仍然没有突破“崇本抑末”的框框，而只把手工业、矿业、商业看作一种对民生、对宫廷有用的末业，根本没有认识到它的财富价值和对社会发展的意义。因此对工商业的发展，既没有从政策上给以足够的支持，又没有放手让民间自由发展，这就限制了工商业的成长。英明聪敏不可一世的乾隆皇帝，在政治、诗文、艺术、语言、儒学等方面都有一定修养，独在经济方面如罩云雾，在欧洲向产业革命长足迈进的形势下，这个举世闻名的封建大国的经济发展却缓慢了。根据现存资料看，清廷全年农业及工商业税收银，乾隆十八年为四千零八十三万六千四百余两，到乾隆三十一年为四千八百五十四万余两，十三年间只上升了百分之十八点八六多，而人口从一亿八千三百万发展到二亿零八百万，上升了百分之十三点二九多。税收增加幅度最大的还是关税，上升了百分之二十四点八八。可见还是工商业的财政效益是较高的。

因而库存实在银同期上升了百分之一百一十一点七，人均也上升了百分之四十五点九多。但仓库存粮数就不同了，乾隆六、七、八年三个年头平均（恐一个年头的数字不准）为三千零三十二万一千零六十九石。到乾隆五十八、五十九、六十年三个年头平均为四千二百九十八万零八百三十一石多。从绝对数字上看是增加了百分之四十一点七五多，但从人均仓储量上看，反下降了百分之二十八多。只有人口从乾隆六、七、八年三个年头平均一亿五千五百八十九万二千五百余口，上升为最末三年平均三亿零六百九十一万五千九百余口，上升了百分之九十六点八七。

上述残存不完整的材料可以说明人均库存银数在上涨，而人均库存粮食数在降低，这证明了农业的发展是缓慢的，而且蠲免、赈济、河工等还需要大量银两投入。而工商业，特别是关税总量一直是增加的，这说明实际上在民间悄悄地在发展的，正是不应该“抑”的“末”业。只有工商业发展了，使其活跃农村的自然经济，这样“本”才能“崇”起来，社会生产才能快速发展。政策上的调整，比他的祈祷、亲耕、躬桑以至蠲免更为有效，这一点恐怕弘历是没有意识到的。

他之所以看不到，一方面是阶级的局限性，另一方面和他妄自尊大的态度也是分不开的。他对欧洲资本主义的发展几乎一无所知。在他以前数十年的颜元、李塨等关于工商业即有非常明智的见解。如李塨曾提出：“工虽不及农所生之大，而天下货物非工无以发之、成之，是亦助天地也。”他还主张在中央专设工部，与农、礼、兵、刑、货并列为六大中央部门（胡寄窗：《中国经济思想史》）。颜元的杰出追随者王源也提出：“本宜重，末亦不可轻。假令天下有农而无商，尚可以为国乎？”（《平书订》）他认为中央也应设管商业的部：“货财者，与食并重者也，乌可置六卿之外乎！”但是在封建社会，一些经济思想家的正确主张往往不能受到统治者重视，他们的理想不能实现。尤其是弘历，自命为超越千古的帝王，对一些儒生之见，就更不在其耳目之中了。所以说乾隆年间虽是“盛世”，但对弘历对经济的贡献不能估计过高，同时，中国资本主义萌芽成长之慢，与弘历的政策思想对经济基础的反作用不能说没有关系。

出自《故宫博物院院刊》1990 年第 1 期

清宫史研究丛谈

一 清宫史研究势趋兴旺

清代宫史研究，是近十余年来新出现的课题。过去虽也有此方面的研究，但并非作为专门课题，从中国社会科学院历史研究所清史研究室和中国人民大学清史研究所合编的《清史论文索引》中可以看出，自20世纪初期至1981年上半年约八十年间，在我国报刊、论文集上发表的有关清史（截止于鸦片战争前后）的论文、书评、通讯报道、史料等约两万条的篇目（包括1949年10月以后中国台湾、香港发表的有关篇目）中，涉及宫史的篇目共九百三十五篇，占篇目总数的百分之四点六七五。这些文章发表时间的分布是：1912至1948年的三十七年间发表五百五十二篇，年平均为十四点九篇。但这段时间的文章中，如孟森、陈垣、郑天挺先生等高水平的论文为数甚少，大部分是清宫轶闻、掌故之类的小文章，虽然很多篇也具有较高的史料价值，但还不能算作是历史学范围的作品。1949年至1978年的二十九年多时间，不包括海外，共发表一百三十篇，年平均不到四点五篇。党的十一届三中全会以后，1979年为三十五篇；1980年至1981年上半年一年半的时间内共发表二百一十八篇，年平均为一百四十五篇。以后，自1981年下半年至1989年底八年半的时间里，笔者无力从全国（包括中国台湾、香港）的约二千五百种报刊、论文集当中广泛搜录，但仅在《故宫博物院院刊》《紫禁城》两种刊物及第一届清宫史学术讨论会上就发表了五百零九篇，年平均五十九点八八篇。实际上，自1979年至1989年十年间，所发表的篇数是1949年后至党的十一届三中全会前的二十九年中全国（不包括中国台湾、香港）所发表的有关清宫史论文及文章的四点五六倍。这说明近十年清宫史的研究正在受到更多人的关注，已经出现了兴旺的势头。

对清宫史研究的范围，十年多来也有所扩展。从宫廷的政治、经济、文化、典章制度到宫廷史事、生活习俗；从皇帝后妃到太监宫女；从宫殿、行宫、园林、陵寝到宫廷文物无不涉及。且有大批具有较高水平的学术论文，这些文章研究的角度、论述的重点是多方面的，堪称丰富多彩。综括起来，除仍有一些遗闻轶事文章外，大体可分为以下几种类型：

（一）从古建筑学或文物学角度研究。以现存宫廷文物、古建筑等实物资料为研究对象，主要表述其形制、体量、质地、性能、产生的年代、艺术价值、科技工艺价值及使用情况等。

（二）从考据学或史料学角度研究。以书面文献为主要研究资料，对有关宫廷的史事、人物、机构及典章制度等进行考证、论述。

（三）从史学角度研究。即据文物或建筑与文献史料，通过微观与宏观的结合，对清宫史中的某事某方面进行综合研究，既阐明其纵向的因果联系，又道出与横向关系事物的区别和联系，从而揭示出某时某事的规律。

（四）对研究清宫史的理论、方法的探讨。

从上述情况看来，近十年来清宫史研究的进展是明显的，它已迈出了可喜的一步，但还有某些不足。一是清代宫史与清代社会历史的界限尚不甚清晰；二是清宫史研究的方向尚有些分散，还没有集中到史学方面来，清宫史课题内部如何分类也需要进一步明确；三是清宫史研究本身的理论性需要提高。

二 界限和分类的浅思

史学是一门内容十分宏大而复杂的学科，几乎所有空间、时间内的人和事都可列入它的研究范围，它的任何一个局部都可以做分类的、分期的、系统的、综合的研究，都可以从不同角度、不同层面做科学的探索，寻找总体的或局部的运动规律。清宫史这一课题在广阔的史学领域内如沧海之一粟，但其内部仍然是一个复杂的世界，具备社会的方方面面，它与同一时间和空间内的事物有着复杂而又深刻的联系。从形式上看，它与清代的经济史、政治史、军事史、农民战争史、文化史、思想史等一样都是清史的一个分支，或者说是一个组成部分，而实际上它与其他分支学科并不是平行关系，因为封建宫廷是统治阶级的核心，掌握着最高行政权和意识形态的统治权，宫廷的活动对整个社会的生产力、生产关系、经济基础与上层建筑都有一定的影响。而作为宫廷，又有它相对的独立性，宫廷史所研究的范围又有其特定的内涵。清史所研究的是清朝三个世纪左右历史的演变过程及其规律；而清宫史研究的只是最高统治阶级内部和与其有关的历史演变过程及其规律。

清宫史既然是清史的一个部分，那么清宫史就不能与清史完全脱离，因此对清宫史的研究可以分两个方面来进行：

第一个方面是与清史相交叉的部分。这部分主要是研究经济基础与上层建筑的关系在宫廷中的反映，特别是上层建筑对经济基础的反作用部分；研究清各朝宫廷所采取的政治措施对发展社会生产力、维护国家主权、促进文化繁荣等方面的正负作用；研究宫廷如何进行阶级统治，如何使用人才，如何处理民族、宗教问题，如何处理对外事务等等。

另外，在清代虽有囊括天下政事的“国家”和主要指皇帝家事活动的“内廷”两个概念，但“国”和“家”仍没有严格分开。“国家”一词，古文献中早已出现，其含义有二：一指诸侯称国，大夫称家，合称国家；二指“国”和“家庭”。孟子曾说：“人有恒言，皆曰天下国家。天下之本在国，国之本在家，家之本在身。”前者随着诸侯国制度的消失而不常见；后者则随着最高统治者权力的膨胀与集中而有所引申。西汉初年即出现“天子以四海为家”的说法，东汉张衡更提出“方今圣上，同天号于帝皇，掩四海而为家，富有之业，莫我大也”的观点。于是“国”与“家”在皇帝那里就逐渐混为一体了。这种影响，直到清代仍未消除。作为封建统治核心的宫廷，兼有主宰国事和管理皇帝家事的双重任务，其交叉部分就更为明显。朝廷所设“六部”等衙门，本属政府机构，应是清史研究的范围，但有很多活动也是宫史研究的内容。如户部是一个管理全国户籍、田赋、税收等财政收支的机关，但其所属税关中的崇文门税关则直接由管理皇家事务的内务府控制；而纯属皇帝家庭事务的选秀女名单的排列则由户部承担。同样，礼部和工部都是国家机关，而其所管的事务大部分属于皇家的事务。甚至军机处这样一个辅佐皇帝处理国家军政大事的中枢机构，由于皇帝对军机处的随意使用，很多皇家事务也通过军机处办理，因此，军机处也应视作交叉领域。又如在人物研究方面，皇帝与兼管国事和皇家事务的大臣，既是清史的研究对象，又是宫史研究的主要对象。清代的后妃一般不参与朝政，纯属宫史研究对象，但也有个别后妃参与了朝廷大政，因此，也不可避免地要列入交叉范围。

为了保持宫史的系统性和完整性，对交叉部分不能不加以研究和反映，但在研究的角度和主旨上要与清史有所区别。宫史所研究和反映的只是清代最高统治集团的内部斗争、其统治措施对社会的影响、宫廷的生活方式、意识形态等方面的演变过程及宫廷的兴亡规律，其范围与清史不是全然相同的。如果清宫史不进行这一部分的研究，它的价值就会大为削减。类似我国从封建社会向资本主义发展缓慢的原因这样重大的历史问题，当时主宰国家的清代宫廷、皇帝，无论如何是不能没有责任的。这当是清宫史研究者应做出回答的问题，甚至可以说是清宫史研究的主要任务之一。

清宫史研究的第二个方面，是宫廷内部各方面的状况。这方面的研究，可以做通史性研究，也可做断代的研究，但比较条理清晰的做法则是把宫廷内部分成若干方面进行系统的研究，就像清史的若干分支学科那样。关于宫史的内部分类，我在《宫廷史研究初探》的小文中曾试作过粗浅说明，但系就一般宫史而言，未专指清代宫史，现再做补述如下：

第一，宫廷的主体是皇帝和他周围的大臣等，研究清宫史就应该对清宫人物做出评价。但评价历史人物是一个十分复杂的问题，尤其是对清宫的主要人物——一个拥有无上权力而且“乾纲独断”的皇帝的评价就更为困难，因为：(1) 皇帝实际上是可以左右大局的人，但他又不是人民群众的代表；(2) 一个少数民族的皇帝控制着如此庞大的汉族及其他民族的统一国家，非同小可；(3) 唯物史观承认个人在历史上的作用，同时他又受社会客观条件的制约，当国际帝国主义以各种物质力量向中国冲击的时候，皇帝就不仅受中国社会经济基础的制约，而又增加了一种新的客观因素，这就给研究清代中后期的皇帝增加了复杂性。因此，必须根据清代当时国内、国际历史环境和复杂的民族关系等特点对帝王做具体分析，以做出合理评价，对参与最高统治集团决策的大臣们也是一样。列宁曾指出：“判断历史的功绩，不是根据历史活动家有没有提供现代所要求的东西，而是根据他们比他们的前辈提供了新的东西。”（列宁：《评经济浪漫主义》）这是很客观的，我们必须把这一原则恰当地应用于对清宫主要人物的研究上，给他们以客观的评价，不宜笼统肯定或否定，当然也不能以一美而掩百丑或相反，更不能好丹非素。

第二，与宫廷人物研究紧密相连的题目是清代宫廷中的人际关系。阶级社会的人际关系，主要表现为阶级关系，而清代宫廷中的人际关系除主要表现为争权夺利外，还有民族之间的矛盾。在马克思和恩格斯的著作中，由于无产阶级未取得政权，作为革命思想武器，主要论述敌对阶级的斗争，因此他们认为“到目前为止的一切社会的历史都是阶级斗争的历史”（马克思、恩格斯：《共产党宣言》）。列宁在阐述马克思阶级斗争理论时则进一步指出：“一个社会中一部分人的意向同另一部分人的意向相抵触，社会生活充满着矛盾，历史告诉我们，各民族之间、各社会之间以及各民族、各社会内部经常进行斗争。”（列宁：《卡尔·马克思》）在清代宫廷内部，虽然都属于统治阶级，但由于地位和既得利益的差异或悬殊，也存在着矛盾、斗争，有时也会激化、对抗，这应该是清宫史研究的主要线索。不过这种斗争与社会对立阶级的斗争是不同的，社会被压迫阶级对压迫阶级的斗争，除特殊情况外，一般都使社会有不同程度的进步，而这种封建统治阶级内部纯属争权夺利的斗争或民族矛盾，一般不会有什么进步意义。当然，作为君主集权的皇帝，这个人或那个人、大臣中这个派别或那个派别，可能有某些差异，甚至有改良与保守的矛盾，得势者为了收买人心也会采取某些新的措施，对社会有一定影响，但归根结底还是要巩固自己的封建统治。

清代宫廷内部的人际关系十分复杂，君与臣之间、臣与臣之间、皇室成员之间、主仆之间、民族之间，因各层次利害矛盾而产生的种种相互斗争、联合、利用的关系，形成一幅纵横交错、光怪陆离的画面，需要认真梳理，判明本质和是非，才能很好地反映清代宫廷的实质。

第三，宫廷的经济是宫廷的存在和各项活动的重要条件，但宫廷的经济状况是由社会经济状况决定的。清宫的敛财渠道很多，大则户部拨银，盐政呈进，小到官房租费，当铺生息，无所不收。其消费也很有特色，名义上处处节俭，实际上仅乾隆朝的六次南巡和皇帝母子频频庆寿中就存在着惊人的耗费。宫廷的经济究竟在社会经济中起着什么作用，他们是怎样从一个财富有限的半奴隶主上升到无与伦比的大封建主，又怎样从极端富足走向衰落以至灭亡等等，其中都存在着不以人的意愿为转移的必然规律。清宫的衣、食、住、行等经济生活状况也是研究宫廷经济的重要部分。

第四，为宫廷服务的各种机构是宫廷各方面活动的物质条件之一。每一机构的设置、变动往往和当时的政治、经济情况有关。清代内务府人员为什么都是家奴，为什么有的又可上升为统治阶级，为宫廷服务的机构究竟有多少，他们的职责是什么，各是怎样的统属关系，各机构如何为宫廷活动服务等，都需要加以系统的研究，以了解宫廷的生活方式及其演变规律。

第五，清代宫廷的典章制度。从所存大量文献及文物资料看，其内容繁多。由于清代处于封建社会末期，其典制可集前古之大成，传承因素、嬗变因素、民族意识和复古因素无所不有，其中有不少是有实用意义的，如禁卫制度、宫中的生活管理制度等，但多数为各种礼仪制度。这些制度在清初期、中期、末期有很多变化，仅会典就有五次修订。至于载有很多细节的则例，则增补改动更加频繁，有的规定是经过朝中大臣议定，有的只是皇帝一人的谕旨。这些同样是认识清代宫廷的一个重要窗口，因为每一次变动都不是偶然的，都有它一定的历史背景，这正是清宫史研究者要捕捉的对象。

第六，清宫的文化活动内容极其丰富，从欣赏、创作诗文书画，观剧听乐，编书刻书，收藏文玩，到观烟火、赏竞渡、看冰嬉，以及游历园林山水、读书、品茗、对弈，人间赏心乐事可谓无所不备。这无疑是清代文化的一部分，但深入观察，它与社会文化又有迥然不同的特色。如各种文化活动的政治色彩十分浓厚，封建的等级尊卑观念充斥于各个领域之中，使得这些文化艺术活动各有不同程度的变形、变质、僵化。以清代文化生活高峰期的乾隆年间的书画活动为例，即可见一斑，当时宫廷书画的代表作是馆阁体和笔墨谨慎的工笔画，这些书画功力虽深，但毕竟缺乏勃勃生气，与同时出现的“扬州八家”等民间书画的风格恰好形成鲜明的对比。

另外，清代宫廷由于执行闭关锁国的政策，前期在政治、经济等方面与西方较少直接接触，但在文化方面，包括科技方面，却通过西洋传教士的媒介不断进入宫廷，使清宫文化发生了很多变化。特别是晚清时代，更应该认真研究评价。

第七，清代宫廷的生活习俗异常繁缛，岁时节令、生死婚嫁以及衣食住行等都有一定的惯性规范，其中很多习俗已列入礼仪而载入会典了。这样礼、俗的结合，又构成一种交叉。通过对宫俗的研究，可以了解当时各民族的文化融合，统治者的心理状况，从而了解这些习俗的本质，区别精华糟粕，这也是一个广阔的研究领域。

第八，宗教活动在清宫亦有着特殊地位，清统治者不但继续信奉着满民族原来信奉的萨满教，而且在宫内还保存着道教，但宫内外遗迹最多的还是佛教。在宫内，除有几十处大中型佛堂外，几乎每个殿堂都随设小佛堂。若加上行宫、苑囿的佛寺、佛堂及宫廷在京城敕建的寺院，其数量十分可观，唐人谓“南朝四百八十寺”已喻其佛寺之多，而清代京师的佛寺恐有过之。据清亡二十五年后的统计（当然已不完全），尚有佛寺庵院四百九十余处，其中大部分是清朝时修建或重修的，可见佛教在清朝之兴盛，这与宫廷的态度是有关的。而更为重要的问题是清宫为何如此重视佛教，特别是藏传佛教，除众所周知的为团结蒙藏民族的政治目的外，究竟清代这些皇帝自己对佛教的信仰程度如何，前后是否一贯，也是需要深入进行研究的，从中亦可理出一定的规律。

三 清宫史料与史学

唐代刘子玄曰，史才须有三长：“谓才也，学也，识也。夫有学而无才，亦犹有良田百顷，黄金满籝，而使愚者营生，终不能致于货殖者矣；如有才而无学，亦犹思兼匠石，巧若公输，而家无楩楠斧斤，终不果成其宫室者矣；犹须好是正直，善恶必书，使骄主贼臣，所以知惧，此则为虎傅翼，善无可加，所向无敌者矣。”（刘昫等：《旧唐书·刘子玄传》）刘说虽系论述当时治史必备的三项素质，但从中我们可以了解到他已把掌握大量史料的“史学”（与现在的史学概念不同）和具备编纂历史能力的“史才”看作两“长”了。另外 1963 年翦伯赞先生为广西师范学院做学术报告时也曾指出：“有一个时期，有这么一个提法：史料即史学。史料就等于历史，这是错误的。研究历史要有史料，但史料不等于历史。”（翦伯赞:《史料与史学》）很明显也是把史料和历史分开了。当然宫史研究也不例外，不能把清宫史料和清宫史看成一回事，它们之间是有密切联系又有区别的。

清宫史料和其他方面史料一样，一般为四种存在形式：一是文献遗存；二是物质遗存；三是口头传说；四是生活遗存。但是这些遗存并不是现成史料，还需要由史料学家下功夫发掘、选择、鉴别、考证，才能成为史料，这一学术领域称为史料学。然而从这四种遗存中去提取史料，不论哪一种都需要有广博的基础知识和各种基本功夫。

我国是历史悠久、各种史料极其富有的国家，特别是距今较近的清宫史料就更为丰富。从浩瀚的文献中选取有价值的史料，必须广泛涉猎、阅读古籍，须有古汉语基础与满蒙文、校勘、辨伪等学科的修养。从文物中选择资料则要有鉴别、考古等基本知识和绘画、书法、古建园林等专业知识，只有经过艰苦认真地考订才能获得，就连可信程度极大的清宫档案资料，也要花功夫鉴别、考证，因为清宫档案大都是劫余之物，往往一事的全过程不能完整留存，若把一事的开始记载当成结果，就会出现错误。如慈禧太后六十寿辰时，档案中存有从西华门至颐和园沿途设置点景的计划及预算银两数目，但实际上只设置了北长街一段，如不与实录对证，很容易误以为全设。另外从口头传说资料中往往可以得到文献、文物资料中见不到的东西，如《紫禁城》杂志连载的《宫女谈往录》就反映了很多文献里见不到的宫廷生活细节，很有参考价值，但这类资料由于是回忆，难免有些失真和主观意志的掺入，引用时尤宜慎重考辨。而生活遗存资料，较多保存在习俗和生产、生活的用具等方面，这比从文献中选取要困难些，往往带有一定的偶然性，需要有丰富的生活经验、敏锐的历史观察力、民族学、民俗学的修养和古代生产知识，否则就不容易发现。

不论哪种史料，都可能还存在着文学艺术价值、科技工艺价值以及审美价值等，但我们需要特别注意的是它们的历史价值。必须把某一原始资料和某一历史现象联系起来，能说明一定的历史问题，它才能成为有价值的史料。当然史料还不是历史，史料必须经过鉴别，加以系统地编排、叙述，阐明事物的本质，揭示出历史运动的规律，才能使史料成为史学，也才是历史学研究的任务和目的。清代宫史与整个社会历史虽不同，但也要在这一特定历史范围内完成上述要求，才能成为清代宫廷的历史。

历史的撰述也有不同类型，一种是叙事，传统史籍中的纪传体、纪事本末体等都是如此。即使有《左传》中的“君子曰”、《史记》中的“太史公曰”、《资治通鉴》中的“臣光曰”等评论，及史论专著《史通》《文史通义》《中国历史研究法》等，都未能使历史成为科学，因为他们“至多是考察了人们历史活动的思想动机，因而没有考究产生这些动机的原因，没有发现社会关系体系发展的客观规律性，没有看出物质生产发展程度是这种关系的根源”（列宁：《卡尔·马克思》)。另一种是在经过科学考证史料的基础上，客观地叙述出历史演变的过程，并揭示历史从低级向高级发展以及暂时出现的倒退或停滞现象的规律，从而科学地推论出后来发展方向的论著，也就是符合马克思主义史学要求的著作。至于那些以“古为帮用的影射史学”为指导思想的著作也可算是一个类型，但就不能与历史著作相提并论了。

四　研究清代宫史的理论指导问题

现在提出研究清代宫史的理论指导问题，似乎为时尚早，但事实上如同走路一样，一起步就存在方向问题。翦伯赞先生说，不学理论，不能成为历史家，“退一步说，就是收集资料也要理论指导”（翦伯赞：《史料与史学》)。翦老所说的理论，“就是马克思列宁主义、毛泽东思想。没有这种理论去指导研究历史，是研究不好的”（翦伯赞：《史料与史学》)。在这一基本理论指导下，作为有别于清史及其他专史的宫史研究，仍有它的特殊性，也应加以注意。如清代宫史是社会上层建筑的一部分，受经济基础制约，但由于宫廷是封建最高统治阶级的核心，在一定条件下，它对经济基础的反作用力很强，这又是与上层建筑其他部分不同的。研究宫史不能不涉及皇帝，在表述统治者的反作用时，既要看到他的反作用力，又要看到他仍受经济基础制约，从而做出恰当而全面的评价，以免陷入“帝王中心论”的唯心主义英雄史观的错误。另一方面，清宫史与清代其他专史，从形式上看似乎可以平列，但在内容上则不同。其他专史是就清史的一个方面进行系统的研究，从而揭示其规律，而宫史则是对宫廷内部进行政治、经济、文化等多方面系统研究，然后再综合反映其整体规律，它与清史之间形成了既有区别又有密切联系的复杂状况。

总之，清宫史研究的前景十分宽广，它是一块新开辟的土地，还需要大力耕作，现在虽有可喜的收获，但与马克思主义历史科学的要求还相差一段距离。况且大家是从不同的起点和角度出发的，汇合起来也还有一个过程。但是不论从哪个起点出发，下一步要向系统化、理论化、高深化迈进是毫无疑义的，因为我们要研究的不仅是清代宫廷史料，而是清代宫史。如果形不成系统的、理论性较强的研究成果，就不能成为历史科学。那就像戴逸先生所说的：“过去，千千万万的学问家虽然勤奋研究，孜孜不倦，但是由于找不到正确理论的指导，他们的科学成就，大大地受到限制，只能够搜集、排比历史资料，描述历史过程的个别历史片段，而不能够认识历史的规律和本质。”（戴逸：《履霜集》）所以说，治史如忽视正确理论的指导，只限于对史料的整理、鉴别、归纳和对史实的叙述，就不能掌握历史的本质，不能揭示历史发展的规律。恩格斯说：“没有理论思维，就会连两件自然的事实也联系不起来，或者连二者之间所存在的联系都无法了解。在这里，唯一的问题是思维得正确或不正确。”（恩格斯：《自然辩证法》）从这些论断中，我们似乎可以得到以下启示：必须把清宫史研究从史料学转化为历史学，再把清宫史放在整个清史范围内去研究，以充分发挥清代宫史研究在历史科学中的作用。

出自《故宫博物院院刊》1991 年第 3 期

清代龙袍

提起龙袍，人们可能认为，凡是中国皇帝穿的，都绣着龙，所以叫龙袍。其实不然，以清朝皇帝的衣服为例，见于文字记载的就分礼服、吉服、常服、行服等几类，其中包括端罩、衮服、朝服、龙袍、常服褂、行褂、常服袍、行袍、行裳雨衣、雨裳等很多种。其中除衮服、朝服、龙袍等或绣或织有龙纹外，其余大都是织或绣着各种吉祥花纹。

皇帝在登极、大婚、寿辰、元旦、冬至或祭天、祭地、祭日、祭月等活动中穿的朝服（也叫朝袍），纹饰有两种规格：

一种规格是披领和两袖都是石青色缎地，披领上绣有两个正在行走状态的龙，称行龙，袖领头上各绣一条头向正面的龙，称正龙，袍身的绣文是两肩头和前后胸各绣一条正龙，腰间有一横帷，上面绣有五条行龙，下与底襟相交处绣一正龙。腰帷下面是类似裙子的叠褶，叠褶上前后有九条团龙，再下面的衣襟上，前后绣有两条正龙。这是《清会典图》的记载，实际往往与记载有出入，特别是在清初和清末，有很多不同。袍上龙纹除刺绣以外，还有织成或纳纱等多种。

另一种规格的朝袍是在每年阴历十一月初一日到第二年正月十五日寒冷季节穿用的。披领、裳及袖头都是用貂皮做的，绣纹略简，仅两肩、前后胸各绣一条正龙，裳的叠褶处前后有六条龙。

龙袍，清朝列为皇帝的吉服，也是明黄色，领、袖是石青色，绣有金龙。绣纹是两肩和前后胸各有一条正龙，腹部前后有四条行龙。衣领上，前后各有一条正龙，左右各有一条行龙，斜下去与底襟相交的一段有一条行龙，袖端各有一条正龙。

龙袍，多在规格较低的典礼、祭祀活动中穿用。一般在龙袍外面还穿有两肩和前后胸共有四个团龙并有日、月、万寿篆文的石青色衮服。皇帝寿辰等节日，如在御园或盛京等处举行典礼时，皇帝就不穿礼服，而穿龙袍、衮服。节日向皇太后行礼，大祭祀前阅祝版，以及到郊区慰劳凯旋的将帅，在午门接受献俘，到国子监和翰林院去时，也都穿龙袍和衮服。

作为皇帝服装独有的标志，还不是这些大大小小的龙，而是在龙纹的空隙处绣制的“十二章”，这十二章是：日、月、星辰、山、龙、华虫、黼、黻、宗彝、藻、火、粉米。古时称上衣为衣，下衣为裳，前八章绣在上衣，后四章绣在裳上，空隙处还绣有五色云朵，最下层花纹是八宝及海水纹等。

在清朝，龙袍并不是皇帝的专用服装，皇后、皇太后、太皇太后以及皇贵妃、贵妃、妃、嫔都有龙袍。清初还规定皇太子、皇太子妃也穿龙袍，不过雍正皇帝改为秘密建储以后，这一规定也就自然失效了。

后妃们的龙袍大都绣有金龙、八宝、水纹及五色云等，但在颜色和花纹上要区别尊卑。皇后、皇太后、太皇太后、皇贵妃都用明黄色，而贵妃以下，就要分别用金黄色（深黄）和香色（近于黄褐色）了，花纹也有所不同，但都不用十二章。可见皇帝的龙袍与其他人的龙袍的主要区别在于有没有十二章。

皇帝服饰上多绣龙纹，这与中国古代历来以龙作为皇帝的象征有关。古代曾把麟、凤、龟、龙称为“四灵”。汉朝曾把龙解释为能幽能明、能细能巨、能短能长，春天能登天、秋天能潜于水中的鳞兽之长。后来就把这种神化了的龙作为帝王的象征了，因此，民间常称皇帝为“真龙天子”。龙既然是皇帝的象征，在皇帝的衣服上出现大量龙纹，也就是自然的事了。

出自《故宫掌故》，上海文化出版社，1991 年

论朱棣营建北京宫殿、迁都的主要动机及后果

明代北京宫殿，很少有人注意其具体诞辰，实际上在当时官方文献中，记述得十分清楚。《明太宗实录》卷一一八载：永乐十八年十一月戊辰，“上以明年御新殿受朝，诏天下曰：开基创业，兴王之本为先；继体守成，经国之宜尤重。……爰自营建（北京宫殿）以来，天下军民，乐于趋事，天人协赞，景况骈臻，今已告成。……故兹昭示，咸使闻知”。永乐十八年十一月戊辰，公历为 1420 年 12 月 8 日，到 1990 年 12 月 8 日，是明北京宫殿的五百七十周岁。

明初之京都南京，经洪武、建文三十余年的经营已较完善，何以永乐皇帝朱棣又营建北京宫殿并迁都于北京？其中定有缘故。

明永乐皇帝朱棣是明太祖朱元璋的第四子，元至正二十年（1360 年）四月十七日生，明洪武三年（1370 年）十一岁封燕王。洪武二十三年（1390 年），朱元璋命朱棣与晋王朱棡征故元之丞相咬住及太尉乃儿不花，获全胜，咬住等降。此后又率诸将出塞御敌，皆得胜，威名大振。洪武三十一年（1398 年）太祖朱元璋死后，因太子早死，皇太孙朱允炆嗣位，改元建文。不久，连续废周王橚、齐王榑、代王桂、岷王楩为庶人。建文元年（1399 年）七月，朱允炆又密命北平都指挥使张信、布政使张昺、都指挥使谢贵等人拥重兵于北平城内，迫围燕王府，用木栅断府门。张信密报朱棣，帝将擒王。朱棣乃设计杀张昺、谢贵，夺京城九门，遂愤然起兵，称其师为“靖难”，朝廷将士多有降燕王者。经三年多的争战，于建文四年（1402 年）六月，燕兵入都南京，建文帝不知所终。朱棣乃于六月十七日即皇帝位，以明年为永乐元年。之后数月内，其主要精力是剪除敌对分子，封赏“靖难”功臣，安抚建文时期受到打击的官员及家属，以求政局的稳定，都城宫殿问题尚未顾及。

永乐元年（1403 年）正月，朱棣祭天还宫后，礼部尚书李至刚等首先提出北平应建为京都。此议正中朱棣心意，遂命改北平为北京。此时迁都意识是否萌发，尚难认定，

但建立两京已确定无疑。当年二月即在北京设立北京留守行后军都督府、北京行部、北京国子监，改北平府为顺天府，并配备了相应的官职。五月，朱棣提出一个新的问题："北京，朕旧封国，有国社、国稷。今既为北京，而社稷之礼，未有定制，其议以闻。"（《明太宗实录》卷一九）经礼部、太常会议，认为：古制别无两京并立太社、太稷之礼。今北京旧有国社、国稷，虽难改为太社、太稷，然亦卒难革去，宜设官看守。此时虽未突破两京不能并设太社、太稷旧制，但已有两都并设的意向。本年九月，贵州镇远侯顾成向朱棣提出富有战略性的建议："云南、两广，远在边陲"，民间虽有变乱，"不足系心。东南海道，虽倭寇时复出没，然止一时剽掠，但令缘海滨卫严加提防，亦无足虑"。（《明太宗实录》卷二三）唯北部故元势力会成为明朝的主要威胁。朱棣对顾成的建议十分重视，特遣人送去钞千锭，文绮四匹，罗四匹，彩绢八匹，以示表彰。十月又一次赐顾成银币。朱棣所以如此嘉奖顾成，除瞻念前功以外，在很大程度上是认为他的见解甚为重要。重视对北部边疆的巩固与后来的营建北京宫殿、迁都，有着密切的联系。

实际上从经济等方面充实北京的措施早已开始。永乐元年三月即命都督佥事率舟师重开海运输粮至北京，自是岁为常。八月又发流罪以下之人垦北京田，后并徙直隶苏州等十郡、浙江等九省富民实北京。十一月又命运淮扬仓粟一百五十七万六千余石转输北京。（《国榷》卷一三）永乐二年七月又从海上馈运北京。九月，徙太原、平阳、泽潞、辽、沁万户以充实北京。从永乐三年起又命漕运转输北京。以后几乎每年都有，不再列举。这些措施说明朱棣对北京的深谋远虑，特别是徙南方十郡九省的富民实北京，与发流罪以下的人垦北京田不同，富民实北京就可从经济上有速见实效的意义。

在军事上，于永乐元年十月得悉，篡故元后裔而自称鞑靼可汗的鬼力赤曾率兵与瓦剌部的马哈木战，结果大败。朱棣即指出："鬼力赤既败，瓦剌或南行以逞，虽未敢深入，宜当有备，遂敕兵将严兵待之。"（《明太宗实录》卷二四）并命靖安侯王忠镇守北京，同时屯田于北京。永乐二年，闻鬼力赤部落北徙，朱棣指示："彼诈难信"，可用多种方法备之，并命宣府备御武成侯王聪等巡开平。永乐三年七月命赵王朱高燧选汉、胡六十人，由两名指挥领队，赴塞北侦察蒙古动静。十一月并敕朱高燧曰："朕居燕二十余年，每边警，第谨守，未尝轻出兵。"又举出过去琉球中山武宁王开国元勋的例子，说他的办法就是严守，所以没有失败。因此也命朱高燧"凡遇警，其治备，勿轻出兵"（《国榷》卷一三）。可见朱棣一直在悬念北京和北部边境的安全。这些情况都说明朱棣对北京的关注远远超过南方，这不能不说是营建北京宫殿和迁都的前兆。

上述种种迹象，特别是对李至刚和顾成两人建议的态度，朱棣周围的大臣心领神会，所以在《明太宗实录》中就出现了永乐四年闰七月初五日"文武群臣淇国公丘福等，请建北京宫殿以备巡幸"的记载。朱棣遂决定派出尚书、侍郎、副都御使、佥都御史等大员七人分赴五省采木，督军民匠役烧造砖瓦，并命工部征天下诸色匠役、军士、民丁，明年赴北京听役。如此规模的行动计划，绝不是一朝一夕所能作业，可见营建北京宫殿之事，早有筹备。不过这里记载的是建北京宫殿“以备巡幸”，还不是为了迁都。但如果只为巡幸临时停留，有原来已经超过王府标准的故元西内宫殿改成的燕王府，换一下殿名、门名也未为不可，何以如此大兴土木？太祖兴建南京宫殿时亦未达到如此程度。且《明太宗实录》认为:“初，营建北京，凡庙坛、郊祀、坛场、宫殿、门阙，规制悉如南京，而高敞壮丽过之。”如此巨大的规划，绝不是后来的增补，而是动工之前就已决定。所以其所营建的北京宫殿，绝非只备巡幸的行宫，而是迁都的计划已经形成，不过是为了稳定人心，暂未公开宣示而已。

南京本来是条件较好的旧有都城。早在明建国前，元末布衣叶兑就说过，若定都南京，可“拓地江、广。进则越两淮以北征，退则画长江而自守。夫金陵古称龙蟠虎踞，帝王之都，借其兵力资财，以攻则克，以守则固，百察罕能如吾何哉”（《长安客话·皇都杂记》）。朱元璋夺取南京以后也认为：“金陵险固，古所谓长江天堑，真形胜地也，仓廪实，人民足，吾今有之，诸公又能同心协力，以相左右，何功不成！”（《明太祖实录》卷四）因此，在南京定都，营建宫殿。后来，军事上节节胜利，疆域逐渐扩大，特别是占领了元大都以后，朱元璋又重新选都，长安、洛阳、汴梁、北平，这几个历史上的都城都曾在他的选择范围之内，经反复比较，终于定都南京。

明攻克大都后，朱元璋曾询问廷臣曰：“北平建都，可以控制胡虏，比南京何如？”修撰鲍频答曰：“胡主起自沙漠，立国在燕，及是百年，地气已尽。南京兴王之地，不必改图。”（《长安客话·皇都杂记》）遂未建都北平。但朱元璋提出一个很重要的看法，即“北平建都，可以控制胡虏”，这说明朱元璋原来也是以故元势力为后患的，而且认为把京师设在北京，对控制北边可能比南京更为有利。这一看法与朱棣正好相通。

明朝建立以来，正如顾成所说，南部边陲不足为虑，而北部边疆、蒙古各部，时有侵扰，始终未能长治久安。明廷自朱元璋始，即对故元各部采取容忍政策。据《罪惟录》载：“元未亡时，大将军徐达诣朱元璋于汴梁云：‘臣不难走元主塞外。臣有厚望，使得穷迹之，不为异日忧。’帝不然，曰：‘世祖之运，凌夷已尽。但固北门，毋事穷兵。克城之日，慎勿焚掠。元之宗戚，皆善待之。’达敬诺。”事后也是这样执行的。朱棣得位后亦一直注意北部边防的巩固，同时仍遵循着其父皇与蒙古各部和睦相处的政策。永乐元年二月，朱棣得知鬼力赤称鞑靼可汗后，即遣使谕鬼力赤曰：“朕以嫡子奉藩于燕，入继大统，嘉与万邦，同臻安乐。比闻塞北推奉可汗，特遣指挥朵儿只恍惚等，赍织金文绮四端，致朕意。今天下大定，薄海内外，皆来朝贡。可汗能遣使往来，同为一家，岂不休哉！”（《国榷》卷一三）此谕可谓入情入理，鬼力赤却不以为然，并侵犯辽东塞。七月，朱棣又遣人向鬼力赤复申前谕之旨，指出：“可汗当知天命废兴之故，讲好修睦。乃闻窃有觊觎。古云‘顺天昌，逆天亡’，可汗宁不鉴此？”（《国榷》卷一三）后阿鲁台杀鬼力赤，迎故元后裔本雅失里为可汗。朱棣仍持通好态度，于永乐六年（1408 年）仍谕本雅失里曰：“自元运既讫，顺帝后，爱猷识理达腊至坤帖木儿，凡六传。瞬息之间，未闻一人善终者。我皇考太祖高皇帝，于元氏子孙加意抚恤，未归者辄令北还，如遣脱古思帖木儿归，嗣为可汗，此南北人所共知。朕之心即皇考之心。兹元氏宗祧不绝如线，去就之机，祸福由分，尔宜审处之。”（《明史》卷三二七）此一通好的书谕，阿鲁台、本雅失里等亦不听。永乐七年（1409 年）四月，明廷又遣礼科给事中郭骥等赍书本雅失里，并赐其臣阿鲁台、马儿哈咱等彩币。本雅失里不但不听，反而杀了郭骥，并欲袭兀良哈诸卫。朱棣令塞上戒严，并命淇国公丘福为大将军，率精骑十万北伐。但是，丘福计谋较差，敌设计诱其深入，诸将苦谏无效，结果中计，五将皆亡，全军覆没。次年二月，朱棣乃率五十万大军亲征，战于斡难河畔，本雅失里大败，仅以七骑遁，阿鲁台堕马，复追之百余里乃还。冬，阿鲁台始来贡马，帝仍纳之。

两年后，本雅失里为西部蒙古瓦剌之马哈木所杀，并另立答里巴为可汗。阿鲁台请为故主复仇，朱棣义之，封阿鲁台为和宁王，并从其所请。

瓦剌系居鞑靼以西的蒙古部落，元亡后其强臣猛可帖木儿据之，猛可帖木儿死后，其属下分为三部。三首领于永乐初来朝贡马请封，永乐七年即封马哈木为顺宁王，太平为贤义王，把秃孛罗为安乐王。后马哈木对朝廷提出越来越多的要求，甚至请发军器。朝廷未允，即入犯。永乐十二年（1414 年），瓦剌三王埽境来战，朱棣亲率铁骑大破之，马哈木等脱身遁去，乃班师。事后马哈木等又来贡马谢罪，朱棣仍不计较。此后蒙古各部上层，仍常到内地抢夺，一旦受创，安定一段时间，故态复萌，而明廷也无长远妥善安抚之计，只是来犯时予以回击，降服后赐以金帛，封官封王，因此北部边境始终不得安宁，百姓颇为苦累。这不能不使不愿苟且偷安的朱棣产生忧虑。在永乐十二年亲征的路上，朱棣曾对随征的皇太孙说：“汝知吾所以为此者乎？”皇太孙对曰：“陛下岂图其土地，利其资畜，亦岂不自为乐。虏，禽兽也，恩之不戴，服而遽叛，陛下固欲大狝剃之，永绝于遐荒，令一迹不近塞，为子孙臣民世福。”（《国榷》卷一六）朱棣听了很高兴，这说明皇太孙道出了他的心意。这也正是朱棣下决心营建北京宫殿和迁都的原因。

在这次战争中，由于明军有大量神机铳炮并朱棣亲率铁骑冲锋陷阵，所以获胜，马哈木、太平等脱遁。不过这次战争虽胜，但“杀伤相当”，“几危而复攻”，故很快收兵回京。

经过永乐八年、十二年朱棣对鞑靼及瓦剌的两次亲征，给他们以严厉的回击，鞑靼和瓦剌恢复起来并非容易。所以直到永乐二十年（1422 年）北部边疆未再发生大的战乱，也正是在这段时间里，明廷集中人力物力完成了营建北京宫殿的大规模工程。

为维护北部边疆的稳定，造福子孙后代，是永乐迁都的主要原因。因此，朱棣不惜耗费巨大的物力、财力、人力疏通运河，为北京输运粮饷。其营建北京宫殿、迁都的主要动机，显然并不是考虑北京的经济、交通等条件，而主要出于当时政治、军事的需要。

当然也有一些其他方面的原因，如北京是燕王发迹之地，其起事时的宿将谋臣，多为燕邸、北平都司及燕山三卫所属之将校，功成之后也难免有恋乡之情。另一方面，其“靖难”之举，虽“义正词严”，但其得位后大量杀戮忠于建文帝之臣子及家属，按照封建伦理，难免有失忠、恕、仁、义之嫌。朱棣作为一个驰骋疆场的皇帝，为争权夺势而残酷杀戮原不足为奇，但他毕竟不能毫无感触，如《罪惟录》载："于建文四年壬午六月十有七日己巳，燕王即位。微语尚书茹常：'朕毋得罪于天地祖宗乎？'常叩头大言曰：'陛下应天顺人，克成先志，何罪！'上悦。"这种"得罪"感，不论是何种程度，总是一种不安的心理。因此离开南京，将京师建立在自己熟悉的北京，心理上亦会得到某种平衡。

因而，实际上朱棣在永乐四年（1406年）已做了迁都的准备。永乐七年朱棣来到北京，曾向北京耆老发出诏谕曰："……朕受天命嗣大统，即位以来，夙夜拳拳，志图治理。今建北京，思与百姓同享太平，惟能务善去恶，可以永保身家。"（《明太宗实录》卷六三）

永乐四年决定营建北京宫殿即准备迁都的另一证明是，永乐五年（1407年）徐皇后崩逝一直未葬，而永乐七年三月来到北京，五月初即命礼部尚书赵羾在北京择地建陵，后得吉地于昌平县黄土山。朱棣亲自勘定，并封其山为天寿山。当日即遣武安侯郑亨祭告兴工，命武仪伯王通等董役事。这再确切不过地证明，朱棣迁都大计早已决定，否则不会把死在南京的皇后单独移来北京安葬。

陵工于永乐十一年（1413年）正月初步完成，命名长陵，二月葬皇后，但地面上的殿堂建筑尚未竣工，直到永乐十四年（1416年）三月长陵殿堂方完成，奉安皇后神位于殿内。可见自永乐七年至十四年春，营建北京宫殿的准备工作与建陵是同时进行的。在此期间，尚有对蒙古族的三次大规模战争，每次都动用了大批民丁协助运输，这不能不影响宫殿工程的进行，因此在几次出征漠北之前都有停止采木、烧砖的命令。对此《明实录》中共有十余次的记载，但这不等于是停止全部工程的进行。从各书记载来看，实际上从永乐五年至十八年，各处采木、烧砖、运输、营建工程一直未停，所谓停者，只不过是为了战争的需要，或为了安抚自"靖难"以来不断服苦役的百姓，而形成工程的断断续续地进行。营建宫殿过程中，虽有诸多困难，但始终未完全停工，正说明朱棣迁都的决心。

从朱棣营建北京宫殿及迁都的全过程中，可以看出他的主要动机是想使北部边疆的故元及蒙古各族能各守其土，安居乐业，从而有利于维护国家之统一、百姓之安宁、生产之发展。

后来事态的发展，证明了朱棣营建北京宫殿、迁都的动机收到了其预期的效果。蒙古鞑靼和瓦剌两部，经朱棣于永乐八年、十二年两次亲征，再加内部的相互厮杀，已大伤元气，因此在永乐十二至十八年这几年中基本保持着相安无事的局面。但鞑靼部经数年休养生息，畜牧业逐渐繁富，态度亦逐渐恶变，乃至拘留朝廷使者。永乐十九年（1421

年）正月阿鲁台遣使来朝贡时，其使臣竟劫夺行旅，“其部下往往寇塞下”。本年六月，谍者报阿鲁台欲寇边，引起朱棣的警惕，立即敕居庸关等处严备，并从辽东、河南、山西、潼关等多处调集兵马，命于第二年春赴北京。

是年十一月朱棣欲再亲征，大臣皆以为不可，劝以“圣体少安（病风痹），涉冒风沙，殊所未便”（《国榷》卷一七）。实际他主意已定，遂将不主亲征的两尚书下狱，一尚书畏惧自尽。复命刑部右侍郎张本、右都御史王彰等分往直隶、山东、山西、河南、应天、镇江、淮安、庐州、滁州、和州、徐州、顺天、保定、顺德、广平、真定、大名、永平、河间等地，各造车，发壮丁，备明春运饷，集中于宣府。次年二月，由隆平侯张信、工部尚书李庆等多人督运，共用驴三十四万头，车十一万七千五百七十三辆。挽役二十三万五千一百四十六人，转饷三十七万石（《国榷》卷一七）。次年三月，阿鲁台犯兴和，杀守将都指挥使王焕，陷城。朱棣立即率军发北京。大军未至，阿鲁台即遁。复追至屈烈儿河大战，朱棣亲自指挥，大败之。又数战皆胜，收其人口、牛、羊、驼、马，焚其辎重兵器，九月班师。

永乐二十一年（1423 年）七月，阿鲁台又犯边，朱棣谓诸将曰：“朕当待之塞外，乘其劳击之。”（《国榷》卷一七）此时朱棣年已六十四岁，但其欲安定北部百姓之心未衰，遂不顾病躯，又调兵遣将，率三十万军北征。追寻未遇，鞑靼王子也先土干来降。闻阿鲁台远遁，遂班师。

数月后，即永乐二十二年（1424 年）正月，大同、开平并报阿鲁台所部侵掠，乃调集山东、山西、河南、陕西、辽东步骑，命赴宣府，陕西、西宁、巩昌等地军赴北京。朱棣谕曰：“阿鲁台始以穷蹙来归，朕抚甚厚，违天负恩不一，朕再出师捣其穴，命如丝发，若从将士计，岂能复生！驱而逐之，冀能改也。豺狼兽心，终焉不变。朕非黩武，必拯边民。”（《国榷》卷一七）四月发北京，进军路中，仍先晓之以理，使中官谕其部落曰：“今王师之来，罪止阿鲁台一人，有能顺敬天道，输诚来朝，朕待以恩礼，仍授官职，听择善地，毋怀疑贰，以遗后悔。”（《国榷》卷一七）行至隰宁时获知阿鲁台已避至漠北，命速进，已深入至苍石冈，英国公张辅等分兵索山谷，周回四百余里，无一人迹，粮将尽，乃还。归途中，朱棣死于榆木川（今内蒙古自治区多伦县西北）。朱棣的几次亲征，所用兵丁及民夫，大部分来自北方，不但行程迅速，而且能适应于塞外行军作战，取胜可能性大增。同时朱棣坐镇于北京，不仅行动迅速，有利于指挥作战，而且是全军的强大精神支柱，如果京师设在南京，则不能具备这种种优势。

朱棣之营建北京宫殿，与秦之建阿房宫、隋之营东都、宋之起艮岳有很大不同。因为前者榨取民脂民膏，主要是用于皇帝个人享乐，而朱棣营建北京宫殿，建成后至死亡的五十五个月里，只有三十一个月住在宫殿，却有二十四个月在征途中，最后还死在征途上。正统时北京在也先重围之下，经军民奋战，得以保全。嘉靖朝俺答进犯至城下，亦未拔城。此皆与朱棣营建北京宫殿、迁都北京是分不开的，所以说朱棣之营建北京宫殿并迁都之举于国于民均有积极意义。正如弘治年间大学士丘濬所说："文皇帝迁都金台，天下万世之大势也。盖天下财赋出于东南，而金陵为其会；戎马盛于西北，而金台为其枢。并建两京，所以宅中图治，足食足兵，据形势之要，而为四方之极者也。用东南之财赋，统西北之戎马，无敌于天下矣。"（《大学衍义补》卷八五）

出自《故宫博物院院刊》1990 年第 3 期

紫禁城文化内涵浅识举隅

一

明清故宫只有五百七十五岁，但作为中华文化的载体，在它身上沉积着的则是数千年来先民的劳动和智慧。考古学家告诉我们，在27000年以前，北京人的祖先，还在靠自然条件洞居野外。到了距今7000年前后的新石器时代早期，才留存有房屋的痕迹。虽然那还是属于半地穴式的住屋，但毕竟产生了建筑文化。故宫建筑亦应是从这里起步的。新石器时代的圆形或方形半地穴式居室，考古学家多认为其屋顶是圆攒尖顶或四角攒尖顶。现在故宫的中和殿、交泰殿均为四角攒尖顶，花园各处及紫禁城墙外的大高玄殿等尚存在着圆攒尖顶。当然其建筑质量已不能与原始社会同日而语。另在原始屋攒尖处多有小面积透天，可能是技术尚达不到全封闭，或在功能上由于在室内起灶，需有出烟孔，夏天屋内需散热，同时也需要采光，故留有天窗。

古时“囱”字即窗字，《说文解字》释为“在墙为牖，在屋曰囱”，或从穴为“窗”；《玉篇》释“囱”为“灶突”即烟囱。亦具出烟、采光两义。这样，下雨时就难免漏水，故又称中霤，《说文解字》曰:“霤，屋水流也。”《释名》又有“中央曰中霤”之说，并云:“古者寝穴后室之霤，当今之栋下，直室之中，古者霤下之处也。”《春秋・公羊传》哀公六年曾记有“使力士举巨囊而至于中霤”之事。疏引庾蔚之云：“复（通寝）地上累土，穴则穿地也。复、穴皆开其上取明，故雨霤之，是以名中室为中霤也。”其在屋顶内的位置正相当于现在殿内的藻井。

《礼记・曲礼》中曾将祭祀中霤列为天子“五祀”之一。孔颖达疏云：“祭五祀者，春祭户，夏祭灶，季夏祭中霤，秋祭门，冬祭行也。”并认为此“五祀”为殷人之礼。《礼记·月令》并记“其祀中霤，祭先心”。孔疏云:祀之祭，先心者，因五脏之次序以心为尊，以祀中霤。在原始多神崇拜时期，视中霤为神，故祀之。且此俗直延续到明代。《明会典》

载“五祀”，“季夏（六月）遣司礼监官，祭中霤之神于文楼（清名体仁阁）前，西向”。

如今思之，文献所载“中霤”，其部位系室之正中，与藻井相合。河南白营龙山文化遗址中已有用木棍叠垒的水井，用此法在四壁上叠垒起屋顶，亦非不可能，这就与今之藻井更为相近了。不过这种屋顶不能在地面上、下存留至今而已。藻井一词约初见于汉张衡之《西京赋》，本为形容建筑华美之词。注云：系于栋中交木方为之如覆井，因名藻井，亦称“绮井”。只应劭掺以方士之言，以为象征主水之东井，用以压火，恐属无谓。因为藻虽生水中，但含文采之义，而绮则属华丽的丝织物，与水无涉。南梁萧纲诗中有“天窗绮井暧徘徊”句，明显绮井指“天窗”，可证与压火无关，而是与中霤有内在联系。三国吴薛综为《西京赋》作注中言：“藻井当栋中，交木方为之，如井干也。”只是说与用木棍架起的井干相似。唐崔埙《凌烟阁图功臣赋》中云“衣冠楚楚，焕藻井而相鲜”，更说明与压火无关，只是说这些功臣所着鲜丽的衣冠与藻井交相辉映而已。作为建筑豪富装饰的汉人，未必了解与原始屋的中霤有内在联系，但一脉相传的五祀可以充分说明也不是为建筑华美而祀，而是为了与原始屋功能有关而祭。《明会典》所载的祭文说“室之中霤，神司其职”，其职是：“居中向明，照察无私。”所以“时维季夏，谨以牲醴致祭，神其鉴知。尚享”。此祭文虽未明言藻井与中霤之联系，沿袭旧俗的祭祀地点也演变到庭院中，但其主旨“居中向明”，尚有“取明”之义，而对原始屋时是祀“雨霤”之处，可能自演化为殿内装饰之用时，就不知其然了。现在宫中井亭中央尚有露天之做法，其功能已为安装汲水之辘轳所代替，有的亦不装辘轳。然不露天亦可安装辘轳汲水，其所以露天亦可能有“取明”和保持中霤的遗意。因为这时若保留在殿内实在没有必要了。

二

河南二里头夏末或早商宫殿遗址的被发现，可证明距今4000年前宫殿已初具规模。其宫殿坐北朝南，周围宫墙有廊庑，中心殿在院落北部，前有广庭，中心殿堂建在台基上四面出廊。故宫太和殿一组建筑以至乾清宫、东西六宫前院正是二里头宫殿形制发展的结果，也就是说，明清宫殿的布局，在商代初期已具备了雏形。

十几年前河南登封首次发现的一处东西并列城堡遗址，是距今4000余年的以龙山文化为主的遗存。残留的城址为有基础槽的夯土层，西城的南墙长82.4米，西墙长约92米。东西两城平面各约近方形，可惜不仅地面无存，地下部分亦被洪水冲毁大部，已不能做更多研究，但也可以见到紫禁城祖初型的模糊面貌了。

紫禁城宫殿虽始建于明，但其选址，则是元初之事。元世祖忽必烈初于中统元年(1260年)，命在即位前即任随行顾问的刘秉忠“相地于桓州滦水北建城名开平”，后升为上都。

中统四年（1263 年）又命秉忠筑中都城，并建宗庙宫室。至元八年（1271 年），在建国号曰大元时，中都改名为大都。刘秉忠是一个自幼“于书无所不读，尤邃于《易》及邵氏《经世书》，至于天文、地理、律历、三式六壬、遁甲之属，无不精通，论天下事如指诸掌”（《元史》卷一五七《刘秉忠传》）的人。他对南宋大儒朱熹的论著不会不读。朱熹早以风水家的理论说过：“冀都是正天地中间，好个风水。山脉从云中发来，云中正高脊处，自脊以西之水，则西流入于龙门西河，自脊以东之水，则东流入于海。前面一条黄河环绕，右畔是华山耸立，为虎。自华来至中，为嵩山，是为前案。遂过去为泰山，耸于左为龙。淮南诸山是第二重案，江南诸山及五岭，又为第三四重案。”（《朱子语类》卷二）故孙承泽也认为“古今建都之地皆莫过于冀都”（《春明梦余录》卷二）。“风水”本为民间迷信的陋俗，但常与自然环境之优劣相混合，使得当时科学文化水平不甚发达的人们不能脱离这一段历史过程。这里不讨论风水的科学性，但元代选建大都宫殿时不能不考虑风水因素，所以元朝已认为“幽燕之地龙蟠虎踞，形势雄伟，南控江淮，北连朔漠。且天子必居中以受四方朝觐。大王果欲经营天下，驻跸之所，非燕不可”（《元史》卷一一九《木华黎传》）。因而在元世祖征询霸突鲁定都何处最佳时，一拍即合，遂定燕都之计。这与朱子所谈“左龙右虎”之势少有不合，但都是“风”与“水”的形势之论。若与《阳宅十书》所谈选宅原则对照，也颇有契合之处。

《阳宅十书》所云：“凡宅左有流水谓之青龙，右有长道谓之白虎，前有污池谓之朱雀，后有丘陵谓之玄武，为最贵地。”北京若以朝南方向论之左近处有可通江南之运河，稍远有通天津之温榆河、潮白河，皆可谓青龙。右有长道，卢沟桥自古即为沟通南北的交通要道，白虎亦具备。前方有三里河，原北京天桥一带有郊坛后河和水潭。北面近处有丘陵——万岁山，稍远更有燕山余脉，玄武亦备矣。真是最贵之地。

另一原则是“凡宅东下西高，富贵英豪。前高后下，绝无门户。后高前下，多足牛马”，“凡地，东高西低，生气降基；东低西高，不富且豪；前高后低，必败门户，后高前低，居之大吉”，紫禁城内的地面正是东下西高。若以大环境论，城内之水皆东南流，可见西北高。另据明人记载，京师“去通州四十里，地高五丈（约相当于今 16 米），河中置十闸始可行舟”（《春明梦余录》卷一），亦可证其东南部之低下。

该书又言：“凡宅地形，卯酉不足，居之自如，子午不足，居之大凶，子丑不足，居之口舌。南北长，东西狭，吉；东西长，南北狭，初凶后吉。”卯酉指东西，子午指南北。此两句是同义语。紫禁城是东西狭，南北长。每座住人的院落，如果把它看成是一处宅，基本上也是如此。

又言：“凡宅东有流水达江海，吉；东有大路，贫；北有大路，凶；南有大路，富贵。”此条，东有流水达江海、南有大路均已存在，独有东有大路、北有大路，作为四通八达的京师，是很难避免的。

还有两条，均属对自然环境的选择，无甚奥秘，即使不懂风水形势的人也会识别的。

即：“凡宅居滋润光泽阳气者，吉；干燥，无润泽者，凶。”“凡宅，不居当冲口处，不居寺庙，不近祠社、窑冶、官衙，不居草木不生处，不居故军营战地，不居正水流处，不居山脊冲处，不居大城门口处，不居对狱门处，不居百川口处。”

以上所述选宅基地址的原则，只能供封建社会的皇室贵族和富有者在宽敞的农村应用，对贫苦劳动人民毫无意义。而且选宅原则除自然环境的影响或庸人自扰者外，与人的命运是绝无联系的。即使遇上了某种不利条件或未逢吉利的情况，还可以找出另外的一些理由加以解释，就像“诚则灵，不诚则不灵”一样。因为这种风水还可以人为地去创造，如明代认为元代宫殿最北面缺乏一个镇山，明代即可造一个像北宋的艮岳一样的山，民间常见的如挂“照镜”、立“石敢当”等，又可把凶避过去，但均不见有何效应。不过在一个特定历史条件下，风水借助于人们的心态或习俗，也能构成某一事件的吉、凶、祸、福的因素。因此也不能不承认这种风水文化的存在。元明清三代初期统治者都把北京看成是“龙蟠虎踞”“万世帝王之都”，但都没有逃脱灭亡的命运。

三

历朝历代的皇帝虽然都大体遵循着以儒家思想为主体的礼制文化营建宫殿，但只有明代北京的宫殿在总体布局上最接近古礼中“左祖右社，面朝后市”“五门三朝”等要求，实际上，在许多细处也渊源于古礼。紫禁城角楼，据于倬云先生调查“本身从城台上地面至正吻上皮通高 16.81 米”，这与《周礼》所载“宫隅之雉七雉”的尺寸是十分接近的。因为，郑注已标明“雉高一丈”，“度高以高”。周尺之长为 0.231 米（万依：《宋代黄钟的改作及大晟黄钟的影响》，载《音乐研究》1993 年第 1 期），十尺为丈，长 2.31 米，七丈为 16.17 米，经过数千年，尺度变换难免有些误差。应该说，角楼的高度与古制是很接近的。

再如丹墀、丹陛，在一些古建辞书中不列。在《辞海》中称丹陛：“宫殿的台阶，因漆红色，故称丹陛。”丹墀：“古代宫殿前的石阶，漆成红色称为丹墀。”各引有古籍例句。两解只一石一台字之差，其余为修辞上微小之别，几乎难以区分。然在《明会典》则明载为两处，如“正旦冬至百官贺仪”中言：“其日清晨，锦衣卫陈卤簿、仪仗于丹陛及丹墀之东西。设朋扇于殿内东西列，车辂步辇于丹墀东西相向，……教坊司陈大乐于丹陛东西北向，仪礼司设同文玉帛案于丹陛之东，金吾卫设护卫官于殿内及丹陛之东西，陈甲士于午门外、奉天门外及丹陛东西，锦衣卫设将军于奉天门外，丹陛、丹墀及奉天门，……”还有很多不一一列举。从这些记载中可以肯定丹陛、丹墀是两个地方，绝非同指殿前涂红漆的“石阶”或“台阶”。然究竟各在何位置，仍难以区别。

《清会典》中朝会的仪节虽有些不同，但仍沿用丹陛、丹墀两词，如在三大节大朝或常朝时礼部“侍郎一人立丹陛下螭头前”，“鸿胪寺卿一人，立丹陛上”，“引王公鸿胪寺官二人立于丹陛，引百官、引外国贡使鸿胪寺官各四人立于丹墀”等等。有的还说明设于丹墀之东西。然从中可见丹陛上、丹陛下和丹墀、丹墀东西之分。这些记载与现存建筑、清人的示意图对照，知丹陛应指三台的台阶和三台之上，丹墀则指丹陛之下。《说文解字》：“墀，涂地也。”《汉官典职仪式选用》进一步指明：“以丹漆地，故称丹墀。”《班婕妤赋》：“俯视兮丹墀”注亦云：“丹墀，赤地也。”均未云以赤涂阶。可证明，明清会典所云丹陛、丹墀异位，是有根据的。而且汉人尚赤，周人亦尚赤，此制也可能始自周代。

又今存太和殿三台之上进殿的中陛为9级，此亦据《周礼》注所云“周堂（原注：包括宗庙、王寝、明堂，同制）高九尺”之规制所建。此处所谓高九尺应即为《明堂遗制考》所说“堂基，……高九尺，阶九等”之义。汉人张衡《西京赋》：“右平左墄”注曰：“墄，限也，谓阶齿也。天子殿（阶）高九齿，和有九级，其侧阶各中分左右，左有齿，右则滂沱平之，令辇车得上。”这也能说明明清殿阶九级是按古制建造的。“右平左墄”的遗意亦仍存在，不过位置不是左右相并，而是左右墄而中平，因为三台过于高耸不宜上辇，而改为乘舆，中陛也与上注所载像流水一样之平坡不同，而改为浮雕云龙的平阶了。不过可以驶辇或其他实用车辆的平坡之阶仍然存在，而改在殿两旁的中左门、中右门了。再是丹陛上日晷的设立，也不是明清始创，而是在《仪礼》郑玄注中即有记载。《仪礼释宫增注》中言之更明：“(《仪礼》) 聘礼注曰，有宫必有碑。所以识日影知阴阳也。”唐人贾公彦疏又言“碑在堂下，三分庭一，在北”，“设碑近（堂）如堂深”，与今之尺寸接近。只不过当时比日晷更简单的碑，是设在庭的中线上，现存者设在东侧而已。

上述数例可以说明：第一，紫禁城宫殿的文化内涵是丰富的，它不仅蕴含着明清建筑技术和艺术的伟大成就，而且能看到建筑文化发展无数层的年轮。第二，紫禁城宫殿不仅处处体现着儒家为主的封建礼制，而且能看到在它成长的道路上遇到的种种意识形态的濡染。第三，中国封建社会运行的特色，既有强大的文化形态的守恒性，又处在不断发展变化之中。原始的纯观念的因素在减少，而合乎实际的、实用的因素也即科学的因素在屡屡生成。

出自《中国紫禁城学会论文集》（第一辑），紫禁城出版社（今故宫出版社），1997年

颐和园文化内涵漫语

三年多以前曾有报道，我国科学工作者测定“昆明湖的历史有3500年”。这与出土甲骨文中的“囿”字年代大体相类。商代甲骨文的“囿”字，其字形是一个“日”字形框内上下各有一个“林”字，或一个“田”字形框内四个空白处各有半个古体的“草”字。字框象形围垣及界墙，框内的“林”字或古体半个“草”字，像囿中生长的草木，半个古体的“草”字，也可理解为鸟兽的脚趾印，像囿中的禽兽。到战国时期金文中始见有形声字的“囿”字，一直用到现在。

《诗经》中记有“王在灵囿，麀鹿攸伏。麀鹿濯濯，白鸟翯翯。王在灵沼，于牣鱼跃”(《大雅》)。这是反映商末周文王时期囿的景象。至于“园”字，甲骨文中尚未发现，然在《诗经》中已较为多见。如“乐彼之园，爰有树檀”(《小雅》)，“园有桃，其实之殽”(《魏风》)。《大戴礼记》有“囿有见韭”“囿有见杏”的记载。可见当时园或囿中有草树丛生，鸟兽聚集，果木蔬菜并长之地。到战国时期见有园、囿，或苑、囿合用之词，含义相近，似乎没有变化，但产生了对园囿的新的看法，如《孟子》曾言：“弃田以为园囿，使民不得衣食。”《吕氏春秋》有“昔先圣王之为苑囿园池也，足以观望劳形而已矣”的说法。

随着社会经济的发展，各代宫廷对园林审美意识不断提高，园囿中的果木、蔬菜、鸟兽，已不再满足于以自然生长为主的状况，而改为主要靠有意识地培植、豢养。汉武帝在秦旧苑基址上初建上林苑时，群臣远方各献名果异花三千余种植其中，“并‘养百兽’，天子秋冬射猎取之”。若从当时司马相如的《上林赋》所反映的内容看，此时园囿文化的发展已达到相当高度。赋中谈到对大环境的选择是“左苍梧，右西极，丹水更其南，紫渊径其北”，“出入泾渭，……荡荡乎八川分流，相背而异态”，水源十分丰富。水中，各鱼类“振鳞奋翼，潜处乎深岩”。水面，鸿鹔鹄鸨，“群浮乎其上”。岸上，有“崇山矗矗，深林巨木”。江边，“掩以绿蕙，被以江蓠”，“郁郁菲菲，众香发越”。更有诸多动物和橐驼驴骡，杂处其间。至于“离宫别馆，弥山跨谷，高廊四注，重坐曲阁”，“醴泉涌于清室，通川过于中庭”。其果木则有：“卢橘夏熟，黄甘橙榛，枇杷橪柿，亭柰厚朴，樗枣杨梅，樱桃蒲陶，……扬翠叶，杌紫茎，发红华，垂朱荣。”真是“视之无端，究之无穷”。

若游戏之时，则“奏陶唐氏之舞，听葛天氏之歌;千人唱，万人和，山陵为之震动，川谷为之荡波”。那些美女，“妩媚孅弱”，“皓齿粲烂”，“长眉连娟”，“色授魂与，心愉于侧”。

这里摘录的《上林赋》不足十分之一，但可看出西汉宫廷对园囿的审美观念已大大发展，他们对园囿的需求，不再只是供狩猎和果木蔬菜等物质上的满足，而是注意到对山水、花木等自然环境的钟爱，以及对建筑、音乐、歌舞等艺术作品的欣赏，这就从最初对园囿偏重于物质上的实用上升到精神上的享乐，是园囿文化的发展。较为可贵的是赋中反映了主人在园中兴尽酒酣之后，能反顾到应“解酒罢猎”，并联想到“地方不过千里，而囿居九百，是草木不得垦辟，而人无所食也”这种经济、政治上的后果。此赋虽出自司马相如的文学作品，多有夸张推想之处，但它所谈论的却是皇帝能接受的观点，并深受汉武帝的赏识，他以一介能辞善赋的书生，由武骑常侍落魄为开酒铺的小商人，因此赋见悦于汉武帝竟被提升为郎官，反又拜为孝文园令。同时也在一定程度上反映了上林苑的实际情况和当时营造园囿的思想，作为园林传统文化一直影响到今天。

魏晋南北朝时期，由于三国的分割战乱，佛教的传入，道家思想的活跃，两汉时期独尊儒术大一统思想已经动摇，哲学思想、文化艺术亦得到发展。这时园林已不再是宫廷所独有，汉代已经出现的公卿贵族园林已不在少数，规模也相当可观。西晋太仆卿、曾任征虏将军的石崇在河南洛阳东北金谷涧中构园，自谓“有清泉、茂林、众果、竹柏、药草之属，其为娱目欢心之物备矣”，此时期园林的特色是对自然美的欣赏，并把自然景物与人的思想感情融为一体。东晋王羲之等集会于会稽兰亭的文人们，在天朗气清、惠风和畅的日子里，在崇山峻岭、茂林修竹，又有清流激湍的环境中，列坐其次，可仰观宇宙之大，俯察品类之盛，游目骋怀，“足以极视听之娱”，自然环境与人的感受是如此和谐，正是哲人理想中的“天人合一”的情景。此后唐宋各代均沿此意趣向前拓展。

清代，虽处于我国封建社会末期，但在园林构筑方面，从艺术构思、审美情趣、风格流派等方面，都比以前更为丰富多彩。因为它纵向可以集历代园林之大成，横向又可以把南北园林、宫廷和文人园林融为一体。尤其康、雍、乾盛世，经济条件优越，皇帝又乐此不疲，形成皇家园林建筑的最后高潮，原名清漪园的颐和园正是在此背景下诞生的，所以它的传统及各种流派园林文化信息的含量是罕与伦比的。

北京西郊的“三山五园”是清代皇家园林荟萃的胜地，惜两遭近代国际强盗的野蛮劫掠焚烧，规模最大、最典型的居宫廷园林之首的圆明三园已荡然无存，颐和园因有山水砖石的呵护，得以残存较多的遗迹，经晚清政府的重修，人民政府的保护、修缮、恢复，才大体显现出原貌，其数千年的园囿文化积淀方得跃然在目。走进今日的颐和园，不仅可以观察到历史老人质朴的遗迹，而且能感受到士大夫文人的高雅气息和诗词中的空灵韵味。

颐和园虽初建于18世纪中叶，但先秦园囿的某些遗存依稀可见，在当时的清漪园中，前山罗汉堂附近有鹿苑和鸡园。鹿苑，尚不希奇，鸡园则较为少见。其意不会是为“鸡卜”饲鸡之所，因用鸡骨来进行占卜，宋以后很少见，南方或有此习，而在北方的清代宫廷中从未发现；另，唐明皇在藩邸时喜民间清明斗鸡戏，曾于即位后治鸡坊于两宫间，索长安雄鸡千数养于鸡坊，然清宫已无此习；或为略存上古园囿畋猎、豢养禽兽之遗意。至于自然景色、山崇水碧、木巨林深，远有苍山因借，近以湖石作屏，亭台楼阁散点于丛碧之间，无不与秦汉苑囿相通。

就一般情况讲，园林是休憩游乐的场所，园内不设殿堂崇阶等庄严的建筑物，而清代皇家园林则不然，几乎每座大型园囿中都建有勤政殿，甚至在圆明园、避暑山庄还建有举行典礼用的正殿和各部院衙门的临时值房。颐和园的仁寿殿初建成时即名勤政殿，它虽不是面南的正殿，但也是接受臣工们朝觐和听政的处所，晚清还曾在此接见外国使节、举行典礼。屋顶虽只使用灰瓦卷棚，未用黄琉璃瓦，是为了表示行殿俭朴和与园林其他建筑相谐调，但梁柱皆髹以丹漆、梁枋施以双龙和玺彩画，金扉金锁窗，室内设地平、宝座、屏风、甪端、香亭、太平有象，与正殿无异，完全保持了宫廷的气派。

颐和园在以皇家园林为主调的环境中，又存在着文人园林的格调。所谓文人园林的格调，其特点在于摈弃豪华而追求意趣，使园内景物，诸如一山一水、一竹一石都可构成诗、画的意境。中国园林实际上是有形的风景诗，三维的风景画，即园林体现着某些诗的意境和画的情趣。风景诗的语言无论多么形象、意境多么深远，仍是在人们朦胧浮想之中，思念远人总不如相见惬意。当久思不得一见的诗境，一旦出现在面前时，总会获得读诗以外的喜悦。同样，观赏一幅山水或花鸟画，它虽然可以给人们形象意趣，使人们的遐思进入画面中所未表现的佳境，但与亲身漫步或登临于园景之中还是不同的。因为这些景观，不止是从一个平面去欣赏，而是可以多方位、多角度，在多种光线和环境下（如雨中、朝晖、夕阳、四季）去观赏，比从一张画面上得到的更为丰富。颐和园正是这种诗、画、景有机结合的佳作。如陶渊明富有诗意的散文《桃花源记》中曾讲过的桃花林，“中无杂树，芳草鲜美，落英缤纷”的画面，若干年来，总是在我心中作此佳想。五十多年前，不意间在万寿山后山发现一片桃花林，正如陶侃所述，真若身临仙境。在昆明湖中“接天莲叶无穷碧，映日荷花别样红”的景色，每一个夏天都能看得见。入秋以后，“隔断红尘三十里，白云红叶两悠悠”的意境，在后山到处可见。这正是文人园林所追求的园韵。

在各景点所见的匾额、楹联、题句等是我国园林独有的艺术创作，它不仅画龙点睛般地把景点的特征、意趣揭示出来，还能增加游览者对园景欣赏的深度，拓宽园林的意趣。如在前山花木葱茏的幽静庭院前，小戏台外看到用很秀丽的行楷书写的“听鹂馆”金字匾，立即会想到杜甫“两个黄鹂鸣翠柳”的佳句，眼前会浮现出一幅黄鹂在绿柳枝头宛转欢歌的情景，有声有色。同时此匾的内容又是双关的，从里面又能听到字正腔圆、曲文俊美的歌声，真是把诗、文、书、画、音乐、戏剧融为一体。又如在后山起伏而舒缓的山路上有一个普通的城关，若无题字便会跨步而过，但门上镌有“挹爽”二字的砖雕题额，就不禁使人留连思索。“挹爽”二字可能从唐王勃文中“挹露攀霞”句演化而来。露集多了或可以留取，而这里面对的是山林中一片清爽，竟可留取入怀，是何等清雅！与前山的“写秋”和谐趣园的“饮绿”有异曲同工之妙。这些幽思都是带有文人园林文化的色彩。

园林与寺庙巧妙地结合，也是中国园林的一大特色，或大寺院中有小园林，或大园林中有小寺庙。清代宫廷尤其如此，不仅大园林中有寺院，而且园林周围还有寺院拱卫。园林和寺院虽然是两种不同性质的境界，但两者之间又有某些相通之处，可以相得益彰。万寿山前山后山两个主轴线上，原为两座大寺，遭英法强盗焚掠后，经光绪初年重修，前山的“大报恩延寿寺”始具今日规模，而山麓之罗汉堂等已无迹可筑。建此寺时，乾隆帝的说法是为其生母崇庆皇太后钮祜禄氏六十寿辰“礼忏祝嘏”，实际也有另外的意图，即“万几之暇”亲奉太后“随喜于此”，以有助于承欢养志，亦可作为乾隆帝自己“散志澄怀之所”。可见，此处是寺院与园林两用的。此寺之主体建筑也是全园单体最高的建筑佛香阁，原拟建一座九级浮屠，将完成时又改为略似六合塔的八面三层四重檐的形体，这一改动的真正原因现在尚不可知，但从园林观赏的角度看，这一改动后的四重檐不等距，三层阁外部皆有柱廊，比九级密层塔活泼了很多。阁的内部是通透的，可以进入礼佛，有如殿堂，再加四周围以无墙壁的游廊，可以俯视全园，可以“纳千顷之汪洋，收四时之烂漫”，又是一个雄伟开阔制高的景点。好一处宫廷园林与寺院巧妙相结合的佳作！

后山中部偏东，北向依山势而建的另一座大的佛寺，其最高大的建筑名“香岩宗印之阁”及须弥灵境大殿，原为木结构建筑，被英法侵略军焚毁后，晚清时只在原址上重建了一座，仍名为“香岩宗印之阁”，但只是一座单层大殿，未复旧观。其余一片砖石结构的塔台虽未被焚毁，但以废墟的面貌残存了一个多世纪，直至改革开放以后，始得复原。此寺系仿西藏乃东县建于8世纪（佛教传入西藏初期）的三摩耶寺的建筑风格构筑的，造型布局不同一般，置身其中如临异域，只数处黄琉璃瓦顶尚存中原特色；同时显示着宫廷园林气氛，也是汉藏建筑文化融合的标示。计成认为“萧寺可以卜邻，梵音到耳”。这里比“卜邻”更进一步，而是把萧寺直接揽入怀中。

到乾隆中期，中国造园艺术及技巧已经发展到空前的程度，再加正是清朝全盛时期，造清漪园时，已有丰富的经验，无论是设计者还是施工者都行之甚便，既可以运用宫廷传统造园艺术的手法，又可以吸收文人造园的技巧，集中体现数千年来的传统园林文化。

作为传统园林文化，第一步是相地。颐和园所处的位置，正处在三山五园的中间环节。园内有山峦水源可资利用，园外有远山塔影可以因借，“傍山林”“通河沼”，又有好山园、圆静寺旧基，古木参天，繁花野趣，皆造园之优势，真可以达到“穷天下之物，无不得其欲者”，诚为“富贵者之乐也”。

利用自然条件兴造大园，其重要手法在于巧于因借。设计者以大刀阔斧之势，扩凿金海东部之土，添补瓮山东坡之麓，使瓮山主峰面向昆明湖的中心，东西平衡，即可在山之主峰上建造合乎宫廷面南要求的宫殿或寺庙，其主体建筑自然可保持平稳庄严的态势。然后再点缀以大大小小造型各异的景点，形成前山以宫廷风格为主，间以文人雅趣的设置；后山则以山林野趣为主，又有宗教建筑鹤立其间的风格，古人曾有文人野逸淡雅之趣难与华贵浓艳宫廷气质共处的说法，在此园中居然能和谐相处，并无互不相容的气氛，这正是颐和园造园高超之处。

从现存古典园林遗迹看来，一般认为，江南园林多以玲珑、精巧、秀丽取胜，北方园林则以雄健、浑厚、淳朴见长。清代皇家园林，其主体规模、造型、气势是北方特色，但在很多景点却融入了南方园林的色彩。自康熙、乾隆二帝南巡以后，他们的审美意识逐渐渗入了江南园林的艺术神韵，以至在皇家园林中出现了大量模仿南方文人园林的成分。他们不仅在风格上、韵味上吸收南方文人园林的做法，而且把景点某些特征甚至景名一并引入皇家园林，这种情况在清修各大御园中比比皆是。文人私家建园，在造景题名方面，往往力求别致清新，最忌与他处雷同，以免落入俗套。而清宫廷对此颇不在意，甚至直接抄袭应用。因为在皇帝看来，“溥天之下，莫非王土”，世上美好的景物，无不属于自己，随便拿来，任意挥去。圆明园中曾有一景点名安澜园，与海宁陈氏的安澜园同名，但并非巧合。因为乾隆帝自作的《安澜园记》中曾说，海宁“陈氏之园名何以名御园？盖喜其结构佳致，图以归。园晚成，爰数典而仍其名也”。乾隆帝对模仿江南园林很下功夫。乾隆二十二年（1757 年）第二次南巡时曾携带元倪云林《狮子林图》游苏州狮子林，在园内展图对观。第三次、第四次南巡又两次来此园，每次都有题诗记载，于是在乾隆三十五年（1770 年）修建长春园时即建有狮子林一景，并曰：“此间邱壑皆肖其景为之。”后于乾隆四十三年（1778 年）又在避暑山庄建了文园狮子林，这个景区至少有十五个景名完全与长春园狮子林的景名相同。在圆明园中甚至把杭州西湖十景的景名全部搬来，并做了某些模仿。他这些模仿比较高雅之处在于并不刻意模仿，而是在似与不似之间，或借题发挥。一般说来，宫廷园林布局比较严整，建筑物体量大，用料较为讲究，造型仍具有北方特色，挑檐的上翘弧度很小，明柱门窗较粗壮，寓玲珑于雄伟敦厚之中。有一些南方简洁朴素的民间风格的建筑物被加上红漆彩色琉璃瓦，也赋予北方宫廷的装饰，形成了南北融合、宫廷与文人融合的园林风格。

清漪园总体系仿杭州西湖笔意，山东麓的谐趣园则仿无锡惠山的寄畅园，故此园原名惠山园。乾隆帝南巡时认为“江南诸名墅，惟惠山秦园最古”，而且“喜其幽致”，故携此园之图回京，并“肖其意于万寿山之东麓，名曰惠山园”（到嘉庆年间重修时才改名谐趣园）。

文人私家建园，限于条件，对环境的追求是以“地偏为胜”（计成语），“以小为美”，这在颐和园的大环境中很难做到，但园艺大师巧妙地把惠山园隐蔽于万寿山之东麓，地势低下，无论从前山还是后山走过去时，都会以为已到山之末端，景物将尽，“偏野”之感就产生了。为了追求“小”，则以“园中园”的方法来处理，即用建筑物或小山、竹林、花木隔挡，与大园分开，独立成园，那种小园内与景物接近距离的亲切感自会出现。这也是清代造园的一大特色，各御园中普遍存在。

在清漪园中，最为惊人之笔是后山丛林夹岸的清流深处，突然出现了苏州街市，两岸店铺林立，水中舳舻相接。这又是此园中宫廷文化、文人文化、寺庙文化与市井文化的巧妙结合。或许是今日旅游景点中出现购物网点的滥觞吧。

出自《颐和园文化研究》（第一辑），中国矿业大学出版社，2000 年

对紫禁城学研究范围的思考

“紫禁城”一词虽初见于明万历《会典》，但古人以星象附会人事，以天帝所居之紫微星座比为天子所居之宫殿，因而称帝居为紫宫、紫微、紫禁的说法早已存在。《史记·天官书》中已初见端倪：“中官天极星，其一明者，太一常居也；旁三星三公，或曰子属。后句四星，末大星正妃，馀三星后宫之属也。环之匡卫十二星，藩臣。皆曰紫宫。”《晋书·天文志》则谓“紫微，大帝之坐也，天子之常居也”。南朝《宋孝武宣妃诔》中已有“掩彩瑶光，收华紫禁”之言。此“紫禁”一词之早见者。李善注云：“王者之宫，以象紫微，故谓宫中的紫禁。”唐代李、杜、白、岑等大诗人均有称帝宫为紫禁的佳句。到明永乐时期，大学士金幼孜、翰林侍讲陈敬宗的诗中，亦称宫中为紫禁。尽管明清官书中总把紫禁城当作帝宫城池的代词，但实际上人们早已不把紫禁城只当作建筑物来理解了。随着故宫博物院被定为全国重点文物保护单位、世界文化遗产，紫禁城的含义已经发生了本质性的转变。现在我们对它的认识还不够深入、全面，有很多问题，尚需从多方面加以思考。

一　明清时期对紫禁城的记述

明永乐年间，北京宫殿建成后（当时官方文献中尚未见“紫禁城”一词），迅即引起官僚儒士们关注，多颂之以诗、赋。这些文学作品中，虽不乏溢美之词，但也可看出他们对这一片崭新的宫殿，并非完全是浮光掠影，而是观察全面，见地颇深。以史称明初贤相“三杨”之一的杨荣所作《皇都大一统赋》为例，在短短三千多字的文章中，对紫禁城所处大的空间环境、险要地位以及山林、水系、交通、土地、民生的优越之处无不谈及。

他认为北京的地理形势是：“西接太行，东临碣石；巨野亘其南，居庸控其北，……

复有玉泉漫流，……金河澄波，……贯天河而为一，与瀛海其相通。……王畿之内，辇毂之间，沃野弥望，……鸡犬相闻，……以牧则蕃，以种则获，……随其所营，皆得其乐。而其为都也，四方道里之适均，万国朝觐之所同，梯航玉帛为都邑之会，阴阳风雨当天地之中。”无不恰到好处。

在记述修建过程时他说：“爰敕臣庶，爰伐材木，南浮湖湘，西入巴蜀，斧披虹霓，声撼山谷。”说到采石是：“莹者如圭，洁者如琼，……千夫所攻，万里启行。”烧造砖瓦是：“出于陶冶，成于埏埴，……或规以圆，或矩以方。粲琉璃之一色，耀文采于中央，或肖形于兽吻，或拟质于鸳鸯。”各路工匠源源其来，“登登其筑，百堵皆兴，万夫相属”，各效其能，以见于为。

述建成以后的情况是：“九门洞开，三殿攸建，……华盖屹立乎中央，奉天端拱乎南面，……其南则有午门、端门、左掖、右掖。……其左则有宗庙之祀，以奉祖考，……其右则有社稷之灵，以崇祀享。……震位毓德，文华穹窿，亦有武英，实为斋宫。……其北则有坤宁之域，乾清之宫，……金铺璀璨，绮疏玲珑。……乾清之前，门列先后，日精月华之对峙，景运隆宗之并构。谨身翼（应为屹）乎其前，仁寿屹（应为翼）乎其右。……六宫备陈，七所在列。”对西苑佳景的描述曰：此地有“太液之池，万岁之山，澄波潋滟，层岫巑岏，……门临碧薛之磴，桥跨玉虹之湾。……长松之盘，古柏之直，修篁烟挺，老桧云积，……”真如仙境一般清丽可人。

赋中还谈及皇城之外，有殿宇魁渠，为诸王宫，翊卫皇图，星罗棋布，以临九衢。

对当时所建坛庙的记载是：“圜丘方丘，不岐以二”，“群祀有典，百神有位”，“奉神有祠，报功有庙，梵宇琳宫，光辉朗耀”。

同时，对宫中及京都的设官、设学、武卫等均有阐述。尤其对市井的记载，更加生动，乃云：“钟鼓有楼，其高接天。”在钟鼓楼周围，“朝市既成，井邑斯列，……豁九达之通衢，罗万室之如栉。富商巨贾，肩摩袂接，……来百货之纵横，杂轮蹄之填咽，珠玑烂其辉燿，罗绮煜其腾沓，……浓妆竞倚，粉黛争妍，引歌喉之宛转，回舞袖之蹁跹”，正符合《周礼》“面朝后市”之理想规制。

最后他对宫殿启用时的盛况也加以记录：“辛丑正旦（即永乐十九年，1421 年）正月初一日），方春和融，圣皇御朝，万方会同，……戴白之叟，垂髫之童，且欣且忭，拜舞呼嵩。……庆此皇都，佳气郁葱，扩基图于万世，伟壮观于九重。真帝王悠久之业，据山河表里之雄。”比之前代帝王所都，如：“丰镐之美，崤函之固，……虽或雄据于一时，……而于今兹帝都之壮丽，又岂可以同年而语哉！”

这虽然是一篇文学作品，但不完全是孟浪之言，而是把紫禁城有关的事和物，从大环境的选择到修建过程，从平面布局到宫殿规制，从坛庙园林到衙署邸第，从庙堂的使用到市井的繁华，把宫城内外描述得淋漓尽致。可以说它和它同时的类似作品，都称得上是紫禁城学的滥觞。虽然文中“紫禁城”一词并未出现。

到万历年重修《明会典》中明确记载有“紫禁城”一词前后，宫廷文人的笔记杂著中，多谈及紫禁城的方方面面。记载紫禁城事、物较多的是《酌中志》，而《春明梦余录》则从历史学、地理学、文学等方面，对紫禁城的叙述更加条理化了。

入清以来，康熙初年曾入值过南书房的朱彝尊作《日下旧闻》，曾亲自到各处实地勘察，精心搜讨。他不仅写下当时的紫禁城，而且结合文献，追溯到上古的传说资料。关于上古传说，固不可完全信以为真，但毕竟反映了朱彝尊的追求。乾隆年间，在《日下旧闻》的基础上，拾遗补阙，援古证今，履勘史迹，订妄存真，为《日下旧闻》增补了大量资料，比原来的卷数增加了三倍。增加的部分如《国朝宫室》《国朝苑囿》《皇城》《官署》等，都是直接记述宫廷建筑、历史、地理、文化等当时的实况，或与紫禁城有关的史料。仅《日下旧闻》就参考选录了前人旧籍一千三百多种，比《日下旧闻》篇幅大三倍的《日下旧闻考》所摄取的资料，当更加丰富。虽然所增资料中，如按语、诗文等，多是颂扬清统治者或皇帝自鸣得意之作，但作为史料看，仍能说明一定的问题。从紫禁城学角度看，《日下旧闻考》不失为一部价值很高的资料库。

与此同时和稍后，清宫纂辑的《国朝宫史》和《国朝宫史续编》也完全是与紫禁城学有关的著述，在此前后许多朝野文人的笔记杂纂中，反映紫禁城相关事物的则不胜枚举。

二　对紫禁城学会研究范围的初步思考

到20世纪30年代，刘敦桢、梁思成、朱偰、单士元等老一辈学者更以新的科学方法，对紫禁城建筑等进行多方面研究，都可看成紫禁城学的基础工程。同时代章乃炜、王霭人两先生合编的《清宫述闻》及章乃炜先生独编的《清宫述闻续编》，是继《日下旧闻考》以后的又一巨篇，征引书目亦达七百余种，且完全是紫禁城的史料，十分可贵。改革开放以后，于倬云先生的《紫禁城宫殿》图册独步当时，开紫禁城学的先河。同时有关紫禁城学的书刊文章如雨后春笋，指不胜屈。1990年纪念紫禁城建成五百七十周年学术讨论会论文集已经出版。在这次会上及会后，在京数十位专家学者提议建立的中国紫禁城学会已经成立，1997年第一次学术讨论会论文集亦已出版。在两个世纪之交，又遇我国改革开放，经济得到迅速稳定发展，在社会众多有关专家学者广泛关怀下，有国家文物局、故宫博物院的大力支持，紫禁城学的研究必将获得进一步开展。

通过中国紫禁城学会成立前后多次的讨论逐渐认识到，紫禁城学会研究的范围，既不限于紫禁城这个城池，也不限于紫禁城内的建筑。北京故宫作为名胜古迹，早已为世界所瞩目，但它不只是一座古物陈列所或古代艺术博物馆，而是受世界敬仰的人类文化遗产。这里的一宫一殿，一砖一石，和宫廷遗留的每一件历史文物、艺术文物，都有它的历史背景，都凝聚着中华民族的创造精神和优秀传统，我们正是要从这些历史遗留中去认识中华民族的灿烂文化，以发扬光大于世界民族之林。

紫禁城学会当然要研究紫禁城，因为紫禁城早已成为明清故宫的代称。明清故宫的研究内容，一般包括四方面：（一）故宫建筑这座不可移动的大文物，是紫禁城学要研究的主要部分。（二）明清宫廷遗留下来的近百万件的可移动文物，包括历史文物、艺术文物，它们各有来历，有的是宫廷的制作，有的是宫廷的收藏，有的是满汉大臣和兄弟民族的贡品，有的是来自各国的礼物，都是与明清宫廷有关的。（三）明清宫廷（主要是清宫）遗留而幸存的珍贵图书和20世纪30年代与甲骨、敦煌并称为三大发现的近千万件的明清档案，主要是清代宫廷的档案，价值极高。可惜这部分珍贵遗产不少毁于两次帝国主义侵略军的战火和掠夺，掠夺的部分至今还藏在一些曾是侵略国的博物馆里。一部分故宫收藏的文物、图书、档案，尚分离在台湾海峡的对岸。另有大量珍本图书和全部档案，被划分于故宫之外。从紫禁学会研究范围角度看，这一部分已经是有一层之隔了。实际上，前述建筑和文物也存在同样的问题，想整体地研究是相当困难的。（四）与前述三方面有密切关系的历史。这些建筑、文物、图书、档案都是与原来紫禁城中的人（包括帝、后和有关的大臣、宫廷文人、科学家、艺术家、工匠等等）的活动是分不开的。对这些人和事如不加以研究，我们就不能认识清楚这一文化遗产的完整价值。

关于紫禁城学会的研究范围，单士元先生在学会成立大会的开幕词中就提出，“紫禁城不仅是明清两代的皇权建筑，还凝聚了政治史、民族史、文化史，尤其是文化史的内涵，可以上溯到几千年前。不仅宫中珍藏的许多书画经过多少朝代的珍赏保护，流传至今，就连其中的匾联题额也是几千年文化思想的继承与发展，宫中的漆器、铜器、陶瓷、织绣、缂丝等以及一切珍玩宝物，不仅是几千年工艺技术的结晶，更是中华民族文化史的实物宝库。这就是说，几千年的文化都可以再现在紫禁城里，可以说它们之间有着千丝万缕的联系。因此，紫禁城的研究不仅非常广大，研究内容也要逐步深化和扩大”。于倬云先生在《紫禁城学会筹备工作报告》中指出：“宫殿建筑是各个历史时期建筑技术和艺术成就的集中体现。中国紫禁城的营建又是在继承历代宫殿精华的基础上形成的，因而它的文化内涵极其丰富。它不仅具有文物学意义的历史、艺术与科学价值，而且蕴含着古代宫殿建筑设计的哲理。”在于倬云先生的《紫禁城宫殿体现的真善美》(《故宫博物院院刊建院七十周年纪念特刊》) 一文中，即阐述了紫禁城宫殿建筑中所包含的追求真善美统一的哲学思想，揭示出宫殿建筑中较深层的属性，说明在这座古建筑中不仅有自然科学，而且有人文科学的内涵。这就比仅从工程角度谈建筑，要丰富而深刻得多了，从此可以看出仅宫殿建筑方面的研究范围，即如此广大而深远。罗哲文先生在第一次学术讨论会上也指出：“紫禁城学会研究的内容十分广泛。举凡建筑园林、内部陈设、周围环境等等的历史、艺术、科学价值”以及“各类文物，如金石、陶瓷、书画等等的专题研究，以及防火、防盗等等都在研究之列。可以说紫禁城所有有关的都可研究，无所不包”。可见几位老专家学者对紫禁城学会研究领域的设想都是很广阔的。

当然，在广阔的研究领域中，要有主次，其主要范围应是与紫禁城宫殿建筑有关的坛庙、陵寝、园囿、行宫等。其他方面的研究也要有界限，即应与明清宫廷的政治、军事、经济、文化等活动有联系的。如与营造、修缮、创作、制作、收藏、编纂、玩赏、保护措施、典制、起居等活动有联系的人、事、物等，方属紫禁城学会研究的范围。

紫禁城学会的研究工作，我想应该把握住与紫禁城也就是明清故宫相关这一特点，否则就会失去存在的必要，或者说没有了个性。建筑方面的研究，若离开与紫禁城相关这个特点，那就与建筑史学会所研究的内容相重复了。我们必须有自己的独特内容。明清宫廷，由于统治中国时间较长，又处于封建社会的末期，可以说是集宫廷文化之大成者，并含有向旧民主主义文化过渡的成分，这也是紫禁城学会研究内容的一个特色，这些特色均蕴含在大大小小的文物之中。作为封建宫廷文化，自然是精华与糟粕并存，当然要有扬有弃，以为社会主义精神文明建设服务，这也应是紫禁城学会研究范围中的一个重要问题。

三　紫禁城学会研究范围的拓宽

从中国紫禁城学会第一次学术讨论会所收到的 49 篇论文看，除有 1 篇是讨论紫禁城学会和紫禁城学的以外，其余 48 篇，皆以建筑为主体，各从不同角度立论，颇为繁盛，但与紫禁城相关学科尚需充分发挥。当然，一个新学科的建立，不会是一蹴而就的，这要随着紫禁城学研究的不断深入，才能使它的研究范围不断扩展，以至从初现之学走向显学。

从敦煌学的发展来看，1900 年敦煌莫高窟藏经洞被发现以后，相继自 1907 年至 1924 年陆续有英、法、日、俄、美五国所谓探险家到敦煌盗取大批文物，有文字记载的就达一万六千件以上。我国老一辈学者罗振玉、王国维、陈垣、陈寅恪等立即对敦煌资料进行研究，后来又有更多的人开展对敦煌艺术的研究，临摹壁画，研究乐舞，考察敦煌史迹。1949 年后，对敦煌各方面的研究都有很大扩展，并成立了实体机构——敦煌研究院。改革开放以后，又成立了中国敦煌吐鲁番学会，在北京和敦煌各有一个敦煌资料中心。关于敦煌已开过八次以上的国内国际学术讨论会。在国内、国外都有大量学术论著出版，敦煌学走过八十多年的历程，已成为世界范围的显学。

据甘肃窦侠父老先生介绍，几十年来，敦煌学所开拓的领域已有十二个方面：（一）敦煌语言文字文书；（二）敦煌美术；（三）敦煌文学；（四）敦煌史地；（五）敦煌版本文献研究；（六）敦煌乐舞研究；（七）敦煌科技资料；（八）敦煌建筑，包括石窟建筑、遗址建筑、壁画中的建筑等；（九）敦煌宗教，包括佛教、道教、景教、摩尼教、祆教等资料；（十）民族学；（十一）敦煌民俗学；（十二）中西交通，包括丝绸之路的交通发展、经济文化交流，名人名事的作用与影响等等。

至于敦煌学在各个时期研究的课题则多达一百数十个。

另如长城学，虽也是新生学科，现亦见到不少论题。如：长城的历史作用，从长城研究中看民族问题，对长城遗迹的考证，从长城的考察中看当时的军事制度及设施等等。长城学会建立于 1987 年，已取得丰硕成果。罗哲文先生《谈谈长城学》一文中指出："像长城学的分类、长城学的研究规范、长城学的科学方法论及对长城学科学性质的认识，还需做进一步的研究。"

同样，紫禁城学也有不少问题须进一步探讨。有的同志以为紫禁城学只是研究故宫建筑的，这似乎把紫禁城学设想得窄了些。故宫建筑当然要研究，而且是有形的研究对象的主体部分，但还不够，因为它不是紫禁城学的全部。作为紫禁城学，它还蕴含着很多靠直观不能感知的内容。从上面所说的紫禁城宫殿的诗文到后来出版的有关论著，可以看出它们都不是单纯地讲建筑，而是把紫禁城建筑和它们的历史背景、实用功能、艺术欣赏等当作一个整体来表述的。早在 20 世纪 30 年代单士元先生在《明代建筑大事年表》序言中就写道，"建筑年表之作，匪独考匠作而已，其史料关系社会科学者正多。如明代役作，有军匠、班匠之制，研究当日政治组织者，当有所取资"，"于地理学、经济学咸有相当之系属"。其意为：记载建筑之书，将不限于建筑，而是"关系社会科学者正多"。单老写这段序言时，未必料到对六十年后的紫禁城学会的研究工作尚有指导意义，而是事物本身的逻辑使然。

实际上，紫禁城学会的研究范围，学会下设的四个专业委员会就是一个大略的方向。在《会刊》创刊号所刊登的各专业委员会工作设想中，各有进一步阐述，在《会刊》发刊词中也略有引申。对多学科的综合运用及领域的拓宽，需在研究过程中去体现。四个专业委员会中，保护利用委员会、技术委员会、艺术委员会的研究内容和界限比较清楚，独建筑历史委员会因涉及面广，需在研究过程中加以分析、充实、扩展。如明清以来，曾经在紫禁城内居住和进行各种活动的二十四位皇帝，都是与紫禁城紧密相关的，是否也应列入紫禁城学会研究的范围？又如紫禁城建筑和各类可移动文物都有它们特定的历史背景、设计思想。设计思想中又分别体现着大量儒家思想和不同的哲学、宗教思想，不同的民族特色、审美情趣，每一建筑和文物又与各时期的典章制度、风俗礼仪密切相关，是否也应列入紫禁城学会研究范围？我个人认为有一些内容看来与建筑历史似离题稍远，但从紫禁城学、紫禁城学会研究范围的角度考虑，是可以列入的，并且是应该拓宽的部分。

以上是对几位专家学者思想的领会和个人所做的片断的思考，不妥之处，望大家批评指出。

出自《中国紫禁城学会论文集》（第二辑），
紫禁城出版社（今故宫出版社），2002 年

海瑞上疏与海瑞罢官

1965年11月到1966年春，在中国报刊上围绕吴晗（1909—1969年，著名史学家，北京市副市长）的新编历史剧《海瑞罢官》，展开了一场“大批判”。当时上海市委宣传部主要负责人姚文元发表的《评新编历史剧“海瑞罢官”》严厉地指责该剧是“反党反社会主义的大毒草”。同时又指出由周信芳（1895—1975年，著名京剧表演艺术家）所主演的《海瑞上疏》也是如此。这场“大批判”敲响了十年“文化大革命”的开场锣。随着时间的推移，人们越来越想知道海瑞罢官的有关历史，而这段故事就发生在紫禁城，也就是今天的北京故宫。

海 瑞

海瑞（1514—1587年），明广东琼山（今属海南省海口市）人，字汝贤，自号刚峰，回族。始祖籍福建，后迁居广东番禺，明朝初期他的远祖从军海南（今海南省），并落户于琼山，历经五世。明朝正德八年十二月（1514年1月），海瑞出生。父亲海瀚是位秀才，海瑞4岁时父亲病故，母亲谢氏当时28岁。她粗识诗书，贤慧勤俭，为供养海瑞上学读书，誓不再嫁，以缝纫、裁衣并做些小生意维持母子生活。谢氏执家法很严，从小教海瑞勤苦读书、戒侈戒贪，导以正义、引以勤俭。海瑞13岁时，谢氏送他到海口（今海南省海口市）念私塾。拜师时谢氏嘱托塾师对其子严格施教，以琢以磨。这样的启蒙教育对海瑞以后正直为人，清廉为官都打下了坚实的思想基础。

海瑞27岁时到琼山郡学（相当于现在的中学）攻读，常和二三同学辩彰学术，评议时局，阐述自己的志向，深受师友以及督学官员的称赞。嘉靖二十八年（1549年），海瑞36岁时在乡试中得中举人（明朝科举规定，每三年在各省城举行一次考试，考期在八月，分三场，考中的称为举人，举人即获入京会试的资格）。海瑞因生长在琼山，熟悉当地土著居民黎族人的生活，在应试时以《治黎策》答对，提出在海南开阔道路，设立州、县等有益见解。次年海瑞到北京参加会试（明朝科举规定，每三年在京城举行考试，考试在三月举行，考中者称贡士），他继续发挥《治黎策》中之未及者，写成《平黎策》，并向嘉靖皇帝（1522—1567年在位）上《平黎策》及图说。当时的嘉靖皇帝热衷道教，住在西苑（今中南海），和道士们炼所谓的仙丹，一心想修炼成仙，已不理朝政多年，朝政由严嵩（1480—1567年）等人把持，严嵩为了达到全面控制朝政，排除异己的目的，极力奉迎嘉靖皇帝玄修之事，以造成皇权旁落。这样，海瑞的《平黎策》就被搁置不问，海瑞会试落榜。这时海瑞已经38岁了，他认为："士君子由科目奋迹，皆得行志，奚必制科？"意思是说，贤明的读书人，从某项专长奋起，都能实现自己的志愿，何必非要走考进士的道路呢？于是他决定不再入监（指国子监）读书。按当时的规定，举人会试如不第（落榜），可入监读书，再参加会试，也可由吏部授以小京官职务，或授以外地的府佐、州县正职或教职（主管教育的官员）。海瑞就被授以福建南平县教谕，也就是县学的最高学官。

海瑞到任后，针对当地教育松懈的现象提出十六条从严办学的主张，规定："凡俗例所云，送节酒食馔先生者，俱不许举行。"也就是说，不准向负责教育的官员和教师贿送酒食。学吏"不许剥诸生以肥教官"，更不许"索取生员一钱"。在同窗之间，他反对"以爱憎为毁誉，以口舌代伐矛""造作谣言，写帖匿名"，意思是说在同学之间，不许以个人的恩怨来评说对方，更不能造谣或写匿名信。他反对聚谈人家是非，主张朋友之间，在有过有失时能相规慰，而不能共恶相济。这些规约，对青年学子都有提高道德素养的作用。

海瑞所在的南平县属延平府管辖，府里的督学官来南平县视察，县学中诸教官都跪拜相迎，唯独海瑞作长揖相迎。他的理由是，若在上级官府，属下官员自应跪拜，此处乃师长教学之地，不当跪，据《明会典》亦有此规定。因此引起上级的不满，海瑞亦请退休，但未获准，被福建提学副使请到正谊书院修书，经这位提学副使劝慰，才又回到南平原任。三年后，因教学有成绩，被升为浙江省淳安县知县。

在淳安为官时，海瑞关心民生民疾，设法促进生产，矫正时弊，以身作则，廉洁奉公，甘于清苦，耿直如初。嘉靖三十九年（1560年）春，总理盐政御史鄢懋卿要路经淳安县境，命部下准备迎接，海瑞不但没答应，反而回信说："淳安邑小，不足奉迎，愿绕取他道往。"以一个七品县令把一个正三品大员给拒绝了，鄢懋卿只好怀恨绕行。事后鄢懋卿依仗自己官高权大，当海瑞被升为嘉兴府通判时，鄢懋卿使其党羽袁淳参劾海瑞。结果，海瑞未到任就被取消了官职。后鄢懋卿及袁淳的贪污纳贿等罪行被揭露，两人先后发配边关。海瑞被调任江西省兴国知县。到任后，海瑞深入民间了解民情，做了很多实地调查，向上司呈报了包括屯田、发挥地利、清丈田亩、均赋役、贯彻"一条鞭法"［一条鞭法：即每年向农民摊派的各种赋役，皆并为一条，计亩征银。此法始见记载于嘉靖十年（1531

年），后数行数止。至万历九年（1581 年），万历朝首辅张居正（1525—1582 年）进行的政治改革。万历六年（1578 年），他下令清丈土地，清查大地主、官绅隐瞒的庄田，并于三年后，在全国范围内推行“一条鞭法”，“鞭”即“编”，又名“一条编法”，改变赋税制度，把各项税役合并为一、按亩征银，在一定程度上改变了地主、官绅偷漏税和赋税不均的状况，由于受到地方及官绅的抵制，未能完全贯彻。但纳税土地由以前的四百万顷，回升到七百万顷以上，使明朝政府的财政情况有所改善］等有利民生、有利富国的《兴国八议》［《兴国八议》是海瑞于嘉靖四十二年（1563 年）在兴国知县任上根据亲自调查该县情况提出的改善地方行政的方案。八议的题目为：屯田、地利、隘所、均徭赋、红站马船、招抚逃民、哨官、革冗员］。

海瑞在兴国任上，执法严明，不畏强势。当时被免官在家闲住的前兵部尚书张鳌之族子横行乡里，诉状告到海瑞堂上，海瑞经调查，认定了张鳌族子的罪行，按律严办。其间张鳌多次说情，海瑞都严词拒绝了。这期间，正是明王朝由盛转衰阶段，政治腐败，民不聊生。朝政把持在一批贪赃枉法的庸臣、宦官手中。明朝国力的强衰，往往看太仓的积储。到了嘉靖二十八年（1549 年），太仓亏空一百四十七万两库银，嘉靖三十年（1551 年）亏四百万两，嘉靖三十一年（1552 年）亏三百万两。造成财政危机的主要原因之一是军费的开支过大，再者是贪吏侵吞军饷。据考，嘉靖三十九年（1560 年），贪吏赵文华一人吞食的军饷竟达十万四千万两。另外，嘉靖帝的奢侈也是造成财政枯竭的原因之一。加上灾荒及“南倭北虏”的袭扰，人民生活在水深火热之中。嘉靖末年的内阁首相徐阶（1494—1574 年）虽然推翻了严嵩父子的专权，但并没有从根本上触动朝政的弊端，反而把财政危机转嫁到人民身上，苛捐杂税接踵而来。然而明朝政治上有一个特点，主威愈震，而士气不衰，“忠臣不怕死，怕死不忠臣”在明代历史上屡见不鲜，海瑞就是冒死进谏而名垂史册的一位。

海瑞上疏

海瑞由于出生在没落仕宦之家，并长期在下层担任地方官，很了解人民的疾苦。作为下层官员，他又有与上层官员联系、办理各种民事与公事的亲身体验。海瑞在办事时很注意百姓的利益，但更注重维护封建王朝的长治久安。嘉靖四十四年（1565 年）十月，海瑞升为户部云南司主事，他出于挽救国家（当然是朱氏天下）危机的急切愿望，向嘉靖皇帝上了震动朝野的《治安疏》。

《治安疏》是一篇只有三千二百余字的建议书，疏中首先声明“直言天下第一事”，是为了“正君道、明臣职、求万世治安”。也就是坦诚地谈谈国家大事，以求皇帝能精明地处理国事，朝臣各守其职，把主管的工作办好，目的是大明王朝的长治久安。海瑞在歌颂了嘉靖皇帝初即位时的政绩后，即论古喻今，尖锐指出嘉靖帝后期没有按初即位的精神继续主政，而是被炼丹求仙的幻妄之念所牵绕，不理朝政，不问国事，不惜民脂民膏，“而侈兴土木”。二十年来，“纲纪废弛，天下吏贪将弱，民不聊生，水旱靡时，盗贼滋炽”，所以老百姓传言成谣说：“嘉靖者，言家家皆净而无财用也。……天下之人不直陛下久矣。”就是说，你嘉靖皇帝听到的奉承话全是假的。天下人早就认为你不是一个好皇帝了。疏奏还指出，在这种情况下，“官不尽职甚至贪求，未甚者挨日”。前些时候，罢奸相严嵩，杀了仗父势为非作歹的严世蕃，百官虽有所警惕，但依然不能起用真正顾及国家危难和百姓疾苦的人，皇上仍沉湎于佞臣方士包围之中。所以“严嵩罢相之后，犹之严嵩未相之先而已，非大清明世界也”。并直接指出，嘉靖帝最亲信但已死去的道士陶仲文，“仲文不能长生，而陛下独何求之？至谓天赐仙桃、药丸，怪妄尤甚！”“陛下玄修多年，一无所得”，“而玄修之无益可知矣”。若能“翻然悔悟，日视正朝，与宰辅、九卿、侍从、言官讲求天下利害，洗数十年君道之误”，“使其臣亦得洗数十年阿君之耻”，“伏惟陛下留神宗社幸甚，天下幸甚”。

这一批评激烈的疏奏，使嘉靖帝大为震动。这篇疏奏在中国古代历史上也是少有的敢于冒犯皇帝的疏奏。当然嘉靖帝也从来没有听过或见过有敢这样揭示他失误与昏庸的朝臣。据《明史》载，嘉靖帝看了疏奏后大怒，把疏奏扔在地上，对左右人嚷道：“把海瑞抓起来，快！快！别让他跑了。”宦官黄锦在旁边说：“海瑞向来有痴名，不怕死。听说他在给陛下上疏之前，自知忤君当死，已给自己买好了棺材，与妻子家人诀别，连家里的仆从都打发他们各奔东西了，这样的人是不会逃跑的。”听了这话，嘉靖帝沉默了。过了一会儿，他又让宦官拾起这封疏奏读了几遍，思索再三，嘉靖帝被这样的臣下感动了，但出于对君主尊严的维护，嘉靖帝是不会承认自己的过失的，他把这封疏奏留了数月。后来，嘉靖帝曾说，此人（指海瑞）像比干（商纣王的叔父，因屡谏纣王，被剖心而死），不过朕还不是商纣王（商代最后一位暴虐君主）。嘉靖帝又对首辅丞相徐阶说过：“海瑞言俱是。朕今病久，安能视事。”又说：“朕不自谨惜（我不够自珍自爱），以此疾困（到此疾病缠身的困境）；使能出御便殿，岂受此人诟詈耶？（如果我真有好身体，能操劳国事办公，哪里至于让海瑞来骂我啊！）”于是嘉靖帝下海瑞入狱。其案移刑部论死罪，时海瑞 53 岁，两个十多岁的儿子亦先后并殇。

刑部所拟罪状上报后，一直未予批复。户部司务何以尚上疏嘉靖帝请求释放海瑞。嘉靖帝怀疑何以尚为幕后主使者，亦将他下狱，昼夜拷打，冤哉！

海瑞复出

嘉靖四十五年十二月（1567 年 1 月），嘉靖帝病死，其子朱载垕即位，改元隆庆。海瑞、何以尚同时获释。海瑞复户部云南司主事原职，不久改兵部武库司主事。隆庆元年（1567 年）正月升为尚宝司丞，四月升大理寺右丞，十一月迁为南京通政司掌管内外章奏、封驳和臣民密封申诉之件的官署右通政。隆庆三年（1569 年）春，改为北京通政司右通政，六月升为都察院右佥都御史，总理粮储、提督军务兼巡抚应天十府，品级亦从原正六品升为正四品。这是海瑞一生最顺畅的一段。

兼巡抚应天十府，是海瑞实现自己志愿的时机。他积极为百姓做了大量实事，为朝廷提出了不少利民的奏疏。如《改折禄米仓粮疏》《开吴淞江疏》《开白茆河流》《处补练兵银》《革募兵疏》等，又制定《督抚条约》《续行条约册式》《考试册式》《钱粮册式》《应付册式》《均徭册式》《官举等册式》《谕道府州县毋听嘱托》《示府县严治刁讼》等法规性条文下发，以整顿吏治，严明纪律。大到惩治贪官污吏、打击豪强，小到公用纸张的节省，都有明确规定，而且先从本身做起。海瑞正直严肃的名声早已传遍海内，一些贪官污吏听到海瑞来巡抚各府，有的辞官而去，有权势的也不敢轻举妄动，有的则逃到他省暂避风险。显赫门第，平时违制用红色油漆涂门，听到风声后，连夜改为黑色，甚至平时威风八面的管织造太监，也减少了随从，把乘坐的八抬大轿改成四人抬小轿，一时各衙门秩序井然。

海瑞为百姓做的实事，最明显的是治河。在应天府界内有吴淞、白茆等河流，明初曾进行过疏浚，沿江河两岸田亩多赖以灌溉。但入海处由于潮水带上泥沙，退潮时不能全部带走，年久后，有些淤成陆地，遇雨季水量增大时不能顺畅流泄，形成水患，百姓苦不堪言，饥民千百万告求赈济。朝廷议浚多次，由于当事人因循苟且，一直拖延未办。海瑞上任后，一面上疏，一面到灾区仔细考察，计算用工费用，并自行筹粮筹银，不用国帑，只用本巡抚所属各府赃罚银两和各仓储存之米谷，及太仆寺少卿史际义出赈济之谷兴工。此方案获准后，遍告饥民，按工给银米，即“以工代赈”。结果饥民皆乐于从事。不足两个月，急需疏浚之段基本告成。救活饥民十三万。在此项工程中，当地按察史以嫉妒之心，每事不合作，且与海瑞相左，并“按剑寻其后”。海瑞置之不顾，“毅然独身任之”，亲自乘轻舟往来江上指挥。事成后，此按察史很惊讶，私下叹息曰：“万世功被他成了！”

开吴淞江后，海瑞继续多方筹银，以同样方式又疏浚了白茆河。工程中，由于海瑞从不谋丝毫之私，执法亦严，经费不妄使用，故费用仅是嘉靖初年疏浚时的“十之二三”。此举真正做到他所说的“不取之民，不损之官”的预计。既解除了水患，又赈济了灾民，还开阔了“熟田四十万亩”，所以当地人民无不感其大德。

海瑞罢官

海瑞复出之后，锐意在自己管理的地区进行一些革新，其间对社会触动最深，对官绅打击最大的当数“退田”一事。当时应天十府是指南京到上海及太湖流域的广大地区，本来是经济及自然条件都不错的鱼米之乡，但由于民间差繁赋重，财尽民穷，地方官员经常苛害老百姓。老百姓往往移徙他乡，以全性命，这样也就造成了十室九空、田地荒芜的惨境。官绅乘机强占民田、家宅。据明御史高举记述：“盖官豪势要之家，其堂宇连云、楼阁冲霄，多夺民之居以为居；其田连阡陌，地尽膏腴，多夺民之田以为田也。”“当此之时，天下财货皆聚于豪势之家。”可见当时人民穷苦的原因，除去正常的封建剥削、天灾疾病以外，还有贪官酷吏、豪门权势之掠夺，以致民不聊生，移徙在外。海瑞目睹应天府民间如此状况，便下决心“令夺田者悉（全部）退还”。同时海瑞还平反了一些冤狱。“退田”首先遇到的是豪势之家——徐阶。这时的徐阶已罢相回家，是吴淞地区的豪门贵族。起初徐阶只退出一小部分，海瑞不满意，直接写信对徐阶委婉地说，最近我看了下面呈上来的退田册，知道您为了支持我，做了退田的工作，我很感谢您。可是所退数目与清丈数目不符，相差很多，请您再清查一下，退出该退的田亩。同时海瑞把此事直接上报了首辅李春芳，指出徐阶“产业之多，令人骇异。亦自取也，若不退之过半，民风刁险，可得而止之耶？为富不仁，有损无益，可为后车鉴戒”。意思是说，徐阶家的产业多得使人觉得奇怪，田产都是他私自占取的，如果他不退还自家现有田产的半数，老百姓憎恨官绅的怒气是不会消的，为富者不仁，对他自己也是没好处的，我这样做可为后来人积累些经验，成功与否，后人可鉴。实际是向李春芳表示其退田措施的决心。徐阶家既不得免，其余中小豪门夺田者自不在话下。

徐阶家不仅霸田很多，而且其家人横行乡里，欺压百姓。徐阶养老于松江华亭县，松江知府蔡国熙就办过百姓状告徐阶儿子的案。海瑞任应天巡抚后就退田等事来到松江府，几天工夫，收到不少告徐阶儿子的状子。海瑞叫人仔细调查，诉状所举，均是事实。海瑞忖思为什么老百姓不到蔡国熙那儿去告呢？原来松江府衙里的人都怕徐家，海瑞为了深入了解案情，来到华亭县。徐阶带了儿子去迎接并请海瑞到家中做客。在这里，要向读者提一下，嘉靖四十四年（1565 年）海瑞上疏之后，嘉靖帝下海瑞入狱，其案移刑部论其死罪。因当时徐阶任首辅，说了几句好话一直留压未批。此次两人相见，徐阶又提旧事。在交谈中，徐阶说，在朝为官，难卜凶吉，当年你在朝中性命不保，今天我也被赶出朝廷（隆庆二年，即 1568 年，徐阶被由他荐举的阁臣高拱所逐，次年，高拱封相）。我罢相归里，已是风烛残年之人。由于长期在朝为官，对儿子管教不严，不肖之子的胡闹，我也不知道。日后定严加管教。我家的薄田虽丰，主要是靠此“投献”（向国家纳贡）。看在我年迈及旧日的情分上，望求海大人关照了。海瑞再次拜谢了徐阶的救命之恩，并表示一定要以徐阶昔日教导的“秉公办事”的精神来行事。结果徐阶不仅要退田，其子也被查办了。

在封建社会制度没有改变的情况下，海瑞的革新自然是有限的。这一局部措施，虽然从道义上可以讲通，也取得穷苦人的支持，有一定积极意义，但毕竟触动了豪门地主的切身利益，特别是对徐阶的触动，对在朝在野的贪官污吏都是威胁。再则徐阶虽然罢相归里，但是他在朝数十年，党羽亲信盘根错节。海瑞的革新很快就遭到权势人物的反对，首先发难的是给事中舒化，疏劾海瑞迂滞、不达政体。隆庆帝还算清醒，说“海瑞节用爱人，勤政任怨，留抚地方如故”。但既得利益的权势人物是不甘心失败的，徐阶甚至不惜重金买通在隆庆帝身旁的大太监冯保，又贿赂给事中戴凤翔劾罢海瑞，说他“沽名乱政，大乖宪体，不谙吏事”。本来徐阶的“田宅之多，奴仆之众，小民詈怨无限，两京十三省无有”，戴凤翔反说海瑞的退田措施是使“民为虎，乡官为肉”。实际上正如海瑞在疏中反驳所说：“不知今日乡官之肉，乃小民原有之肉，况先夺其十百，今仅偿其一乎！”并指出：“近日科道诸臣，奉公建言者固有其人；其不公者，往往逞己邪思，点污善类。”并提出：“臣愿质虚实以明国是。两可败正，死不愿闻！”

戴凤翔劾海瑞之疏下到吏部，吏部竟言：“海瑞志大才疏，宜改两京他秩。”结果罢了海瑞兼巡抚南京十府的官职，仅令以原官总督南京粮储。这就只能管理粮储的事务，无权在应天十府革新了。明代为海瑞作传的黄秉石说：海瑞到应天巡抚任只有九个月，而此地财赋之原肃然一清，其治理江河、遏制大户兼并、抑豪强、抚贫弱、节邮传冗费等，皆使百姓得利，“此而才疏，谁为才大者乎”！此论是较为公正的。

海瑞知道戴凤翔控诬事实的劾疏后，自然要澄清事实加以辩驳。这时又有吏科给事中光懋出来，就其辩驳的态度予以劾论，说海瑞是“尚气凌人，大逞心迹之辩”。吏部也认为“其求治过急，更张太骤，人情不无少拂”，不宜再任原官。辅臣高拱亦同意吏部看法，并认为海瑞在疏中“愤激不平，词涉攻击，委的有伤大体”。当时朝中的言官多看皇帝和首辅的眼色行事，有的就落井下石，形成交章纠劾。隆庆帝的态度亦动摇，又将总督南京粮储之事并入南京户部管理，海瑞已无事可做。

海瑞奋力为百姓做实事，并在短期内做出成绩，但终抵不过封建上层官僚以至皇帝的阻挡，连这样局部的小改良也不能继续下去。正如海瑞自己所说：“奈之何！奈之何！这等世界，做得成甚事业！”只有告病还乡一条路了，时年五十七岁。

在还乡闲居期间，海瑞仍关心政事，给亲朋的书信中，多陈述时局利弊，凡官吏贪酷、生民涂炭，均直言不讳。并曾上书军门，为民请命。遇有官员咨询民瘼及行政得失，必侃论条陈，毫无讳忌，而且不当面奉承，亦不提个人要求。他的生活甚为俭朴，自入仕到罢归，只用禄俸所蓄买房一所，值银一百二十两。山水、玩物无所好，斋中仅四五书橱，庭前铁树十余，翠竹数竿，斋西小圃则种植瓜菜。每日有闲喜读《礼》，或著述，或编文集。尤喜引进后学，为之课艺文、说经义。馁困时，则以手撑腹，言无倦厌，即已相送出门，犹立谈多时方罢。还乡十四年余，名为闲居，实际并未停止做事。

隆庆六年（1572年）5月，皇帝朱载垕崩，太子朱翊钧即位。第二年改元万历，原接替退休的李春芳为首辅的高拱被劾罢，张居正任内阁首辅。时为海瑞还乡的第二年。不久，江南有一个对张居正不满的吴仕期，谎以海瑞名义上书，指责张居正违反礼法，其父死后，不离官回家守孝。并假拟圣旨罢张，而且有人在南京将此事印发，百姓举手相庆，皆以为要提海瑞为首辅。后造假者被发觉，株连很多人，不少是冤死者。张居正自怀恨海瑞，特命广东派御史到琼山去调查。御史去后，见海瑞正在以黍类食物与鸡相对食，居舍萧疏简朴。讯问其张居正这事，海瑞全然不知。御史无懈可击，乃叹息而去。如实报告后，张居正亦无可奈何，但心亦惧海瑞之刚直，终不予召用。

到万历十年（1582年）张居正卒，大学士张四维任首辅，“务为宽大”，始注意起用以前因正直、老成而受打击或不受重视的人。前后经直隶巡按御史王国、兵科给事中王亮、广东巡按御史邓鍊等人的推荐，于万历十三年（1585年）正月，始决定起用海瑞。初为南京都察院右佥都御史，二月改任南京吏部右侍郎。到南京时，百姓拥道相望，曰“海爷尚未老也”。海瑞上任后，即据以前整顿吏治等经验，发出《禁革积弊告示》。次年二月升为南京都察院右都御史，又定《夫差册》，规定各衙门应用夫役数额，不得擅取一夫一物，以均徭役。并杖违法的御史，以警同类。又陈治安要机，谓“今日贪墨为奸，毫不可纵”，甚至举出洪武年间对大贪污犯施行“剥皮囊草”“枉法八十贯论绞”的严厉惩治精神来重惩贪污。并云：“欲使百姓安乐，其于守令务极选，欲督守令先司道，督司道先抚按，而致望于部阁大臣，及归于君本身。”此语虽出自封建官僚海瑞之口，但却道出了在封建社会使百姓趋于安乐的道理。如不能逐级选官员，没有好的君主，最后，一切苦难必然都落到百姓身上。当然所谓好的君主也只是在封建帝王中比较而言。

海瑞疾恶如仇的主张，当然还会引起朝中恶势力的震颤和怀恨。山东道监察史梅鹍祚先劾海瑞条陈用重刑之说有乖政体。海瑞奏辩乞休，万历帝仍令其安心供职。之后又有早具贪声并侵占民地的南京督学御史房寰，恐怕自己的贪污事实被揭发，乃先发制人，劾海瑞有“大奸极诈，欺世盗名，诬圣自贤，损君辱国”等罪名，其词极其诋诬。万历帝未予批复。此时给事中徐常吉、张鼎思及在吏部办事之进士顾允成、诸寿贤、彭遵古见事不公，即上疏劾房寰。三进士劾房寰申救海瑞之疏指出：海瑞乃当代伟人，其有功于社稷可传千万载。而房寰“乃稍得志，遂贪污狼藉，私橐巨万，赀甲乡闾”，“寰身享贪饕之利，而反得笑瑞之过拙。此臣等之所痛心也”。于是揭露房寰六大欺罔之罪。房寰又有侵占官地行为，因被削籍。顾、诸、彭三进士的疏论，万历帝未予批驳，但认为三进士“尚未授官，如何便出位言事”。结果亦被革去冠带退回原籍。后各分别起用，小有升迁。

海瑞经几番颠簸，渐悟出举朝上下颓败之风已不可逆转，故自梅鹍祚参劾时起，七次上疏乞休，万历帝始终慰留。但海瑞已向右副都御史兼兵部侍郎梁云龙表示："七十有四非做官时节，况天下事只如此而已，不去何为？"次年海瑞患病，不肯服药，终不能支，于万历十五年（1587 年）十月十四日卒于南京都察院右都御史任上，时年七十五岁。

海瑞生前极重视清丈田亩以均徭赋，早在淳安知县任上即实行之。后丈量其家之土地时，书吏为其减报一亩八分，海瑞发觉后，立命改正，表示必身行之，不能厚己。最后在卒前之三日，兵部为其送柴薪银，多给耗银七钱，犹命扣回，不肯丝毫有染。可称一生清廉。弥留之际，无一语言及身后事。佥都御史王用汲入视，只有葛帏敝籝，旧袍数件，存俸银十余两（一书记为一百余两），为寒士所不堪者，因泣下，率诸御史捐银治具，更衣、沐浴、殓殡，皆王用汲操办。百姓得知，奔走相告，皆为之悲号。丧出江上，相送者，两岸如堵，以箪食浆致祭者百里不绝。当时苏州诗人朱良知曾有诗曰："……萧条棺外无余物，冷落灵前有菜羹。说与旁人浑不信，山人亲见泪如倾。"

帝闻后，辍朝悼伤，命公祭，赐谥忠介，赠太子少保，葬于海南琼州之滨涯山。海瑞墓至今保存完好，凭吊者历时不绝。

出自《深宫轶事》，新世界出版社，2005 年

韶音學府
禮樂殿堂

戊子夏端後三日
萬依
时年八三

音乐类

清代编钟与中和韶乐

如果你是一位音乐爱好者，当你走进故宫博物院珍宝馆的时候，一定会被那里陈列的一套乾隆年间铸造的金质编钟所吸引，也许它们还会使你陷入沉思：当初，乾隆皇帝在这座宫殿生活的时候，一队队盛装的宫女，是否就在这套编钟的伴奏下翩翩起舞呢？实际上并非如此。

然而，编钟和舞蹈确有不解之缘，在我国古文献上早有记载。如《周礼》即载："以'六律、六同、五声、八音、六舞'大合乐，以致鬼神祇，以和邦国，以谐万民，以安宾客，以说远人，以作动物。"这里说的当然是奴隶制时代统治者的活动，以后，历代封建统治者也都有类似的乐舞，清代也不例外。但清代宫廷乐舞，不仅坛庙祭祀的乐舞和以前一样不用妇女，就连宴会上的舞蹈也没有一个妇女。顺治初年曾沿用明制，后宫行礼、宴会时用教坊司女乐二十四人序立奏乐。但到顺治八年（1651 年）将女乐取消了，改用太监四十八名承担此项任务，遂成定例。可见清代宫女并不参加舞蹈，当然也不会用编钟为宫女舞蹈伴奏了。

清朝规定：每逢元旦、冬至、皇帝生日、皇帝大婚、常朝、大型宴会等日子，皇帝要亲临太和殿或其他重要场合。届时正殿檐下要设中和韶乐，正殿对面廊下要设丹陛大乐。每当皇帝进入太和殿升座时，便开始演奏中和韶乐，皇帝坐定后，乐止。群臣朝拜时奏丹陛大乐，朝贺完了，皇帝降座离开太和殿时，也奏中和韶乐。皇后、皇太后在规定的日子里，在后宫接受宫眷们的朝贺，在她们升座、降座的时候，同样也由中和韶乐伴奏。编钟就是中和韶乐中的一件主要乐器。

中和韶乐属于古代宫廷雅乐，即在庙堂、殿陛上使用的正规音乐。清代中和韶乐也只用于坛庙祭祀和殿陛典礼两个场合。在各处使用的乐曲与歌词，均有规定的格式，如朝贺时皇帝升座用的《元平之章》歌词为："维天眷我皇，四海升平泰运昌。岁首肇三阳，万国朝正拜帝阊。云雾奏嘉祥，乘鸾辂，建太常。时和化日长，重九译，尽梯航。"乐曲为一字一拍一个音符，每句之间有鼓、搏拊作间奏。与宴乐乐曲中一字可以延长数拍，多至十几个音符的风格显然不同。

中和韶乐所用乐器也是按照古制配备，它包括用金、石、丝、竹、匏、土、革、木等八种不同材料制造的乐器，即所谓“八音”，共十六种，六十多件。金属：编钟，金制或铜镀金制，镈钟，铜镀金制；石属：编磬，特磬，灵璧石制或玉制；丝属：琴（即古七弦琴）、瑟；竹属：排箫、篪、箫、笛；匏属：笙；土属：埙；革属：建鼓、搏拊；木属：柷、敔。另有歌生四人。

编钟的历史是悠久的。出土文物证明，早在公元前 11 世纪以前的商代，就有三枚一套的编钟了，湖北省随县出土的战国编钟竟多至六十四枚一套，并已具备了旋宫转调的功能。以后各代宫廷用的编钟多是十六枚为一套，包括十二个正律和四个清声（高音）。现存清代宫廷用的编钟也是十六枚一套，但康熙年间改为十二个正律和四个倍律（低音），各钟的律名从低到高的次序是：倍夷则、倍南吕、倍无射、倍应钟、黄钟、大吕、太簇、夹钟、姑洗、仲吕、蕤宾、林钟、夷则、南吕、无射、应钟。十二个正律与现在国际通用的十二个半音 C、$^{\#}$C、D、$^{\#}$D、E、F、$^{\#}$F、G、$^{\#}$G、A、$^{\#}$A、B 有些相似。

清代编钟的外形与战国时代的编钟不同，战国编钟多是大小不一，小的音高，大的音低，扁圆体，下口有两个角。清代编钟外形大小相同，圆体，腰径稍大，下口平齐，以周壁厚薄来调节音高，厚的音高，薄的音低。钟的上端是交龙纽，钟体刻龙戏珠图案，衬以云纹和缠枝纹等，开光面上，铸有阳文律名和年款。据《清会典图》载：编钟外高清尺七寸四分四厘九毫（约合今公制 23.8368 厘米），上下外圆径各为清尺五寸三厘九毫（约合今公制 16.1248 厘米）。其重量，发音最低的“倍夷则”，重清秤一百七十九两七钱（约合今公制 4703.034625 克），发音最高的“应钟”，重清秤三百八十两（约合今公制 14316.68 克）。但此记载数字往往与实物有出入。

清代编钟虽然不及随县编钟那样辉煌，但由于钟体厚重，下口微收，尤其是金质编钟，在音色的坚实、明亮、纯美方面，亦有其独到之处，演奏起来，颇能以其肃穆、华贵而神秘的色彩引人入胜。不过它发音的准确性不够理想，中和韶乐乐曲也比较单调，若把它和中和韶乐中其他乐器看成是封建帝王炫耀自己威严的礼器，可能更为确切一些。

出自《紫禁城》1981 年第 6 期

清宫律制及律管

清宫音乐，在入关以后，除将歌词及乐章名称加以改变以外，其“乐章字谱，康熙五十二年以前，惟仍明代之旧”。所采用的律制，当然也不出前明窠臼。明代律制未见详细记载，只是在明万历年间，郑恭王世子、律历学家朱载堉在其所著《律吕精义》中曾记述：明初冷谦所定之律，用当时工部营造尺的九寸长、内径三分四厘六毫（相当于今公制长 28.09 厘米、内径 1.076 厘米）的律管作黄钟。据《续文献通考》载：嘉靖十四年（1535 年），太常寺卿张鹗也谈到：黄钟长九寸，太簇长八寸，姑洗长七寸一分，林钟长六寸……可见，明朝仍采用古代早已形成的“黄钟长九寸”，用“三分损益”法生律的律制。清初沿用的也就是这种律制。

到康熙五十二年（1713 年），皇帝玄烨在亲自研习数学、音乐等学科的基础上，才对律制进行了厘定。据《康熙政要》载：“圣祖（玄烨）谕和硕诚亲王允祉曰：‘律吕、算法诸书应行修辑。今将朕所制律吕、算法之书发下，尔率领庶吉士何国宗等于行宫内立馆修辑。’”次年，御制《律吕正义》修成。这是清宫第一部讲述律吕理论的书籍。在修成此书前后，根据玄烨研究制定的律制改造了宫廷的乐器。

玄烨制定的律制，被他的臣子们推崇得无美不备，认为自汉以后，所有律吕理论，均非音律之正，只有玄烨才使“古乐复昌明于盛世”。其实玄烨只不过根据秦汉时期文献中记载的方法、原理，对我国古代早已形成的律吕原理重新加以检验、核定而已。他根据《汉书》中“以子谷秬黍中者一黍之广，度之九十分，黄钟之长。十分为寸……”的记载，知黄钟律管长为九寸。但律管的绝对长度，因历代尺制不一，无所适从，于是又按《汉书》的记载累黍试量，推定古尺长为横黍百粒，清尺长为纵黍百粒，古尺一尺，相当于清尺八寸一分，从而求得黄钟长古尺九寸，等于清尺七寸二分九厘。据此定清制黄钟律管长为清尺七寸二分九厘（相当于今公制 23.328 厘米）。根据同一方式，推定黄钟律管内径为清尺二分七厘四毫（相当今公制 0.8768 厘米）。又根据古代的“三分损益”生律法，分别推出其他十一律律管的长度。管内径是相同的。

故宫博物院收藏清宫旧藏开口竹律管一匣，内置律管黄钟、大吕、太簇、夹钟、姑洗、仲吕、蕤宾、林钟、夷则、南吕、无射、应钟共十二只，即十二正律。每只管上均有黄签，标注律名，字迹非常工整。经测量，每个律管的内径、长度，与《律吕正义》所载的理论数字基本相同，有的管长相差不过0.2 ~ 0.3毫米。每管管壁上端开有横径5毫米、竖径约3毫米的半长圆吹口。竹管内壁及外壁的坚硬层均已除去，这不仅使管壁匀薄合度，共鸣效果良好，而且能防止竹管壁由于涨缩系数不同而形成劈裂，故至今仍完好无损。经试吹，音质纯美、圆润、柔和，接近木管音色。特别值得注意的是，这套律管与故宫博物院藏康熙五十二年（1713年）制的一套铜镀金编钟的音高非常接近，可以证明这套编钟是根据康熙的律制制造的，同时也反映出当时较高的铸造水平。现将律管及康熙五十二年编钟测音结果列为表1。

表1 康熙编钟律高测音

律　名	律管长度 cm	律管 Hz	康熙编钟 Hz	律管音高	康熙编钟音高
黄　钟	23.328	666.92	686.06	e^2+20	f^2-31
大　吕	21.8432	699.26	701.69	f^2+2	f^2+8
太　簇	20.736	746.43	732.33	$^{\#}f^2+15$	$^{\#}f^2-18$
夹　钟	19.4176	783.99	762.11	g^2	g^2-49
姑　洗	18.432	830.61	812.11	$^{\#}g^2$	$^{\#}g^2-39$
仲　吕	17.2576	873.92	863.88	a^2-12	a^2-32
蕤　宾	16.384	926.42	931.79	$^{\#}a^2-11$	$^{\#}a^2-1$
林　钟	15.552	945.34	916.31	$^{\#}a^2+24$	$^{\#}a^2-30$
夷　则	14.5632	996.94	1001.0	b^2+16	b^2+23
南　吕	13.824	1053.8	1029.7	c^3+12	c^3-28
无　射	12.944	1114.5	1115.2	$^{\#}c^3+9$	$^{\#}c^3+10$
应　钟	12.288	1165.9	1134.0	d^3-13	$^{\#}c^3+39$

注：1. 律管音高及编钟音高系相当于现代十二平均律之音名及加减音分。

2. 律管系开口。

3. 律管据乐器研究所测音，康熙编钟据音乐研究所测音。

表 1 中所列数字，由于测音仪器的不同，录音与测音季节的不同，必然稍有误差，但仍能反映出律管与编钟的音高是十分接近的。

这套律管没有制作的年款，但从它与康熙五十二年编钟音高非常接近的情况看，很可能是在康熙五十二年或在此之前玄烨研究制定律制时制造的。清宫档案中咸丰四年（1854 年）十月记录的《仪器清册》中曾记载："咸丰四年十月初三日，小太监金环传旨：将绥履殿（西六宫之一长春宫的配殿）仪器安在抚辰殿（在西六宫之西）。"册中所列的仪器有各种半圆仪、象限仪、铜比例尺、天象尺、天鼎仪、千里镜等四十余件，其中包括"竹律管十二枝一匣"。这里记的竹律管可能即是本文所述的这一匣竹律管，因为这类仪器用途不多，不可能有多份。咸丰四年的《仪器清册》所记的仪器，显然不是当时新制造仪器的记录，而是将前代遗留下来的、原存放在绥履殿的仪器改存在抚辰殿的记录。这批仪器存放地点的变动，可能与咸丰四年十一月慈禧太后由贵人晋封为懿嫔或同年十二月丽贵人晋封为丽嫔（即后来的丽妃）准备居室有关。

根据清宫史料的记载，热衷于上述各种仪器的，主要是康熙帝本人，估计这些仪器和律管同样可能是康熙时遗留下来的。

再从清宫对音乐的研究整理情况看，入关后主要有三次集中的变动：一是顺治初年改换乐章名称，改撰歌词；一次是康熙五十二年前后修辑《律吕正义》，厘定律制，改造乐器；再是乾隆初年纂修《律吕正义后编》时改撰歌词、谱写乐曲，也制造了一批乐器。以后就很少有如此规模的兴作了。

以上三次音乐整理变动，第一次未涉及律制和乐器问题，律管不可能是这时制作的；第三次虽制造了一些乐器，但从现存数套乾隆年间制造的编钟来看，它们在外表装饰上虽很华贵，但音准很差，这从表 2 可以看得很清楚。

表 2　乾隆编钟测音

律　名	乾隆二十九年编钟音高	乾隆二十六年镈钟音高	竹律管音高
黄　钟	f^2-32	$^{\#}d^1+40$	e^2+20
大　吕	e^2+10	d^1-37	f^2+2
太　簇	$^{\#}f^2+21$	d^1+48	$^{\#}f^2+15$
夹　钟	$^{\#}f^2-5$	d^1-29	g^2
姑　洗	$^{\#}g^2+30$	c^1+49	$^{\#}g^2$
仲　吕	g^2+33	$^{\#}d^1-8$	a^2-12

续表

律　名	乾隆二十九年编钟音高	乾隆二十六年镈钟音高	竹律管音高
蕤　宾	$^{\#}a^2 - 33$	$^{\#}d^1 - 8$	$^{\#}a^2 - 11$
林　钟	$a^2 + 14$	$^{\#}f^1 + 32$	$^{\#}a^2 + 24$
夷　则	$c^3 - 18$	$^{\#}g^1 - 11$	$b^2 + 16$
南　吕	$b^2 - 18$	$^{\#}f^1 - 38$	$c^3 + 12$
无　射	$^{\#}c^3 + 23$	$^{\#}g^1 + 7$	$^{\#}c^3 + 9$
应　钟	$^{\#}c^3 - 2$	$c^2 - 2$	$d^3 - 13$

注：表中三项据乐器研究所测音。

从表2可以看出，乾隆二十九年（1764年）的这套编钟，只有四个音与当时律制音高接近，乾隆二十六年（1761年）的这套镈钟没有一个音是接近当时律制音高的。而且它们本身的音序是混乱的，两套钟内竟出现九处高低音序颠倒的情况，即乾隆二十九年编钟内黄钟与大吕之间，太簇与夹钟之间，姑洗与仲吕之间，蕤宾与林钟之间，夷则与南吕之间，无射与应钟之间；乾隆二十六年镈钟内黄钟与大吕之间，夹钟与姑洗之间，夷则与南吕之间，这些地方本都应从低到高，而这里则恰恰相反，这在某种程度上反映了乾隆时期乐器制作水平不高。乾隆帝显然不像康熙帝那样粗通音律，他甚至连编钟里的四个倍律，即倍夷则、倍南吕、倍无射、倍应钟（皆为低音）为什么要排列在正律黄钟之前（即从低音到高音排列）都不知道，还命管理音乐事务的王大臣“查明具奏”。这也可以反证故宫博物院现存这套竹律管不是乾隆年间制造的。笔者认为，这套律管只可能是康熙年间制定律制时做的标准器物，被以后各朝作为仪器保存下来。而不论这套律管是否为康熙年制，它都是研究清宫乐制的珍贵实物资料，尚有待于从律学、声学角度进一步加以研究。

从这套律管与乐器的联系上看，还可以说明另外一个问题，即实际上并不存在民国初年刘锦藻在《清朝续文献通考》中说的所谓清朝“十四平均律”。

在康熙五十三年（1714年）修订的《律吕正义》中，发现了管律与弦律不同，管律“黄钟之半律不与黄钟合，而合黄钟者为太簇之半律”，因此，在十二正律之外加了半黄钟、半大吕两律，至半太簇与高八度的黄钟相合。这是当时还没有了解由于未计入管口校正及其他复杂因素所造成的误差，因而主观臆断地加以解释的。但它只是十二律的延长，并不是新提出的十四律。另由于《律吕正义》中把上古时期已经形成的“隔八相生”（即按“三分损益”法生律，中间要包括八个律）的说法误解为七声音阶的隔八度相生，把至少在三千多年以前形成的不等距的，即每个八度内包括五个全音、两个半音共十二律的七声音阶强解为每个八度内包括七个全音的等距七声音阶。这样十二个律自然不够分配，因此又在应钟上方加半黄钟、半大吕两个律，成为十四个律，至半太簇再成为高八度的黄钟（实际上也不是如此）。即便是这样，仍然是十二律的延长，仍然没有提出十四律，更没有十四平均律。在清宫的乐器中，如编钟、编磬、排箫等典制乐器，使用的都是三分损益律的十二律加四个倍律，也并没有使用十四平均律。因为一个文化较发达的民族使用的传统音阶，是在长期音乐实践中形成的，并不是可以轻易加以改变的。

《律吕正义·定律吕之积损益相生篇》中曾提出：以正黄钟管之积为本，递加十四级至黄钟积的八倍，管长与内径各加一倍，声应低八度的黄钟；再以正黄钟管之积为本，递减十四级，至黄钟积的八分之一，管长与内径各减一倍（即减二分之一），声应高八度的黄钟，这倒是很像十四平均律。但书中所说的递加、递减都不是按相邻两律的固定比值递加、递减的。在一个八度内，如果是十四平均律，相邻两律之间的比值应是 1.0507567（近似值）。这是就频率或振动的弦的长度而言，若采用管律则又要与管口校正、管内径的大小、管壁厚薄等因素有关。但不论如何复杂，相邻两律的比值应是固定的、有规律的。而《律吕正义》中所列的，从正黄钟向上、向下两个八度二十九只律管都是以正黄钟管的体积为基数，采取增减八分之一、四分之一、二分之一、一倍等，分档增减的办法推算的，所以都不是平均的。以管的体积论，相邻两律比值最大的为 1.25，最小的仅 1.1111111。在内径与管长方面相邻两律的比值，也相差很多。因此，所谓十四平均律，在理论上就没有达到平均的水平。在实践上，包括律管、乐器又没有应用（也不可能应用），足可证明刘锦藻所叙述的十四平均律，只不过是纸上谈兵而已。刘锦藻在讲过十四平均律之后，自己也觉得与古律不合，有些混乱，最后以“古法，律为体，音为用（指可以旋宫转调），本朝则以音为体，律为用。用本无定，故可增多二位”掩人耳目。如此说来，律既无定，可以任意增加，那么，律就没有什么实际意义了。这恐怕是对律的根本误解。

出自《文物》1986 年第 7 期

清中和韶乐考辨

清代宫廷音乐，在《御制律吕正义后编》中，分为祭祀、朝会、宴飨、导迎、行幸五类，每类下又分若干乐种，每个乐种都有特定的乐器组成的乐队，特定的乐章名称、歌词格式、曲调风格、记谱方法及使用场合。各乐种及乐队在使用时虽有重叠和交叉，但其各自的特点却不变。中和韶乐即在祭祀、朝会、宴飨中共同使用的乐种，由于此乐种再无其他乐队，故也可直接称其为乐队。

明清王朝和历代封建王朝一样，都遵守“国之大事，在祀与戎”（《左传·成公十三年》）的原则，总是把祭祀活动放在重要地位。清朝祭祀亦分大祀、中祀、群祀三个等级。在大祀（如祭天、地、宗庙、社稷等）和一部分中祀，多由皇帝亲祀，在迎送受祭者和向受祭者献祭物、行礼时，均奏中和韶乐。在朝会、宴飨活动中，中和韶乐则为皇帝、太后、皇后在典礼上升座、降座时所专用。可以说，中和韶乐在宫廷音乐中是最高等级的乐队。因此在考察清代宫史过程中，对中和韶乐的来源及其性质等亦应加以认识。本文试图从实物及文献资料中作一初步探讨。

一　名称的形成

中和韶乐一词，始于明洪武年间，但此名称并非完全是明初所创造，因为以“韶”为名的音乐，在先秦古籍中早有记载。有的记为乐名，有的记为舞名，这是因为最初多是乐、歌、舞合并进行。但有时也分别进行，如《左传》襄公二十九年（公元前 544 年）所记季札观乐、论乐之事，鲁国为季札歌唱了十六种乐，独无韶乐，而后来观舞时，才出现“见舞韶箾者”，可见“韶箾”是舞名。但古人注，皆谓“韶”为舜乐名。所以，“韶”也是乐名。《论语》所载：“子谓‘韶’尽美矣，又尽善也。”（《论语·八佾》）“子在齐闻‘韶’，三月不知肉味”（《论语·述而》），均指“韶”为乐名。《说苑》中记有孔子言“韶乐方作”，如可靠，则春秋时代已有“韶乐”的名称。

“中和”一词，在《礼记》《周礼》中已有记载，但都不是乐名。《荀子》中有“乐之中和也”之句，是对古乐的赞美之词，也不是乐名。至唐贞元年间，因皇帝曾自制《中和乐舞》曲奏之，才出现“中和乐”一词。此后多有所见。不过，明朝以前，始终未出现“中和韶乐”之名。但“韶”“韶乐”“中和乐”等，显系“中和韶乐”之滥觞。

二 性质的考辨

清统治者虽把中和韶乐列为最高等级，然对其性质并无明确记述。《清通典》载，康熙五十四年（1715 年）南郊大祀，后“各祭祀、朝会典礼并用钦定雅乐”。《清通考》亦载：乾隆七年（1742 年）“厘定雅乐，凡坛庙祭祀乐章皆经御定”。清各坛庙大祀、中祀之乐只用中和韶乐，故这里说的雅乐即中和韶乐。实际上顺治元年已定祭祀、朝会用中和韶乐，因康熙、乾隆两次钦定乐器、乐章等，才又明确中和韶乐的使用场合，并加上雅乐一词。至乾隆二十六年（1761 年）仿古代乐悬，做成十二镈钟和十二碧玉特磬以后，再为明确“酌古准今，允为宫悬雅乐之定制焉”。镈钟、特磬皆专在中和韶乐中使用，在此又称“宫悬雅乐”，可见在清代，“宫悬”“雅乐”“中和韶乐”等概念是相通的。

关于雅乐，在《吕氏春秋》中所记“三人操牛尾，投足以歌八阕”的时代，是不分雅、俗的。后来，随着社会的发展，在先秦典籍中才逐渐出现了雅乐与淫乐、韶乐与郑声、古乐与今乐、先王之乐与世俗之乐等对立的概念，后概括为雅乐与俗乐两个概念。但各个时期各家对乐、雅乐的解释也不尽相同。约略有以下几种看法：

（一）“乐”（一般指宫廷雅乐）是有利于政权巩固的一项措施。儒家认为“乐”并不是供人欣赏的艺术，而是一种教化人、统治人的工具。即“礼、乐、刑、政，其极一也，所以同民心而出治道也”(《礼记・乐记》)。此外，儒家又把音乐看成是一个国家治、乱的标志，认为“治世之音安以乐，其政和；乱世之音怨以怒，其政乖；亡国之音哀以思，其民困。声音之道，与政通矣”(《礼记・乐记》)。孔子之所以“恶郑声之乱雅乐也”(《论语・阳货》)，就是因为“郑声淫”，厌恶它打乱了周朝的“治世”。

孔子弟子子夏，在回答战国初期的魏文侯的提问时，曾对古乐、今乐有较具体的描述：“今夫古乐，进旅退旅，和正以广；弦匏笙簧，会守拊鼓。始奏以文，复乱以武，治乱以相，讯疾以雅。君子于是语，于是道古，修身及家，平均天下，此古乐之发也。今夫新乐，进俯退俯，奸声以滥，溺而不止;及优侏儒，獶杂子女，不知父子。乐终，不可以语，不可以道古。此新乐之发也。”(《礼记・乐记》)

儒家对“声”“音”“乐”是分三个层次来解释的。他们认为“声”是能听到的任何一种声响，连禽兽都能知道；“音”则是合于律、吕，能构成旋律的声音；既能发声、和律、成曲，又能包含政治意义的才是“乐”。按此原则，子夏所说的新乐，只不过是郑卫之“音”，而不是“乐”。所以子夏认为魏文侯问的是“乐”，而他所好的只是“音”。因魏文侯问子夏时说：“吾端冕而听古乐，则唯恐卧；听郑卫之音，则不知倦。”（《礼记・乐记》）所以才问古乐、新乐为何如此之不同。这也可以看出被称为雅乐的古乐在当时只有孔子这样有高度修养的人听了，才会“三月不知肉味”。

孟子对乐似乎有另外一种说法。一次他与齐王谈乐，齐王首先有些惭愧地说：“寡人非能好先王之乐也，直好世俗之乐耳。”孟子对此未加可否，反倒说：“今之乐犹古之乐也。”只要“王之好乐甚”，齐国就能强盛。但他指的是好乐的另外意义，他向齐王说：“今王鼓乐于此，百姓闻王钟鼓之声、管籥之音，举疾首蹙頞而相告曰：‘吾王之好鼓乐，夫何使我至于此极也？父子不相见，兄弟妻子离散！’……此无他，不与民同乐也。”假使今王鼓乐于此，百姓听到后，“举欣欣然有喜色而相告曰：‘吾王庶几无疾病与，何以能鼓乐也？’……此无他，与民同乐也”（《孟子・梁惠王章句下》）。孟子在这里，由于强调了乐的政治意义，没有说明他所推崇的是先王之乐还是世俗之乐，但从他对万章谈乐时所引孔子“恶郑声，恐其乱乐也”（《孟子・尽心章句下》）来看，这与民同乐的“乐”，绝不会是“郑声”。再从齐王见到他时先以“好世俗之乐”表示惭愧，也正好说明孟子是先王雅乐的积极推崇者。

关于雅乐的内涵，先秦时以为“先王以作乐崇德，殷荐之上帝，以配祖考”（《易・豫・象》）。舜的韶乐，也是能继承尧的德政的。所以司马迁总结为“故乐者，圣人之所以感天地，通神明，安万民，成性类者也”（《汉书・礼乐志》）。当然这不过是人赋予乐的一种意念，实际上雅乐或先王之乐都不能起如此大的作用。春秋末年，舜的后代陈厉公之子完奔齐，把韶乐带到齐国，孔子到齐国才听到真正的韶乐而“三月不知肉味”，但齐国后来也难免亡于强秦的吞并。

（二）“乐”所表达的内容要符合统治阶级的伦理标准。春秋以及战国两汉以后的儒家何以十分厌恶郑卫之音、世俗之乐？主要原因就是认为其内容与统治阶级的伦理道德相违背。如“郑国有溱洧之水，男女聚会，讴歌相感”（《太平御览・乐》），即被列为郑声。甚至相传经过孔子整理的《诗经》，因在《郑风》二十一篇中有十九篇讲到妇人的，也被认为“故郑声淫也”（《太平御览・乐》）。把桑间、濮上之音称为“郑卫之音”“亡国之音”，也是因为“卫地有桑间、濮上之阻，男女亦亟聚会，声色生焉”（《汉书・地理志》）。到明嘉靖年间，礼部主事张敔，明确提出“乐之邪正在词不在律”。他认为《诗经》中的“《清庙》之歌，冲淡而庄敬，《关雎之什》，中正而和平”，当然是雅乐，而“桑中淫以荡”，“此非其器所能为，其辞使然也”（《雅乐发微》卷五）。他的提法比以往稍趋具体，但其基本看法，仍与儒家一致。

（三）雅乐应该是合于律吕的“正声”。从乐音上区别雅乐、俗乐，历代音乐论者都有论述。《周礼》载："凡建国，禁其淫声、过声、凶声、慢声。"汉郑氏注："淫声：若郑、卫也；过声：失哀乐之节；凶声：亡国之音，若桑间、濮上；慢声：惰慢不恭。"（《国语·春官宗伯下》）这些禁例，当然都不属于雅乐、正声。关于正声的含义，《周礼》中未直接阐述，但在规定大司乐教国子乐舞的职责中有"六律、六同、五声、八音、六舞、大合乐"等，并规定用此乐舞，"致鬼神示"，就能"以和邦国，以谐万民，以安宾客，以说远人"（《国语·春官宗伯下》）。大司乐所教的乐舞，有如此威力，当然是严肃的雅乐。《国语·周语》中司乐官州鸠所说的"声以和乐，律以和声"，可以起到"风雨时至，嘉生繁祉，人民和利"的作用（《国语·周语下》），也是指的雅乐。北宋音乐家陈旸对雅乐、俗乐的乐音，更有具体的阐明，乐"有正声焉，有间声焉。故其声正直和雅，合于律吕，谓之正声，此雅颂之音，古乐之发也；其声间杂繁促，不协律吕，谓之间声，此郑卫之音，俗乐之发也。雅颂之音理，而民正；郑卫之曲动，而心淫"（《乐书》卷九十六）。并说："中则和，古乐之发也"；"过则淫，新乐之发也"（《乐书》卷二十三）。

（四）雅乐不能繁杂。先秦时即认为"大乐必易，大礼必简"（《礼记·乐记》），"烦手淫声，慆堙心耳，乃忘平和"（《左传·昭公元年》）。汉亦有以"繁声"为郑声者。光武帝每宴即令给事中桓谭鼓琴，"好其繁声"，后被推荐桓谭为官的大司徒宋弘发现，宋便向桓谭指出："吾所以荐子者，欲令辅国家以道德也，而今数进郑声以乱雅颂，非忠正者也。"（《后汉书·宋弘传》）再宴会时，桓见宋在，鼓琴失其常度。帝怪问之，宋认罪告其所以，帝亦不复令谭鼓琴（《后汉书·宋弘传》）。"繁声"可能是旋律、节奏、指法比较复杂的琴曲，是音乐艺术的一种发展，竟被宋弘指为郑声，光武帝虽喜好繁声，由于有此非议，也只好作罢。宋元丰年间，太常寺官杨杰曾议当时大乐有七失，其中一失即："歌不永言，声不依永，律不和声。"并指出："今歌者或咏一言而滥及数律，或章已阕而乐音未终，所谓歌不永言也。请节其烦声，以一声歌一言。"（《宋史·乐志三》）明嘉靖年间的张敔，也认为朝会中大乐所演奏的乐曲，"繁声太多，音节太密，去古益远矣"。曲中每加许多衬字，"皆淫哇之声也，必删去之，始为近古"（《雅乐发微》卷七）。至清乾隆帝亦持相似之说，他认为明朱载堉《乐律全书》中所载歌诗乐谱，"每一字下，辄用五六工等字，试以五音分注，未免一字下而有数音，是又援雅而入于繁靡也。"他认为这种曲调虽能悦耳，但"几与时曲俗剧相似"。因此他对中和韶乐"精加厘正，俾一字各还一音"。认为只有这样，在朝会大典中才能"钟虡铿锵，备极庄雅"（《清高宗圣训》卷二一六）。

（五）雅乐要保持"中声"。《国语》云："道之以中德，咏之以中音。"（《国语·周语下》）宋儒亦认为："圣人作乐以纪中和之声，所以导中和之气，清不可太高，重不可太下，必使八音协谐，歌者从容而能永其言。……中和之声庶可以考。"（《续通典·乐一》）当时宫廷音乐中，用编钟每虡十六枚，包括十二正律及四清声，系用后周王朴律，但因其律音过高，歌者难逐，故四清声置而不用。后一度降低两律又加四清声，但元祐三年（1088 年），范镇又作新乐编钟十二，并作《乐论》，仍认为用四清声，“与郑、卫无异”（《续通典・乐一》）。宋陈旸也认为：“方响十六同为一架，杂用四清之声，适足以使民之心淫矣，郑卫之音也。欲民之移风易俗难矣。如欲用之，去四清声以协律可也。”（《乐书》卷一三三）实际上，这种以音域宽广为非雅的思想，绝不始自宋代。先秦所追求之“中音”“中声”“大不逾宫，细不过羽”，“细大不逾”（《国语·周语下》），“音亦有适”，“太巨、太小、太清、太浊，皆非适也”（《吕氏春秋・适音》）的思想，均未尝不含以音域宽广为非雅的因素。

（六）雅乐中不能用俗乐乐器。北宋崇宁年间大司乐刘昺言：“大朝会宫架，旧用十二熊罴案，金錞、箫、鼓、觱篥等与大乐合奏。今所造大乐，远稽古制，不应杂以郑卫。”（《续通典・乐一》）显然他把十二熊罴案上所用乐器都视为奏郑卫之音的俗乐乐器了。宋徽宗接受了他的建言，从宫悬大乐中取消了十二熊罴案。

以上各时代各家对雅乐虽有种种解释，但综合起来，大体可以归纳出它的特征是：

1. 从内容上要合乎封建的伦理要求，也就是要为当时的政治服务，为维护统治阶级利益服务。

2. 乐音必须是符合律吕的“正声”，不过高过低的“中声”。

3. 乐曲要“平和”，节奏不能太快，曲调要简单、严肃，不能繁杂。

若和这些原则相反，即被认为是“郑卫之音”“亡国之音”“世俗之乐”。清代的中和韶乐虽与古雅乐有很多不同，但基本上是符合这些原则的。

三　乐器及乐队的来源

清中和韶乐乐器，由金、石、丝、竹、匏、土、革、木八种质料所做的乐器（称为八音）组成，共十六种，每种乐器，在朝会中用一至八件不等；在重要的祭祀乐中，依等级的不同有多有少，但种类都是一样。计金属：镈钟、编钟；石属：特磬、编磬；丝属：琴、瑟；竹属：排箫、箫、篪、笛；匏属：笙；土属：埙；革属：建鼓、搏拊；木属：柷、敔。

清之中和韶乐，不仅名称沿用明旧，其全部乐器亦基本上采用明制。所不同者，只是明代无镈钟、特磬，其余个别乐器仅为名称和数量的差异，清初一直沿用。直到乾隆二十四年（1759 年），因江西得古镈钟十一枚，后乃参照唐宋乐悬，仿制了铜镀金镈钟十二枚，又采和田玉制特磬十二枚，遂为定制。

中和韶乐的乐器，其来源也无一件是明清所独创，正如《吕氏春秋》所云：“故乐之由来者尚矣，非独为一世之所造也。”由“八音”构成的十六种中和韶乐乐器中，有十一种在《诗经》《吕氏春秋》《荀子》《周礼》《礼记》等先秦古籍中都有记载。另有三种，在今、古文《尚书》和《周礼》中亦有记载。在出土实物中，最早者为浙江河姆渡遗址的一个吹口的埙，经碳 -14 测定，为距今 5000 ~ 7000 年的新石器时代中早期。另在西安半坡及其他遗址中亦发现多孔埙多件。河南舞阳县贾湖遗址中发现的一批能奏出音阶的竖吹七孔猛禽骨骨笛，经碳 -14 测定，距今有 7920 年 ±150 年（王怀让 :《8000 年前的甲骨契刻符号和骨笛在舞阳出土》,《河南日报》1987 年 12 月 11 日第一版），如无误差，将是迄今发现的我国最早且高度发展的乐器，其形制有些像缩小的单管有孔箫。战国早期曾侯乙墓出土乐器中，有编钟、编磬、建鼓、琴、瑟、笙、排箫、篪等，清中和韶乐沿用了这八种乐器，只是形制有所不同。

文献中出现较晚、资料又较少的清中和韶乐乐器，是具备十二律的成组“特磬”和单管、有孔竖吹箫。成组特磬，约隋唐时期才开始使用，当时称大磬，只用于后宫，正式命名为特磬并与镈钟同时用在宫架内则自宋始。宋明道年间曾制新乐，其中有特磬十二。到政和三年（1113 年），宋徽宗所颁“宫架之制”亦规定“设十二镈钟、特磬于编架内”(《宋史 · 乐四》)。元宫悬中有镈钟无特磬，明皆无，清乾隆时方复设置。

箫，虽屡见于历代文献，但皆指排箫。清中和韶乐中，除排箫外，尚有单管竖吹之箫。其起源尚须查考，出土汉代画像石中已见单管竖吹箫之形象。文字记载则见于北宋徽宗时太学博士陈旸《乐书》中，书中称 :“箫管之制，六孔，旁一孔，加竹膜焉，足黄钟一均声。或谓之尺八管，或谓之竖笛，或谓之中管。”(《乐书》卷一四八）此处所述箫管，六孔，竖吹，似与单管箫相近，然谓旁一孔，加竹膜，又与单管箫不同。文中所述“箫管”“尺八”“竖笛”“中管”似指一物，而图中绘有两管，一长一短，又未加说明，仍有些含混。关于“尺八”,《旧唐书》载 :“才（吕才）能为尺十二枚，尺八长短不同，各应律管，无不谐韵。”(《旧唐书 · 吕才传》)《新唐书》载 :“才制尺八，凡十二枚,长短不同,与律谐契。”(《新唐书·吕才传》) 两书所载均为“十二枚”“长短不同”，又不言有孔，且云“尺八”其长数也。此亦可以理解为“尺八”是最长的一枚。因此尚不能确定“尺八”为单管之箫。今思，“尺八”为黄钟两倍之长，仍有可能是低八度排箫之简称，或类似晋荀勖十二律笛（亦竖吹）之再现，故单管竖吹之箫亦可能由此演变而来。南宋《朱子语类》云 :“今之箫乃是古之笛，云箫方是古之箫。云箫者，排箫也。”朱子把“今之箫”说成是“古之笛”,虽未臻精确,但毕竟将箫与排箫区别为两物，并证明当时已并存。

到元代，两箫之制的记载则较为明确,《续通考 · 乐考》载 :“宫悬乐，箫十，其制编竹为之，每架十六管，……宴乐箫制，如笛，五孔。”其时如笛之单管箫尚未列入雅乐。

明代中和韶乐中则两箫皆备，“排箫四架，每架高一尺五分，广一尺一寸五分，用竹十六管，其下列于朱红漆木匾架，两面俱戗金凤文”;“箫十二管，以竹为之，长一尺八寸，间缠以弦线，有六孔，前五后一”(《明会典》卷一八三）。清亦如此。

清中和韶乐乐队直接沿袭明制，但非自明始。《尚书》所记“八音克谐”,《周礼》

所记“播之以八音”，均非指单独的乐器演奏，而是指众乐齐鸣的乐队。既然清中和韶乐十六种乐器中，有十四种与先秦乐器基本相同，因此也可以把先秦这些“八音克谐”的乐器看作清中和韶乐的雏形。

同时，从历代文献记载看，清中和韶乐乐队的形成与古“乐悬”（宫架）、“登歌”、“下管”这三个词有关。

乐悬，据《周礼》载，当时王、诸侯、卿大夫、士都可以设置，只是因等级不同而规模各异。皆以悬于架上的编钟、编磬的多少为标志，配以其他乐器，并要符合“六律六同”（即十二律），“文之以五声：宫、商、角、徵、羽；皆播之以八音：金、石、土、革、丝、木、匏、竹”，从曾侯乙墓出土之乐器可以看出“诸侯轩悬”的大概情况，同时也能了解到与清中和韶乐相通之处。

关于“登歌”“下管”，《周礼》载：“大祭祀，帅瞽登歌，令奏击拊。下管，播乐器，令奏鼓朄。”（《周礼·春官宗伯下》）汉郑众注：“登歌”，“歌者在堂也”；“下管”，“吹笛者在堂下”。《礼记》亦有“歌者在上，匏竹在下”的记载。宋陈旸又进一步说明，“大祭祀，登歌奏击拊，堂上之乐也；下管播乐器，奏鼓朄，堂下之乐也”（《乐书》卷四六）。实际上乐悬（钟、磬等）在堂下的四周，下管（匏、竹等）在堂下的中部，这两部分乐器同时设置，故后来的文献，均记为乐悬（包括下管）和登歌两个乐队。

经春秋战国之变革，又“遭秦灭学”，周之礼乐，“遂以乱亡”。“汉兴，拨乱反正”（《汉书·礼乐志》），复设乐悬、登歌，历魏、晋、南北朝，时兴时衰，但大略一直延续。隋统一中国后，虽时间不长，但在制礼作乐方面却颇有成就，为唐朝的建制打下了不少基础。唐朝在隋的基础上，加以恢廓，至高宗时，曾充庭设簨虡七十二架，并增加多种乐器，登歌规模亦超过往昔。后经安史之乱，损失殆尽，复经五代之频繁更替，始终未能恢复。至后周世宗时，枢密使兼太常寺官王朴奉诏详定雅乐，始稍具规模。

北宋初沿用后周之乐，后因律制长期未定，直至徽宗政和三年（1113年）规模始备。其时所定亲祠及朝会宫架（即乐悬）之制较为完整：四方各设编钟三、编磬三、镈钟三、特磬三，四隅置建鼓、鞞鼓、应鼓，悬内设柷、敔各一、瑟五十二（朝会五十六）、一弦琴七、三弦琴十八、五弦琴十八、七弦琴二十三、九弦琴二十三，巢笙二十八、匏笙三、竽二十，箫二十八、篪二十八、篴（即笛）二十八，埙十八，雷鼓、雷鼗各一（地祇用灵鼓、灵鼗各二，太庙用路鼓、路鼗各二，大朝会用晋鼓二），歌工三十二人。

登歌之制：皇帝亲祠及朝会用金钟一（虡）、玉磬一（虡）、柷一、敔一、搏拊二，一弦、三弦、五弦、七弦、九弦琴各二，瑟八，篴四、篪二、巢笙、和笙各四，埙二，闰馀匏、七星匏、九星匏各一，箫二，歌工四人（《宋史·乐四》）。宋南渡后，规模缩小，大体相似。辽、金亦有宫悬、登歌雅乐，称沿唐宋之旧，但多不及。元朝统一中国后，世祖初年始置宫悬、登歌，晚年渐臻完备。其所用乐器及规模与宋相似，有的乐器，如编钟，即用宋朝旧物。

从文献记载与文物联系起来看，明中和韶乐乐队显系承袭古代宫廷的乐悬、登歌而来，因为乐器的配备都是以“八音”为基础，而且在明中和韶乐的十四种乐器中，有十三种先秦时已在使用，仅形制有所更动，其乐器发音特征基本未变。

清中和韶乐，由于因袭明制，故在乐器种类和规模上基本一样。但也有些差别，如每种乐器的尺寸和所用件数，清乾隆时依古制增加了镈钟、特磬，而明朝没有；清朝的建鼓，明朝称应鼓，但其形制很相近；明排箫前后盖板两侧成内弧状，而清则外弧，两足内收，再向外卷出。然而这些都不是根本性的差异。差别较大的是明清编钟、编磬及排箫，虽均为十六个律音，但明用十二正律加四清声，而清康熙改律后则为十二正律加四倍律。其他定音乐器亦改用康熙新律（《明会典》卷一八三、《清通考》卷一六一）。

从上述情况看，清中和韶乐乐器，参差存在于古代乐悬、登歌乐两者之中，显然是乐悬、登歌的综合缩型，更多成分像古代的登歌。

四　乐曲风格的探索

先秦所传韶乐的古音已无法听到，现只能从歌词的格律及文献资料上来探讨。从《诗经》中可以看出当时宫廷祭祀、朝会所用雅乐歌词，多存于《雅》《颂》部分，基本上是四言古诗。汉郊祀歌词则间有三言、五言、七言诗及仿《离骚》体。以后历代雅乐歌词见于记载的皆以四言古诗为主体，少量间以三言、五言、七言诗，至唐祀圜丘乐歌偶见仿《离骚》体，宋、金、元则祭祀、朝会歌词均为四言古诗。

明中和韶乐的歌词，已集中为三种形式，即仿《离骚》体、四言古诗及新出现的仿宋词的长短句。祭祀歌词多系仿《离骚》体及四言古诗混用。只有在祭祀宗庙、孔庙等歌词中一贯用四言古诗。

清中和韶乐的歌词仍为仿《离骚》体、四言古诗和仿宋词长短句，但一般不再混用。如在祭祀圜丘、方泽、社稷等大祀中均为仿《离骚》体；在祭祀太庙、先农、孔庙等处用四言古诗；在祭祀先蚕、关帝庙等处用长短句；在朝会、庆贺中，皇帝、太后、皇后升座及降座歌词，均用长短句。

历代雅乐所用歌词作为宫廷音乐文学，也受着社会文学潮流影响，如在汉代受当时流行的楚辞、汉赋的影响，就在三、四言古诗形式中出现了仿《离骚》体歌词，五言、七言诗体也偶见，或是由四言诗转为五、七言。到明清时期雅乐歌词出现长短句，明显是受了宋词、元曲的影响。但四言古诗，一直是雅乐特别是祭祀乐歌词的基本特点，保持了先秦《雅》《颂》的歌词传统形式。

另从曲谱的风格上看，清代的中和韶乐，不论是祭祀用或殿陛用，其乐谱都是用五声音阶，并且是一字一音的，音域从下羽到高宫，即简谱从低音 *La* 到高音 Do。谱中虽未标节奏，但从《律吕正义后编》所载祭孔乐谱与清桂良所撰《黉宫敬事录》及《阙里文献考》中关于演奏程序的记载相互参照来看，乐曲进行速度是相当缓慢的。上述后两书中记载祭孔的中和韶乐的演奏程序是：每奏一章，先击柷三声，以起乐；每奏一句，先击镈钟一声，以宣其声；每奏一字，歌声未发，先按谱击编钟一声，歌生协律歌一字，琴按谱弹一声，瑟弹两声，其余乐器齐奏一声，歌声将绝，再按谱击编磬一声，以收其韵；每一句（四字）完了，击特磬一声，以收一句之韵；然后击楹鼓一声，足鼓（曾一度取消）二声，搏拊一声，以应之，同时摇鼗鼓（一度取消）三下（《律吕正义后编》谱中均简为击建鼓一声，击搏拊两声以应之）。然后再起下句。按此程序，每奏歌一字，即使每声一拍，加起来也要三十拍左右，其速度之慢可想而知。庄严肃穆的祭祀乐或殿陛乐绝不会用快板，只有这样的演奏才能体现儒家所追求的“中和”“平和”的韶乐格调。

清中和韶乐所用一字一音之乐谱，亦非清人之臆造。明代尚存中和韶乐乐谱，皆一字一音自不必论，现在所存元代祭孔乐谱，亦一字一音。南宋朱熹所著《仪礼经传通解》中还载有更早的一部分《诗经乐谱》，计有《诗经·小雅》中的《鹿鸣》《四牡》《皇皇者华》《南山有台》,《国风》中的《关雎》《葛覃》《卷耳》《鹊巢》《采蘩》《采苹》等十二首乐谱，皆一字一音。据朱熹云，此谱乃当时赵彦卫所传，云系唐乡饮酒礼上所奏，“即开元遗声也”。朱子对此谱持怀疑而又保留的态度，认为似非古法。“然古声既不可考，姑存此，以见声歌之仿佛”（《仪礼经传通解》卷一四）。循此，似乎仍可作一番探讨。朱子对此谱几个主要疑点是：

（一）“古声亡灭已久，不知当时工师何所考而为此也”（《仪礼经传通解》卷一四）。现考虑“古声亡灭已久”，系古人概略的提法，实际未必所有古声均一一灭亡。嬴政焚书坑儒，对消灭《诗》《书》及非秦史籍可谓彻底，但仍有《诗》《书》百家语传世。尤其是古代乐谱，史官不屑于记述，多靠世代瞽师、乐工口传心授，或偶有草谱亦不入经传，若究“当时工师何所考”似不实际。但可设想，古时文人为某一政治目的，可以作书托伪，而一般乐工，由于身份所限则不大可能作伪，且既无名利可图，何须作此伪乐？古人对古乐一般不轻易创作或任意改变，若谓世代相传过程中稍有更动则可能，但其主要因素当会保持。况此类诗谱结构简单，较易传诵，即使有些变动，也不会离题太远。

（二）朱子云“古乐有唱有叹，唱者发歌句也，和（叹）者继其声也。诗词之外应更有叠字、散声，以叹发其趣”（《仪礼经传通解》卷一四），似非古法。此乐谱中，只按《诗经》原词，一字注一音，确实没有“叠字、散声”的记载，但这正符合儒家对雅乐的要求。《诗经》三百零五篇中，也反映了“有倡有和”的形式，在《郑风·萚兮》诗中，其歌曰：“萚兮萚兮，风其吹女。叔兮伯兮，倡予和女。”这是描写女子要求和其情人共同唱和的情景，可能是当时唱情歌的一种形式。有的诗有叠句，也可能是唱和。但作为雅乐的歌谱不一定都要有唱和；或有唱和，也不一定记于谱中。乡饮酒礼系古代基层行政官员表示敬贤、尊老的一种礼仪，没有唱和也是可能的，不能以没有唱和就认为不是古乐。同时还可考虑，越是进入宫廷的音乐，由于政局的变动，越容易失传，而流传于基层民间的音乐反倒容易保存。乡饮酒礼一直延续到明清，故唐开元间乡饮酒礼上保存着古声是可能的。

（三）朱子谓："汉晋之间，旧曲既失其传，则其词虽存，而世莫能补。"（《仪礼经传通解》卷一四）此处既然认为古乐谱后世之人莫能补者，实际上也就承认了流传至唐的古乐谱也非后人所补。如是，此诗谱仍可能是古谱。否则，旧曲既失传，后人不能补，而唐传之谱作者为谁？既无记载，又无考证，何以轻信其非古？

（四）朱子认为："若但如此谱，直以一声叶一字，则古诗篇篇可歌矣，夫岂然哉？"（《仪礼经传通解》卷一四）实际上《诗经》是我国最早的一部诗歌总集，为现代治《诗》者所共识。既是诗歌，则皆能歌之。十五《国风》如此，《雅》《颂》亦然。司马迁曰：《诗》"三百五篇，孔子皆弦歌之，以求合《韶》《武》《雅》《颂》之音"（《史记·孔子世家》）。这正说明古诗篇篇可歌。而且朱子在注《诗经》时自云："凡《诗》之所谓《风》者多出于里巷歌谣之作……若夫《雅》《颂》之篇，则皆成周之世朝廷、郊庙乐歌之辞。"（《诗经传序》）既然是"歌谣""歌辞"，何以不能歌之？其所以出此矛盾之说，可能因其注《诗经》时尚不满五十岁，而作《仪礼经传通解》时，则已年近七旬（年七十一卒，是书尚未全部完成），考虑有所不周之故。

另据《阙里文献考》载："考阙里之颁乐，实始于宋。（笔者按：《孔氏祖庭广记》载：鲁哀公十七年即公元前478年立庙，汉高祖以太牢祠孔，汉明帝作六代乐祠孔子，后魏太祖命乐师入学习舞，释奠于先圣先师，唐开元间命二京祭牲太牢，乐宫悬，舞八佾）……元成宗大德十年颁大成乐于阙里。"经查，元成宗所颁大成乐，其曲名、歌词以及所用宫调，除元代补入的两首《酌献之曲》及个别用字不同以外，其余与《宋史》所载大晟乐府所颁大晟乐完全相同。《元史》并载，此"释奠乐章皆旧曲"（《元史·礼乐三》）。可证元代祀孔乐章（歌词）、乐曲皆沿袭宋乐。《宋史》未载乐谱，而《阙里文献考》载有元代乐谱，实系宋代乐谱，皆为四字一句，一字叶一音，其乐谱与朱子置疑的唐传《风雅十二诗谱》原刊本全然相似，皆用简化律名标谱，只《四库全书》本《钟律通考》转载之谱于律名旁对应标有工尺字谱（《钟律通考》原本不得见）。曲阜祭孔乐谱为朝廷颁发，一般不轻易变动，是保存古乐谱最稳定的资料。《阙里文献考》既载有准确的宋代乐谱，从它与唐传《风雅十二诗谱》的一致性中，更可以增加唐传诗谱为古谱或保存古谱较多的可信性。

再从其他历史文献中也可以看出古乐的一些延续线索：晋"武皇帝采汉魏之遗范，览景文之垂则，鼎鼐唯新，前音不改"。"及魏武平荆州，获汉雅乐郎河南杜夔，能识旧法，以为军谋祭酒，使创定雅乐"。"杜夔传旧雅乐四曲，一曰《鹿鸣》，二曰《驺虞》，三曰《伐檀》，四曰《文王》，皆古声辞”（《晋书·乐上》）。晋以后，南朝“宋文帝元嘉中，南郊始设登歌，……大抵依仿晋曲，是则宋初又仍晋也”。“隋文平陈，始获江左旧乐。”唐武德九年，“乃命祖孝孙修定雅乐，……于是斟酌南北，考以古音（仍未与古音断绝），作为唐乐”。“五代相承，享国不永，制作之事，盖所未暇。朝廷宗庙典章文物，但按故常以为程式云”（《乐府诗集》卷一）。此后“辽乐多出于唐，而金元明仍用之，异名同实”（《续通考·乐一》）。实际辽用后晋乐，金用宋乐，元用金乐。宋初时用后周王朴乐，后因黄钟之音高长期不定。至徽宗作大晟乐始定制。其朝会、祭祀用雅乐歌词完全恢复为四言古诗。再证以祀孔所用宋乐，与唐传《风雅十二诗谱》的风格相同（只在宴享、鼓吹等歌词中才出现多种形式），可见宋之雅乐与古乐始终未曾断线。

（五）至于朱子所言“清声为调，似非古法”（《仪礼经传通解》卷一四），恐是对古调不同的理解所致。其实“黄钟清为宫”，即是历代古乐中最普通、最常见的宫调，岂非古法？《周礼》载：“乃奏黄钟，歌大吕，舞云门，以祀天神。”《三礼义宗》注云：“《周官》（即《周礼》）奏黄钟者，用黄钟为调；歌大吕者，以大吕为调。”（《周礼正义》卷四二）可见那时已用黄钟及其他律为调。随县出土十二律齐备、能跨五个半八度的编钟，又可证明在战国初期，《礼记》中所载的“旋相为宫”在实践中已很成熟。只是唐传诗谱中所注“俗呼为正宫调”“俗呼为越调”及作为注释以律名记谱的工尺字谱，为后人所作，其原谱未必不保存诗乐之古调。

朱子虽怀疑《风雅十二诗谱》之不古，但结论是“古声既不可考，姑存此，以见声歌之仿佛”。其中亦包含存有古乐因素的可能性。

从上述分析中，可推出如下结论：清中和韶乐乐曲一字一音的风格，尤其是祭祀孔庙、太庙、先农等所用四言古诗，一字一音的风格，仍保存和延续了先秦雅乐的特征。

五 余 论

经过如上探讨以后，对清中和韶乐可以获得如下认识：

（一）“中和韶乐”这一名称，反映了清代宫廷对古代宫廷音乐传统的继承关系。虽然清统治者并不具体了解舜时的韶乐如何美好，但大量儒家文献的传播，使清统治者在一定程度上理解到中正、平和的音乐，这是封建政治与音乐审美观念的结合体，因此顺利地接受了明代“中和韶乐”这一名称。

（二）清代中和韶乐的物质实体，即乐种或乐队的形成，既然是由古乐悬、登歌综合演变简化而来，它当然就保存着上古乐器及乐队的基本因素。随着时代的演变，上古乐器的形制、规模及种类虽都有些变化，如经济、政治、文化都很发达的唐代，在雅乐中加进了很多后来的或外族的乐器，但传统的雅乐乐器并未减少。明清时期又回到先秦的大致范围，只是规模大为缩减，仅近似登歌，然由“八音”构成的雅乐的主要乐器仍保存下来。

（三）韶乐，儒家认为是“尽善尽美”的舜乐。古代解释韶者，绍也，说舜能继承尧的美德和治道。故历代封建统治者都将其作为雅乐在宫廷中演奏，但对雅乐作用的认识则各有差异。《礼记·乐记》把“乐”与“礼”“刑”“政”并列，未免有些夸大。而唐太宗认为：“悲欢之情，在于人心，非由乐也。将亡之政，其民必苦，然苦心所感，故闻之则悲耳。何有乐声哀怨，能使悦者悲乎？”（《旧唐书·音乐志》）这又似乎过于忽视了乐的作用。明太祖则认为“治天下之道，礼乐二者而已”，“刑政二者，不过辅礼乐为治耳”（《明太祖宝训》）。似乎把“礼乐”与“刑政”的关系弄颠倒了，但实际上他还是重视了“刑政”，并没有把雅乐恢复到唐宋时期的规模。清代对雅乐的作用的认识，似乎与明亦稍异，但“崇雅黜郑”的原则则是一贯的。认为祭祀时用中和韶乐，可以“交神明而达诚敬”，“正朝御殿”用雅乐则可以“敷政临民”“倍彰庄雅”（《清高宗圣训》卷二一六）。而清朝更多的是追求礼乐形式的完备，以显示皇家的气派，而且为了使自己成为中华正统的君主，努力追求复古精神，比如中和韶乐中补充配备了镈钟、特磬，乐谱复原了一字一音等等。而在宫廷的平日生活中却充满了音域很广、一字若干音的“郑声”，充斥宫中戏台的则是昆曲、高腔和后来的乱弹及京剧等“世俗之乐”。

从中国音乐史角度看，早在春秋末期，以孔子为代表的儒家就有鲜明的“崇韶贬郑”的观点，直接指斥“郑声淫”，把“郑声之乱雅乐”“紫之夺朱”“利口之覆邦家者”并列为“三恶”（《论语·阳货》）。此后，持此论者各代不乏其人。实际上是反映着两种审美观点的矛盾。尽管儒家极力贬低郑声，而所谓的郑声却一直在民间以至宫廷音乐中发展。孔子死后三十多年，魏文侯即“听古乐，则唯恐卧；听郑卫之音，则不知倦”（《礼记·乐记》）。以后历代帝王虽未如此鲜明地赞同郑声，但他们的实际生活中一直在欣赏而且得到发展的却不是雅乐、古乐，而是被斥为郑声的新乐、世俗之乐。朝廷和儒家屡加提倡的雅乐反而很艰难地维持着。其原因是儒家把雅乐过分伦理化、政治化，他们的音乐著述连篇累牍，但很少涉及音乐本身，甚至对雅乐本身也不能论述得详尽具体，多云必须恢复古乐，或论之以今古得失，或附会以道德伦理，或以政论乐，或以乐论政，总之多在乐外，意欲崇雅，实际为单纯政治目的所困惑。其理论已经僵化，没有把政治和艺术正确结合起来，使雅乐这个音乐流派脱离了音乐艺术发展规律，失掉了艺术上的生命力，只靠行政和儒家说教来继续。

然而从探讨中还可以看到另外一面，即从先秦雅乐到中和韶乐，在历史上都起过一定作用。雅乐，在历史悠久的中华民族原始乐舞的基础上首先开创了质朴、典雅的宫廷音乐的先声，然后又以中和韶乐的形式流传到封建社会的最后。尽管它的名称、乐器的配备、乐器的形制、乐曲和歌词的风格，在数千年的岁月里有某些变异，但雅乐的一些基本特征依然存在。清中和韶乐的乐器、乐谱、歌词尚完整地保留至今，是中国音乐发展史上的一段物证，也是研究中国音乐史的一批珍贵的物质和文献资料。

同时也应看到雅乐、中和韶乐是我国传统文化洪流中的一个支流，或者说是表现庄重、典雅、平和风格的一个流派。这个支流甚至到清亡以后还有影响。就汉民族语言的音节特点来说，一字一音、五声音阶与庄重严肃的曲调有一定内在联系，所以在后来很多表现严肃、雄壮的歌曲中还被广泛地应用，因为这种形式可以充分表现中国传统音乐的刚健、庄严之美。因此对中和韶乐应加以挖掘、研究、批判、改创，发其精华，使其为今日之中国服务。

出自《故宫博物院院刊》1992 年第 3 期

宋代黄钟的改作及大晟黄钟的影响

一 宋代黄钟的改作

自唐安史之乱始，经五代十国的争战，盛唐时那种辉煌的宫廷音乐已经支离破碎，很多乐曲、乐种、乐书几近失传，甚至乐器、乐工也“十不存一”。宋太祖赵匡胤取得帝位后，为加强自己的统治，即开始修礼制乐。但由于音乐人才的缺乏，皇帝及大臣们对音乐的懵懵懂懂，故长期未臻完善。

据《宋史・乐志》载：“有宋之乐，自建隆讫崇宁，凡六改作。”但实际上宋乐的六次改作中，真正改作了黄钟音高并付诸实施的只有两次。

宋太祖即位之初，只将后周乐章（歌词）改变了名称，改撰了乐章内容等，至于乐曲、律吕的音高，乐工、乐舞人的冠服，都是沿用后周的旧制。但宋太祖认为“雅乐声高，近于哀思，不合中和”，于是命刑部员外郎兼太常博士和岘对乐律重加考证。和岘认为，后周王朴用累秬黍的方法来定尺度，其声太高，不合古制。而洛阳铜望皋下的石尺，是古来测天用的，可以用作制律管的准绳。用王朴所定尺度与石尺比较，王朴尺比石尺短四分，所以黄钟律声偏高。太祖遂命和岘依石尺造九寸之管为黄钟，果然比王朴所定的黄钟低一律。后又用上党羊头山秬累尺校律，亦相符合，又命尚书省集众官详议，众议皆同。于是确定以和岘律为标准，改作了宫中乐器，自此“雅音和畅”，是为和岘乐，即付诸实施的第一次改作。

此后李照乐、阮逸乐、杨杰与刘几乐、范镇乐，每一改作方案出现后，当即都有很多人反对。由于古代黄钟音高、尺度等没有绝对标准，历代均有所不同，而后世一些似懂非懂的官员文人又刻意复古，并附会以阴阳五行及封建伦理之说，以致把制律的方法弄得纷纭而神秘，并出现了司马光与范镇对乐律“争论往复，前后三十年不决”的局面（《宋史・律历志》），不懂律学的官方也无法决断。所以尽管方案很多，甚至有进步的方案，也不能实现。如真宗景德年间，乐工单仲辛曾发明在巢笙、和笙等定音乐器上，转调时不用义管又与诸宫调皆谐的方法（《宋史·乐志》），这可能接近十二平均律，结果未受到充分重视，都变成一种议论、设想或一时的试验，而又自生自灭，只好再沿用旧乐。这种动摇不定的局面，一直延续到徽宗时代，前后达一百三十余年。

崇宁元年（1102 年），徽宗曾诏宰臣讲议大政，大家认为："大乐之制，讹谬残阙，太常乐器弊坏，琴瑟制度参差不同，箫、篴之属乐工自备，每大合乐，声韵淆杂，而皆失之太高。""笙不用匏，舞不象成，曲不协谱。乐工率农夫、市贾，遇祭祀朝会，则追呼于阡陌、闾阎之中，教习无成，瞢不知音。"（《宋史·乐志》）看来当时宫廷的音乐已经很不成样子，非整顿不可了。但议乐的官员又认为："《乐经》散亡，无所依据；秦汉之后，诸儒自相非议，不足取法。"因此，不得不从民间博求知音之士。这时有人即将一位九十多岁的退役兵士魏汉津推荐上来，此人自称家居西蜀，曾从唐代仙人李良学乐。其实此人在皇祐年间曾以善乐被荐，因当时负责改制乐律的阮逸反对魏的说法，未予起用。这次说他从李良学乐，也是当时的宰相蔡京"神其说而托于李良"（《宋史·乐志》）。

魏汉津的主张与众不同。自两汉以来，一般主张累黍为度，以定黄钟之律，而魏却主张"以身为度"，并说这是禹效法黄帝的做法。即用皇帝的中指、四指、五指之长合为九寸，即黄钟律管之长。崇宁三年（1104 年），徽宗即命依此法定黄钟律管之长，并依此改作乐器。次年八月二十六日乐成，列于崇政殿。徽宗命先奏旧乐三阕，曲未终，即命停止。并说："旧乐如泣声。"然后命奏新乐，结果徽宗甚为满意，百官也共相称颂。是年九月朔，徽宗御大庆殿受贺，用新乐，百僚预祝圣寿，徽宗甚为高兴，乃下诏曰："礼乐之兴，百年于此。……以身为度，铸鼎以起律，因律以制器，按协于庭，八音克谐。……今追千载而成一代之制，宜赐新乐之名曰'大晟'。朕将荐宗庙、享鬼神、和万邦，与天下共之。其旧乐勿用。"同时还设置了一个专管音乐的机构，名大晟府。后于大观四年（1110 年），徽宗还亲自撰写了《大晟乐记》（《宋史·乐志》）。这是第二次已经实施的改作，此后再无重大改动。

二　大晟黄钟的产生及其音高

据当时文献记载，宋代屡次改作乐律，都是采用管律定黄钟的音高，甚至后周王朴所制十三弦的律准，也是"依管长短分寸设柱"的（南宋王应麟《玉海·律历·律吕》）。因为弦乐的发音，要受共鸣箱的质地、厚薄、温度、湿度等多种条件的影响，特别是弦的质地、粗细、长短、张度等条件，很难做黄钟音高的标准，远不如管律稳定。因此每种制律方案都要涉及尺度问题。但尺度的长短也是相对的，文献记载各种尺都是比数，各时代各地区无统一的标准，至于以黍粒作基本单位的说法，古人早已发现黍粒有大小、横竖的差别，所以同是黍尺，其长短亦不相同。现在求某一律管的长度，也只有从各种尺的比数中求得大概的近似值。

现在有实物可循、能按文献记载各尺比数推算的有三个线索：一、南京大学藏碧玉尺，长 28.09 厘米（《中国古代度量衡图集》）。二、南京紫金山天文台明铜景（古影字）表尺，折算一天文尺长 24.525 厘米（《中国古代度量衡图集》）。三、汉钱尺。其中前两种尺有精确长度，独汉钱尺尚须进一步说明。中国近代考古学先驱、早期故宫博物院院长马衡先生在《〈隋书·律历志〉十五等尺》一文中谈到，他为了研究古尺长度，曾“不得已乃效高讷之所为，以货币四枚制一尺，择其首足长广之比例合度者用之，以度王莽时诸货币，其尺寸乃无一不合”。1924 年冬，清室善后委员会点查故宫物品，曾于坤宁宫发现刘歆铜斛与《西清古鉴》所载相同，后携自制之货币尺验证，“以货币尺置斛中，而尺与口平”，正与铭文所记斛“深尺”相符（马衡：《凡将斋金石丛稿》）。（此器故宫早已列为重宝，现藏台北故宫博物院）此货布尺长度为 23.1 厘米，与《隋书》所指周尺、刘歆铜斛尺、后汉建武铜尺、晋荀勖律尺即晋前尺、祖冲之所传铜尺及宋高若讷所定汉钱尺的长度相同。

现按马衡先生所得汉钱尺数据与明景表尺、宋碧玉尺参校求宋大晟律管长度如下：

《宋史·律历志》载：后周“王朴律准尺比汉钱尺寸长二分有奇，比景表尺短四分”。又载“太常所掌，又有后周王朴律准尺，比晋前尺（同汉钱尺）长二分一厘”。南宋蔡元定《律吕新书·度量权衡》及南宋王应麟《玉海·律历·度》均载：“王朴律准尺比汉钱尺寸长二分有奇，比景表尺短四分。”

以上三处所记均与后周王朴律尺（有的写作律准尺或尺，均同）基本一致。如以较为精确的比汉钱尺长二分一厘的记载推算，王朴律尺长应为 23.1 厘米 × 1.021 倍，等于 23.5851 厘米。若从明景表尺与王朴尺的比数计算，则为 24.525 厘米 × 0.96 倍，等于 23.544 厘米。两个得数是很接近的。现存南京紫金山天文台的景表尺虽为明代遗物，但很有参考价值，因为《中国古代度量衡图集》认为“此景表尺仿照元代郭守敬天文尺制成”，并指出“两汉时期，测影、调律用尺与常用尺同长，嗣后常用尺逐渐增长，为确保天文记录数据的一贯性，自南北朝起，天文尺自成系统，不随常用尺增大。经历一千余年，其长度始终在 24.5 厘米左右”。这是从天文学角度作出的论断，较为可靠，依此推算出的数字亦与从汉钱尺推算出的数字较为吻合，这也证明了马衡先生的汉钱尺及王朴律尺长度的可信性。

至于南京大学藏碧玉尺，据《中国古代度量衡图集》的说明，“正面刻九寸”，当然是律尺。说明中还引用了南宋王应麟《玉海》中所说“北宋邓保信乐尺。……”，“其长为周尺（晋前尺）一尺二寸一分五厘。合 28.067 厘米，此尺长度与之相符”。此尺实长为 28.09 厘米，与之相近。

关于大晟乐律，名义上是魏汉津乐，实际是当时主乐事的刘昺主持制成的。崇宁三年（1104年），刘昺即认为魏汉津的说法不合儒书，且从宋太祖到宋徽宗几代皇帝对音乐的理解都是把高音当作“哀思”“泣声”“郑声”，不合中和。而以帝指为律，即使中等偏高人的三、四、五指加起来也达不到王朴律尺的长度，发音会更高，皇帝是不会允许的，因此未按帝指尺寸去做，而是“工人但随律调之”（宋蔡攸：《国史补》）而成，可能是把黄钟音降低了，因而获得宋徽宗的承认。

据《文献通考·乐考》载，崇宁年间，刘昺制定黄钟及其他律管时，还制造了“玉尺二，金尺一，长于王朴尺二寸一分”。《律吕新书》亦引《大晟乐书》载：“大晟乐尺，长于王朴尺二寸一分。”据此可推定，以王朴尺23.5851厘米×1.21倍，即大晟乐尺之长：28.537971厘米。

为了较为精确地验证各有关尺的长度、大晟律管长度和大晟黄钟的音高，笔者根据推算之大晟乐尺数字以该尺之三分空径做大晟黄钟律管一只，又根据宋碧尺长度以三分空径做律管一只，均为开口管。经用不急不缓的中等气流吹之，测音结果，大晟黄钟律管发音为c^2+10，据宋碧玉尺长度所做之管发音为c^2+30。经与故宫博物院所藏大晟黄钟清对照，大晟黄钟清的发音为c^2+20，正好在二尺之中。这在宋代尚无现代科学测音仪器和精密尺度、计算的条件下，应该说已经是很精确了。《律吕新书》所载邓保信尺长度，经计算，虽与宋碧玉尺实物误差较大，长出0.28835厘米，长度在大晟乐尺及宋碧玉尺中间，故不必做律管亦可推知其发音一定比已做两管与大晟黄钟清实物发音更为接近。

通过上述从文献记载和实物相结合的探讨，我们不仅确知大晟乐尺和大晟黄钟律管的大体长度，而且有一定理由认为刘昺制定黄钟律管时可能参考了邓保信尺的长度。同时也可以考虑，南京大学所藏碧玉尺可能就是刘昺造律管时所造“玉尺二”中之一，也就是大晟乐尺，因为它从尺寸到律管发音与大晟律都很接近。但无论如何，大晟黄钟的音高为c，可以确定无疑了。这与杨荫浏先生所确定的大晟黄钟为d是不同的（杨荫浏：《中国音乐史纲·宋徽宗崇宁中魏汉津帝指律——大晟九寸律》）。

三　大晟黄钟音高的影响

大晟黄钟的音高，虽然不是在精深的理论基础上产生的，但其影响却很深远。

较为准确地掌握了大晟乐尺及黄钟律管的长度、音高之后，即可由此推知前后各宫廷音乐中黄钟的音高。如大晟乐尺是从王朴律尺长度比数得来，笔者曾用王朴律尺即今23.5851厘米做管吹之，经测音为e^2+5，可知后周所用黄钟音高为e。另在《文献通考·乐三》载：宋景祐二年仁宗问乐于集贤校理李照，照言王朴律准“视禁坊胡乐高二律”。“盖五代之乱，雅乐废坏，朴创意造准不合古法。”《玉海》关于此事记载亦大略相同。这里说的“禁坊胡乐”是指前代还是当时，不明确。而《宋史・乐志》及《续通典・乐二》并载：宋朝“燕乐本杂用唐声调，乐器多夷部，亦唐律，……”，“政和初，命大晟府改用大晟律，其声下唐乐已两律”。可见宋代宴乐用的是唐律，宴乐均由禁坊（即教坊）承应。李照所说王朴律“视禁坊胡乐高二律”，也就是比唐律高两律，王朴律黄钟为 e，则唐律为 d。大晟律下唐两律为 c，也证明唐律为 d。另据《通志・食货》载：唐高祖武德四年，“废五铢钱，铸‘开元通宝’，径八分”。现存“开元通宝”均在 2.4 厘米至 2.5 厘米之间，折中推算之，唐尺长 30.625 厘米，与现存陕西历史博物馆、洛阳博物馆、故宫博物院所藏铜、铁尺长度均较为接近（见《中国古代度量衡图集》）。按上述唐尺长度，九寸为 27.5625 厘米。笔者以此尺空径三分之管做律管吹之，其发音经测为 d^2-20，亦可证明唐代黄钟为 d。

与北宋对峙的辽国，据《辽史・乐志》载：“八音器数，大抵因唐之旧。”又载：“晋高祖使冯道、刘昫册（辽）应天太后、太宗皇帝，其声器、工官与法驾同归于辽。”但实际未必完备。如后周王朴曾言：“朱梁、后唐，历晋与汉，皆享国不远，未暇及于礼乐。以至于十二镈钟，不问声律宫商，但循环而击，编钟、编磬徒悬而已。丝、竹、匏、土，仅有七声，作黄钟之宫一调，亦不和备，其余八十三调，于是乎泯绝。乐之缺坏，无甚于今。”（《旧五代史・乐志下》）关于律吕，《辽史・乐志》载：“十二律用周黍尺九寸管，空径三分为本。……其法大抵用古律焉。”“周黍尺”长度无确切数据，“古律”亦较含混，无具体制定乐律之记述，似是饰美之词，实际可能仍如《辽史・乐志》所说：“大抵因唐之旧。”

金代宫廷所用黄钟之高，史有明确记载。《宋史・钦宗纪》云：靖康二年（1127 年，即金太宗天会五年）四月初一日，“大风吹石折木，金人以帝及皇后、皇太子北归。凡法驾、卤簿，皇后以下车辂、卤簿，冠服、礼器、法物，大乐、教坊乐器、祭器、八宝、九鼎、圭璧、浑天仪、铜人、刻漏、古器、景灵宫供器、太清楼秘阁三馆书、天下州府图及官吏、内人、内侍、技艺、工匠、倡优、府库蓄积，为之一空”。《金史・乐志》亦载：“初，太宗取汴，得宋之仪章钟磬乐虡，挈之以归。皇统元年（1141 年），熙宗加尊号，始就用宋乐，有司以钟磬刻‘晟’字者犯太宗讳，皆以黄纸封之。”这当然是一种临时措施。后来到大定十四年（1174 年），太常始议，“历代之乐各自为名，今郊庙社稷所用宋乐器犯庙讳，宜皆刮去，更为制名”。于是命礼部、学士院、太常寺撰名，乃取“大乐与天地同和”之义，名之曰“太（应为大）和”。《续通考》、明黄佐《乐典》亦有同样记载。今故宫博物院尚藏有大和钟一枚，律名夹钟清，据音乐研究所测音为 $^{\#}d^5-24$，和字处尚有刮后改刻的痕迹。从文献及文物上都证明金代系沿用宋大晟律，黄钟为 c。

元代，早在成吉思汗时期，即曾征用西夏国旧乐，现已无从查考，但后来沿用宋乐，则记述甚详。《续通考》编纂者认为：“元代于律吕无所改作，惟遵用宋崇宁乐（即大晟乐）。”（《续通考・乐考》）在元建国前，孔子五十一代孙孔元措即建言，燕京、南京（今开封）等处亡金太常故臣及散失之乐器多有存者，乞降旨收集。到中统五年（1264 年，八月改至元元年）经初步整理，定名为“大定之乐”。同年十一月始，为了“庶省铸造”，又在全国十多个城市“寺观、民家”内收集“亡金散失乐器”，先后又收集到钟、磬等一千三百余件。到至元三年（1266 年）经补制残缺之编钟、编磬，籍近畿之儒户三百余人为乐工，召用以前收集到山东东平练习的旧乐工四百余人，撰写了乐章，宫悬、登歌乐、文武二舞方告齐备。后十余年，又征得“亡宋雅乐器”八百余件，并补铸编钟、补制编磬及匏笙等乐器各数十件，雅乐益臻齐备（《元史·乐志》）。从收集“亡金”“亡宋”乐人及乐器（主要是编钟、编磬等），和记载中“省铸造”“补铸”的提法上看，编钟、编磬等定音乐器，元代仍是沿用宋、金的旧物，这些乐器当然也保持了原来的音高，即黄钟等于 c。

明代宫廷使用的乐律，据《续通考》载，洪武初年系由元末隐士、后任明协律郎的冷谦所制定，编钟、编磬皆沿旧制一虡十六枚，包括十二正律和四个清声。其黄钟管长，依当时工部营造尺九寸，空径三分四厘六毫。明朱载堉《乐律全书·律吕精义内篇》卷五亦载，“冷谦所定律，大率依宋制，而尺则用今工部营造尺，黄钟长九寸，径三分四厘六毫”。据《中国古代度量衡图集》载，现藏中国历史博物馆（今中国国家博物馆）的明洪武年间沉船中所得尺，长 31.78 厘米，与该馆所藏明朱载堉《律学新说》所记明宝钞墨边长营造尺一尺之长度甚为接近。冷谦据明初工部营造尺做律管，其黄钟长应为 31.178×0.9，等于 28.0602 厘米，空径为 31.178×0.0346，等于 1.07876 厘米。笔者据此尺寸做管吹之，发音为 $c^2 + 10$。可证朱载堉“冷谦所定律，大率依宋制”之言不谬。同时不禁使人想到明代依然遵循宋大晟乐律，或受大晟律之影响。

清代宫廷音乐，康熙改制前，除改撰了歌词及乐章名称以外皆用明乐。康熙改制时，将十六枚一虡的编钟、编磬，从明代的十二正律加四清声改为十二正律加四个倍律看来，与宋、金、元也不见得没有联系。笔者简单测听故宫所藏康熙时所制六套编钟、编磬、排箫和两套无年款小编钟、编磬，其最低一音之倍夷则音高均在 c 上下。康熙改定之律，规定黄钟管长为清工部营造尺的 0.729 尺，合今公制 23.328 厘米。这是按照《汉书》的记载，“黄钟为九十横黍所累”，经实际累黍而确定下来的。同时据汉晋之说，求得管内径为清工部营造尺 0.0274 尺，合今公制 0.8768 厘米。现故宫博物院尚藏有竹质律管十二支，黄钟管比其理论数字微短，发音为 e^2+20。笔者按其理论数字做黄钟律管，经测音为 e^2+10。实际略同于后周王朴律。以黄钟 e 为基准，依次对位下降，倍应钟略相当于 $^{\#}$d，倍无射略相当于 d，倍南吕略相当于 $^{\#}$c，倍夷则略相当于 c。与明代编钟、编磬的组成和音名虽不同，而实际音高的排列则是相对应的。明代编钟最低音为 c，而清代改制后的编钟最低音亦为 c，且在明清中和韶乐乐曲中，都是频繁使用的音。现故宫博物院藏有较多明宫遗物，独清初曾使用多年的明代编钟无一存者。因此不能不令人想到，清康熙间改铸编钟时，是用明代编钟熔铸的。这样每个钟的用铜剂量及薄厚都较相近，可不用重新设计，只把律名、年代加以改动即可成功。因此可以说清代改律仍潜在地保存着大晟律的某些遗制。其影响可谓深远。

四 结 语

刘昺做大晟黄钟，并未以古法的黍尺、候气、汉钱尺、景表尺等作依据，更未理睬魏汉津的“以身为度”，但是他制定的黄钟却具有如此长远影响。当然，因素是多方面的，如金元以来音乐之不振；明末朱载堉的科学音乐理论，当政者不识，亦未实现等，一直在因循旧制。但其主要原因还是大晟乐律自身所具有的生命力。即刘昺不像以前那些人，一味在古文献、古法、古尺等方面徘徊；不从被封建伦理、阴阳五行等掺杂后的理论出发，而是尊重乐工们的音乐实践，允许乐工们在制造乐器时“随律调之”。随什么律？当然不是某个人的既定尺寸，而是乐工们的长期实践，甚至是多少代流传下来的一种能为大家所习惯所接受的律。这组律的音高能和人们的歌唱能力相适应。从中央 c 到 $^{\#}d^{2}$，即从大晟黄钟到四清声的夹钟清，是中国一般男声和高八度的女声发音最好的音域，既不“沉郁”，又不“噍杀”，即所谓“中和之声”，甚至清代改律亦未脱离此音域，因此不论唱者和听者都乐于接受。这很可能是其历时五朝共八百余载能延续使用的根本原因。

出自《音乐研究》1993 年第 1 期

祭天乐舞小考

自《左传》提出“国之大事，在祀与戎”的说法以后，历代封建统治者多守为信条。直至明洪武初年，朱元璋敕谕神乐观时仍在复述。清统治者则认为“祀典礼莫大于郊”，故依前明旧制，把祭天列为大祀，且居大祀之首。其典礼在宫廷生活中占有重要位置，祭天乐舞，也随着祭天典礼变动着、延续着。

祭天始于何时？宋人高承引《黄帝内传》云：“黄帝始祠天、祭地。”然据《宋史·艺文志》载，《黄帝内传》系“篯铿得于石室”。篯铿即彭祖，传说夏至商末人，八百余岁。《庄子》及《论语》中都曾提到过。但后来多见于《搜神记》《列仙传》《神仙传》等书中，乃半神话人物，言其书得之于石室，但当时仅有甲骨之文，岂有称“传”之书？此说似不可信。黄帝之后，尧、舜、禹、汤各代虽有祭天之传说，多疏略而模糊，实际恐还要早。是否可以说，人类意识到大自然的威力，产生了天的观念时，就会产生对天的敬畏、祈求、报答等想法，已经有了祭天的意念？经过若干世纪，到了有文字的时候，祭祀活动已经达到相当成熟的阶段了。殷代甲骨文中的“祭”字就是以手持肉和酒奉献的意思，后来又加代表神祇的示字，其义就更加明确了。《诗经·维清》有“肇禋”一词，汉郑玄笺谓“文王受命，始祭天而征伐也”。《春秋·公羊传》鲁僖公三十一年（即周襄王二十三年，公元前629年）已记有“天子祭天”之礼。《周礼》所载大宗伯之职，亦有“以禋祀祀昊天上帝”。

关于乐舞，见于较早的记载是先秦时成书的《吕氏春秋》中：“昔葛天氏之乐，三人操牛尾，投足以歌八阕：一曰载民，二曰玄鸟，三曰遂草木，四曰奋五谷，五曰敬天常，六曰达帝功，七曰依地德，八曰总万物之极。”葛天氏之乐，当然是传说，并非吕不韦等人的亲知灼见。但推其大意，当初“三人操牛尾，投足以歌”是可信的，但歌的不一定是八阕，其中可能有传说者、记述者的意识，或后来逐渐增饰而形成的。从题目上可以了解到，它们所表达的都是人对自然的崇敬和美好的愿望，仍有上古人的遗意。其中“敬天常”一阕，已表现出向上天致敬的含义。有明确的祭天乐舞的记载较早见于《周礼》：

大司乐掌教国子“奏黄钟、歌大吕、舞云门，以祀天神”。用乐“圜钟为宫，黄钟为角，太簇为徵，姑洗为羽，雷鼓、雷鼗、孤竹之管、云和之琴瑟，云门之舞，冬日至，于地上之圜丘奏之。若乐六变，则天神皆降，可得而礼矣”，这大体上反映了先秦祭天乐舞的简况。祭天之日，《礼记》亦记为冬至日。

入秦，改为三年一郊，于十月祀上帝于咸阳之旁。汉初略因之，至汉武帝元鼎年间，始定汉郊祀之礼，《汉书・礼乐志》载：以正月上辛祠太一（指昊天上帝）于甘泉（在京师西北）圜丘，并成立乐府，以李延年为协律都尉，举司马相如等数十人作诗赋，“略论律吕，以合八音之调，作十九章之歌，……使童男女七十人俱歌，昏祠至明”。《汉书・郊祀志》记：“十一月辛巳朔旦冬至，昒爽（天将明之时），天子始郊，拜泰一（即太一）。”“嬖臣李延年以好音见。上善之，下公卿议，曰：‘民间祠有鼓舞乐，今郊祀而无乐，岂称乎？’公卿曰：‘古者祠天地皆有乐，而神祇可得而礼。’”于是“祷祠泰一、后土，始用乐舞，益召歌儿，作二十五弦及空侯、瑟自此起”。至汉成帝时乃移圜丘于城南，称为南郊，这是一次对传统祭天乐舞的恢复和更新。

汉武帝时诸文臣作的《郊祀歌》十九章，是存世较早的祭天乐章（《诗经・颂》中多为祭祖之歌），每章各以其歌词开始的词或短语为题，每章句法不一，每句三言至七言不等。其大略内容是，第一、二章，叙述祭天的准备，祭天的期望，幻想神灵到来的景象，祭品、乐舞的盛况，以表示对天的诚敬，还特别描写了一段女乐如何美丽，穿着华丽的衣裙，佩戴着珠玉跳舞，交错如云雾，安稳地奉献美酒。第三至第六章，报告国内春发、夏盛、秋收、冬藏，万民归顺，各得其所。第七、八章颂赞天地诸神的威力，再述乐舞的盛况。第九章，突然表达汉武帝识破世上一切都不属于他，只想驾六龙升空，希望有天马来。第十至十八章遍述汉武帝得“天马”“宝鼎”“灵芝”“白麟”“赤雁”等祥瑞之事。第十九章述礼成后的想象，希望“托玄德，长无衰”。此虽开郊祀歌之先河，但其主题思想结构并不系统。

此后，魏、蜀、吴曾有郊祀，但不见乐舞之记载。晋有《郊祀歌》，仅《夕牲歌》《迎送神歌》《飨神歌》三章，南朝宋亦三章。至南齐，南郊乐歌始具十三章，然以祭祀过程为内容的歌词较多，如迎神前的群臣出入、牲出入、荐豆呈毛血，迎神后的皇帝入坛东门、还便殿等皆有乐章。北齐武成帝时所定南郊十三章，亦有南齐之特色，即祭祀过程作乐较多，但奠爵过后有《覆焘之舞》，献太祖配飨神座时有《昭烈之舞》。北周祀圜丘歌十一章，初献及初献配帝并作《云门之舞》。

隋统一南北，获梁、陈旧乐，乃创制雅乐歌词，祠圜丘乐歌为八章，迎神、送神两章为三言，其他六章皆四言，其中文舞辞、武舞辞较长，分别为十四句、二十句，余皆八至十二句。乐，设宫悬、登歌，舞八佾，较为规整。唐初沿用隋制，至武德九年（626 年）始命太常少卿祖孝孙等定《大唐雅乐》，取《礼记》“大乐与天地同和”义，定乐章名为“和”。贞观初又改隋“文舞”曰“治康”，“武舞”曰“凯安”，各六十四人，文舞左籥右翟，武舞左干右戚。乐为宫悬、登歌，此外尚有鼗、铎、金錞、铙、相、雅各二，均为节奏乐器。高宗时，从太常卿韦万石之请，将太宗为秦王时作的《秦王破阵乐》（后改为《七德舞》）为武舞乐，太宗即位后作的《功成庆善乐》以童子六十四人舞之，名《九功舞》，为文舞乐，高宗所作的《上元舞》，舞者一百八十人，并入雅乐，大祠享皆用之。至玄宗开元年间定制，祠圜丘乐章为十一章，一律为四言，除有一章四句、一章六句外，其余均为八句。所用乐器亦为乐悬及登歌。乐悬乐器，包括镈钟、雷鼓、建鼓、柷、敔、歌钟、歌磬、琴、瑟、筝、筑、灵鼓，登歌乐器，亦有钟、磬各一虡，节鼓、歌者、琴、瑟、筝、筑在堂上，笙、和、箫、篪、埙在堂下。后肃宗上元年间，又定："《神功破阵乐》不入雅乐，《功成庆善乐》不可降神，亦皆罢。"唐代是我国封建社会经济、文化发展的高潮时期，音乐、舞蹈亦空前繁荣，盛时，凡乐人、音声人、太常子弟、鼓吹署、梨园、宜春院、各国各族各地方乐舞加宫女数百人亦称梨园子弟，共至数万人，但祭天乐舞仍保持相当高的严肃性。

唐亡后，五代各朝皆享国不远，多者仅十几年，未遑顾及礼乐的建树，或有议论、决定，多因前代旧制而稍加变动，亦未完全实行。后周枢密使王朴等颇有制作，同样未获实行。有宋一代诸儒多为制定律吕而争论，同时对乐章的改作亦较为频繁，仅郊祀乐章就写了八次，另有祈谷、雩祭各两次。南宋绍兴年间的郊祀乐章长达三十章，且每章均为四言八句，共九百六十字，仅次于汉《郊祀歌》的一千九百八十四字。乐器亦略因唐制，备乐悬、登歌。其他如殿廷乐舞、俗乐等则更为繁盛。宋代虽一直是半壁江山，但所据为中国富饶地区，经济相当繁荣，所以文化也相应地有所发展。

元代沿宋制，但礼乐未备，至建国后七年，即元世祖至元三年（1266 年）始以乐悬、登歌、文武二舞祭太庙一次。四十年后，即成宗大德九年（1305 年）始拟亲祀昊天上乐章，定南郊文舞曰《崇德之舞》，武舞曰《定功之舞》。初拟亲祀，实际仍遣官摄祀。以后各帝祭太庙偶有之，而亲祀圜丘，自建国至亡，八十九年中只文宗一次、顺帝两次。元朝宫廷对宫廷礼节、宫内娱乐性宴乐、男女舞蹈十分热衷，独对祭天活动颇为淡漠，这反映了元代宫廷接受中华传统文化的局限性。

明代祀圜丘乐章名统称为"和"，共三作。首作，洪武元年（1368 年），九章，首章迎神，用"离骚"体，十句，每句六至八字不等。第八章送神，"离骚"体，六句，每句五至六字不等。第四章初献十二句，第六章终献十一句，每句四至七字不等，为"赋"体。其余五章皆为四言诗八句。二作，洪武八年（1375 年）亦为九章，每章四至六句，每句五至九字不等，全为"离骚"体。另于四年后将天地分祀改为合祀时，只改动洪武八年的前两章，其余未动。三作为嘉靖九年（1530 年）复定天地分祀的圜丘乐章，仍为九章，"离骚"体，其中迎神、送神各为十二句，望燎为六句，每句均为九字，其余六章皆为四句，每句六至八字不等。所用乐队为明代首称的"中和韶乐"，实际类似古代的登歌，去掉了以前的宫悬，规模大为精简。所用乐器仅有编钟、编磬各一虡，每虡十六枚，琴十，瑟、搏拊各四，柷、敔各一，埙、篪、笛各四，箫、笙各八，应鼓一，歌工十二，协律郎一人执麾以引之。后又增篇、凤笙各四，埙二，搏拊减为二。舞用宋窦俨所拟舞名，武舞曰武功之舞，文舞曰文德之舞，文、武生各六十四名，武舞生各执干、戚，文舞生各执羽、籥，另有舞师二人执节以引之。其冠服：协律郎，幞头、紫罗袍、荔枝带；乐生，绯袍、展脚幞头；舞士，幞头、红罗袍、荔枝带、皂靴；文舞生，红袍，武舞生，绯袍，俱展脚幞头、革带、皂靴。

清代，由于统治者热衷于在传统文化中汲取营养，祭天活动几乎全部沿用明制。康熙初年，只将乐章名称改明代之“和”为“平”，改写了乐章，其文体与明嘉靖时所撰乐章同为“离骚”体，迎神及送神两章各为十二句，每句九字，其余各章均为六句，每句七、八、九字不等。令人惊奇的是，此九章乐歌的韵脚所用韵部与明代乐章完全相同，均为：第一章迎神，一东韵，第二、三章奠玉帛、进俎，一先韵，第四、五章初献、亚献，七阳韵，第六章终献，八庚韵，第七章彻（古通撤）馔，十一真韵，第八、九章送神、望燎，七阳韵。这绝不是巧合，完全是清对明的刻意模仿，且内容也有某些相似之处，从此也可以看出当时的一些文臣积极推行传统文化的意图。清代圜丘乐章虽只有九章，但和明代一样，各章主旨均集中于主题，即主要是对天的祈、报和歌颂，不再有为群臣出入、舞生出入、牲出入、皇帝出入等奏乐的篇章，皇帝还宫的音乐也易以规格较低的“导迎乐”。皇帝来坛或从斋宫到坛壝，都不作乐，在鸦雀无声的圜丘坛及周围，隆重的礼仪一开始，中和韶乐就奏祭天的第一乐章——迎神，更突出了祭天的庄严性。

清祭天乐舞亦为八佾，文舞称文德之舞，武舞称武功之舞，舞具、仪节亦大体与明相同，只是将乐生、文舞生、武舞生的冠服改为清制。祭天乐队，清亦用中和韶乐，乐器的种类，除清乾隆年间增加的镈钟、特磬以外，其余与明后期所用乐器完全相同。唯编钟、编磬、排箫所用十六个律名有所变动。明代为十二正律加四个清声（高音），清代由于康熙帝的改律，用十二正律加四个倍律（低音）（详见拙著《清代宫廷音乐》一书，香港版）。律名虽有更动，但其音域的绝对音高还是相近的，即清代的最低音倍夷则与明代的最低音黄钟，都相当于现代“c”音的上下（见拙文《宋代黄钟的改作及大晟黄钟的影响》，载于《音乐研究》1993 年第 1 期）。

中和韶乐的乐曲，在明清两代，不论是用在大祭祀中或朝会中，风格都是统一的，其最明显的特点是一字一音，可以为三至九个字一句的诗体、骚体、长短句的歌词配曲。明以前的祭天乐谱未见到过，从现存明代遗谱中，可以知道明清中和韶乐乐曲风格是完全一致的。我在《清中和韶乐考辨》一文（发表于《故宫博物院院刊》1992 年第 3 期）中，曾作过探讨，认为中和韶乐可能就是先秦雅乐的遗音。同样，祭天乐舞中的文舞和武舞也存在着先秦六代舞的遗意。

祭天活动，传承有绪，源远流长，但在不同历史时期又各有特色，它与当时社会政治局势、经济状况、文化氛围是分不开的。到明清时代，比之以前，乐队虽取消了宫悬，仅保留了类似登歌的小规模乐队，这在排场上是一种简约，但皇帝亲自到南郊祭天的次数上却是空前的增加，表现了对天的诚敬。以比较稳定的唐、宋、元、明、清来比较，唐二百九十年中，皇帝亲郊 31 次，平均每 9.35 年一次；宋三百二十年中，皇帝亲郊 50 次，平均 6.4 年一次；元九十八年中，皇帝亲郊 3 次，平均 32.667 年一次；明二百七十七年中，皇帝亲郊 163 次，平均 1.7 年一次；而清代二百六十八年中，皇帝亲郊 302 次，平均 0.887 年一次，也就是每年平均 1.127 次。其中最勤的是乾隆皇帝，在位六十年亲郊 108 次。清朝自咸丰年间逐渐减少，后四代六十八年中，仅亲郊 22 次。这是和清统治阶级内部的腐败、外国的入侵有关的。

清帝对天的诚敬，并不单纯表现为亲祀次数的增多，而且表现为诸多仪节上、供品上的规范，以至在乐舞方面也比前代要求严格。甚至在乐器、舞具的尺寸上都有特殊规定。如乐器，一般都是按黄钟律管尺度——清工部营造尺 0.729 尺的倍数或其他律管的倍数制造。如柷，口方，每边长 2.187 尺，是黄钟的 3 倍，深 1.458 尺，是黄钟的 2 倍；敔，全长 2.187 尺，与柷口同；搏拊，长 1.458 尺，黄钟的 2 倍；琴，长 3.159 尺，黄钟的 4.3333 倍；瑟，长 6.561 尺，黄钟的 9 倍，等等。舞具：文舞用的羽，柄，长 1.944 尺，太簇的 3 倍，金龙头，0.486 尺，林钟之长，龙头上插的雉尾，长 2.916 尺，黄钟的 4 倍；籥，长 1.751 尺，是黄钟积的 5 倍的黄钟管组蕤宾管长的 2 倍，径 0.0468 尺，是 5 倍黄钟积管的径。武舞用的干，中高 3.645 尺，是黄钟的 5 倍，两边高 3.24 尺，太簇的 5 倍，上阔 0.729 尺，黄钟管长，下阔 0.648 尺，太簇管长；干上正面并增加了文字：雨旸时若，四海永清，仓箱大有，八方敉宁，奉三永奠，得一为正，百神受职，万国来庭。每干一句。戚，背至刃 0.512 尺，蕤宾之长，戚柄，长 1.577 尺，是倍无射、倍应钟两管长之和，等等。

另在乾隆年间定，天若大旱，在圜丘举行大雩礼，仪节中有专为大雩而设的童子舞，舞时唱乾隆御制《云汉》八章。此处所用舞具尺寸，则不以黄钟律管长度为准，而是规定：童子舞节，竿长六尺，水成数，径一寸，水生数，龙头六寸，水成数，共长六尺六寸，水成数，节旄（舞的指挥器），七层，水生、水成数，一层白色，二层黑色，三层青色，四层赤色，五层黄色，六层白色，七层黑色，五行相生，始于金，终于水。此童子舞不持干、戚、籥，双手只持羽，染五彩，柄上所插之羽毛，左三、右二，参天两地数。羽长 1.6 尺、柄长 1.6 尺，均为水生、水成数，柄上有龙头 0.36 尺，金生、金成相乘之数，龙尾，0.24 尺，金生、水成相乘之数，等等。此系据《易・系辞》的正义“天一生水，地二生火，天三生木，地四生金，天五生土”“地六成水，天七成火，地八成木，天九成金，地十成土”的说法规定的。大雩是为了祈雨，故各舞器的尺寸皆用“生水”“水成”的数字，可谓用心良苦。

现在看，祭天乐舞早已失去了存在的价值，最初的那种由于收获的喜悦而出现的“言之不足故长言之，长言之不足故嗟叹之，嗟叹之不足，故不知手之舞之，足之蹈之”的歌、舞、祭相结合的艺术因素，已被儒家、政治家有企图的理性所淹没。后来的祭天乐舞也随着封建社会走到尽头。但作为一种文化现象，它是我国历史上的客观存在，曾经对人们的道德观念、对约束某些损人利己的罪恶行为、使人们感到不能“无法无天”、对维护社会的安定等起过潜在的作用。像祭天乐舞那样具有严肃精神的严肃音乐、严肃舞蹈也永远不会消失，因为那种严肃精神永远有着鼓舞人们积极向上的作用。

中国的祭天，是一种独特的历史文化，它所祭的天，既不同于西方的上帝，又不同于中亚的真主，也不同于道教的玉皇大帝，对此还应做进一步研究。

包括祭天在内的祭祀文化，当然也有它的副作用，比如其中的迷信成分，对后来仍有潜在影响。因此对传统文化应进行深入研究，有扬有弃。天坛作为历史的载体，传统文化的载体，古建筑艺术的载体，也应该作为珍贵的文化遗产，使其永世长存。

出自《故宫博物院院刊》1994 年第 2 期

明宫音乐源流考述

明代宫廷音乐，从性质方面划分有雅乐、军乐、俗乐三大类；从功能方面划分则有祭祀用乐、卤簿用乐、朝会用乐、宴享用乐等数种。其中祭祀、朝会用雅乐，卤簿用军乐，宴享则雅俗并用。这些设施均初定于洪武年间，以后很少变动。明开国皇帝朱元璋，以一小贫僧参加反抗元朝统治而得大位，在儒臣的影响下，认识到"礼以道敬，乐以宣和，不敬不和，何以为治"（《明太祖宝训》卷二）。故在建国之前即开始制礼作乐。吴元年（1367 年）七月曾亲击石磬，命学士朱升辨识五音（《明太祖实录》卷二四）。由于元朝在制乐方面继承了很多儒家传统，所以明宫制乐时也保留了不少元代旧制，但被革除者亦非少量。

蒙古部在成吉思汗时代，忙于争战，未遑制礼作乐，直至其子窝阔台即位十年（1238 年）才用孔子五十一代孙衍圣公孔元措言，收集亡金乐器及知礼乐之旧人，设置登歌乐。至元三年（1266 年）十一月，有事于太庙，始俱备"宫悬、登歌乐、文武二舞"。此前还建有音乐机构大乐署。宫悬所用乐器计有：镈钟十二虡（每虡一钟），编钟十二虡（每虡十六钟，共一百九十二枚），编磬十二虡（每虡十六磬，共一百九十二枚），琴（包括一、三、五、七、九弦者）二十七，瑟十二，箫、籥、篪、笛、巢笙、竽各十，七星匏（笙类，七簧）、九星匏（九簧）、闰余匏（十三簧）、晋鼓、柷、敔各一，埙八，树鼓（亦称建鼓）四，雷鼓、雷鼗、路鼓、路鼗各二。文武舞伴奏乐器另有金錞、金钲、金铙、单铎、双铎、雅鼓、相鼓、鼗鼓各二，规模是不小的。登歌乐器为：编钟一虡（钟十六枚），编磬一虡（磬十六枚），琴十，瑟四，排箫、笛、籥、篪、埙、搏拊各二，各种笙、匏十一。（《元史》卷六八）宴乐乐器有：兴隆笙、殿庭笙、琵琶、筝、火不思、胡琴、方响、龙笛、头管、十三簧笙、箜篌、云璈、箫、鼓、杖鼓、札鼓、和鼓、箓、羌笛、拍板、水盏等二十一种。另有庞大的乐舞队，包括元旦用的乐音王队，天寿节（皇帝诞辰）用的寿星队，朝会用的礼乐队、说法队等，每队分别有男四十三人、女六十二人或男五十五人、女七十二人不等。所奏之曲名为《长春柳》《新水令》《水仙子》《青山口》《沽美酒》《太平令》《金字西番经》《万年欢》《吉利牙》《山荆子》《袄神急》等十一首。其中《新水令》《沽美酒》《太平令》为每队的结束曲。乐队服饰十分华丽。(《元史》卷七一）元宫这些音乐设置，很多是宋、金宫廷音乐的延续和缩减。因为乐器及乐制很多与宋、金是相通的。

元代宫廷音乐是对宋、金音乐的直接继承和沿用，保留着宋、金的大部分音乐设置，甚至掌乐人、乐工很多都是从宋宫廷虏入金宫之人，编钟、编磬等重型乐器亦使用掠自宋宫的原物。故宫博物院尚藏有重刻“太和”款“夹钟清”编钟一枚，其形制与故宫所藏数枚大晟钟相同，是金太宗完颜晟占领开封时掠得的。到金熙宗时，使用宋乐，因钟、磬上均刻有大晟的“晟”字，犯金太宗讳，故初“以黄纸封之”，后皆刮去，更制名“太和”(《金史》卷三九)，可见与宋、金宫廷音乐关系之密切。元祭祀、朝会雅乐亦用宋大晟乐。

明与元不同，因为明宫音乐最初是在南京建立的，当时大都元代宫廷尚存，不可能直接利用元代旧乐，而可能是在南京孔庙音乐的基础上先立典乐官，从选道童俊秀者充乐舞生开始的。参与其事的学士朱升、起居注官熊鼎均不通音律，乃敕中书省在“天下郡县举素志高洁，博古通今，练达时宜之士，礼送至京”。后从吴山征得元末隐士，善于鼓瑟的冷谦，任为协律郎，又命礼部尚书陶凯、承旨詹同、学士乐韶凤、学士宋濂等撰定乐章，由冷谦协乐章声谱，取灵璧石制磬，采湖州桐梓制琴、瑟，校定音律。乐生仍用道童，舞生改用军民俊秀子弟，其雅乐、乐舞之制始备，由太常寺领之。又置教坊司，掌朝会宴享之乐及乐舞，雅俗并用之。

明代对元宫音乐的更改，最明显的是明宫没有设置庞大的有四面悬的宫悬。其在重大殿廷朝贺典礼和祭祀中，雅乐所用乐器只有一面悬，相当于《周礼》所载的“特悬”，亦大体相当于隋、唐、宋、元的登歌乐器。洪武元年（1368 年）规定：大祀圜丘、方泽、太庙、社稷等用编钟、编磬各一虡（每虡各悬钟磬十六枚)，琴十，瑟、搏拊、埙、篪、笛各四，箫、笙各八，应鼓、柷、敔各一，歌工十二。后少有增减(《明史》卷六一)。朝贺乐，洪武年间定：箫、笙、横笛各十二，排箫、埙、篪、瑟各四，琴十，编钟、编磬各二虡（每虡各悬钟、磬十六枚)，应鼓、搏拊各二，柷、敔各一，称之为“殿内中和韶乐”(《明会典》卷四三)。上述大祀用乐和殿内中和韶乐，所用乐器种类相同，只是每种乐器数量有所不同。这些乐器的组成，恰与元代的登歌乐器基本相同，只是明宫没有“登歌乐”的名称而已。

明代把庞大的宫悬缩减为登歌乐，从俭约的观点看是一种改进。因为庞大的宫悬，早在战国末年已经渐趋衰落，甚至“最为好古”的魏文侯都说：“吾端冕而听古乐，则唯恐卧，听郑卫之音，则不知倦。”(《礼记·乐记》) 这里所说的古乐，即宫悬一类的雅乐。到汉成帝时，曾大力兴修雅乐，但演奏以后，“自公卿大夫观听者，但闻铿锵，不晓其意”(《汉书》卷二二)。此后，认为宫悬之设是徒具形式者史不绝书，到明代更是可有可无的设施了。当时朱元璋虽也知道，得天下后必须兴礼作乐，方能使国家久安长治，但雅乐究竟是什么？其时代性如何？连同他的儒臣们也未必了了。对宫悬雅乐这样庞大乐种的音乐效果，由于没有乐谱传下来，现在我们仍无法确知，但从曾侯乙墓出土的乐悬看，则不难想象其乐音的恢宏、壮阔、严肃性、多样性都是非凡的，若能奏一首大曲，时而从金石声中感觉到风驰电掣、骇浪惊涛的雄伟，时而又从丝竹声中体味出潺潺流水、百鸟争鸣的佳音，此乃“大乐与天地同和”的妙境，听后是绝不会“唯恐卧”（欲睡）的。它的音乐表现能力，当不亚于西方的管弦乐队。从完整地保存、发展这部分传统音乐而言，明宫的缩简措施又不能不说是一种遗憾。

明宫的这部分雅乐，现仅存明中期的祭祀乐谱（见附录）。殿内中和韶乐，只存曲词，未见乐谱，但从清代宫廷音乐中仍可找到沿袭明宫音乐的痕迹，由此推知，这部分音乐亦系一字一音的风格。

明代宫廷另一种朝贺中使用的乐队，是丹陛大乐。乐器由箫、笙、笛、头管（亦称筚篥）、杖鼓各十二，纂、琵琶、二十弦（即箜篌）、拍板各八，方响、鼓各二组成。卤簿乐、宴乐中亦使用，只是乐器数量有所不同。洪武初年使用时设在奉天殿前的丹陛上，因称丹陛大乐。《明会典》于此乐名下注云：“后奏于奉天门。”即在奉天门北檐下。“大乐”一词，《礼记》中及汉唐皆已出现，但都不是作为音乐种类或乐队的名称。至《辽史》始云：“用之朝廷，别于雅乐者，谓之大乐。”并言：辽国之乐，为后晋所传。其所用乐器为：玉磬、方响、搊筝、筑、卧箜篌、大箜篌、小箜篌、大琵琶、小琵琶、大五弦、小五弦、吹叶、大笙、小笙、筚篥、箫、铜钹、长笛、尺八笛、短笛各一，毛员鼓、连鼗鼓、贝各二，歌者二人，舞者二十人，当属俗乐。元代无此乐，可见明受辽代大乐的影响，而其中部分乐器，如笙、琵琶、方响、笛、箜篌、箫、杖鼓、纂、鼓、拍板等则全包括在元代宴乐中，只不过元代宴乐中的兴隆笙、殿廷笙、筝、火不思、胡琴、云璈、札鼓、和鼓、羌笛、水盏等被去掉了。可见它又是缩减元宴乐而来。

明皇帝所用大驾卤簿中的乐队，分前后两队，前部属军乐性质，像是鼓吹乐，其乐器永乐年间定有金龙画角二十四，鼓四十八，金、金钲、杖鼓、笛、板各四，其中除四只笛子能奏出旋律以外，其余都是节奏乐器和声张气势的乐器（画角），行进中演奏起来当十分威风。另一部设在卤簿的中段，先设大、小铜角各二，随即设与丹陛大乐种类相同而乐器数量稍异的乐队，可演奏规定的乐曲。另在东宫、亲王仪仗中也设有类似的两组乐器，其乐器种类相似，数量有所减少。

在明代宫廷音乐中，最为繁多且有特色的是宴乐。宴有大宴、中宴、常宴、小宴之分，每宴均用乐，但规格、礼仪稍有不同，用乐亦有小异。其礼仪及用乐，洪武年间初定，永乐年间续定，以后皆因袭未动，只是嘉靖年间补充有宫殿落成、书成之宴乐。大体为每年凡正旦、冬至、万寿圣节皆于奉天殿（嘉靖中改称皇极殿）大宴文武百官及四方使臣、土官等，宴仪主要为进九爵、乐九奏，间以文舞、武舞、百戏。凡立春、元宵、四月八、端阳、重阳、腊八等日，永乐年间俱于奉天门通赐百官宴。凡皇太后寿诞，赐百官宴于午门外。凡皇后宴命妇，则设宴、仪仗、女乐于坤宁宫。东宫千秋节则赐宴于文华殿。中宴之礼仪同大宴，但只进酒七爵，乐七奏。常宴之礼仪同中宴，但只进酒三爵或五爵，乐三奏或五奏而止。小宴礼仪亦相似，唯不在奉天殿举行，用乐较简。

大宴乐乐器，洪武初年定：殿内侑食乐为箫六、笙六、歌工四。（王圻：《续文献通考》卷一一一）并定宴享九奏乐曲：第一奏，《起临濠之曲》，名《飞龙吟》，下注小字“醉花阴”；第二奏，《开太平之曲》，名《风云会》，下注小字“唐多令”；第三奏，《安建业之曲》，名《庆皇都》，下注小字“蝶恋花”；第四奏，《削群雄之曲》，名《喜升平》，下注小字“秦楼月”；第五奏，《平幽都之曲》，名《贺圣朝》，下注小字“鹧鸪天”；第六奏，《抚四夷之曲》，名《龙池宴》，下注小字“人月圆”；第七奏，《定封赏之曲》，名《九重欢》，下注小字“柳梢青”；第八奏，《大一统之曲》，名《凤凰吟》，下注小字“太常引”；第九奏，《守承平之曲》，名《万年春》，下注小字“百字令”。（王圻：《续文献通考》卷一五七）以上九奏乐，每一奏有三曲名，但并非有三曲，而是一曲三名。大致第一个名是明宫礼仪用名，第二个名是明宫定的文学性曲牌名，原书下注小字之第三个名，经查对，是写此曲的格律依据，这完全是出自唐宋词牌。

此时所定宴乐中之丹陛大乐乐器为：箫、笙、箜篌、方响、头管、龙笛各四，琵琶、筝各六，杖鼓二十四，大鼓、板各二。另有为文武舞伴奏之乐器，笙、横管、筝、杖鼓各二，大鼓、板各一；为四夷舞伴奏之乐器，腰鼓、琵琶、胡琴、箜篌、头管、羌笛、筝各二，水盏、板各一。（王圻：《续文献通考》卷一一一）

洪武四年（1371 年），改由吏部尚书詹同、礼部尚书陶凯所撰宴享九奏乐章，曲名、内容、格律均改动，且不注格律出处，并加有舞蹈、百戏。其乐、舞为：一奏《炎精开运之曲》，名《本太初》；二奏《皇风之曲》，名《仰大明》，作《平定天下之舞》，伴奏之乐为《靖海宇》；三奏《眷皇明之曲》，名《民初生》，作《抚安四夷之舞》，伴奏之乐为《小将军》《殿前欢》《庆新年》《过门子》；四奏《天道传之曲》，名《品物亨》，作《车书混同之舞》，伴奏之乐为《泰阶平》；五奏《振皇纲之曲》，名《御六龙》，作百戏承应；七奏《长杨之曲》，名《君德成》，作百戏承应；八奏《芳醴之曲》，名《圣道成》，作队舞承应；九奏《驾六龙之曲》，名《乐清宁》，作队舞承应。各大宴所承应的队舞均不相同，大祀庆成宴用《万国来朝队舞》《缨鞭得胜队舞》；万寿圣节大宴用《九夷进宝队舞》《寿星队舞》；冬至大宴用《赞圣喜队舞》《百花圣朝队舞》；正旦大宴用《百戏莲花盆队舞》《胜鼓采莲队舞》。

此时的大宴乐，有殿内侑食乐，乐器为柷、敔、搏拊、应鼓、排箫（似应为二）各一，编钟、编磬各一虡，琴、箫、笛、笙各四，瑟、埙、篪各二。

九奏乐过后有迎膳乐，乐器为笙、笛各二，鼓、板各一，杖鼓八，乐奏《水龙吟》；

有太平清乐，乐器为笙、笛、纂各四，头管二，杖鼓八，小鼓、板、方响各一，乐奏《太清歌》《上清歌》《开天门》，并设立有大乐，乐器为箫、笙各四，笛、头管、琵琶、纂、箜篌、方响各二，鼓、板各一，杖鼓八。皇帝升座、还宫，百官行礼，俱用大乐，乐奏《万岁乐》《朝天子》；有进膳乐，乐器为笙、头管、纂各二，笛四，鼓、板各一，杖鼓十，乐奏《水龙吟》（《明会典》卷七三）。

永乐年间，大宴乐所用乐器、乐曲都有一些改变，但主体规模、项目未作大的变动。较明显的是在九奏乐的第二奏中增加《黄童白叟鼓腹讴歌》承应，并加有小乐队，乐器为笛四，大鼓、小鼓、酒壶、酒钟各一，拍板、杖鼓、鼙子（一种鳄鱼皮鼓）各二。同时，在作《抚安四夷之舞》时，其伴奏、乐队用撺掇乐，乐器为笛、头管、纂、琵琶、鼙子、箜篌各二，水盏、拍板各一。如此一来，使第二奏更加俗乐化了。

永乐年间还定有小宴乐，乐曲亦为九奏，但无舞，只有百戏承应，所用乐器均较简略。侑食乐乐器，只箫、笙、纂各两件；大乐乐器亦只笙、笛、头管、纂各二，鼓、板各一，杖鼓八等数件。另定有东宫宴乐，乐曲为七奏，无舞，有百戏，乐器略似小宴乐。嘉靖年间所增仁寿宫落成宴和豳风亭赐讲官宴乐均五奏，乐器亦如永乐小宴乐（《明会典》卷七三）。

明代宫廷宴乐，虽名目繁多，但所用乐器，除殿内侑食乐与中和韶乐乐器相同为雅乐外，其余大都是箫、笛、笙、纂、头管、琵琶、箜篌、方响等当时所谓的细乐，亦称俗乐。这些乐器，虽唐宋以前早已使用，但不可否认也曾受到元代宫廷音乐的影响，因为它们在元宫宴乐中也曾占有主要地位。尽管明朝统治者不愿承认对元宫音乐的承继，但客观上唐宋知音者及乐器却不能永存，即使偶有存留，也只能是通过元朝的媒介才能获得。音乐毕竟不同于政权，不含政治色彩的乐器也与曲词不同，不会因某一政权的倒台而立即泯灭，所以常常是曲词必然更换，而乐器、曲调仍旧保留。因此明宫音乐必然与前代音乐，特别是前代民间音乐存在联系。

经查考，明宫各种宴乐中，标有曲牌名的（不含重出）不少于七十首，其中至少三十首是元代散曲和杂剧中的曲牌，有些还是元曲沿用唐宋时期的词牌。这些曲牌，经初步探讨，尚有二十余首乐谱存留在清乾隆时期纂辑的《九宫大成南北词宫谱》中。当然，这些乐谱与元代散曲乐谱会有出入，因为元曲虽有规范的格律，但也有很大的灵活性，在《九宫大成南北词宫谱》中，有的一个曲牌后有十几个格律稍异的“又一体”，至于乐谱，则尚未发现同一曲牌乐谱完全相同者。现存的一些《曲谱》著作，大都是从文学角度讲述某一词牌的字数、句法、韵脚、平仄的规定，尚未发现关于词牌乐谱规范的著述，研究起来很费周折。尽管如此，我们仍能通过曲折、反射，找出元明宫廷音乐的某些联系。如曲牌《柳外楼》，在《九宫大成南北词宫谱》中记为“明朝乐章”，实际是格律与其相同的《元人百种》中的《忆王孙》，而《忆王孙》又是创自宋秦观的同名词牌，且格律完全相同。其所以改称《柳外楼》，是用了秦观原词中第二句“柳外楼高空断魂”的前三字，此例即可将宋、元、明的文化联系起来。又如，明初宴乐第四奏《削群雄之曲》，名《喜升平》，下注小字“秦楼月”，《九宫大成南北词宫谱》记为“散曲”，格律相同。实际上《秦楼月》本名《忆秦娥》，为唐李白所创之长短句，或叫“诗余”的《忆秦娥》，因原词中有“秦娥梦断秦楼月”句，故名《秦楼月》。自唐至元，多有小变化，故又名《双荷叶》《蓬莱阁》《碧云深》《花深深》(《词谱》卷五)。明宫撰拟乐章时改名《削群雄之曲》，又名《喜升平》，可能是为了政治需要和掩饰《秦楼月》这一带有凄凉感的原词和词名。因为在明宫官修的《明会典》中并无“秦楼月”的小字注，只在明王圻私著的《续文献通考》中才记有此注。此例又可将唐、宋、元、明四代的文化联系起来，而元、明之间的联系自然会更多。从《九宫大成南北词宫谱》所收数首标明为“明朝乐章”的曲词来看，都是宫廷的作品。如上述《柳外楼》一首，曲词为：“中和圣德定三才。涣汗洪恩润九垓。贤哲访求辞草莱。阜民财。琴奏南薰丹凤来。”其格律既源于宋词，又是据《元人百种》中的《忆王孙》写出。同时，由于元散曲、杂剧音乐在元末时期，特别是在城市非常活跃，明宫音乐曲调的制作，不能不受这种社会音乐潮流的影响，曲作者也必定由当时熟知音乐的人承担。因此在明初制定乐曲时，必然存在着元明音乐的连续性。

至于明宫音乐所用的“律”，即乐调的音高，明万历年间的郑王世子、乐律学和数学家朱载堉，曾有确切的说明。他首先追述宋徽宗时，以方士魏汉津所造的律为基调的大晟乐，“其乐器等，汴京（今开封）破，没入金，改名大和，金亡入元，改名大成，元亡，乐归于我国。初，斟酌元乐用之”。明宫改撰了乐章，重造了乐器，但“现今太常雅乐及天下学宫，所谓大成乐者，盖汉津之律也”(《律吕精义》)。这说明，明代雅乐用的仍是宋大晟乐之律。根据故宫博物院所藏宋大晟钟之“黄钟清”的测音及笔者按朱载堉所云律管尺寸所制律管测音，均相当于现在国际通用标准的“c+”（万依：《宋代黄钟的改作及大晟黄钟的影响》，《音乐研究》1993 年第 1 期）。至于宴乐用律则记载纷纭，某宫调的绝对音高，由于未见确切资料，尚待进一步探讨。

在上述正规音乐之外，明宫中还有一个无名乐队，属于内府二十四衙门之一的钟鼓司，共二百人左右，掌管出朝鸣钟鼓；凡皇帝朝见太后及大节升殿、回宫，导中宫升座，在驾前作乐；正月宫内上灯，则作乐赞灯；凡九月登高、端午斗龙舟、岁暮宫中驱傩、日食、月蚀负责打鼓；承应在西内演出有关农事的杂剧，在宫中演杂要、把戏、傀儡戏、宫戏、外戏等。因清宫内务府掌仪司继承了钟鼓司的一些做法，并加以丰富，故略作说明。这支队伍在明清两代都属纯内宫的音乐。

明朝开国皇帝朱元璋，在新王朝建立初期，具有向上的心理，采取一些有利于自己统治的措施，是很正常的。他在音乐方面看出：“元时古乐俱废，惟淫词艳曲更唱迭和，又使胡虏之声与正音相杂。甚者以古先帝王祀典神祇饰为武队，谐戏殿廷，非所以导中和崇治体也。”（《续文献通考》卷一五七）特别是元顺帝时，曾受两西番僧所献淫戏，和所教“行房中运气之术”，名为“大喜乐”，习其“秘密法”，又取良家女三四人奉之于僧，谓之供养。“于是帝从其法，广取女子，惟淫戏是乐”；“选宫女一十六人按舞，名为天魔舞”，并有宫女组成的乐队，用龙笛、头管、小鼓、筝、纂、琵琶、笙、胡琴、响板、拍板伴奏，“甚至男女裸处”，号所处室为“事事无碍”室。皇太子知之，“深疾二僧所为，欲去之，竟未能”（《续文献通考》卷一六〇）。这类亡国之君，纵欲无度，何谈治国！对此种乐、舞当然应该“悉屏去之”。但这仍属于维护封建统治的“礼乐”措施，对音乐艺术的发展却无补益。朱元璋所谓“胡虏之声与正乐相杂”，正说明他对音乐的无知，进而把音乐发展中的丰富多彩、多民族艺术的融合等积极因素拒之于门外，这就大逊于唐代各帝了。

入清以来，清廷为了维护满族的统治，不得不大量接受中原文化，特别是儒家传统文化的影响，对明宫雅乐部分，除政治性较强的歌词外，几乎全盘接受下来。俗乐方面最初也大都沿袭明旧，先是保存了明代的教坊司，朝会宴享亦用时俗曲调。如大型筵宴：进果，丹陛乐奏《喜得功名》；进酒，丹陛乐奏《朝天子》；进馔，清乐奏《金殿喜重重》。又如，耕耤筵宴：皇帝至斋宫，导迎乐奏《天下乐》；皇帝升殿，丹陛乐奏《万岁乐》；群臣行礼，丹陛乐奏《朝天子》；进果，笙、箫合奏《朝天子》，次奏《望吾乡》；进酒，丹陛乐奏《三月韶光》，次奏《黄蔷薇》；进酒，清乐奏《太清歌》。撤馔，丹陛乐奏《啄木耳》，次奏《黄蔷薇》《红纳袄》《调笑令》《鬼令》《清江引》《看花会》（《清朝文献通考》卷一七四）等等。上列曲牌，除部分曲牌名有所改动外，大部分可从元明散曲以至明宫乐曲中找到。至康乾时歌词、乐律、乐谱、乐器都做了更动，且有很多新的创作。如宴乐中增加了满族及其他民族的歌舞、音乐、百戏，在卤簿乐中模仿汉唐增加了铙歌大乐、铙歌清乐等。甚至内务府掌仪司所管的音乐，也比明宫钟鼓司所管的音乐有所发展。不过，作为宫廷音乐，很多虽来自民间，但艺术性往往被封建政治所湮没，不能在民间生根，最终不能不随着清政权的覆灭而被遗忘。另一方面，由于清宫对戏曲音乐的重视，因此在明末昆曲盛行的基础上，又把戏曲音乐向前推进了一步。乾隆年间曾向各地方剧种敞开宫门，之后甚至直接把民间戏剧艺术团体召进宫中演出。由于各种地方剧种的汇合，竟产生了新的剧种——京剧，皮黄的声腔，一直延续至今。其中，自然不应排除明宫音乐的影响。

总之，明宫音乐的发展道路，也是承前启后的。它一方面清除了元宫淫亵的舞、乐，保留了部分传统雅乐，但并没有把雅乐的精华发扬出来，而只是靠少数热衷于复古的官僚宿儒以行政手段保持着形式上的封建“礼乐”，甚至有一些古老的、表现力很强的乐器如埙、排箫、瑟等，很早就无人会演奏，乐曲也只停留在缓慢的、一字一音的模式上，未向更高更优美的方向发展，加之这种雅乐只能在皇家、贵族中存在，没有广泛的社会基础，也就不能逃脱萎缩的命运。而俗乐方面明宫则既继承了宋元以来的歌曲音乐，又不断吸收当时社会上生命力较强且有艺术魅力的散曲、杂剧音乐，方显示出一定的生气，而且为其后清宫音乐的发展开辟了道路。

附录：明宫音乐谱例

第一部分：据明崇祯年间官修《太常续考》所载祭祀乐原工尺字谱译出

注：所译曲谱，原曲未标调，一字一音，为自由节奏，仅记大略，以供参考。下同。

明嘉靖九年（1530 年）定天地分祀乐章（“乐章”指歌词，下同）。祀圜丘乐九奏，舞八佾。

迎帝神　中和之曲

以下奠玉帛、进俎、初献（武功之舞）、亚献（文德之舞）、终献（文德之舞）、撤馔、

5̣ 6̣ 7̣ 6̣ 2 6̣ 5̣ 6̣ 5̣　3 2 7̣ 2 3 5 2 3 2

仰 惟 玄 造 兮 于 皇 昊 穹，时 当 肇 阳 兮 大 礼 钦 崇。

5 3 2 7̣ 2 7̣ 5̣ 6̣ 5̣　6̣ 5̣ 1 6̣ 2 5 2 3 2

臣 惟 蒲 柳 兮 蝼 蚁 之 衷，伏 承 眷 命 兮 职 统 群 工。

3 2 7̣ 2 3 2 7̣ 5 3　5̣ 6̣ 7̣ 6̣ 2 7̣ 5̣ 6̣ 5̣

深 怀 愚 昧 兮 恐 负 洪 德，爰 遵 彝 典 兮 勉 竭 微 衷。

5 3 2 7̣ 3 2 7̣ 5 3　5 3 5̣ 6̣ 2 7̣ 5̣ 6̣ 5̣

遥 瞻 天 阙 兮 宝 辇 临 坛，臣 当 稽 首 兮 祇 迓 恩 隆。

5̣ 6̣ 7̣ 6̣ 3 7̣ 2 5 3　5̣ 6̣ 7̣ 6̣ 2 7̣ 5̣ 6̣ 5̣

百 辟 陪 列 兮 舞 拜 于 前，万 神 翊 卫 兮 而 西 以 东。

6̣ 5̣ 6̣ 7̣ 3 5 2 3 2　5 3 2 7̣ 2 7̣ 5̣ 6̣ 5̣

臣 俯 伏 迎 兮 敬 瞻 帝 御，愿 垂 歆 鉴 兮 拜 德 曷 穷。

送帝神、望燎，略。

洪武元年（1368 年）定岁暮行大祫礼于太庙乐章（以后沿用,个别有改动）。乐六奏，舞八佾。

迎神　太和之曲

5̣ 6̣ 7̣ 2　3 5 3 2　2 7̣ 5̣ 6̣　2 6̣ 3 5̣
庆 源 发 祥，世 德 惟 崇。助 我 祖 宗，开 基 建 功。

5 3 2 7̣　5 3 7̣ 2　2 7̣ 5̣ 6̣　5̣ 6̣ 3 5̣
京 都 之 内，亲 庙 在 东。惟 我 子 孙，永 怀 祖 风。

6̣ 5̣ 6̣ 7̣　5 2 3 2　2 7̣ 5 2　7̣ 6̣ 3 5̣
气 体 则 同，呼 吸 相 通。来 格 来 从，皇 灵 显 融。

以下初献（武功之舞）、亚献（文德之舞）、终献（文德之舞）、撤馔、还宫，略。
明嘉靖九年（1530年）定皇后祭先蚕乐章。无舞，乐六奏。

迎神　贞和之曲

5̣ 2 7̣ 5̣　5 2 3 2　3 2 7̣ 6̣　2 5̣ 6̣ 5̣
于 穆 惟 神，肇 启 蚕 桑。衣 我 万 民，保 有 家 邦。

2 7̣ 5 2　7̣ 6̣ 3 5̣　3 2 7̣ 6̣　3 2 7̣ 5̣
兹 举 旷 仪，春 日 载 阳。恭 迎 霞 驭，灵 气 洋 洋。

以下初献、亚献、终献、撤馔、送神，略。
洪武七年（1374年）御制祀历代帝王乐章。乐七奏，舞八佾。

迎神　雍和之曲

5̣ 6̣ 1 6̣ 2　3 5 3 2 7̣ 2
仰 瞻 兮 圣 容，想 銮 舆 兮 景 从。

5̣ 6̣ 7̣ 6̣ 5̣ 6̣　5 3 7̣ 2 3 2
降 云 衢 兮 后 先，来 俯 鉴 兮 微 衷。

5̣ 6̣ 7̣ 6̣ 2 6̣ 3 5̣
荷 圣 灵 兮 苍 生 有 崇。

5̣ 6̣ 7̣ 2 5̣ 6̣　5 3 5̣ 6̣ 3 5̣
眷 诸 帝 兮 是 临。予 顿 首 兮 幸 蒙。

以下奠帛初献（武功之舞）、亚献（文德之舞）、终献（文德之舞）、撤馔、送神、望燎，略。

第二部分：据清乾隆年间纂集的《九宫大成南北词宫谱》中可能与明宫宴乐有关的工尺字谱选译

糖多令

明朝乐章

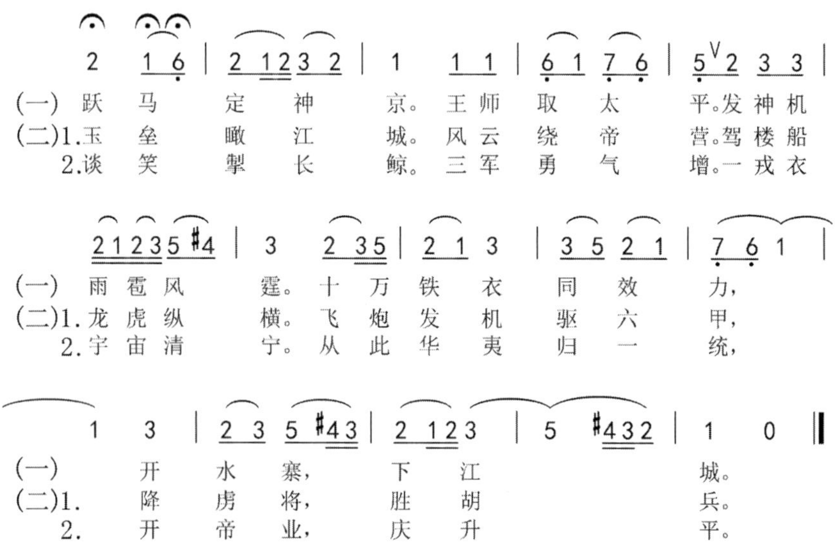

注：

（1）谱中歌词“（一）”，为《九宫大成南北词宫谱》（以下简称《九宫大成》）所载原词。似亦系明宫所作，但明文献中未载，可能曾用于一时。

（2）谱中歌词“（二）”，“1.”为明王圻《续文献通考》（以下简称王圻《续考》）所载明洪武初年所作朝会宴享用九奏乐之第二奏《开太平之曲》，即《唐多令》之前阕；“2.”为《唐多令》之后阕。

（3）此《糖多令》，《九宫大成》标明为“明朝乐章”，与王圻《续考》所载之《唐多令》，其格律全源自宋刘过词之《唐多令》。《词谱》云:《唐多令》又名《餹多令》《南楼令》《箜篌曲》。“餹”为“糖”之异体，可见《糖多令》即《唐多令》。

（4）王圻《续考》所载之《唐多令》与宋刘过词之《唐多令》均有前后阕，只《九宫大成》所载有乐谱之《糖多令》只有前阕。然前后阕之格律相同，今姑附之于前阕之后，原谱可能并非如此，原乐谱应是前后阕均有，《九宫大成》在收集时可能已残，也许为回避某种麻烦，才只存其一半。

秦楼月（一名忆秦娥）散曲

注：

（1）歌词“（一）”为《九宫大成》所载之词；“（二）”为王圻《续考》所载明洪武初定朝会宴享用九奏乐之第四奏《削群雄之曲》，名《喜升平》，小字注《秦楼月》之歌词。

（2）此首曲词《九宫大成》标为散曲，其格律创自唐李白之《忆秦娥》，此词乃元人所作。

太常引

明朝乐章

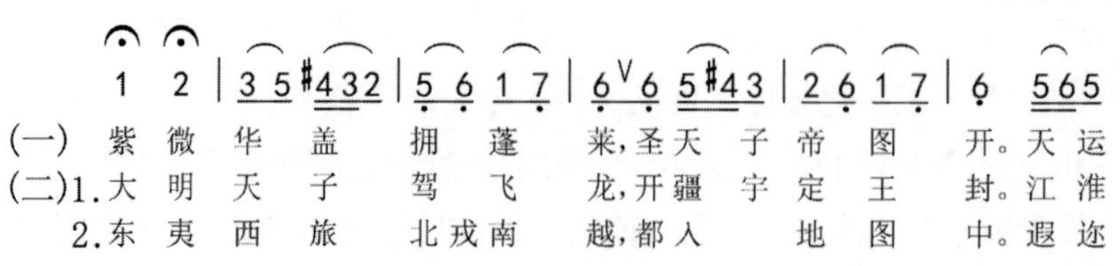

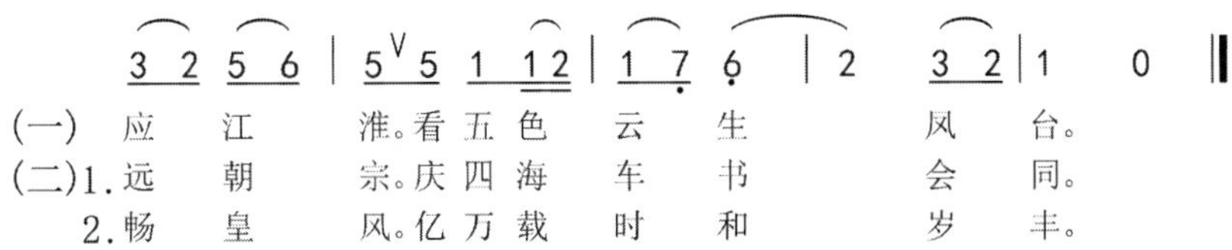

注：

（1）歌词“(一)”为《九宫大成》所载明朝乐章原词。其格律源自宋词《太常引》。

（2）歌词“(二)”“1.”“2.”为王《续考》所载明洪武初年定朝会宴享用九奏乐之第八奏《大一统之曲》名《凤凰吟》之歌词，下注小字《秦楼月》格律与宋词相同。不过《九宫大成》乐谱只存前阕，后阕与前阙字数略同，故亦姑置于此，原谱未必如此。

《九宫大成南北词宫谱》中，收有唐、宋、金、元、明、清的曲谱四千余首，标明为“明朝乐章”的共见七首，上例三首都是既标明“明朝乐章”，又在明文献中有记载的。此三首歌词的格律均源自宋，经元，又写为“明朝乐章”。从内容看，都是明宫文人为明皇帝歌功颂德，并按宋词格律或元人按宋词格律写成散曲，明人又按元散曲写成明朝乐章的。其乐谱与现存宋姜白石自作词、曲的风格有明显不同，姜白石之曲含吟诵成分较多，在十七首散曲中除有三首八分音符稍多以外，其余大部分是四分音符或二分音符。但与元散曲音乐中跳跃较多的特点较为相近。因此，其乐谱亦可认为是明宫宴乐风格，当然这也有待进一步探讨。

出自《故宫博物院院刊》1995 年 10 月建院七十周年纪念特刊

清代紫禁城坤宁宫祀神音乐

坤宁宫祀神是满族传统祭祀活动在清代宫廷中的延续，也是爱新觉罗家族信仰在皇宫中的存留，与堂子祀天有密切联系。《清史稿》云：“坤宁宫祀神，昉自盛京。既建堂子祀天，复设神位清宁宫（在沈阳故宫）正寝。世祖定燕京，率循旧制，定坤宁宫祀神礼。”此记固属简明，然未臻详确。据乾隆钦定《满洲祭神祭天典礼》所载，祭神和祭天虽为两事，有很多不同，但作为祭祀之主要内容——祭祀对象，从故宫现存遗物及祝辞中得知，堂子所祀诸神，除在亭式殿（亦称圜殿）祝辞所呼之“不得其缘起”的“钮欢台吉、武笃本贝子”，在尚锡神亭所祀之“尚锡之神”以外，都是与坤宁宫所祭之神相同的，甚至朝祭、夕祭之神像都是由坤宁宫抬到堂子祭祀的，祭毕再抬回坤宁宫。其祷祝辞更是大同小异，各项祭祀仪式也大体相同。主持祭祀之人，宫中称“司祝”，而民间用满语称其原始名为“萨满”，《竹叶亭杂记》中称“萨吗”，《啸亭杂录》中称“巫人”，清官方正式文献如《国朝宫史》《国朝宫史续编》、“实录”“会典”“清朝三通”及《满洲祭神祭天典礼》等书中称“司祝”，此系萨满祭祀的雅化或曰宫廷化的结果。只在《清会典事例》引用皇帝谕旨中个别处称“萨满”，在记述皇家内部事务的《总管内务府则例》中，由于保留日常用语较多未加修饰，则一律称“萨满”。可见，坤宁宫祭神和堂子祭天都属于满族的萨满祭祀活动。

民间的萨满与宫中司祝的作用大为不同。在民间，把萨满看成是人与神之间的使者，本氏族或部落遇天灾人祸，如天旱不雨，人生疾病，都请萨满来跳神、祝祷，欲藉此驱魔而避过，而宫中的司祝则只管主持宫中和堂子的祭祀仪式与祝祷。遇天旱不雨，则由朝廷遣官或遣亲王等去坛庙祭祷，大旱则皇帝亲自到天坛、龙王庙等处祈雨，从来不用司祝去神前求助。皇室人员甚至官员等有疾，概由太医院医师诊脉下药，也从来不请司祝跳神驱魔。所以萨满祭祀之在宫中，主要是为了保存满洲“享祀遗风”，其在宫廷意识形态领域之功能已与民间形成两歧。因此在祭祀仪式、祭器、祝辞等方面与民间均有较多差异，并逐渐趋于形式化，规范化，亦即宫廷化。

坤宁宫祭神仪式主要有元旦行礼、日祭、月祭、月祭翌日祭天、报祭、大祭、大祭翌日祭天、求福、四季献神、背灯祭、献鲜等。其中最频繁的祭祀是日祭，日祭也称常祭，除遇祭祀坛庙、皇帝斋戒、忌辰、清明等不宰牲之日，还有每年十二月二十六日至次年正月初一日及四月初八浴佛日将坤宁宫所祭之神抬往堂子等日子以外，其余日子均举行朝祭、夕祭，祭祀时用音乐的时间主要是在朝祭、夕祭的仪式中。其他祭祀中用乐也是在与朝祭、夕祭相同的仪式中。兹据《满洲祭神祭天典礼》《清会典事例》《清会典》《国朝宫史》《国朝宫史续编》所载（《满洲祭神祭天典礼》卷二、《清会典事例》卷一一八三、《国朝宫史》卷六、《国朝宫史续编》卷二六），综合整理一部分坤宁宫祭祀音乐如下。

朝祭音乐

在朝祭的音乐中，所用乐器为三弦、琵琶、拍板，另有拊掌（拍手），歌“鄂啰罗”和之。三弦、琵琶有时单独演奏，有时于司祝唱诵神歌祷辞时一起演奏。其程序简括为：

1. 司俎太监、司俎官、司俎在坤宁宫内西炕所设东向的佛（铜塑小像）、菩萨（画像）、关帝（画像）前跪一膝，奏三弦、琵琶，鸣拍板，司俎八人拊掌（拍手）。

2. 司祝执神刀走向神像时复奏三弦、琵琶，鸣拍板，拊掌。司祝一叩头，司俎等歌“鄂啰罗”。

3. 司祝擎神刀，祷祝诵神歌，每祷祝三次，诵神歌一次，共祷祝九次，诵神歌三次，奏三弦、琵琶，鸣拍板，拊掌，歌“鄂啰罗”和之。

4. 司祝一叩头，奏三弦、琵琶，鸣拍板，拊掌，起立，避于一旁。

5. 撤佛、菩萨像，移关帝像于正中，进第一猪，司俎太监、司俎官、司俎等复于原处，奏三弦、琵琶，鸣拍板，拊掌。司俎献水（大祭献酒），司俎等复歌“鄂啰罗”。

6. 司祝致祷，灌水（大祭灌酒）于猪耳，司祝一叩头，奏乐暂止。

7. 进第二猪，仪式如前。

8. 杀猪，熟之。

9. 三献肉、献水，奏三弦、琵琶，鸣拍板，拊掌，歌“鄂啰罗”，司祝一叩头，朝祭乐毕。司祝再跪祝一次（原书无序号，系整理者所加。下同）。

朝祭祷祝所诵神歌乐谱附后。

夕祭音乐

夕祭中虽亦有多段诵神歌祷祝等，但各书均未载用琵琶、三弦两乐器，仅用手鼓、铁箍鼓、拍板、大小腰铃、神铃等节奏乐器。

其仪式大略为：

1. 设夕祭神像——穆哩罕神、画像神、蒙古神于坤宁宫北炕西部，皆南向，置铁箍鼓及鼓架于神前。

2. 司祝系闪缎裙，束腰铃、执手鼓进于神位前，司俎太监西向立，一人击鼓，一人鸣拍板，司祝坐于神位前杌上，击手鼓，诵请神歌祈请，击鼓太监一手击鼓一点以和手鼓。

3. 司祝拱立，初次向后盘旋跄步祝祷，太监双手击鼓三点以和手鼓。

4. 司祝复盘旋跄步前进祝祷，太监双手击鼓五点以和手鼓。

5. 司祝拱立，初次诵请神歌以祷，击鼓五点，拍板三鸣以和之。

6. 司祝二次向后、向前盘旋跄步祝祷，击鼓七点。司祝拱立，诵神歌以祷，复击鼓五点，拍板三鸣以和之。

7. 司祝三次祝祷，击鼓十一点（此处似亦应有拍板三鸣以和之，原书未注明）。

8. 司祝拱立，诵神歌以祷，复击手鼓四点，太监击鼓三点，末以双槌击鼓一次，拍板三鸣以和之。

9. 以上自“3”至“8”共进行三次，第三次诵神歌祷毕，司祝（跪）祝祷时，击手鼓四点，拍板三鸣以和之。太监击鼓三点而止。司祝释闪缎裙及腰铃，祝祷及乐暂止。

10. 杀猪献肉毕，众人退，息灯火，阖户，太监置鼓于神前，司祝坐于神前杌上，行背灯祭。

11. 初次向神铃（桦木杆上系小铃七枚）祈请，太监击鼓四点，又双槌交击鼓一点，拍板三鸣以和之。

12. 二次执神铃振铃，诵神歌以祷，太监击鼓五点，拍板三鸣以和之。

13. 三次诵神歌向腰铃祈请，太监击鼓四点，又双槌交击鼓一次，拍板三鸣以和之。

14. 四次摇腰铃诵神歌以祷，太监击鼓五点，拍板三鸣以和之。

15. 第四次祷毕，太监击鼓三点，拍板一鸣而止。燃灯启户，夕祭毕。

坤宁宫诵神歌祝祷辞，《满洲祭神祭天典礼》《国朝宫史续编》《清会典事例》皆有记录，唯乐谱于官方文献中迄未发现，后乃寄希望于口碑，遂梦寐以求，然亦多年无着。由于有机会见到或听到坤宁宫祭神音乐的人极少，且均须年在九旬以上，几乎杳然无望。直到 1994 年于北京满学会年会上幸会年逾七旬的瀛生先生，能唱出诵神歌的全部，瀛老虽未参与坤宁宫祭祀，但他是顺承郡王的后裔。据瀛老讲，其叔祖母（称三太太）是爱新觉罗家族有地位的贵妇，当初曾任坤宁宫祭神中之司祝（俗称萨满太太），瀛老幼时，在跟随其叔祖母玩耍时曾得其口授之，后经常唱诵，迄未遗忘。因系满语，起初尚未解其意，读书学满语后，见与《重订满洲祭神祭天典礼》所载满语祝祷辞完全相同，方悟叔祖母所教唱者乃坤宁宫祭神之祝辞。现据瀛老所唱录音记谱，以补清代宫廷音乐整理之一项空白，从而得知清代坤宁宫祭神音乐之大概，幸甚！幸甚！然祭神中三弦、琵琶伴奏之乐谱仍未获知，犹待继续寻觅。现所记之谱，因系吟唱性质，又系满语，限于水平，难免有不妥之处，其夕祭之节奏乐意，系据《满洲祭神祭天典礼》《清会典事例》之文字记载推想拟出，更难准确，当望识者不吝指正。

附录：

坤宁宫祀神朝祭诵神歌祝祷乐谱

瀛生演唱，万依、黄海涛记谱，江桥审校。汉、满语歌词据《重订满洲祭神祭天典礼》整理。

朝祭诵神歌祷辞

上天之子，佛及菩萨，大君先师，三军之帅，关圣帝君，某年生小子，某年生小子（为某人祭则呼某人本生年），今敬祝者：

丰于首而仔于肩 / 卫于后而护于前 / 畀以嘉祥兮 / 齿其儿而发其黄兮 / 年其增而岁其长兮 / 根其固而身其康兮 / 神兮贶我，神兮佑我 / 永我年而寿我兮。

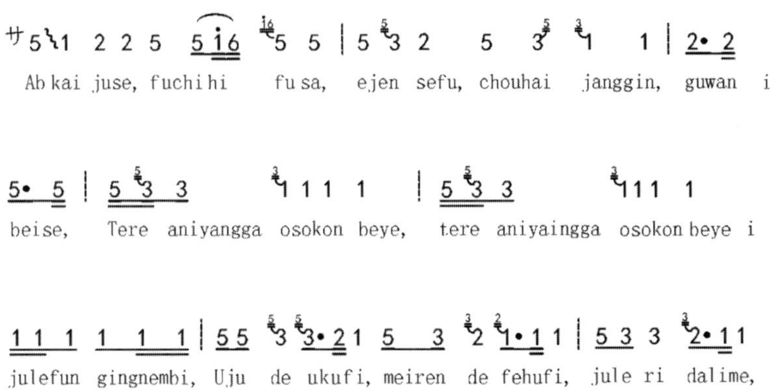

朝祭灌水（大祭灌酒）于猪耳祷辞

上天之子，三军之帅，关圣帝君，某年生小子，某年生小子（为某人祭则呼某人本生年），敬献粢盛，嘉悦以享兮。

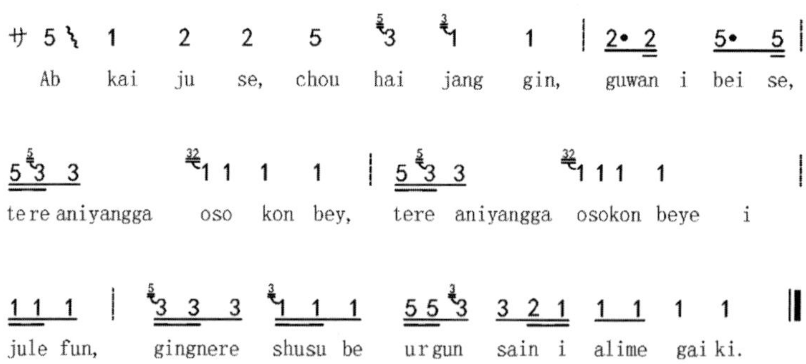

朝祭供肉祝辞

上天之子，三军之帅，关圣帝君，某年生小子，某年生小子（为某人祭则呼某人本生年），今敬祝者：

丰于首而仔于肩 / 卫于后而护于前 / 畀以嘉祥兮 / 齿其儿而发其黄兮 / 年其增而岁其长兮 / 根其固而身其康兮 / 神兮贶我，神兮佑我 / 永我年而寿我兮。

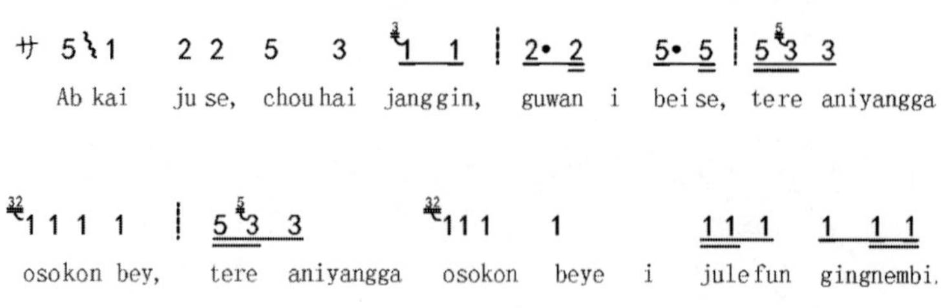

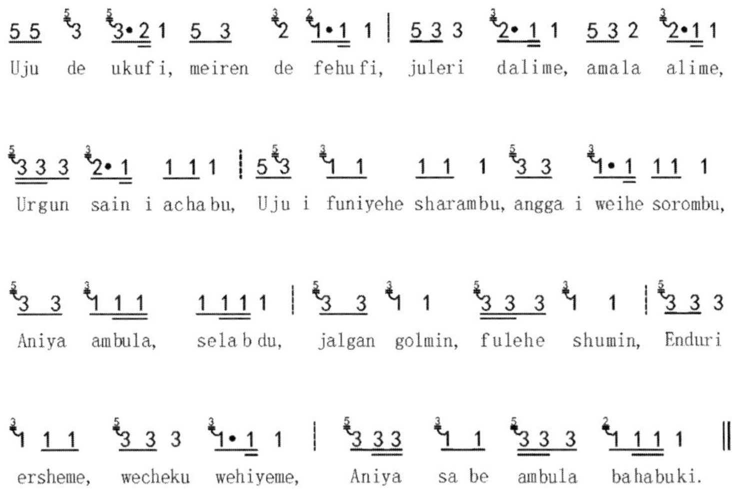

夕祭坐于机上诵神歌祈请辞

自天而降，阿珲，年锡之神，与日分精，年锡之神，年锡惟灵，安春，阿雅喇，穆哩，穆哩哈，纳丹，岱珲，纳尔珲，轩初，恩都哩，僧固，拜满，章京，纳丹，威瑚哩，恩都，蒙鄂乐，喀屯，诺延，某年生小子，某年生小子（为某人祭则呼某人本生年），今敬祝者：

丰于首而仔于肩 / 卫于后而护于前 / 畀以嘉祥兮 / 齿其儿而发其黄兮 / 年其增而岁其长兮 / 根其固而身其康兮 / 神兮贶我，神兮佑我 / 永我年而寿我兮。

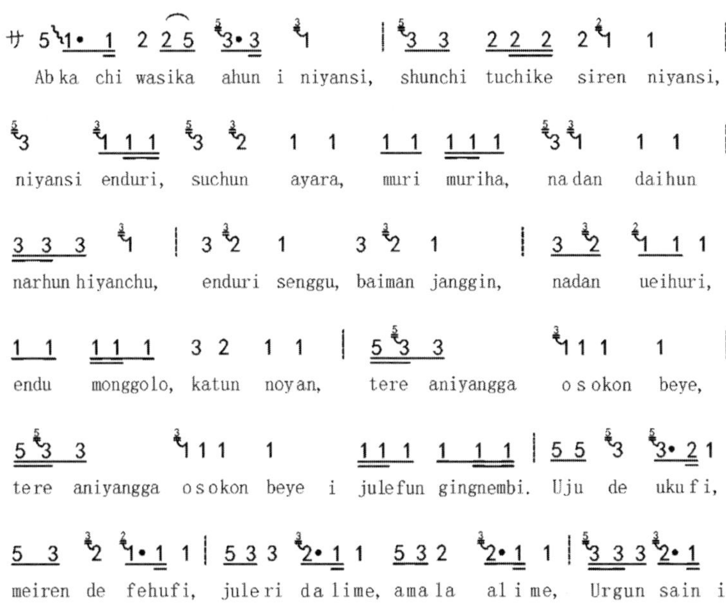

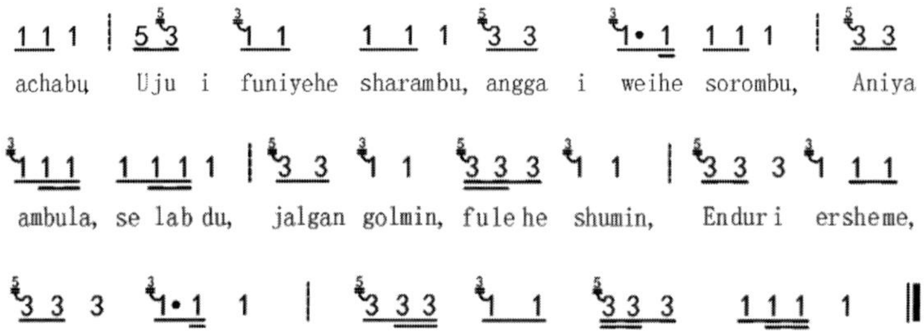

初次诵神歌祷辞

纳丹岱珲，纳尔珲轩初，某年生小子，某年生小子（为某人祭则呼某人本生年），今敬祝者：

丰于首而仔于肩 / 卫于后而护于前 / 畀以嘉祥兮 / 齿其儿而发其黄兮 / 年其增而岁其长兮 / 根其固而身其康兮 / 神兮贶我，神兮佑我 / 永我年而寿我兮。

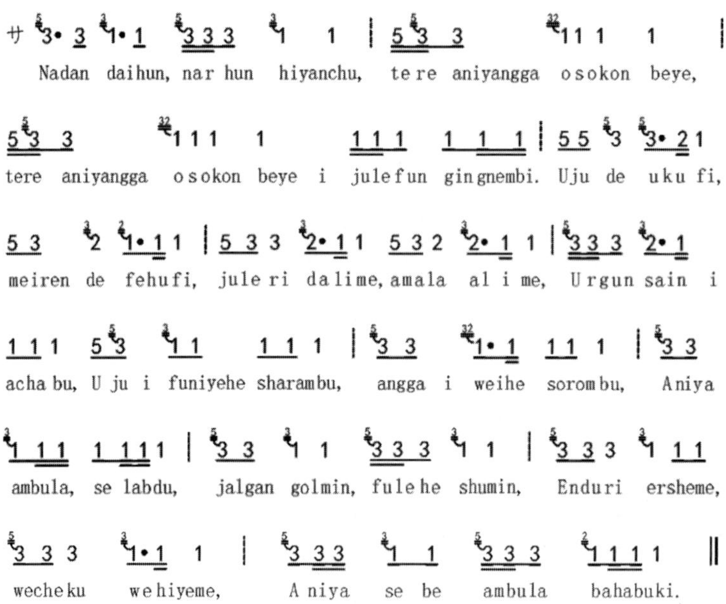

二次诵神歌祷辞

恩都哩僧固，僧固恩都哩，某年生小子，某年生小子（为某人祭则呼某人本生年），今敬祝者：

丰于首而仔于肩 / 卫于后而护于前 / 畀以嘉祥兮 / 齿其儿而发其黄兮 / 年其增而岁其

长兮/根其固而身其康兮/神兮贶我，神兮佑我/永我年而寿我兮。

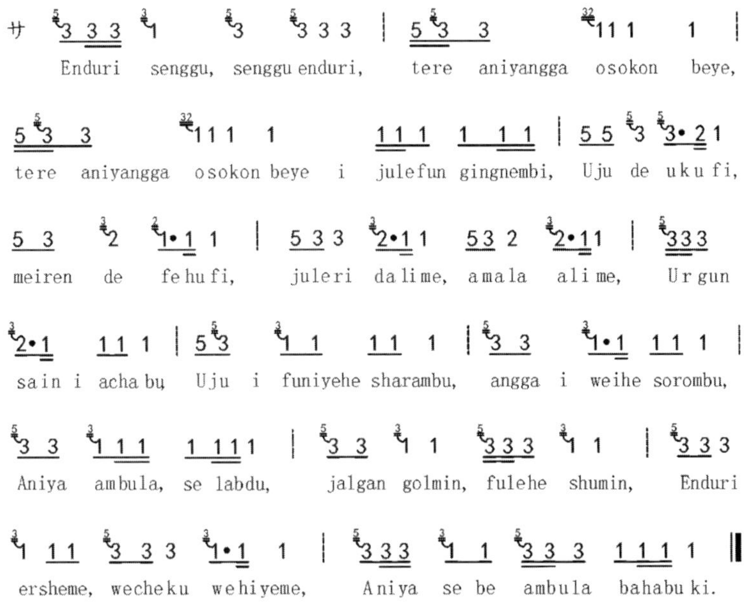

末次诵神歌祷辞

拜满，章京，纳丹，威瑚哩，恩都，蒙鄂乐，喀屯，诺延，某年生小子，某年生小子（为某人祭则呼某人本生年），今敬祝者：

丰于首而仔于肩/卫于后而护于前/畀以嘉祥兮/齿其儿而发其黄兮/年其增而岁其长兮/根其固而身其康兮/神兮贶我，神兮佑我/永我年而寿我兮。

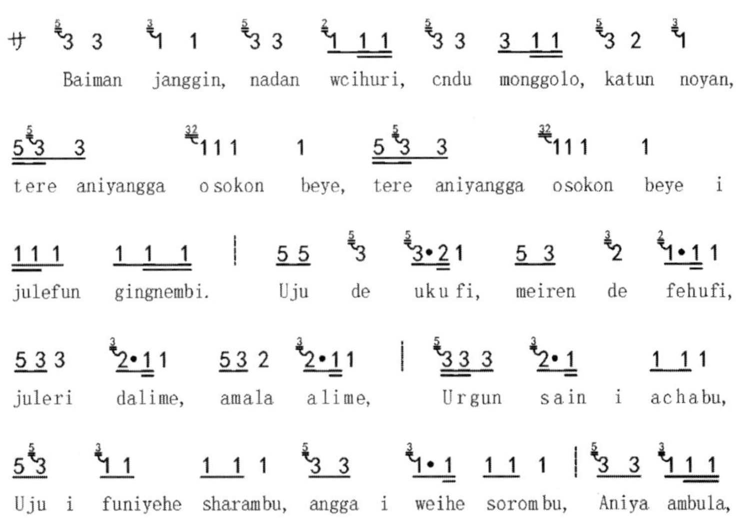

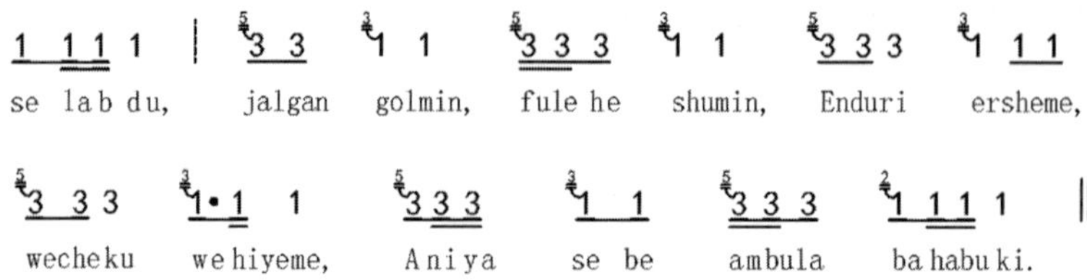

诵神歌祷祝后跪祝辞

上天之子，年锡之神，安春，阿雅喇，穆哩，穆哩哈，纳丹，岱珲，纳尔珲，轩初，恩都哩，僧固，拜满，章京，纳丹，威瑚哩，恩都，蒙鄂乐，喀屯，诺延，某年生小子，某年生小子（为某人祭则呼某人本生年），今敬祝者：

丰于首而仔于肩 / 卫于后而护于前 / 畀以嘉祥兮 / 齿其儿而发其黄兮 / 年其增而岁其长兮 / 根其固而身其康兮 / 神兮贶我，神兮佑我 / 永我年而寿我兮。

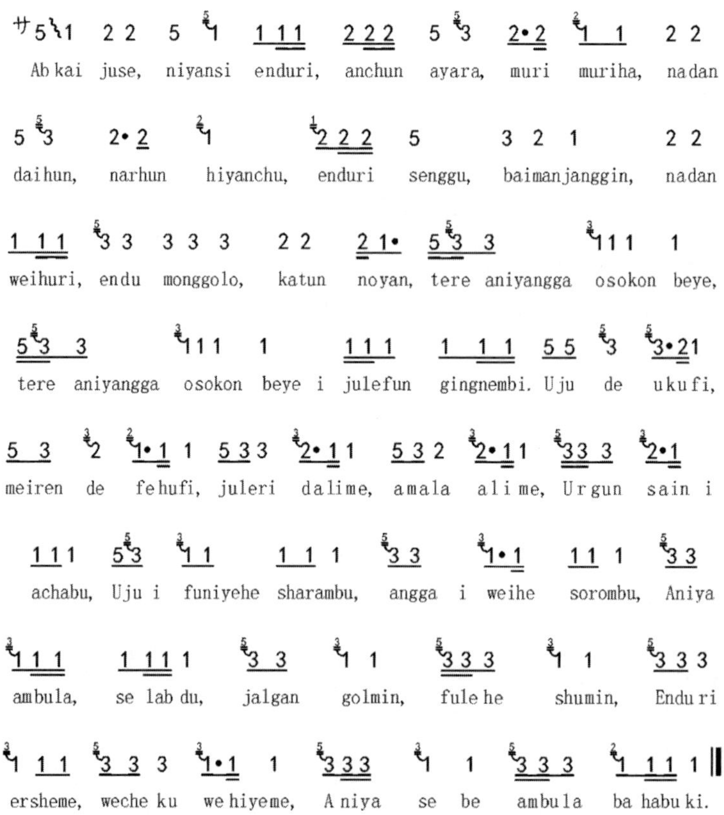

夕祭灌水（大祭灌酒）于猪耳祷辞

上天之子，年锡之神，安春，阿雅喇，穆哩，穆哩哈，纳丹，岱珲，纳尔珲，轩初，恩都哩，僧固，拜满，章京，纳丹，威瑚哩，恩都，蒙鄂乐，喀屯，诺延，某年生小子，某年生小子（为某人祭则呼某人本生年），敬献粢盛，嘉悦以享兮。

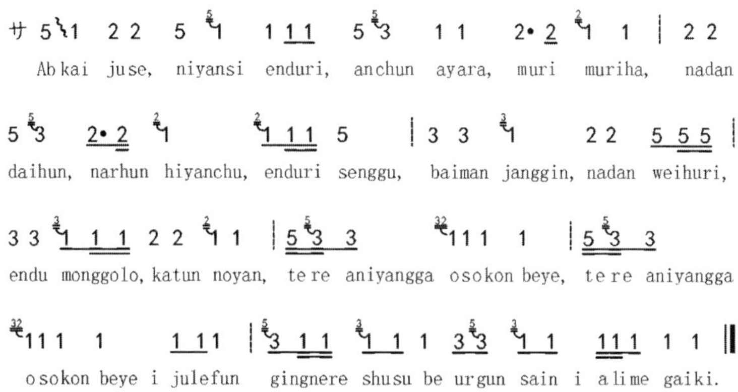

夕祭供肉祝辞

上天之子，年锡之神，安春，阿雅喇，穆哩，穆哩哈，纳丹，岱珲，纳尔珲，轩初，恩都哩，僧固，拜满，章京，纳丹，威瑚哩，恩都，蒙鄂乐，喀屯，诺延，某年生小子，某年生小子（为某人祭则呼某人本生年），敬献粢盛，嘉悦以享兮。

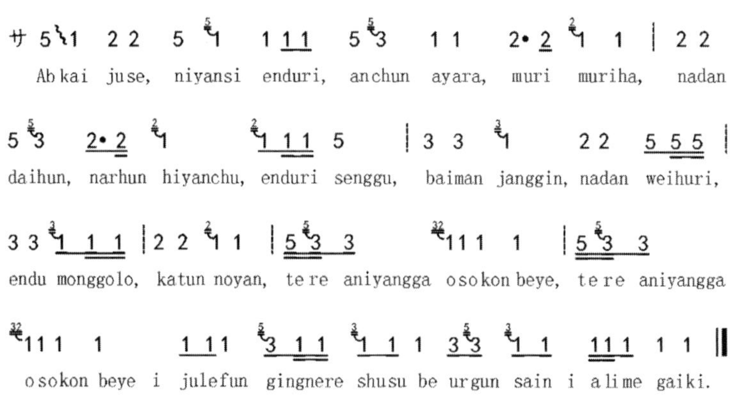

背灯祭初次向神铃诵神歌祈请辞

哲，哲呼呼，哲，纳尔珲，掩户牖以迓神兮，纳尔珲，息甑灶以迓神兮，纳尔珲，肃将迎兮侑座以俟，纳尔珲，秘以祀兮几筵具陈，纳尔珲，纳丹，岱珲，蔼然降兮，纳尔珲，卓尔欢钟依，惠然临兮，纳尔珲，感于神铃兮来格，纳尔珲，莅于神铃兮来歆，纳尔珲。

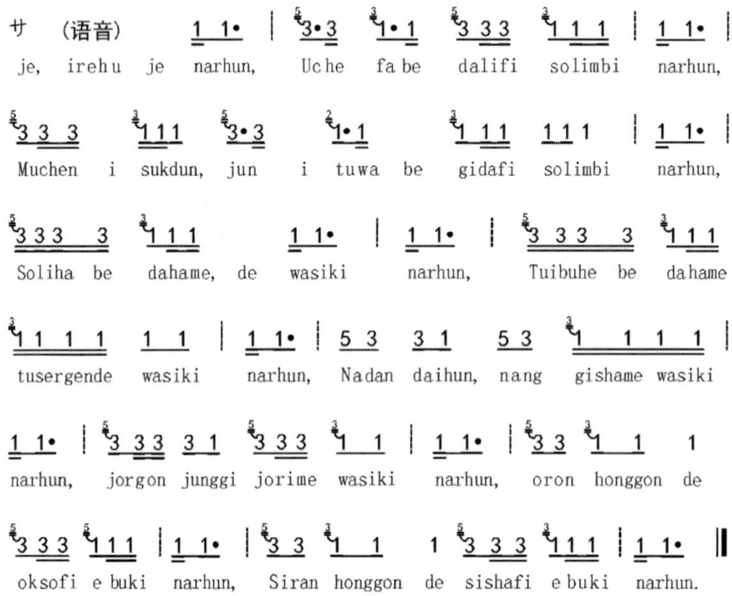

二次摇神铃诵神歌祷辞

纳丹，岱珲，纳尔珲，轩初，卓尔欢，钟依，珠噜，珠克特亨，某年生小子，某年生小子（为某人祭则呼某人本生年），今敬祝者：

丰于首而仔于肩/卫于后而护于前/畀以嘉祥兮/齿其儿而发其黄兮/年其增而岁其长兮/根其固而身其康兮/神兮贶我，神兮佑我/永我年而寿我兮。

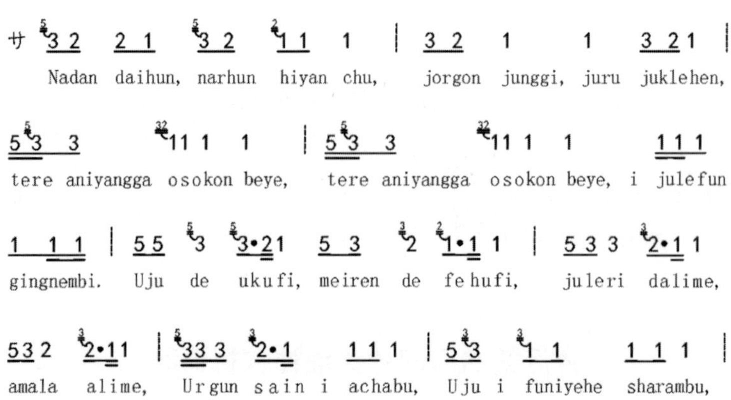

三次向腰铃诵神歌祈请辞

哲，伊呼呼，哲，古伊双宽，列几筵兮以敬迓，古伊双宽，洁粢盛兮以恭延，古伊双宽，肃将迎兮尽敬，古伊双宽，秘以祀兮申虔，古伊双宽，乘羽葆兮陟于位，古伊双宽，应铃飨兮降于坛，古伊双宽。

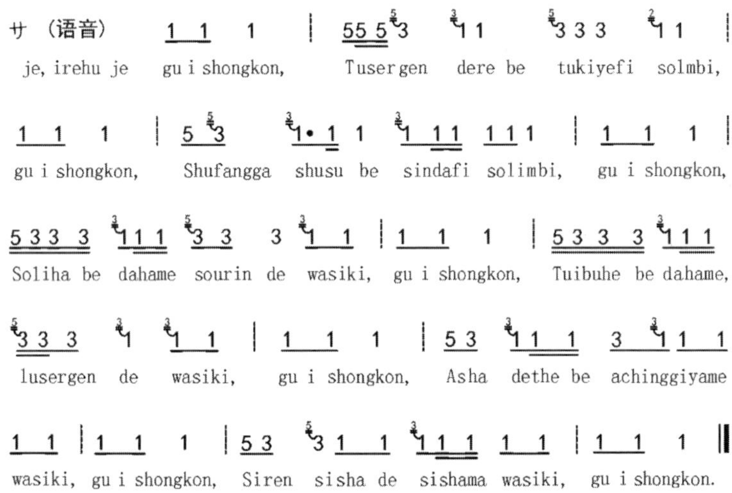

四次摇腰铃诵神歌祷辞

吁者惟神，迓者斐孙，牺牲既陈，奔走臣邻，某年生小子，某年生小子（为某人祭则呼某人本生年），今敬祝者：

丰于首而仔于肩 / 卫于后而护于前 / 畀以嘉祥兮 / 齿其儿而发其黄兮 / 年其增而岁其长兮 / 根其固而身其康兮 / 神兮贶我，神兮佑我 / 永我年而寿我兮。

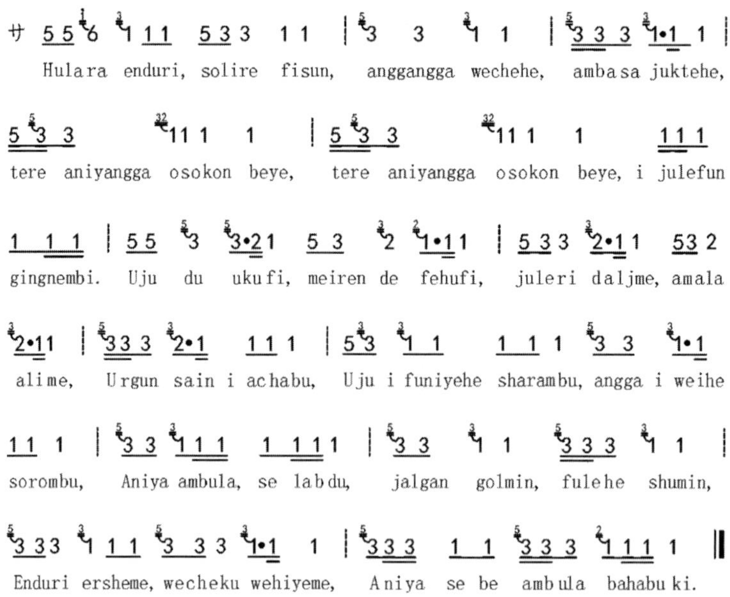

月祭及大祭祭神翌日祭天赞辞

安哲，上天监临我觉罗，某年生小子（为某人祭则呼某人本生年）蠲精诚以荐芗兮/执豕孔硕，献于昊苍兮/一以尝兮，二以将兮/俾我某年生小子/年其增而岁其长兮/根其固而身其康兮/绥以安吉兮，惠以嘉祥兮。

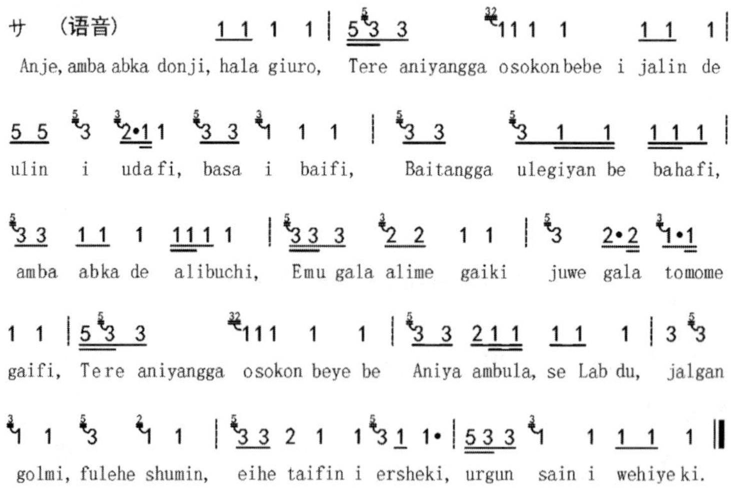

户外对柳枝举扬神箭诵神歌祷辞

佛立，佛多，鄂谟锡，玛玛之神位，某年生小子，某年生小子（为某人祭则呼某人本生年），今敬祝者：

聚九家之彩线/树柳枝以牵绳/举扬神箭，以祈福佑，以致敬诚/悯我某年生小子，悯我某年生小子（为某人祭则呼某人本生年）/绥以多福，承之于首/介以繁祉，服之于膺/千祥荟集，九叙阜盈/亦既孔皆，福禄来成/神兮贶我，神兮佑我/丰于首而仔于肩/卫于后而护于前/畀以嘉祥兮/偕老而成双兮，富厚而丰穰兮/如叶之茂兮，如本之荣兮/食则体腴兮，饮则滋营兮/甘旨其献兮，朱颜其鲜兮，岁其增而根其固兮/年其永而寿其延兮。

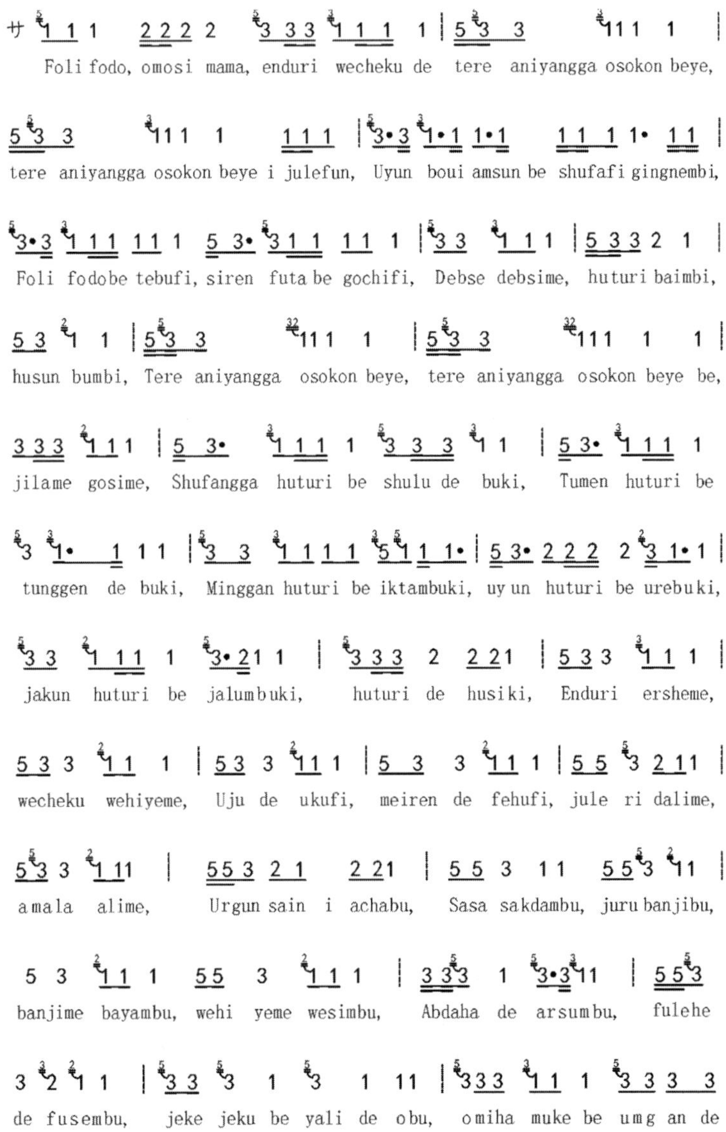

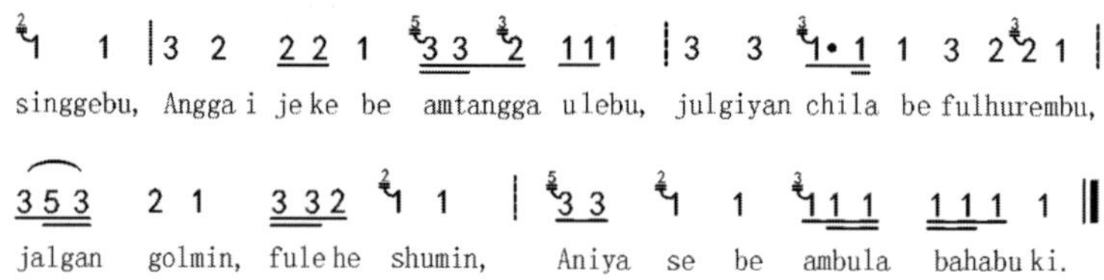

朝祭神前求福祝辞

上天之子，佛及菩萨，大君先师，三军之帅，关圣帝君，佛立，佛多，鄂谟锡玛玛之神位，某年生小子，某年生小子（为某人祭则呼某人本生年），今敬祝者：

聚九家之彩线 / 树柳枝以牵绳 / 举扬神箭，以祈福佑，以致敬诚 / 悯我某年生小子，悯我某年生小子（为某人祭则呼某人本生年）/ 绥以多福，承之于首 / 介以繁祉，服之于膺 / 千祥荟集，九叙阜盈 / 亦既孔皆，福禄来成 / 神兮贶我，神兮佑我 / 丰于首而仔于肩 / 卫于后而护于前 / 畀以嘉祥兮 / 偕老而成双兮，富厚而丰穰兮 / 如叶之茂兮，如本之荣兮 / 食则体腴兮，饮则滋营兮 / 甘旨其献兮，朱颜其鲜兮 / 岁其增而根其固兮 / 年其永而寿其延兮。

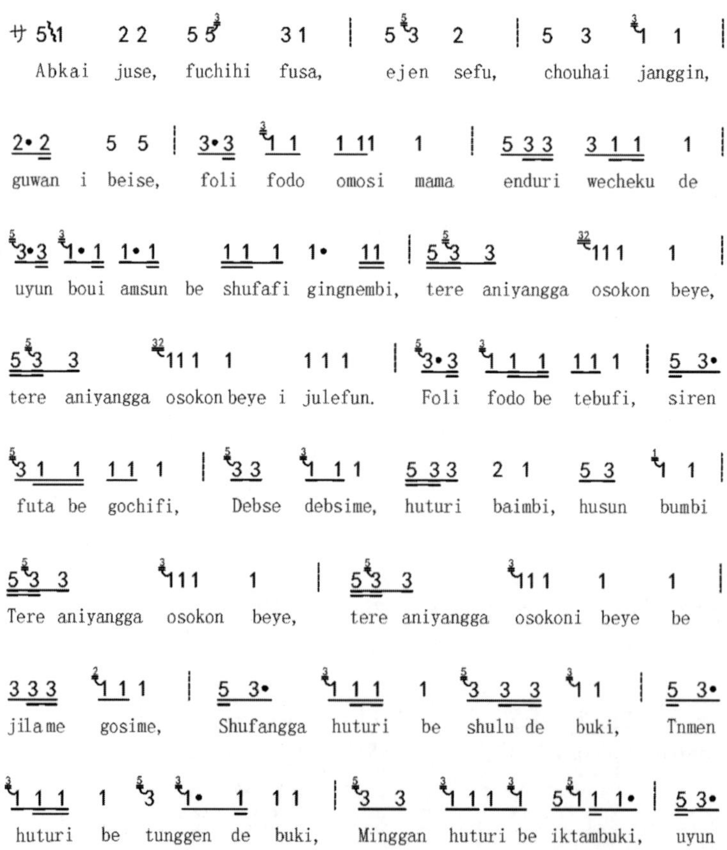

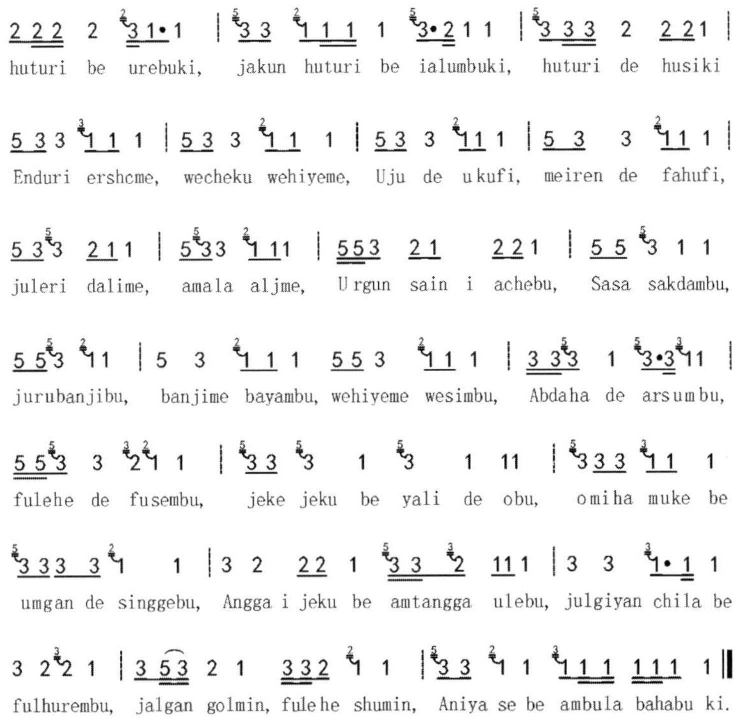

夕祭神前求福祝辞

上天之子，年锡之神，安春，阿雅喇，穆哩，穆哩哈，纳丹，岱珲，纳尔珲，轩初，恩都哩，僧固，拜满，章京，纳丹，威瑚哩，恩都，蒙鄂乐，喀屯，诺延，佛立，佛多，鄂谟锡玛玛之神位，某年生小子，某年生小子（为某人祭则呼某人本生年），今敬祝者：

聚九家之彩线/树柳枝以牵绳/举扬神箭，以祈福佑，以致敬诚/悯我某年生小子，悯我某年生小子（为某人祭则呼某人本生年）/绥以多福，承之于首/介以繁祉，服之于膺/千祥荟集，九叙阜盈/亦既孔皆，福禄来成/神兮贶我，神兮佑我/丰于首而仔于肩/卫于后而护于前/畀以嘉祥兮/偕老而成双兮，富厚而丰穰兮/如叶之茂兮，如本之荣兮/食则体腴兮，饮则滋营兮/甘旨其献兮，朱颜其鲜兮/岁其增而根其固兮/年其永而寿其延兮。

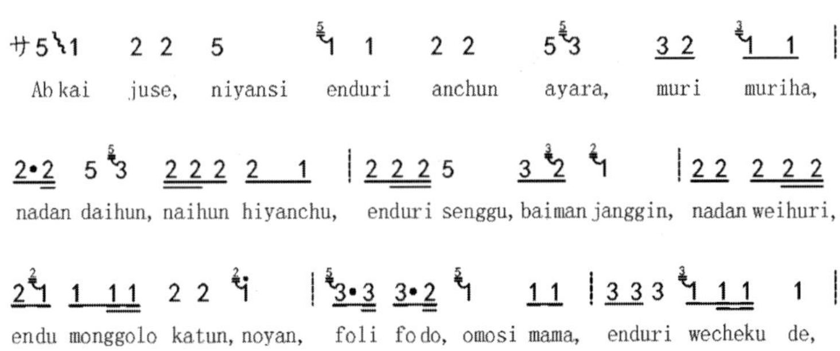

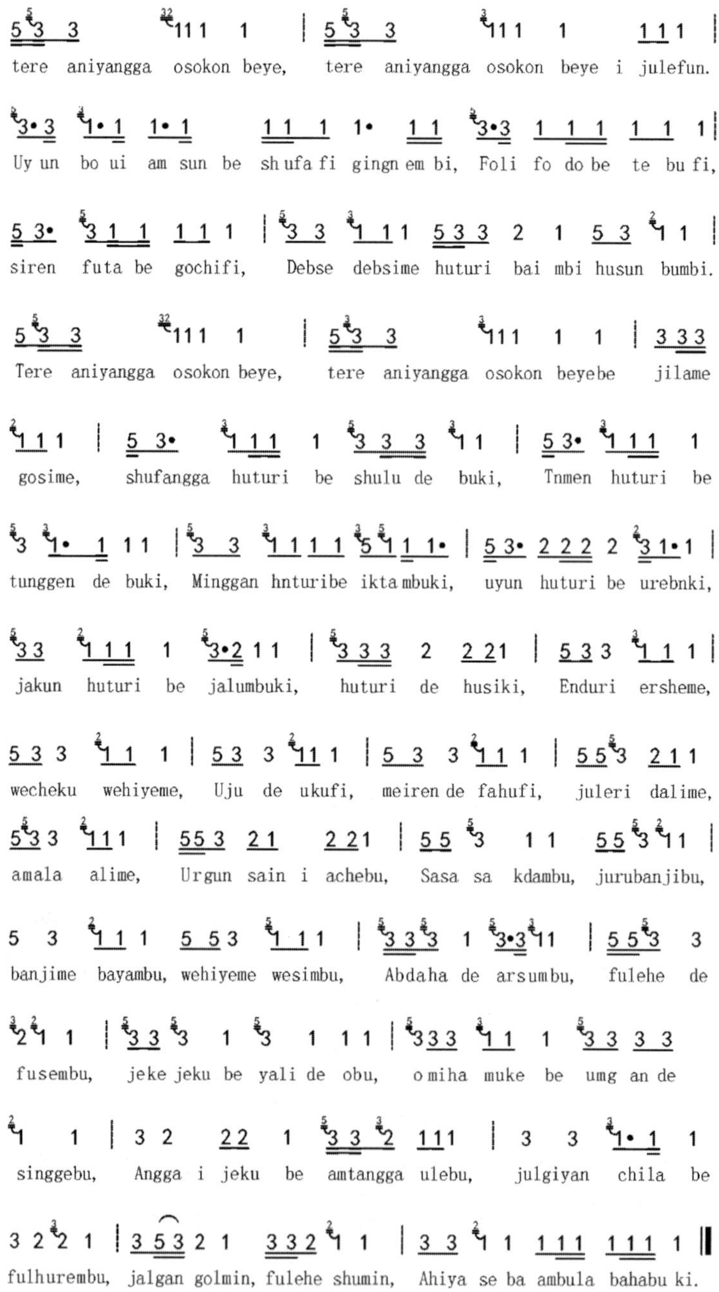

坤宁宫朝祭祝祷节奏音乐

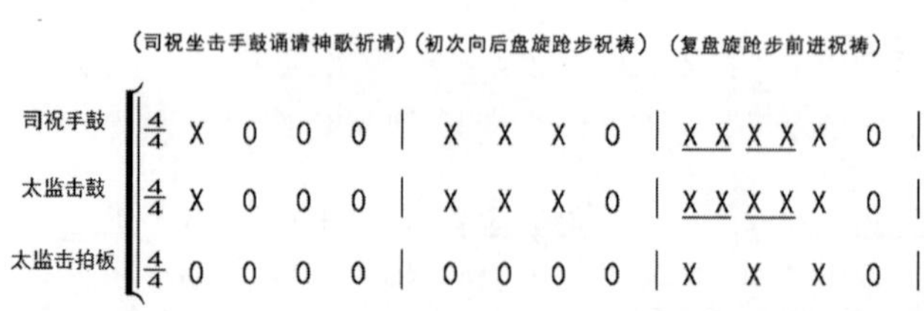

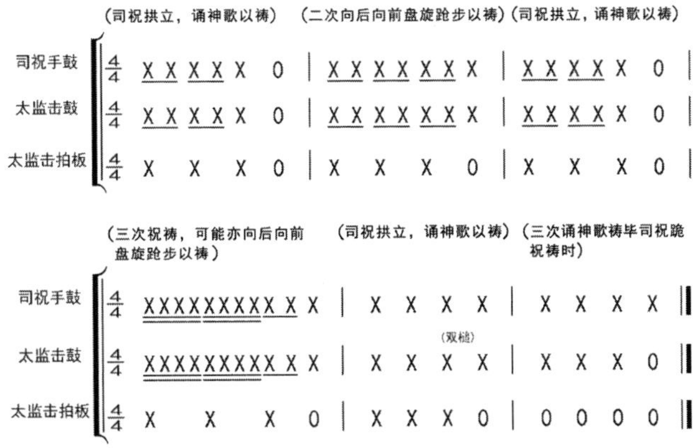

夕祭中杀猪煮肉供献后，众人退，息灯火，闭门户，司祝坐于杌上，举行背灯祭。

夕祭背灯祭节奏音乐

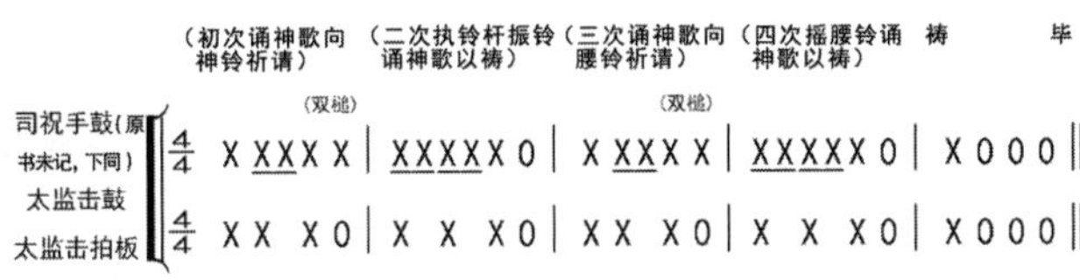

说明：1. 坤宁宫朝祭、夕祭诵神歌，系满语述说性很强的吟诵体旋律，节奏自由，谱中音符的标识，只大略反应相对性音高及时值，因为同一句词，随着情绪的变化，旋律音高、速度都可能有一些更动。

2. 文献记载，诵神歌所用乐器为琵琶、拍板、三弦、铁箍鼓、神铃、腰铃，但无乐谱。

3. 朝祭、夕祭祝祷节奏乐谱，全部根据文字记载推想而成，附录于此，仅供参考。

4. “$\frac{4}{4}$”只是相对时值，实际可能根据习惯自由击奏。每小节内根据歌词长短反复击奏。

出自《故宫博物院院刊》1997 年第 4 期

书法类

《三希堂法帖》杂谈

故宫西路的养心殿，从清雍正年间到清末一直是皇帝办事和居住的地方。殿的明间和东西次间都是宫廷设置，唯独在西头隔出来一个小小的雅室，这儿四壁紧凑，光线充足，天花板举手将触，陈设物精巧绝伦，这里就是书苑闻名的“三希堂”，迄今仍大体保存着乾隆时代的面貌。走进这个雅室，乾隆皇帝弘历亲自书写的“三希堂”纸地小匾、对联、《三希堂记》，以及由金廷标作画、弘历题字，反映晋代大书法家王羲之教其子王献之学书时从背后拔笔的故事画，都历历在目。

三希堂，据弘历在《三希堂记》中自称：“内府秘笈王羲之《快雪帖》、王献之《中秋帖》，近又得王珣《伯远帖》，皆希世之珍也。因就养心殿温室，易其名曰‘三希堂’以藏之。”这就是一般所了解的三希堂的由来。但他又说：“然吾之以三希名堂者，亦非尽为藏帖也。”还有什么含义呢？他说：“则吾今日之名此堂，谓之为希贤、希圣、希天之意，可；慕闻之先生之二希，而欲希闻之之希，亦可；即谓之王氏之帖诚三希也，亦可。”其另外两个含义都与闻之有关。“闻之”，是雍正朝礼部侍郎蔡世远的字。他的堂号叫“二希堂”。二希堂的由来，蔡世远自己曾说：“士希贤，贤希圣，圣希天（按：此系周敦颐语）。或者谓予不敢希天，予之意非若是也。”蔡世远的意思是：“常慕希文、希元之为人，故曰二希。”希文、希元即指北宋之范仲淹、南宋之真德秀，蔡世远很敬慕这两人。可见弘历的另外两个含义完全出自这里。但这两种含义，恐怕是后来附会上去的，因为从三希堂的实际应用来看，或是从弘历为三希堂写的对联“怀抱观古今，深心托豪素”来看，其原意都是为了藏帖。

乾隆年间，清王朝政权较为巩固，生产有所恢复，国库尚充盈，人民生活也较稳定，可以说封建社会已经到了高度发展的阶段，因此，它的上层建筑，特别是文化艺术，在一定范围内也出现了相应的繁荣。清朝政府为巩固和维护它的统治，在文化领域，一方面用骇人听闻的“文字狱”等办法摧毁异己，钳制舆论；另一方面又大张旗鼓地发展其御用文化。为了网罗广大知识分子为封建政权服务，皇家大搞科举选士、编书修史以及提倡书法绘画。宫廷内为了加强书法活动，在内务府设有专门机构——御书处，负责镌刻、刷拓御笔及法帖等刻石，而且终年繁忙，有时还要外雇刻字工匠干活。据统计仅刻帖一项，康熙至乾隆年间，内廷就镌刻了《渊鉴斋法帖》《四宜堂法帖》《敬胜斋法帖》《三希堂法帖》《墨妙轩法帖》《兰亭八柱帖》等七十多种。《三希堂法帖》就是乾隆十二年（1747 年）弘历命吏部尚书梁诗正、户部尚书蒋溥、兵部右侍郎汪由敦等从三希堂和内府收藏编入《石渠宝笈》的历代法书墨迹中选择一部分，加以编次，钩摹上石，并由宋璋、扣住、二格、焦林等人镌刻而成的。乾隆十五年（1750 年）七月，梁诗正、蒋溥、汪由敦、嵇璜跋尾，全称是《御制三希堂石渠宝笈法帖》。

《三希堂法帖》共收集了魏晋以来到明末一百三十五人的三百四十件楷、行、草书作品，另有题跋二百一十多件，工程巨大。

关于这套书法艺术石刻的制作过程和时间，从档案中还可以找出一些痕迹。据乾隆十四年（1749 年）七月初五日御书处的奏折载："乾隆十四年七月初二日，懋勤殿首领文旦交出《三希堂法帖》油条三十二册。"并提出"若即钉朱勒石，诚恐一经刻成，油条残废，字画遇有应收拾、改正之处，无可考证。而本文俱系累朝名人手笔，乃大内珍藏之物，臣等又未敢擅请，再四思维，拟于本处食粮及外雇刻字人内，拣选手艺好者，□派本处行走员外郎永泰，令其督率工□□□照依原发油条，另行双钩一份，以备校对"。

从这一段记载看，乾隆十二年十二月弘历下特谕刻《三希堂法帖》，过了一年半的时间，懋勤殿首领才交出《三希堂法帖》油条三十二册。油条，也就是用油纸从原件上勾摹下来的底本。这是第一道工序，并不由御书处承担，而是由梁诗正、蒋溥、汪由敦等人编选钩摹的。

第二道工序是钉朱，也叫过朱，即在油纸底本的背面，用银朱双钩成反文，然后拓印在石头上，以便镌刻。在钉朱以前，须再钩摹一份底稿的副本，以备刻完时校对改正之用。不过这份副本是从御书处刻字人和外雇刻字人中挑选手艺好的人钩摹的，不再是书家们钩摹了。

关于《三希堂法帖》刻制及完成时间的问题，按上项记载推算，乾隆十四年七月开始钩摹副本、过朱，即使是边勾边刻，开镌时间最早也要在当年秋季，完成时间约在乾隆十八年（1753 年）。因为乾隆十八年六月十四日总管内务府的一件档案上记有在审查御书处贪污案件中，在内务府都虞司员外郎、本帖监造人之一时运的口供中曾谈道："今年三月内有领过银四千两。因办理《三希堂法帖》发过工料银一千三百五十余两。又找发工料银八百余两。"可见在这年三月间并未完工，只发了工料银的一部分。找发工料银一项，有可能是完工的结算。因为按当时的做法，工程不完，工料银次年处理，是不在中间找发（即补发）的。

另从乾隆十八年四月初一日海望等人的奏折中也可得到证明，奏折说："奴才等遵旨，永安寺西佛殿（可能是琳光殿）添建佛殿三间（可能指水精域），殿北边围楼一座计二十五间，垂花门内大殿三间、游廊十四间、垂花门一座、大小石水池四座、八角石柱亭一座……通共约估银三万四千二十七两四钱三分五厘……”同年八月初六日海望等人又补报了一件请银两的预算，里面说：“……又估计续添围楼嵌安三希堂墨刻石四百九十五块，内开解二百三十八块，并迎薰亭添安大臣柏梁体墨刻石十块……再领银两六千两……”刻此帖原奏折估计用艾叶青石四百八十三块，这里说是四百九十五块，与现在实际数目相同，而且报了嵌安、开解（镌刻时有的是两块连在一起，刻完时按三尺长一块的统一长度嵌安，所以需要用宝砂开解，档案也有记载）的工程费。从这里我们可以较准确地了解到刻完的时间，该是在乾隆十八年四月到八月之间。由此可见，《三希堂法帖》跋尾的时间（乾隆十五年七月）是在完工之前。

从上述档案中我们还了解到《三希堂法帖》石刻完成后，于乾隆十八年（1753 年）夏季开始在北海白塔山西麓建造阅古楼，未命名时叫围楼，共二十五间。约于当年年底阅古楼及嵌安石刻工程大体完成。这时阅古楼附近的建筑，如八角石柱亭、亩鉴室、水精域等也相继完成。并于乾隆十九年（1754 年）正月御书处交出了第一批《三希堂法帖》的全部拓片，共五十二份，每份三十二卷。

弘历对阅古楼和《三希堂法帖》的兴致十分浓厚。建成后，在乾隆十九年、二十年（1755 年）、二十一年（1756 年）、二十五年（1760 年）、三十一年（1766 年）、三十八年（1773 年）、四十年（1775 年）都有题诗，并把大量《三希堂法帖》拓本赏给王公大臣。这些年是大量刻帖、编书、印书的年代，也是装点白塔山的高潮时期。

《三希堂法帖》刻成后，弘历发现了它的不足，乾隆二十年（1755 年）又叫人从内府收藏的历代法书墨迹中选出了唐、宋、元三朝十六个人的楷、行、草书三十八件（其中有四人的作品是新选入的），由焦国泰镌刻，名《墨妙轩法帖》，以为《三希堂法帖》之续帖。并于万寿山之惠山园，即今之谐趣园建筑“墨妙轩”，嵌石于两壁。《墨妙轩法帖》后有蒋溥的跋语。此石刻现不知下落，拓本也很少见。据传说，在 1860 年英法侵略军焚掠圆明园时波及惠山园，因之被毁，真是千古憾事！

乾隆六十年（1795 年），山东省淄川县知县孙功烈等五十人又为《三希堂法帖》编了全部释文，最后有阮元的跋，对研究此帖和辨认帖中草书、异体字等很有帮助，但也有差错。

《三希堂法帖》和阅古楼，在嘉庆朝、道光朝及以后屡有修葺，工程最大的一次是道光十九年（1839 年）。这次修整从四月底到十一月初，历时达半年之久，把所有石刻拆下运到远处去加工，内除三寸以上的字没有剔刻外，其余一二寸的小字、大小印章全部进行了剔刻。据当时御书处呈稿记载：“……查阅古楼嵌安墨刻石四百九十五块，内刻字迹三十二册。计：一寸字七万六千四百七十二字，二寸字二万一千五百八十六字，三寸字、四寸字一千五百八十五字；一寸宝（印章）一千二百三十七方，二寸宝三百五十八方，三寸宝四十七方；花边宽一寸长三千七百六十二尺。内除三寸、四寸字一千五百八十五字毋庸剔刻外，共核工一万五千二百八十四工半……”据上述数字全帖共计九万九千六百四十三字，但经抽查了第二十三册和第十六册，每册都多报了一百多字。即便如此，加上印章上的字数，总要超过十万字了。

呈稿还帮助我们解决了长期未解决的花边问题。乾隆初拓《三希堂法帖》周围是没有花边的，故宫博物院的藏品证明了这点。但后来的花边是什么时候加上去的呢？很多有关《三希堂法帖》的著录中均未谈到，只在欧阳辅的著作中提到是道光时所加的，但他没有提出根据，使人摸不到根底。不过在御书处的呈稿里开始只讲了花边多宽多长，是否也属于需要剔刻的呢？这从呈稿的下文中可以解答。呈稿中说：“查得第一册至第二册，计长三尺宽一尺墨刻石二十九块。计一寸字五千九百六十四字，每剔刻十五字一工，核工三百九十七工半。二寸字二千一百八字，每剔刻十二字一工，核工一百七十五工半。一寸宝一百三十九方，每剔刻三方一工，核工四十六工。二寸宝七十五方，每剔刻一方一工，核工七十五工。三寸宝二十三方，每剔刻一方二工，核工四十六工。花边宽一寸，长二百二十尺四寸，每刻宽五分、长一尺一工，核工四百四十工半……”很明显，前面的字、宝都是“剔刻”；花边只提每“刻”宽五分，而不写“剔刻”，这自然就是新刻了。是不是书写人的疏忽，在刻花边处漏掉了“剔”字呢？不会。因为这项工程，有的是由食粮家匠（御书处的人）承刻，有的是由外雇民匠刻做，共分二十批左右呈报的，在查到的十五个呈稿中都是这样区别书写的，可见绝不是书写人的笔误。因此加刻花边的年代，当可确定无疑了。

《三希堂法帖》与其他丛帖比较，有一些长处，如：

第一，除少数是根据拓本钩摹外，其余都是根据当时内府珍藏的墨迹钩摹刻石，刻工十分精细，笔墨的燥润都能在一定程度上反映出来。

第二，收罗的作品丰富。由于宫廷条件优越，所以此帖收集历代法书墨迹的数量和质量都是可观的。

第三，收集了较多的题跋和印迹，仅印迹就收刻了一千六百四十多方，这对当时和以后研究书法提供了一些有利条件。

另外，《三希堂法帖》也有很多短处，如：

1. 所收作品中，真伪失辨的，不止一处。就以三件希世之珍来说，现在看来，只有王珣的《伯远帖》是真迹。另外，明显的如第十三册黄庭坚书《洛阳雨霁诗》，落款时间是“大观丁亥（1107 年）春正月灯节后三日”，但据《宋史》和他的诗集记载，黄庭坚死于崇宁四年（1105 年）九月三十日，怎么会在死后的一年零三个多月又写起字来了呢？又如第二册收刻的王献之《保母砖帖》，不仅书法不佳，而且文字内容有明显的漏洞。宋朝的赵彦卫早已断定是伪作。而弘历却认定“其为大令（即王献之）亲书于砖，晋人所刻，固无可疑”。

2. 有些帖移行、挪位不够妥善，破坏了原来的气势和章法。尤其是行书、草书，字字行行之间，往往相互关联，彼此穿插呼应，全幅连成一气。移行、挪位后，就失去了原来的面貌，如宋朝米芾的字，向以自然天趣见长，帖中收刻他的《苕溪诗帖》《紫金帖》等，不但移了行，把字距、行距都改变了，而且很多稍有倾斜的自然态势的字都被摆正了，这就给米芾的字换了面貌。如与墨迹一对照，其拙劣之处，自可昭然。《紫金帖》中“右军”二字笔意相连，“军”字为行末之字，移动后“军”字变成行首，起笔是虚锋，这就很难理解，也破坏了行首起笔多为实锋的一般习惯。这种做法与当时书坛崇尚馆阁体的风气有关，所以正好把米字的长处“阉割”了。这一点比之《快雪堂帖》颇为逊色。

3. 选帖有些偏颇。梁诗正等人为了适应弘历的口味，只着重选择了圆润秀丽的作品，而把很多具有独特风格的佳作置之度外。如陆机的《平复帖》，书法朴实雄厚，点画苍劲有力，保存了汉魏笔法的优点，也是由汉魏向唐过渡的有代表性的作品。但此帖并未收刻，而一般的没有什么特色的作品却收了很多。

4. 选石不精。古代刻石，对选石是很重视的。汉朝的《孔庙碑》上就刻有“陟名山，采嘉石”来刻碑的记载。汉《华山碑》还刻有购石人的名字杜迁。《三希堂法帖》用的石料，应该是“艾叶青石”，这是房山县出产的质地优于汉白玉的石料，与大理石相似。但实际所用的石料很不一样，有几块刻石，现在已经风化得很严重，有些字迹已十分模糊，几乎无法辨认。

尽管《三希堂法帖》有一些缺点，但在当时印刷条件简陋的情况下，在传播书法艺术方面仍起了一定作用，甚至到有了先进印刷技术的今天，仍不失其重要价值。人们至少可以从这些拓片上得见原本已散失的书法作品的风貌。

《三希堂法帖》石刻共有四百九十五块，加上引首，即弘历命刻《三希堂法帖》谕和跋尾、职名，以及跋尾前弘历写的“烟云尽态”、甲戌题诗共五块，总共五百块。原来分别嵌于楼上楼下，1964 年为便于陈列和保管，北海公园已把石刻全部集中于楼上。

原来阅古楼室内并不像现在这样宽敞，而是有一套宫室格局的陈设。现存同治十三年（1874 年）和光绪十二年（1886 年）“阅古楼陈设档”两份档册所记的内部陈设完全一样，计各种器皿一百多件。据记载：楼上明间的一组面东设三座铜胎佛，并挂有佛像四轴，前面及左右各设镀金塔、镀金掐丝珐琅碗、炉、蜡扦、花瓶、幡等多件，地面铺有黄地红花羊毛毯一块、黄地红花拜毡一块；南楼面西设有南漆小宝座、屏风、香几、插屏、瓷器等多件；东楼明间面东设有填漆宝座床；南一间琴桌上摆有御制诗四套，另桌上还有《御题耕织图》《御题棉花图》《盘山志书》等书籍，右边桌上设琴一张，玉制围棋子、象棋子及棋盘各一份，紫檀座绢画山水插屏一对；北间桌上还有御制诗文等。总之是琴、棋、书、画、诗俱全了。北楼的一组，是陈设铺有黄缎绣龙坐褥的紫檀椅、紫檀九龙纹榻、痰盒、足踏、挂对、插屏等物，这大概是皇帝休息时用的。一些织绣毡毯等物在光绪年间的档案上都注有虫蛀、糟烂、散坏等字样。从这里也可以想象，这些陈设很可能是乾隆或道光时的原状，一直保持到清末。

阅古楼和琼岛上的其他建筑物不同，因为它的设置不单纯是为了点缀风景，而是为了保存《三希堂法帖》的几百方石刻，因此在建筑设计上有它明显的特色。阅古楼是半圆的环形楼，左右围抱相合，形成一个纵深的天井，中间大树遮顶，西北面楼窗严密，而且呈弧形。这样的设计显然是为了防御北京过多的风沙，有利于调节楼内的温度和湿度，以减少对石刻的风化。而环境也因之与外部隔绝，显得异常幽静。

然而阅古楼与琼岛的风光又不是没有联系的。把《三希堂法帖》石刻摆在这里，正是可以增加园林景物的深度。当游览者攀登琼岛白塔山，眺望大自然的山水秀色以后，又进入这座可以“阅古”的楼中，目睹历代书法遗迹，进行品评欣赏，自然会激发起人们探讨古代书法艺术和精湛的刻石工艺的幽情，这是何等美好的艺术享受啊！古人常把“行云流水”“老树枯藤”等自然景物作为书法创作摹拟的对象，在这里就能把自然景色与翰墨的意境浑然一体，更加耐人寻味。游览者如果是个书法爱好者，在逐块欣赏历代名家法书以后，会发现后面有一块石刻上题着“烟云尽态”四个大字。这当然是对名家法书变化多姿的赞赏。但是出了阅古楼后门，沿着陡阶攀登上去，在半山腰又会发现矗立在水池当中的八角石亭（现池已淤塞），亭匾仍然是“烟云尽态”四字。这时，回首远望，山光水影之中缥缈着霭霭烟云，便又从古代书法艺术的境界里走出来，回到现实景物之中。可见亭匾题字“烟云尽态”，并不是单纯即景，而是与阅古楼内石刻的“烟云尽态”互相呼应，富有双关的诗意。从亭子的石柱上还可以找到刻有“刚喜应时沾快雪，便教佳景入新晴”的诗句，这反映了“三希”之一的《快雪时晴帖》中的“佳想”，曾经在自然景色中再现。

皇帝的诗由于思想感情的特殊，从来不为人民大众所欣赏，但到了人民成了文化艺术的主人的时候，这些诗句倒可以用来作为欣赏古代劳动人民刻帖、造园艺术的引线了。

出自《故宫博物院院刊》1980 年第 2 期

郑板桥书法之怪

紫禁城内皇极殿一区是故宫博物院的绘画陈列专馆。这里经常交替展出院藏历代书法、名画，它们各以自己独特的风格显露出我国古代艺术的光辉。其中郑板桥的书法尤称别致。郑板桥是清代著名的诗人、画家、书法家，是“扬州八怪”之一。他的书法，一经过目，就给人以深刻的印象，就像在群芳竞艳的花园中出现一片翠竹，潇洒疏落，别具一格。

郑板桥在艺术上是一个敢于创新的人，他的大胆，甚至达到了某些墨守成规的人难以接受的程度，以致出现了“常人尽笑板桥怪”的说法。但是，正是这个“怪”字，吸引了无数观众，使他在人民群众中享有较高的声誉。据扬州《甘泉县志》记载：“乞其辞翰者盈户外，无论贫富咸得其意以去。”《清史稿》上也说他的书画有真趣，“人争宝之”。在潍县民间，他的字、画很多，而且“人多仿其体”。

“怪”，在封建社会里，用正统观点看，是离经叛道；若用发展的观点看，他这种怪乃是创新。

当时的书风，行、草书多效法董其昌、赵孟頫，风格秀丽，布局匀称，有条不紊。楷书在上层知识分子中间流行的是一种“馆阁体”。“馆阁体”书法的技艺水平是相当高的，在工整、俊秀等方面，已达到无以复加的程度，想升官晋爵的人无不刻意追求，所以也被称为“富贵体”。“馆阁体”作为应用书法，不论在历史上以至现代都是很有价值的。但作为书法艺术，它已走向“八股化”，失去了蓬勃的生气，这种书风如果长期继续下去，书法艺术就会趋于停滞。这时一些有识之士逐渐着意于标新立异，以打破这种沉闷的空气，郑板桥就是其中的一个。

郑板桥的书法看上去似隶非隶、似楷非楷，似魏碑又不是魏碑，而且参以篆籀的笔意，自命为六分半书，实际是综合了各体之长，成功地把它们结合在一起，创造了面貌全新的“板桥体”，确实与众不同。在点画上突破了隋唐以来在行书中露锋起笔，转折圆润的习惯写法，而代之以藏锋起笔、笔画遒劲多姿的富于变化的新风，其取象不是水边的杨柳，而是山上的榆槐，曲折而不柔弱，挺拔而不呆板。在结体上打破了“馆阁体”的端正、拘谨的姿态，而是方、长、斜、扁，疏疏密密，各依字的特点灵活构成，显示出一派自然天趣，在布局上变化更大，它不是按规则的行款排列，而是横竖牵掣，左右呼应，大大小小，不拘一格。

在书法的立意上，更具特色。郑板桥在给潘桐冈的诗中说：“吾曹笔阵凌云烟，扫空氛翳铺青天。一行两行书数字，南箕北斗排星躔。”正是这种开阔而放达的构思，赋予作品以自由奔放的神魄，形成了板桥书法的美妙，这就是板桥书法的怪处。这种怪，在书法艺术发展史上产生了强烈的影响。

板桥书法之怪，和其人之怪是分不开的。郑板桥，名燮，字克柔。康熙三十二年（1693 年）出生于扬州兴化县，年轻时一直在扬州一带读书、教书，也曾到北京、杭州、南京等地出游，卖字卖画，和他父亲一样，一直过着贫困潦倒的生活。他是康熙年间的秀才，雍正年间的举人，乾隆年间的进士。中进士的时候，他已四十多岁，到将近五十岁时，才开始在贫瘠的地区山东范县、潍县做了两任知县。十多年后去官，再回扬州，仍以出售字画为生。七十三岁死去。

郑板桥的大半生是在繁华的扬州度过的，阅尽了世态炎凉，产生了对当时社会的不满情绪和要求进步的思想，但同时他又处在尚称稳定的封建社会里，历史的局限性，使他从现实生活中找不到出路，在这一矛盾中形成了他不与世俗妥协的性格，使他不仅在艺术上表露出来“怪”，而且在政治生活中也有所体现。在他做官的时候，他处理的一些事情就有称得上是“怪”的：

板桥做官的县里崇仁寺与大悲庵相对，有一个和尚与一个尼姑私通。这在当时社会上是不能容忍的，因为他们既违犯了“清规”，也触犯了“法规”。两人被捆到县衙后，郑板桥看他们年岁相仿，不但没有处罚，反而公开令他们还俗成亲。

郑板桥在做范县知县时，一个富翁想退掉幼时订婚的贫婿，以千金贿赂板桥。板桥收下贿金，并认其女为义女，但又潜藏其贫婿于署中，等到他的义女来拜见的时候，郑板桥将贿金全部交给贫婿，令两人合卺（成婚），挽车同归。

另有一次，一位官盐店的商人送来一个卖私盐的人，要求郑知县加以惩处。郑板桥见这个人衣衫褛褛，不是真正的大私盐贩子，决定只给予枷示处分，但并不用真的刑具，而只用苇席编成一枷，高八尺、宽一丈，然后用判案的笔画了十张兰竹画幅，贴在席枷上，令这人站在盐店门前。结果从早到晚围满了看画的人，把店门都挡住了。盐商感到难办，又苦求郑板桥解决。郑乃笑而释之。

从这几件事的处理上看，作为封建国家县太爷的郑板桥，确实是怪的。不过，我们可以看出，他并不是为怪而怪，而是为同情弱者、不肯受封建伦理的约束而怪的。

有人说郑板桥的怪是因为“没有爬上去”。这未免冤枉了他，因为热衷于向上爬的人，往往表现为损人利己，趋炎附势、苦心钻营，而郑板桥走的是相反的愤世嫉俗、疏宕不拘的道路。比如潍县遭灾，他不是隐匿灾情，谎报丰收，讨好上司，而是冒治罪的风险，不待上级批准，即开仓赈济、组织以工代赈，拯救灾民，并责令县里的大户为灾民开粥厂，粮食平价出卖，因而引起上级及富户的不满。另一次去山东省府办事，在省里于趵突泉举办的宴会上，大家请他即席作诗。这对一般想往上爬的人来说，是一次难得的歌功颂德，以求升进的好机会。但郑板桥所作的诗却说："原原有本岂徒然，静里观澜感逝川。流到海边浑是卤，更谁人辨识清泉。"诗成以后，满座哗然，都说这是对上司老爷的诽谤。后来终于因为有这些"怪"的表现，得罪了上司，官再当不下去了。这分明是因为比较注意人民疾苦、不愿与权贵妥协而跌了下来，哪里能说得上他之所以怪是由于"没有爬上去"呢？

郑板桥书法的怪和为人的怪，都是他不满现实的民主思想和严酷的封建社会现实相矛盾的产物。这从他将要去官时的一首题画诗中看得清楚："进又无能退又难，宦途局踏不堪看。吾家颇有东篱菊，归去秋风耐岁寒。"

诗中前两句是官场生活十多年的总结，在清王朝的统治下，一个小小的县官，只能服服帖帖地为皇帝、为上司效劳，想"进"，想"小补民生国计"（郑板桥语）简直是不可能的。但要"退"，要放弃自己的想法又不甘心。"进""退"不得，只能卑躬屈膝地做个小官，这在他自然是很难堪的，于是想到回家，但即便回家，他也还要像菊花一样，顶住秋风的摧残，把满腔的愤懑借助于"怪"的书法、绘画、诗歌而宣泄出来，这大概近于郑板桥的"怪"的本质了。当然他的"怪"，不是从这时开始的，但到了这时，由于所有理想的破灭，便"怪"得更加彻底了。

出自《紫禁城》1981 年第 2 期

《三希堂法帖》记事二则

一 壬子题识

《三希堂法帖》第十八册卷尾，刻有一段彭元瑞奉敕书写的乾隆帝御识文字。其内容大意是：本册所刻赵孟頫书《卫宜人墓志》一帖，经考证，卫宜人是赵孟頫的从子赵由辰之妻。此人死于元至正二十三年（1363年），而赵孟頫死于元至治二年（1322年），比卫宜人早死四十一年，因此，断定此墓志并非赵孟頫所书，而是“后人妄增孟頫款”。此事，明显为选帖时的疏忽，但识语中却责怪项元汴失考。于是不得不以“佳书赝款”结论之，并命将此识语刻于卷末，以显示自己高明。其实此帖中“佳书赝款”者有之，“劣书赝款”者亦有之。如第十三册黄庭坚书《洛阳雨霁诗》，款为“大观丁亥春正月灯节后三日为云庵道人题，庭坚”。按《宋史》及黄山谷诗集均载，黄死于宋崇宁四年（1105年）九月三十日。和《卫宜人墓志》一样，亦不能有死后一年零三个月的黄庭坚，又为云庵道人题诗的事。且此帖字迹低俗，与黄书相去甚远，可称是“劣书赝款”。

壬子题识之补刻，原为正其讹误，客观上又起到断定《三希堂法帖》拓本年代之作用。乾隆壬子为乾隆五十七年（1792年），故凡有此识语而又无花边的拓本，均为是年九秋以后所拓，其下限可至道光十九年（1839年）加刻帖石花边以前。山东淄川县知县孙功烈等所编之《三希堂石渠宝笈法帖释文》，虽成书于乾隆六十年（1795年），但尚未载此段识语，可能是在外地据乾隆初拓本所编，未及时见到壬子题识以后拓本的缘故。

二 编号

据清宫档案有关记载推测，《三希堂法帖》刻石周围的花边，为道光十九年整修此帖刻石时所加，但加刻花边的原因并未涉及。现从刻石痕迹上看，每块刻石的右端边上均刻有“三希堂几卷几号”，有的无“号”字，现大部分编号已经被花边所破坏。只是帖首乾隆帝《特谕》一块、帖尾部乾隆帝御笔“烟云尽态”和“题阅古楼诗”两块原未编号。边号称“三希堂几卷几号”，而标签则称“三希堂石渠宝笈法帖第几‘册’”，很不统一，当时可能为了统一编号，消除原号而加刻了花边，并在花边的右下角，按《千字文》的字序“天地元黄……”，重新编刻之。

按《千字文》字序，每块刻石一字，从“天”字开始，到第四百九十五个字应是“路侠槐卿”的“槐”字，而刻石上最后一块竟是“车驾肥轻”的“肥”字，超过二十四个字。经仔细校对，发现在《千字文》字序中，有三处各略去八个字，而三处帖文又是衔接的。略去的二十四个字为“吊民伐罪，周发殷汤”、“恭惟鞠养，岂敢毁伤”和“祸因恶积，福缘善庆”。略去的原因，可能不是疏漏，而是因为当时国内阶级矛盾、民族矛盾均日益激化，各地农民的反抗斗争此起彼伏，西欧殖民主义势力又步步入侵，清王朝的处境已相当不妙，因而主此事之人认为对“吊民伐罪”“祸因恶积”这样的字眼应以避讳为好，故而未用。至于“恭惟鞠养，岂敢毁伤”八个字未用，可能是因此二句前为“身体发肤，四大五常”，系宣扬《孝经》中“身体发肤，受之父母，不敢毁伤”的观点，这与清统治者入关时强令汉民剃发，遭到抵抗时又大肆屠杀汉民的作为相悖，在民族矛盾激烈的情况下，当然亦应略去不用。

出自《故宫博物院院刊》1984 年第 1 期

书苑闻名的三希堂

《三希堂法帖》久已闻名于世，其原帖刻石四百九十五块，现仍完好地保存在北海公园阅古楼中。然而三希堂的堂址，却不在北海，而在故宫博物院的养心殿内。

养心殿，始建于明代，清代曾重修。此殿虽不是正殿，但其使用率一直是比较高的。清顺治皇帝曾作寝宫，并死于此处。康熙时一度作宫廷造办处。雍正时开始，后殿作寝宫，前殿为日常处理政务的场所，乾隆皇帝弘历亦沿用之。在前殿西梢间隔出一间小小的书房，陈设精致典雅，即闻名于世的三希堂。

三希堂面积仅十平方米左右，高不过三四米，南窗下是一铺木炕，炕毯中间放有长方炕几，几东设宝座，上置靠背及软垫，东壁悬挂着一副弘历墨迹匾联，匾书“三希堂”，联为“怀抱观古今，深心托豪素”。

此室为什么命名为三希堂呢？堂中北壁挂有乾隆十一年（1746年）御笔草书《三希堂记》横幅墨迹，记中说：“内府秘笈王羲之《快雪帖》，王献之《中秋帖》，近又得王珣《伯远帖》，皆希世之珍也。因就养心殿温室，易其名曰‘三希堂’以藏之。”这就是三希堂的命名。

弘历所以把上述三件法书合称之为“三希”，除因它们是珍贵的艺术品外，还因为“羲之清风峻节，故足尚”；“献之亦右军之令子也”；“而王珣，史称其整颓振靡，以廉耻自许”，更可推崇。他还认为：“彼三人者，同族同时，为江左风流冠冕。今其墨迹，经数千百年（距乾隆时期只一千三百多年）治乱兴衰、存亡离合之余，适然荟萃于一堂。虽丰城之剑，合浦之珠，无以逾此。”并说：如果这三件墨迹有灵，“能不畅然蹈抃而愉快也耶！”

关于三希堂命名的来由，弘历可能认为前面叙述得还不够明白，因此在《三希堂记》中又提出：“然吾之以三希名堂者，亦非尽为藏帖也。”而是：“吾今日之名此堂，谓之为希贤、希圣、希天之意（宋代周敦颐《通书》中有‘圣希天，贤希圣，士希贤’之语），可；慕闻之先生之二希（弘历的师傅蔡闻之的堂号为二希堂），而欲希闻之之希，亦可；

即谓之王氏之帖诚三希也，亦可。”但另外两个含义，显然是故弄玄虚。

三希堂西壁上，挂有乾隆时宫廷画家金廷标画的一幅轴子。此画没有标题，只右上角有乾隆皇帝题诗一首，诗云："总觉习书饶腕力，掣从背面得难求。倚窗法护（王珣的小名）独闲坐，应是驰情托远游。"从此诗中就可以知道，画家把王羲之、王献之、王珣三人，巧妙地组织在一幅以山水为衬景的画面里了。在依山傍水的敞厅中，一个少年正在潜心习字，一位长者站在少年的背后作欲从少年手中拔笔的姿势，这是根据南朝宋代的中书侍郎、书法家虞龢《论书表》中王羲之、王献之轶事构思的。《论书表》中记载："羲之为（可能是'居'字之误）会稽，子敬七八岁学书，羲之从后掣其笔不脱，叹曰：'此儿书，后当有大名。'"画中表现的正是羲之欲掣献之笔的一刹那。画中另一室内，一人临窗斜坐，这当然就是诗中所说倚窗独闲坐的王珣了。

弘历为什么把三件稀世珍宝放在这样一间小室中呢？原来弘历每年除巡游、秋狝等活动以外，大部分时间住圆明园，在养心殿居住的时间都在每年的冬季。而弘历在"三希"中，尤其喜爱《快雪帖》，亦称《快雪时晴帖》，他对此帖百般展玩，反复题识，"几暇临仿不止数十百过"，对此帖的亲笔题跋竟有七十多处，题跋中有很多是在飞雪或雪后书写的。在大寒季节，欣赏心爱的书法珍品，进行题跋等活动，自然是在阳光充足，便于取暖的小小温室中最为舒适，乾隆皇帝是颇会艺术享受的。

出自《旅游天地》1984 年第 3 期

王文治及其书法

清代的书法，康有为认为凡有四变："康雍之世，专仿香光；乾隆之代，竞讲子昂；率更贵盛于嘉、道之间；北碑萌芽于咸、同之际。"近人马宗霍又云："清之书法，约分二期，一曰帖学期，一曰碑学期。帖学自宋迄明，皆所宗尚。"自清初至乾隆，"宗赵宗董，固自有殊，其为帖学则一也。嘉、道以还，帖学始盛极而衰，碑学乃得以乘之"。两说虽略有不同，其基本观点则大体一致。从清初几位皇帝看，确有类似倾向，他们也可以在一定范围内产生影响，但终究不能代表整个一代的书风。实际上，"帖学"和"碑学"并无精确的含义，因而也无法讨论。清代书法虽不能简单地用"帖学"和"碑学"来概括，但从发展中也可以看出两种倾向：一是以宫廷为中心与实用相结合的典雅风格，也称馆阁体，即在科举考试或书写奏折等正式公文时所用的工楷，在书法艺术上则多为圆润秀美的行草书。楷书多出于《黄庭》《乐毅》，参以欧、颜、柳、赵，行书多以《兰亭》《圣教》为基础，参以苏、米、赵、董等。这种风格不是只到乾隆时期，而是直到清末。另一种是自清初即已开始的民间文人的放逸无羁的倾向。郑燮、金农等"扬州八怪"，到乾隆初年已经形成流派，书体多出自汉魏诸碑，并有新意，后来愈加发展。若以这两种倾向划分清代书法，王文治当属于前者。当然在这一流派当中，也并非完全一样。

关于王文治的书法，当时的人即有评论。乾隆进士、官至刑部右侍郎的王昶称"禹卿工书"，"入京师，士大夫多宝之"。与王文治过往甚密的乾隆进士，曾任郎中，后主讲钟山书院的姚姬传也称"其诗与书，尤能尽古今之变，而自成体"。江苏吴县诗人吴翌凤说他工书法，"舞书侧笔，姿态横生"。比王文治小三十岁左右的书法家、摹帖家钱泳也称其书"天然秀发"，并说："近日所称海内书家者有三人焉，一为诸城刘文清公，一为钱塘梁山舟侍讲，一为丹徒梦楼太守也。"从上述评论中可以看出，当时他的书法已负盛名。但当时也有人评论刘墉书如"枯禅入定"，梁山舟书如"布帛菽粟"，太守书如"倚门卖俏"。钱泳认为对三人作如此评论都很刻薄，不够公正。特别是对王文治，他仍认为是“天资清妙”而“恣态自佳”。不过钱泳还是受苛议的影响，也觉得有些“如秋娘傅粉，骨格清纤，终不庄重耳”。

到底如何评价王文治的书法？这需要从王文治从事书法活动的情况中加以探讨。

王文治，字禹卿，号梦楼，清雍正八年（1730年）十一月十六日生。据《丹徒县志》、墓志及诗集中记载，他十二岁能诗，“自少以书法称天下”，二十四岁以拔贡入都，后渐与姚姬传等名士相识，“唱和无虚日，公卿皆延礼之”。乾隆二十一年（1756年），二十七岁时，应翰林侍读全魁之邀，从赴琉球，琉球人“亦传宝其翰墨”。回京后，随受业老师刘映榆赴扬州就学，乾隆二十三年（1758年）冬入都教书，次年顺天乡试中举。二十五年（1760年）会试中式，殿试为第一甲第三人（探花），赐进士及第，授翰林院编修，二十八年（1763年）翰詹大考第一，擢翰林侍读，充国史馆编修。次年初夏，出为云南省临安府知府。后值清军与缅甸作战，令其督运粮饷。战事不力，王来往瘴乡，“感河鱼之疾”，于乾隆三十二年（1767年）秋被镌级解部，“遂循例告归”，居梦溪之旁。后曾游杭州、关中、洛阳等地，并曾掌西湖崇文书院，所至之处，“悉以名师尊礼之”。后朝廷复其官，王因厌吏事，不出。乾隆南巡时，见王文治所书碑，大为赏爱，内廷有人告之，欲招之出山，仍不应。一直往来于吴、越山水间。

王文治还是当时有名的诗人，有《梦楼诗集》二十四卷。他的诗，姚鼐（字姬传）称之为“情深意厚，使人魂销气尽，往复不能自已”“超出凡众”“能变情种为大悲，以缠绵为般若”，并受到名重文坛的老一辈诗人袁枚的赞许，他在给王文治的信中说：“病中谢客，转得细绎公诗，方知功夫之深绝，精神之绵密。细筋入骨，高唱凌云。能兼此二者，当代能有几人哉！”

王文治还很喜爱戏曲、音乐，解官后，曾买童子教之度曲，每当出行，不论远近，必以歌伶一部相随。当时海内求书者，多有馈赠，均费于声伎。当时的戏曲音乐家叶堂编订《纳书楹曲谱》时，王还为其“详审音节，点定”，刊行。

王文治虽是一位读儒家经典、工书善诗、喜好音乐的文人，但从十多岁起就学坐禅，至老年更深于禅理。嘉庆七年（1802年）端坐而卒，时年七十三岁。

从上述王文治的经历看，他是一个文学艺术素质很好的人，取得功名后，在翰林院做一名文官是绰绰有余的，但以一文弱书生到有山岚瘴气的边疆做军队的后勤工作，就难于胜任了，这当属清廷用人不当。于是他对做官感到厌恶。他在《解郡》一诗中说：“典郡新恩岂不盛，边陲重任实难荷。有如猴狲入布袋，又似老兵挽官笴。”“自惟拙者宜退居，所司以陈吏议可。莫笑一官竟付人，且喜此身才属我。晚来对酒忽能狂，晓日熟眠真觉妥。青鞋布袜惟所适，五岳名山兴亦颇。”这种情绪，在他的挚友姚鼐寄给他的诗中也表述得很清楚。诗序说：“禹卿先生以书名冠海内，闻今春朝中有欲要之出山者，而竟得止。因寄一诗。”诗云：“王氏风流草隶兼，江东行乐且迟淹。解官誓苦归元早，合伎情多听不厌。家作道民输斗米，身惟服食乞戎盐。练裙团扇名皆贵，岂必凭高署殿檐。”

王文治见此诗后，曾以一首《次韵答姚姬传》诗，进一步申述了他解官后不愿再步入仕途、宁愿过清苦的艺术生活的心情。

王文治的经历与扬州的一些文人颇多相似，距扬州也只一江之隔，为什么扬州八家的书风没有对他产生影响呢？原因可能是多方面的。首先，王文治在青年时期即“以书名冠海内”，在朝中做了三年翰林官，又做两次同考官，他所推崇并使用的自然是馆阁体，客观上受了馆阁体很深的影响，他的风格已经形成，不易再改。其次，由于写字在某种程度上，也是作者生活、思想、情绪的表达。他做了三年京官，特别是三年外官以后，可能稍有积蓄，生活是比较稳定的，因此他有可能从容不迫地保持他原来典雅、秀逸的书风不变。再者，他的故里虽和扬州距离很近，但与扬州八家的交往则很少。扬州八家中，除罗聘比王文治小三岁以外，其余的都比王文治大三十五岁至四十多岁。在王文治诗集中，在《为吴香高题郑板桥画竹》一诗中写道：“却忆板桥始识我，竹西古寺园地荒。便命深缸共斟酌，月移邻筱来破墙。”反映了与板桥有联系外，其余则极少见。同时还因为扬州八家多是以卖画为主的画家，而王文治则是以教书、作诗为主的文学家，他们各自交往的人也有所不同。诗人对书法创作的追求，与写意画家对书法艺术的追求，也会是各异的。

关于王文治书法的渊源，当时人的看法就不同。王昶认为是“楷法河南，行书效兰亭、圣教”，吴翌凤则认为“初师董香光，后入兰亭、圣教之间”，钱泳却认为“得松雪、华亭用笔，至老年则全学张即之”，而据王文治自己说是“童时学欧阳醴泉铭”，并认为欧阳询是从右军的《黄庭经》得笔。过了若干年后，他更觉得此见解不差。他还领会到“唐初诸家学右军，皆能传其神而变其貌，惟率更变之甚，乃似之甚耳”。可见他初学书时，是先从临写《九成宫醴泉铭》的楷书入手的，小楷可能临写过传为王羲之所书的《黄庭经》，所以他能体会到欧阳询的用笔得自黄庭。

在学写行书的过程中，他可能以数人为师。他曾说：“垂发时即喜李北海书。”又说：“圣教序远逊兰亭，然临池家，必不可不从之入手，以兰亭字少，当与圣教参观，乃尽其变也。”这都是他自己的经验之谈。可见他对兰亭、圣教曾下过一番功夫。关于赵孟頫，王文治说：“余少时不甚喜爱赵书，病学之者易得其皮相为可厌耳。”但后来由于对赵书研习得深入，又说：“十余年来始知真赵书之妙，应规入矩，而天真披露。”并说：“赵松雪书，尽得右军形质，率尔落笔，无不毕肖，其婉丽处，正如绝代佳人，迥立于红楼绮阁中。”此番评论，恰到好处，道出赵字超人的魅力，这也是他研习赵字多年的结果。

对董其昌的书法，他更给予很高的评价。他认为“董香光虽生于明季，而其书直追二王，当与颜鲁公分镳，使米南宫让席，元以下无论已”。他在论书绝句中也说：“书家神品董华亭，楮墨空元透性灵。除却平原俱避席，同时何必说张邢。”这似乎有对董过誉之处，也可能是受董影响较深的缘故。

对米芾书，虽屡责之飙疾、无含蓄，但他仍认为，宋人书唯米海岳得右军之髓。他又说："米书奇险瑰怪，任意纵横，晋人之风韵，唐人之规矩，至是皆无所用之。而一往清空灵逸之气，与右军相印于毗卢性海中。"又说："不能呵佛骂祖，不可谓之禅；不能驾唐轶晋，不可谓之书。米公于右军得骨得髓，而面目无毫厘相似，欲脱尽右军习气，乃为善学右军。此理吾儒亦有之，所谓反经合道是也。"对米芾与右军书法的关系，阐述得如此辩证、奥妙，又可见对此问题研讨之深。不过可能受禅理的影响，他这种"驾唐轶晋"的精神，并未得到多少发挥。

从以上王文治对书法的议论（均见《快雨堂题跋》），可见王羲之、欧阳询、李北海、米芾、赵孟頫、董其昌的书法，都曾是他临习的法帖，并由此最后形成自己的风格。这从本期发表的给啸崖的两则手札中，也可以看出端倪。其全篇布局，行楷与行草相间，字与字之间不互相连属，正是兰亭、圣教的遗意，有些点画圆润丰美，结体端正，乃是赵子昂的风采；行草字中，用笔险峻，逸宕自然，显系米芾的神韵（本刊第八辑发表的《剪水山房诗序》中的某些字尤为明显），而保存最多的，如下笔轻微，收笔凝重，撇捺保持含蓄的中锋等，则是董其昌的笔法。只有钱泳所说"老年则全学张即之，未免入轻佻一路"，则不见痕迹。所见张即之的札子，皆用笔劲直，转折着力，结体瘦长，几无一笔伸出字外，不知何处轻佻，而王文治书亦无一字一画与之相似，神态则更大相径庭。

王文治的书法，若以传统的观点看，它正是王羲之、赵孟頫等娟秀遒健书风的继承者，没有很深的功力，是达不到如此境地的。清朝书家如林似海，能具有如此水平的也没有多少。若以宗秦法汉、追求古拙苍劲并锐意于标奇立异的观点看，王文治的字自然会被视为陈俗、纤弱甚至轻佻了。这就像把崇尚新意，不落俗套的书风视为"野狐禅"一样，都是仁智之见。被推崇为书圣的王羲之的书法，正是以端庄、秀丽、遒劲的面貌，被千余年来成千上万的书家所效法，王文治的字当然远逊于王羲之，但究竟是传统行草书不可多得的一家。他的字当然也有弱点，即有的笔画不够含蓄，在吸收各家笔意时，融会贯通不够。然而这是任何书家所难免的。

在中国科学院图书馆所藏《梦楼诗集》的书夹上，有一个叫"筱村"的人，于光绪三十一年（1905年）四月二十八日写道："梦楼先生行书，精妙不减古人，虽当时有讥其轻佻者，亦文人相轻习气，至今声价愈高，非偶然也。"筱村是何许人，待考，但他的评论是可取的。清梁绍壬在《两般秋雨盦随笔》中说："国朝书家，石庵相国专讲魄力，梦楼太守专取风神。时有浓墨宰相、淡墨探花之谣。"但从后来的发展上看，保持探花"风神"的大有人在，而传宰相魄力的并无几人，这是历史做出的反应。

出自《书法丛刊》1988年第十六辑

乾隆皇帝的书法

据《霎岳楼笔谈》谈："高宗席父祖之余烈，天下晏安，因得栖情翰墨，纵意游览，每至一处，必作诗纪胜，御书刻石。其书圆润秀发，盖仿松雪，惟千字一律，略无变化，虽饶承平之象，终少雄武之风。"这段评论，大体贴切，唯"盖仿松雪"一语，不甚得当。

乾隆皇帝的书法，具有一定水平，确实也下过一番功夫。他在一首题为《学字》的诗中说："长夏清且闲，朝回憩池馆。蕙风拂桃笙，鹅溪挥玉管。淡淡墨池云，叠叠来禽版。羲献去已遥，颜柳真迹罕。追摹消永昼，徘徊作清伴。学敬语堪味，笔正规尤善。"

这首诗作于乾隆七年（1742年），反映了他研习书法的情况，当时乾隆皇帝三十二岁。他的字在中国书法史上地位不高，所留书迹中，翰林代笔之作亦不少，不过说他是一位书法爱好者，是当之无愧的。

从乾隆十六年（1751年）镌刻的乾隆御书《敬胜斋法帖》（现存故宫外东路乐寿堂东西廊下）中可以看出，他从事书法活动，是肯于花大力气的。此帖长达四十册，前二十册书写的是乾隆皇帝自己的诗文和古人的经书、诗文等，后二十册则是他临写的历代书家名迹，从钟繇、二王、颜、柳，到蔡、苏、黄、米、赵孟頫、董其昌等无不临习，当是欲博采诸家之长。

然而在众多的书法家中，他并不喜爱赵孟頫，而是爱黄庭坚，并愿学黄字的神劲。他的另一诗中曾说："……就中名迹夥，惟爱鲁直叟。倜傥无安排，潇洒绝尘垢。譬如百尺松，孤高少群偶。信笔一规摹，运腕忘妍丑。所师在神劲，讵论形肖否……"诗虽这样说，而实际上乾隆皇帝的字与黄无关，形既不肖，神亦不似。从所留文物看，乾隆皇帝真正推崇并规意摹仿的不是黄鲁直，而是王羲之的《快雪时晴帖》，现书法界多认为是唐摹本，是存世有王羲之署名墨迹中的佼佼者。此帖曾藏于宋元内府，明代流传在民间，清康熙十八年（1679年）八月十八日由大学士冯铨之子、国子监祭酒冯源济进献于康熙皇帝。到乾隆时期，深受乾隆皇帝尊崇，曾被誉为"神物"，"天下第一，古今鲜对"。并自称："予几暇临仿，不止数十百过，而爱玩未已。"此帖与王献之《中秋帖》、王珣《伯远帖》曾被并列为三件“希世之珍”，并命名收藏此帖的养心殿温室为“三希堂”。从乾隆十一年（1746年）起，到乾隆六十年的时间里，他将《快雪时晴帖》的前前后后，写满了他的诗句和跋语，共有七十多处，题跋中除对此帖的高度赞赏以外，多是冬日得雪后展玩此帖承兴之作。从乾隆皇帝亲自题跋的字迹上看，他着实是想达到《快雪时晴帖》的境地。但可惜，他学到的仅是此帖圆润的外貌，而失于柔弱，此帖最可贵的遒劲、挺拔的气质，却完全没有学得。至于仿赵雪松的痕迹，则难以找到。

出自《北京文物报》1988年7月

后 记

万依先生为故宫博物院研究馆员，他主要从事明清宫廷史、清代宫廷音乐的研究。已发表有关明清宫廷史、音乐史、书法研究等文章数十篇，出版编著作品十余部，成果颇丰。2020年，万先生家属将其生前发表的具有代表性的学术论文、文章整理汇编，打印数册，作为纪念。后经任万平副院长与故宫博物院出版部陈连营主任沟通，院学术委员会讨论，最终列为院出版项目。

万依先生是故宫老一辈专家扎根故宫，热爱故宫，服务故宫，承传中华优秀传统文化的代表之一。该文集按照遵从发表原文，更正错讹的原则，以文章发表时间先后排序，集中展现了万依先生在文史、音乐、书法领域的已发表的研究成果。

该书的出版得到任万平副院长的指导与大力支持。院研究室王子林主任统筹安排，使得该书的出版得以顺利开展。周苏琴老师做了大量协调沟通的工作，并审阅全部稿件，提出了细致而专业的意见；黄海涛老师细心审阅了全部书稿，承担了音乐类文章的打谱工作；宫廷历史部的刘国梁老师对音乐类论文做了审稿工作；刘潞老师为本文集赐名“琴音墨语”，在此一并致谢。

图书在版编目（CIP）数据

琴音墨语：万依文存 / 万依著. — 北京：故宫出版社，2023.6
（学术故宫）
ISBN 978-7-5134-1465-4

Ⅰ. ① 琴… Ⅱ. ① 万… Ⅲ. ①中国历史—研究—明清时代
Ⅳ. ① K248.07

中国版本图书馆 CIP 数据核字（2022）第 010395 号

学术故宫

琴音墨语：万依文存

著　　者：万　依

出 版 人：章宏伟
责任编辑：王　静
装帧设计：王　梓
出版发行：故宫出版社
　　　　地址：北京市东城区景山前街4号　邮编：100009
　　　　电话：010-85007800　010-85007817
　　　　邮箱：ggcb@culturefc.cn
制　　版：保定市万方数据处理有限公司
印　　刷：保定市中画美凯印刷有限公司
开　　本：787毫米×1092毫米　1/16
印　　张：17.75
版　　次：2023年6月第1版
　　　　2023年6月第1次印刷
书　　号：ISBN 978-7-5134-1465-4
定　　价：260.00元